Alpenvereinsjahrbuch
BERG 2018

Zeitschrift Band 142

gen. Diese Angabe samt zweier heute nicht mehr auffindbarer Felsmarchen am Grünkopf-Osthang sowie einem Stein (*erneuert, Nr. 291*) genügte den Altvorderen, um die weitere Grenze nach Westen abzustecken. Zum Vergleich: Heute stehen auf diesem Abschnitt zwanzig Grenzsteine! Erst an der *„weißen Wandt ob dem Förchen-See"*, von der sich das Gelände steil südwestwärts zur Unteren Wettersteinspitze aufschwingt, wurden Kreuz und Jahreszahl noch einmal in den Fels eingetragen. Dieses March wird bis heute gepflegt (*Nr. 294/1*) und die restaurierte 1766 ist vom Franzosensteig aus für Wanderer erkennbar.

Für die Kommission war die Arbeit hier zunächst beendet: *„Da nun der Wetterstain und dessen aneinanderhangende Felsen-Gebürg"* die natürliche Grenze gemäß der Gratregel bildete, *„so verfügte man sich nach Parttenkirch."* Heute stehen auf und zwischen den Gipfeln des Wetterstein-Hauptkamms rund sechzig Steine, die von den Vermessungsingenieuren zur Überprüfung alle zehn Jahre großteils mit dem Hubschrauber angeflogen werden (darunter befinden sich rund dreißig Steine um und auf dem Zugspitzgipfel).

Am Zugspitzplatt

Allerdings gab es auch für die 1768er-Kommission eine Ausnahme im Wetterstein-Hauptkamm: das Gatterl. Im Bereich dieses seit jeher prägnanten Übergangs musste man ungeachtet der Gratregel vermarchen. So stiegen die Männer am 26. Juli 1768 binnen eines Tages durch das Reintal zum Zugspitzplatt auf und *„weilen auf dem Blattach lautter Felsen, und kein March zu setzen war, so wurde eine Viertel-Stund hinauf in einer Felsen-Wand ein + 1766 [...] eingehauen."* Das Gatterl selbst hatte man ignoriert, da der scharfe Einschnitt eindeutig genug war. Erst 1846 wurde es vermarcht (*Nr. 296*). Das March an besagter *„Felsen-Wand"* entstand ca. 50 Höhenmeter oberhalb, am Fuße eines der ersten Nordabbrüche der Gatterlköpfe. Es wurde, da 1846 ausgemustert, erst von den Heimatforschern Josef Brandner und Heinrich Spichtinger wiederentdeckt (siehe Literatur). Gleiches gilt für den *„Landt-Marchstein No. 15"*, von der Kommission in 2250 Metern Höhe im südöstlichen Teil des Platts gesetzt. Bedeutung hatte er als „Weiser", der direkt auf die Östliche Plattspitze zeigte, über die ja gemäß Gratregel die Grenze verlief.

Am Fuß der Zugspitz-Nordwand, vor Steinschlag geschützt unterhalb eines Überhanges, wurden bereits in den Jahren 1654 und 1768 Grenzzeichen gesetzt.

Interessant an diesem höchstgelegenen Altwerdenfelser Grenzstein: Die Kommission war bei seiner Setzung der Zugspitze bereits bis auf 700 Höhenmeter nahegekommen, und dies könnte die Vermutung stützen, „der Zugspiz" sei schon im 18. Jahrhundert, Jahrzehnte vor Naus' offizieller Ersteigung 1820, „erreichbar" gewesen. In dieser Hinsicht lassen sich auch andere historische Aussagen deuten, so vom Freisinger Hofkanzler Sedlmayr, der schon 1759 das Platt erreicht hatte, um die Grenzen angesichts der bevorstehenden Verhandlungen zu inspizieren, und dabei von einem möglichen Anstieg zum Gipfel gehört haben soll. Auch die sogenannte „Augenscheinkarte" aus dem 18. Jahrhundert (Archiv DAV), die sowohl eine Route Richtung Zugspitzgipfel verzeichnet als auch die dazugehörige Gehzeit angibt, wird als Indiz gewertet (siehe dazu Johannes Haslauer in: Berg 2010).

Die Kommission aber beendete dort, wo damals schon bald der Schneeferner begann, ihre Arbeit. Weiter ging es, wo der Hauptkamm nördlich der Zugspitze wieder zugängliche Gefilde erreicht. Am 27. Juli 1768 begab man sich *„auf den Eybsee [...] von da auf das Therle zu dem Zugspitz und eussserst höchsten Felsen des Wetter-Stein."* Ge-

BergFokus | **245**

meint ist die Stelle oberhalb des Riffelrisses, wo der Thörle-Rücken an die Felswand anschließt, die hinauf zum Bayerischen Schneekar und Zugspitzgipfel zieht. Dort fand man *„herunten an einer Wand"* die Zeichen *„+ + + 1654"* vor. Denn an diesem alpinen Ort auf knapp 1800 Metern Höhe, oberhalb steiler Schuttreisen, standen schon früher Kommissionen. Die erste, am 25. August 1616, wollte ein Kreuz setzen, um den umstrittenen Besitz an Eibsee und Thörlen zwischen Ehrwaldern und Garmischern zu klären. Doch wurde man sich nicht einig. Erst 1654 legte man den Grenzort fest: *„Vom höchsten Wetterstain oder Zugspiz genandt, in der nächst erzaigten scharten […], so herab neben dem Schnee-Khor auf die nächst darunter erscheinendte Höle oder* überhängige *gufel"* entstanden die Jahreszahl und drei Kreuze – jene Zeichen, welche die Kommission 1768 entdeckte und erneuerte. Heute ist der Grenzort (*Nr. 297*) noch immer schwierig erreichbar. Oberhalb der Schuttfelder ist brüchige Schrofenkletterei im ersten Grad erforderlich; Steinschlag, der über die Kante oberhalb der „überhängigen Gufel" springt, macht den Zustieg gefährlich. Dort, wo das Grenzzeichen angebracht wurde, schützt der Überhang jedoch – eine offenbar gezielte Überlegung der damaligen Grenzer, die für die länger andauernden Arbeiten am Fels die vielleicht einzige sichere Arbeitsstelle für den Steinmetz am Nordabbruch der Zugspitze ausgewählt hatten – und zugleich eine markant sichtbare Stelle.

Von diesem Zeichen zieht die einst werdenfelstirolerische und heutige deutsch-österreichische Grenze durch eine ausgeschnittene Latschen- und Waldgasse gerade Richtung Nordwesten. Sie wird heute durch etliche neuere Steine markiert, der zunächst einzige historische Grenzpunkt liegt nordwestlich des Hohen Ecks. Die Kommission hatte dort noch am 27. Juli einen *„Landt-Marchstein"* gesetzt, der zurück auf den Zugspitz zeigte (*erneuert, Nr. 298*). *„Endlich kehrte man zu dem Fischer am Eybsee zurück"*, heißt es dann im Bericht. Am 28. Juli stieg man morgens um sechs wieder auf den Thörle-Rücken und binnen drei Stunden zum *„Angerle"* auf rund 1420 Metern Höhe (nördlich der heutigen Hochthörle-Hütte), *„allwo ein grober, rauher Stein angetroffen worden"*, in dem Zeichen mit Bischofswappen von 1616 sowie von

Relief des Wettersteingebirges, vermutlich 1544 vom Innsbrucker Hofmaler Paul Dax aus Anlass tirolisch-bayerischer Grenzstreitigkeiten gefertigt. Es gilt als das älteste Alpenrelief.
© ÖAV Museum/ WEST.Fotostudio

Geschichte der Grafschaft Werdenfels und ihrer Grenzverträge

Die Grafschaft Werdenfels entstand 1294 durch verschiedene Besitzerwerbungen der Freisinger Bischöfe. Obgleich Freising schon im Jahre 1305 15 Grenzpunkte eigenmächtig erklärt hatte, folgten in den Jahrhunderten danach zahlreiche Auseinandersetzungen zwischen Werdenfels und den mächtigeren Nachbarn, dem Herzogtum Bayern im Norden und Tirol im Süden. (Dieser Beitrag konzentriert sich auf die Südgrenze.) Am 20. Oktober 1500 schlossen der römisch-deutsche König Maximilian I., Herr der Österreichischen Erblande, und der Freisinger Fürstbischof Philipp einen Grenzvertrag. Die Grafschaft Werdenfels musste die bisherigen Ansprüche auf das Gebiet von Leutasch und Seefeld sowie Teile des Karwendels um Ron-, Tor- und Johannestal aufgeben. 37 Grenzpunkte wurden festgelegt und zum Teil vermarcht. Weitere Vermarchungen mit Konkretisierungen im Grenzverlauf fanden in Folge weiterer Grenzverträge mit Datierung 1616 und 1654 statt. Am genauesten dokumentierte und arbeitete die Kommission im Jahre 1768, von der in diesem Beitrag berichtet wird.

1802 wurde die Grafschaft Werdenfels in das Herzogtum Bayern eingegliedert. Der Grenzverlauf, den die 1768er-Kommission vermarchte, existiert bis heute als deutsch-österreichische Grenze. Allerdings wurden, vor allem 1846, 1909, in den 1960er- und 1980er-Jahren, viele weitere Grenzsteine, auch auf den Gipfeln, gesetzt. Grenzzeichen an der einstigen Nordgrenze zwischen Werdenfels und dem Herzogtum Bayern, die ebenfalls alpine Punkte enthielten (z. B. am Frieder, unterhalb des Brünstelskreuzes und um das Krottenkopfmassiv), wurden zum Teil schon im 16. Jahrhundert, überwiegend aber 1726 (Westteil zu Kloster Ettal) bzw. 1739/52 (Ostteile zu Kloster Benediktbeuern und zum Landgericht Tölz) erstellt. Sie verfielen seit 1802. Ihre weitgehende Restaurierung ist der Arbeit der Heimatforscher Josef Brandner und Heinrich Spichtinger in den 1990er-Jahren zu verdanken, auf deren Forschungen auch der vorliegende Beitrag beruht.

1654 gefunden und ergänzt wurden. Dieser mehr als 400 Jahre alte Grenzstein steht noch heute original (*Nr. 299*) auf einer freien Wiese unweit der vom Eibsee kommenden und bei Mountainbikern beliebten Forststraße.

„Auf der Schneid des Berges"

Weiter ging es für die Kommission *„auf der Schneid des Berges"*, die dem Eibsee zugewandt ist, an die *„hoche Schwarze Wand"*. Dort, wo der bewaldete Absatz der Thörlen nordostseitig in Felsabbrüche übergeht, hatte man schon 1654 versucht, ein March einzumeißeln, was wegen der *„Gähe"* jedoch nicht gelang. Auch die Kommission 1768 verzichtete darauf und setzte *„wegen Leib- und Lebens-Gefahr ober dieser Wandt"* einen Stein auf (*erneuert, Nr. 300*). Durch unwegsames Gelände, durch das noch heute lediglich Viehtritte führen, begab man sich 750 Meter weiter nach Nordwesten und fand am *„sogenannten Blauen Wändtl"* ein Zeichen mit der Jahreszahl 1654, das man erneuerte. Heute bezeichnet die Blaue Wand einen tieferliegenden großen Felsabbruch Richtung Eibsee, das erhaltene Grenzzeichen (*Nr. 301*) befindet sich, nahe eines neueren Steins (*Nr. 300 2/2*), an einem Wandl mehrere Dutzend Höhenmeter oberhalb. Rund 1000 Meter Luftlinie im Nordwesten, auf dem *„Sattel des Miesing-Bergs"* (nördlich des Flurnamens Glockenschlag), erneuerte man noch ein weiteres Felsmarch von 1654 (heute *Nr. 302, unterhalb des neueren Steins 302 1/1*) und fand wenig weiter einen alten Stein von 1616, den man zerschlug, ehe man nach Ehrwald abstieg.

Am nächsten Morgen, 29. Juli, stieg man zurück und setzte einen neuen Stein an die Stelle (*erneuert, Nr. 303*). Nun führte die Grenze durch die steilen Waldflanken Richtung Tal südwestlich von Griesen. Offenbar bemerkte die Kommission, dass man durch diese nicht absteigen kann, da auf gut 1100 Metern Höhe ein (selbst in heutigen Karten kaum kenntlicher) Felsabbruch mit Wasserfall den Hang durchbricht. So schickte man von der Straße unten einige Kommissionsmitglieder samt ortskundigen Jägern die 300 Höhenmeter den sehr steilen Wald hinauf, sie fanden unterhalb des Wasserfalls Zeichen von 1654 und erneuerten sie (*Nr. 304*).

Den restlichen 29. und folgenden 30. Juli kümmerte sich die Kommission um die Grenzpunkte am kleinen Arlesberg (*meist erneuert, Nr. 305–309*) südwestlich von Griesen, dann ging sie hinüber an die Naidernach und mehrere Kilometer westwärts bis an die „Drei Wasser" (*Nr. 310–313*). Den letzten Stein (*Nr. 314*) setzten sie schließlich im untersten Bereich des Schellbachs. Da dieser dann *„wegen seiner Enge und felsigten Klamm nicht weiter passirt"* werden konnte, vermerkte man, dass die natürliche Grenze nun drei Stunden weit bis zum Schellbach-Ursprung *„unter dem sogenannten Kreutz-Spiz"* (heute Kreuzspitzl) gehe. Dort lag das Ende der Marchung mit Tirol und der Anfang der Grenze von Werdenfels mit *„Kloster Ettal resp. Chur-Baiern"* (siehe Factbox).

In den Tagen danach regelte die Kommission noch gewisse „Unterpunkte", wie Holzrechte der Garmischer am tirolerischen Hochschober und Rechte der Mittenwalder im Karwendeltal, das vor 1766 noch zu Werdenfels gehört hatte. Schließlich wurden alle Beteiligten im August 1768 in Scharnitz mit Böllerschüssen und großzügiger Mittags-Tafel geehrt.

Literatur

Die in diesem Beitrag zitierten historischen Texte und Fakten *(kursiv)* wurden aus folgender Publikation übernommen, die wiederum die Hochstiftsliteralien Freising (Hauptstaatsarchiv München) zitiert: Brandner, Josef/Spichtinger, Heinrich: Rund ums Landl. Altwerdenfelser Grenzsteine und Felsmarchen. Geschichte, Denkmäler, Geschichten. Garmisch-Partenkirchen 1993.

Nordwestlich der „Blauen Wand" über dem Eibsee findet sich dieses seit 1654 erhaltene und gepflegte Felsmarch (oben). Der schöne Grenzstein am Angerlesboden am Thörlenkamm (unten) steht seit 1616 und wird bis heute gepflegt und gültig gehalten.

Begehrte Objekte

Die politische Auseinandersetzung um die Schutzhütten in Südtirol
>> **Florian Trojer**

Die Geschichte des Alpenvereins in Südtirol in den fünf Jahren vom Ende des Ersten Weltkrieges bis zu seinem Verbot durch das faschistische Regime ist geprägt von einer Gratwanderung zwischen scheinbarer Normalität und raschem politischem Umbruch. Das alltägliche Vereinsgeschäft rückte immer mehr in den Hintergrund, die Stimmung wechselte zwischen hoffnungsvollem Aktionismus und Resignation und bot damit ein Spiegelbild der deutschen und ladinischen Öffentlichkeit Südtirols in den frühen 1920er-Jahren.

Der Alpenverein in Südtirol vor dem Ersten Weltkrieg

In Südtirol fand der Alpenverein schon früh Anhänger. 1869 zählte der Deutsche Alpenverein insgesamt 17 Sektionen, wovon zwei ihren Sitz in Südtirol hatten: Bozen und – als einziges Dorf unter den Städten – Niederdorf.

Bis zum Ersten Weltkrieg überzog der Alpenverein Südtirol mit einem Netz von knapp sechzig Schutzhütten. Dazu gehörten einfache unbewirtschaftete Hütten mit wenigen Schlafplätzen wie die Pisciadù-Hütte der Sektion Bamberg, aber auch große Strukturen wie die Schlernhäuser, das Aushängeschild der Sektion Bozen, wo 1914 mehr als 120 Schlafplätze vorhanden waren.[1] 1891 wurden die Schlernhäuser bereits von 1340 Personen besucht,[2] im Rekordjahr 1907 wurden 4190 Gäste verzeichnet.[3]

Südtirol entwickelte sich zu einem der wichtigsten Arbeitsgebiete des Alpenvereins. Als der südliche Landesteil Tirols nach dem Ersten Weltkrieg an Italien fiel, beklagte man im Hauptausschuss des Alpenvereins, dass „gegenüber der uns verlorenen Pracht der Dolomiten, der Ortlergruppe und der Südhänge des Zentralkammes der Alpen" kein „vollwertiger Ersatz" zu finden sei.[4] Viele deutsche, aber auch österreichisch-ungarische Sektionen hatten ihre Arbeitsgebiete bis zu diesem Zeitpunkt in Südtirol, bauten Hütten und Wege, organisierten Bergtouren und Vorträge und betreuten die Bergführer vor Ort. Zum Teil belegen die Namen der Schutzhütten bis heute das Engagement der „Flachlandsektionen", wie etwa die Kasseler Hütte in der Rieserfernergruppe oder die Teplitzer Hütte in den Stubaier Alpen.

Auch die Organisation der Bergführer folgte dem System der Arbeitsgebiete. So erhielt die berühmte Bergführerdynastie der Innerkofler, die vor allem in den Sextner Dolomiten führten, ihr Bergführerabzeichen von der Sektion Hochpustertal, während die in Sulden stationierten Pinggera es von der Sektion Prag erhielten. Insgesamt gab es in Südtirol vor dem Ersten Weltkrieg mehrere Hundert Bergführer und Träger, der Ansturm auf die Berge hatte ein neues Berufsbild geschaffen, das ganze Familien ernährte.[5]

Zu Beginn des Ersten Weltkriegs war der Deutsche und Oesterreichische Alpenverein einer der größten Vereine in Südtirol. Kurz vor dem Kriegseintritt Italiens im Mai 1915 erreichten die Südtiroler Sektionen ihren Mitgliederhöchststand. Insgesamt waren 2475 Personen in 14 Sektionen organisiert, wovon mehr als ein Drittel auf Bozen, die größte Sektion, entfiel. Dazu kamen noch weitere Sektionen in den angrenzenden Gebieten, wie etwa Ampezzo, Fassa, Trient, Fersental und Buchenstein.[6]

Wie in fast allen Sektionen des Alpenvereins brachte der Erste Weltkrieg auch in Südtirol den gesamten Vereinsbetrieb weitgehend zum Erliegen. Viele der Mitglieder und Funktionäre wurden eingezogen, die Front verlief teilweise durch Südtirol, an Bergtouren war nicht zu denken. Die Touristen blieben aus, die Schutzhütten waren entweder zerstört oder militärisch besetzt, manche standen leer.

Die Drei-Zinnen-Hütte war eine der Hütten, die im Ersten Weltkrieg zerstört wurden, um 1919.
© Alpenverein Museum Innsbruck

Das Aushängeschild der Sektion Bozen des DuOeAV: die Schlernhäuser, 1897 (linke Seite).
© Archiv DAV

---

1 Hauptausschuss des Deutschen und Oesterreichischen Alpenvereins (Hg.): Die Schutzhütten des Deutschen und Oesterreichischen Alpenvereins. Innsbruck 1932, S. 114–116.
2 Emmer, Johannes: Geschichte des Deutschen und Oesterreichischen Alpenvereines. Berlin 1894, S. 215.
3 Jahresbericht der Sektion Bozen des DuOeAV für das 38. Vereinsjahr 1907. Bozen 1908, S. 5.
4 Protokoll der Hauptausschuss-Sitzung in Nürnberg vom 8.–10.10.1919, OeAV HA.
5 Südtiroler Führerstandblätter, OeAV HA, BF/101/1.
6 Steigerwald, Norbert: Bestandsverzeichnis DuOeAV-Sektionen 1869–1923, Manuskript, AVS HA.

Die ersten Nachkriegsjahre: Das Vereinswesen erholt sich zögerlich

Die Sektionen des Deutschen und Oesterreichischen Alpenvereins in Südtirol nahmen nach dem Ersten Weltkrieg, ebenso wie die restliche Bevölkerung, eine abwartende Haltung ein, die aber weniger aus einer geplanten Strategie resultierte als vielmehr aus den Verhältnissen der Nachkriegszeit. Die angespannte materielle Situation im Land bewirkte, dass sich das Vereinswesen nur zögerlich erholte. Viele Mitglieder und Funktionäre kamen nach abgeleistetem Kriegsdienst erst nach und nach wieder zurück nach Südtirol. So nahm der Erste Vorstand der Sektion Bozen, Hermann Mumelter, nach dreieinhalbjähriger Abwesenheit erst im Dezember 1918 wieder seine Tätigkeit im Alpenverein auf.[7] Vor allem kleine Sektionen, deren gesamte Organisation oft in den Händen einer einzigen Person lag, standen infolge der Kriegsereignisse am Rande der Auflösung. Die Sektion Sand in Taufers, mit 19 Mitgliedern eine der kleineren Sektionen in Südtirol, verdankte ihren Fortbestand im und nach dem Ersten Weltkrieg vor allem dem Einsatz von Paula Mutschlechner, die ihren Ehemann Egid Mutschlechner, den Ersten Vorstand, vertrat. Dieser kehrte erst im Dezember 1920 aus russischer Kriegsgefangenschaft zurück und übernahm daraufhin wieder die Führung.[8]

Trotz allem kehrte langsam wieder Leben in die lange verlassenen Vereinslokale der Sektionen ein: Versammlungen fanden wieder statt, die durch den Krieg unterbrochenen Tätigkeiten wurden so weit wie möglich wieder aufgenommen, und die eine oder andere gemeinsame Bergtour wurde unternommen. Schon bald aber behinderten die neuen Machthaber in Südtirol die Arbeit der Alpenvereinssektionen.

Im Fokus des Konflikts: Die Schutzhütten des Alpenvereins

Am deutlichsten äußerten sich die Spannungen zwischen italienischer Staatsmacht und Alpenverein in der Frage der Schutzhütten. Von den insgesamt knapp sechzig Schutzhütten, die der Alpenverein zu Beginn des Ersten Weltkriegs in Südtirol unterhielt, gehörten 16 Südtiroler Sektionen, die anderen waren zumeist im Besitz reichsdeutscher und österreichisch-ungarischer Sektionen. Bereits während des Krieges hatten beide Seiten Schutzhütten für militärische Zwecke genutzt. Die endgültige Besetzung aller Schutzhütten – auch der privaten – durch das italienische Heer erfolgte nach dem Waffenstillstandsabkommen vom 4. November 1918, als königliche Truppen bis zur vorgesehenen Waffenstillstandslinie vorrückten.[9]

Bereits im Oktober 1916 hatte sich die Hauptleitung des Club Alpino Italiano mit einer Denkschrift an den italienischen Ministerpräsidenten Paolo Boselli sowie an den Verteidigungs- und den Kriegsminister gewandt. Darin forderte sie, dass alle Schutzhütten ausländischer Institutionen im neuen Staatsgebiet enteignet und dem Club Alpino Italiano überantwortet werden sollten. Die Zuerkennung der Schutzhütten sollte durch eine eigene Klausel in den Friedensverträgen fixiert werden.[10] Diesen frühen Vorstoß des Club Alpino Italiano bewertet die deutschsprachige Literatur zum Thema oft als Hinweis auf den nationalistischen Charakter des italienischen Alpenclubs und als scheinbaren Widerspruch zum apolitischen Selbstverständnis des Vereins.[11] Die Autoren vergessen dabei aber, dass zu diesem Zeitpunkt der Grundsatz, unpolitisch zu sein und zu agieren, bei einem Großteil der europäischen alpinen Vereine nicht viel mehr als ein frommer Wunsch war.

Bemerkenswert ist in diesem Zusammenhang etwa die Vorgehensweise des DuOeAV gegenüber der Società degli Alpinisti Tridentini (SAT), dem alpinen Verein im Trentino. Nachdem die österreichisch-ungarischen Behörden die Società degli Alpinisti Tridentini Anfang 1916 aufgelöst hatten, beeilte sich die Alpenvereinssektion Trient, eine neue Sektion, Welschtirol, zu gründen, um das „nicht unbedeutende Realvermögen" der

---

7 Protokoll 3. Ausschuss-Sitzung der Sektion Bozen des DuOeAV (13.12.1918), Archiv der Sektion Bozen des AVS.
8 Bericht der Sektion Sand in Taufers an den Hauptausschuss, 5.12.1920, AVS HA, Section Taufers.
9 Calegari, G.B.: I Rifugi Alpini delle nuove provincie. Bozen 1924, S. 6–8.
10 Calegari: Rifugi: 5–6.
11 Mayr, Paul: Die Enteignung der Alpenvereinshütten 1923, S. 15; Menara, Hanspaul: Südtiroler Schutzhütten, Bozen 1978, S. 9; Santin, Oswald: Die Geschichte des Alpenvereins Südtirol 1945–1988. Innsbruck 1988 (Diplomarbeit), S. 91.

Società und ihre „zahlreichen Schutzhütten" zu übernehmen. Der Hauptausschuss bestätigte der Sektion, dass der Alpenverein als „der einzige und würdige Erbe" des Besitzes in Frage komme.[12]

Sowohl der Club Alpino Italiano als auch der Deutsche und Oesterreichische Alpenverein standen also keinesfalls abseits der nationalistischen Euphorie, die Europa vor dem Ersten Weltkrieg ergriffen hatte, sondern bliesen kräftig ins nationale Feuer.

In den Friedensverträgen von Versailles und Saint Germain wurden die Vorschläge des Club Alpino Italiano nicht berücksichtigt, die Schutzhütten in den besetzten Gebieten fanden keine explizite Erwähnung. Allerdings enthielten beide Verträge allgemeine Enteignungsklauseln, die das Eigentum der Kriegsverlierer betrafen.[13]

In das Thema Schutzhütten kam erst dann Bewegung, als sich die Ente Nazionale Industrie Turistiche (ENIT), die Nationale Körperschaft für Tourismusindustrie, einschaltete. Mit Besorgnis nahm die ENIT, unter anderem auch auf Hinweis des Club Alpino Italiano, zur Kenntnis, dass viele Schutzhütten in den neuen italienischen Gebieten zusehends verfielen und geplündert wurden, seit das Militär abgezogen war und sie nur noch sporadisch bewacht wurden. Im Juni 1920 machte die ENIT darauf aufmerksam, dass nur die Bewirtschaftung der Schutzhütten den weiteren Verfall aufhalten könne.

Der Vorschlag der ENIT diente als Anstoß für das weitere Vorgehen in der Schutzhüttenfrage. Im Juli 1920 verfügte das Kriegsministerium, dass die 37 Schutzhütten von militärischem Interesse, darunter insgesamt 28 Häuser des Deutschen und Oesterreichischen Alpenvereins, weiterhin vom italienischen Heer verwaltet werden. Auf alle anderen Schutzhütten sollte der Vorschlag der Ente Nazionale Industrie Turistiche angewandt werden. Für die privaten Hüttenbesitzer – ausgenommen die Eigentümer jener neun Häuser, denen eine militärstrategische Lage zugeschrieben wurde – fand die Angelegenheit somit ein glückliches Ende: Sie konnten ihre Schutzhütten nun wieder selbst übernehmen. Auch die Südtiroler Sektionen des Deutschen und Oesterreichischen Alpenvereins konnten ihre Hütten nun, zumindest provisorisch, wieder selbst verwalten.[14] Die Vertreter der Sektionen nahmen diese Entscheidung allerdings skeptisch auf. Nach den bisherigen Erfahrungen mit dem restriktiven Kurs der italienischen Behörden traute man dem scheinbar vorteilhaften Ausgleich nicht. Der Hauptgrund für das Unbehagen unter den Südtiroler Sektionen war aber die faktische Enteignung aller Schutzhütten der ausländischen Sektionen des DuOeAV. Man befürchtete, dass diese Entscheidung jederzeit auch auf ihre Hütten ausgeweitet werden konnte.

Loslösung vom DuOeAV: die letzte Chance?

Um dem befürchteten Vereinsverbot und der Enteignung der Schutzhütten zuvorzukommen, wagten die Südtiroler Sektionen des Deutschen und Oesterreichischen Alpenvereins einen drastischen Schritt: Am 15. Jänner 1920 beschloss die Sektion Bozen ihre Loslösung vom DuOeAV und ihre Umwandlung in einen eigenständigen Alpenverein Bozen.[15] Geistiger Vater dieses Entschlusses war Hans Forcher-Mayr senior (1868–1935), der Erste Vorsitzende der Sektion Bozen.

Die geänderten Satzungen sahen vor, den Namen „Deutscher und Oesterreichischer Alpenverein" aus allen Paragrafen zu streichen, die Sektion sollte sich von nun an Alpenverein Bozen nennen. Wichtigste Neuerung war allerdings die Abänderung der Artikel im Hinblick auf eine allfällige Auflösung der Sektion und des Vereins. Bisher hatte für die Sektionen des DuOeAV allgemein gegolten, dass im Falle ihrer Auflösung „alle Rechte an Weg- und Hüttenbauten unentgeltlich an den Deutschen und Oesterreichischen Alpenverein" fallen und dass im Falle ihrer Auflösung durch die „Behörde" auch das restliche Vermögen an den

Hans Forcher-Mayr senior, Porträtskizze, um 1910
© Archiv AVS

---

12 Schreiben des Vorstandes der Sektion Trient des DuOeAV an den Hauptausschuss, Antwort Hauptausschuss, April 1916, AVS HA, Section Welschtirol.
13 Artikel 297 des Versailler Vertrages und Artikel 249 des Vertrages von Saint Germain.
14 Vgl. Calegari: Rifugi, S. 8–9.
15 Protokoll der Generalversammlung der Sektion Bozen, 15.1.1920, OeAV HA, Akten Politik Südtirol, ZV/6/104.

Mit der Umwandlung in eigenständige Alpenvereine änderten sich auch die Mitgliedsausweise: Aus der Sektion Bozen des Deutschen und Oesterreichischen Alpenvereins wurde der Alpenverein Bozen.
© Archiv AVS

Hauptverein übergehen solle.[16] Der Alpenverein Bozen änderte diesen Passus nun dahingehend ab, dass das Vereinsvermögen samt Schutzhütten nach einer eventuellen Auflösung an die Stadtgemeinde Bozen übergehen solle. Die Gemeinde musste sich für diesen Fall verpflichten, das Vermögen „gleichen Zwecken zuzuwenden"[17], wie sie der Alpenverein verfolgte.[18]

Den anderen Südtiroler Sektionen riet Forcher-Mayr senior in den folgenden Wochen, es der Sektion Bozen gleichzutun und sich in selbstständige Alpenvereine umzuwandeln.

Bis Anfang 1922 war die Umwandlung endgültig abgeschlossen, alle ehemaligen Sektionen des DuOeAV in Südtirol waren nun eigenständige Alpenvereine. In Südtirol gab es nun elf Alpenvereine: Bozen, Brixen, Bruneck, Gröden, Hochpustertal, Klausen, Meran, Sand in Taufers, Sterzing, Überetsch und Mals, die 1922 zusammen etwas mehr als 2100 Mitglieder hatten. Bozen dominierte eindeutig mit über 1000 Eingeschriebenen.[19]

Die Schutzhütten der reichsdeutschen Alpenvereinssektionen

Anfang 1921 investierte der DuOeAV noch in die Sicherung der Schutzhütten, die Sektionen hofften also immer noch auf eine Rückgabe. Sogar der stets skeptische Forcher-Mayr senior zeigte sich optimistisch: Die italienische Regierung werde keine Institution finden, die „die Hütten des DuOeAV in Deutschsüdtirol übernimmt". Die Società degli Alpinisti Tridentini und der Club Alpino Italiano könnten, so Forcher-Mayr senior weiter, „die Verwaltung nicht übernehmen. Sie haben nicht das Organisationstalent."[20]

Diese Einschätzung erwies sich jedoch bald als unzutreffend. Mit Dekret vom 14. Februar 1921 verfügte der Kriegsminister Ivanoe Bonomi die Übergabe aller Schutzhütten ausländischer alpiner Vereine, die nicht von militärischem Interesse waren, an den Club Alpino Italiano. Bereits im April übernahm dieser die ersten Hütten von den zuständigen Militärbehörden und bewirtschaftete im Sommer 1921 immerhin schon zehn der neuen Häuser.[21]

Der Verlust der Arbeitsgebiete und Schutzhütten in Südtirol und Umgebung hatte bei den Sektionen des Deutschen und Oesterreichischen Alpenvereins ein regelrechtes Trauma ausgelöst. Bis zum Ende des Ersten Weltkriegs lagen die Arbeitsgebiete von insgesamt 33 ausländischen Alpenvereinssektionen in nunmehr italienischen Gebieten. Die 27 reichsdeutschen Sektionen, die sich in Südtirol und Umgebung betätigten, verloren 43 Schutzhütten auf italienischem Staatsgebiet. Dazu kamen noch neun Hütten von Sektionen, die sich nach dem Ersten Weltkrieg auf tschechoslowakischem Staatsgebiet befanden, und drei Objekte österreichischer Sektionen.[22] Der Alpenverein hatte in den verlorenen Arbeitsgebieten außerdem viele Hunderte Kilometer an Wegen angelegt und über Jahrzehnte erhalten. Der ideelle und finanzielle Verlust der Sektionen war enorm.

Im Alpinen Museum in München befand sich ab Mitte der 1920er-Jahre ein Relief mit dem Titel

---

16 Satzungen der Sektion Bozen des DuOeAV, 11.2.1910, OeAV HA, Akten Politik Südtirol, ZV/6/104.
17 Satzungen des Alpenvereins Bozen, 1920, OeAV HA, Akten Politik Südtirol, ZV/6/104.
18 Protokolle der Hauptausschuss-Sitzungen in Nürnberg vom 8.–10.10.1919, Passau vom 20.5.1920 und Augsburg vom 13.8.1921, OeAV HA.
19 Bericht des Alpenvereins Bozen, 1922, AVS HA, Akten 1918–1924.

20 Besprechungsprotokoll: Forcher-Mayr sen., Rehlen, Josef Moriggl, 11.3.1921, OeAV HA, Akten Politik Südtirol, ZV/6/104.
21 Calegari: Rifugi, S. 9–11; Ruggera, Fausto: Montagne senza confini. I settant'anni del CAI Bressanone. Brixen 1994, S. 34–35.
22 Liste der reichsdeutschen Schutzhütten in Italien, 1919, Akten Politik Südtirol, OeAV, HA; Calegari: Rifugi, S. 18–62; DuOeAV (Hg.): Die Schutzhütten, S. 114–116.

„Die geraubte Stadt" mit Modellen aller in Italien befindlichen Schutzhütten des Deutschen und Oesterreichischen Alpenvereins, um 1930.

© Archiv DAV

„Die geraubte Stadt", auf dem alle ehemaligen Hütten des DuOeAV, die dieser durch die Folgen des Ersten Weltkrieges verloren hatte, nachgebildet waren. Die einzelnen Hüttenmodelle, insgesamt 71, waren das Werk des Südtirolers Ludwig Mitterdorfer. Zwischen 1920 und 1925 hatte er die einzelnen Hütten aufgesucht und sie dann maßstabsgetreu nachgebildet.[23]

Mit dem Relief wurde etwa ab dem Zeitpunkt, ab dem man nicht mehr an eine Rückgabe der Schutzhütten glaubte, das Trauma des Ersten Weltkriegs und des Verlusts der Arbeitsgebiete in Südtirol im Deutschen und Oesterreichischen Alpenverein visualisiert. Dieses Trauma förderte in der Zwischenkriegszeit wesentlich die politische Radikalisierung des Alpenvereins. Die „Südtirolfrage" entwickelte sich in den 1920er-Jahren zu einem zentralen Thema, das dazu beitrug, den nationalen Gedanken als tragendes Element im Selbstverständnis des Vereins zu etablieren.[24]

Die Südtiroler Alpenvereine werden aufgelöst

Die faschistische Machtübernahme in Rom im Herbst 1922 änderte auch die Situation der Südtiroler Alpenvereine fundamental. Nach dem „Marsch auf Bozen", bei dem etwa 3000 Faschisten die Stadt besetzt hatten, schränkten die Alpenvereine ihre öffentliche Tätigkeit stark ein, um die „Gegner der Alpenvereinsbestrebungen nicht unnütz aufzuregen".[25]

Das endgültige Ende der offiziellen Vereinstätigkeit kam mit dem Dekret zur Auflösung aller alpinen Vereine in Südtirol – mit Ausnahme des Club Alpino Italiano – vom 3. September 1923, das die Präfektur in Trient mit dem Schutz der „nationalen Interessen und der öffentlichen Ordnung" begründete. Neben dem Alpenverein waren auch andere alpine Organisationen betroffen, so die Sektionen des Touristenclubs und der Naturfreunde, aber auch lokale Vereine, wie die sogenannten Bergler in Bozen.[26]

Mit Dekret vom 24. Jänner 1924 verfügte die Präfektur auch die Übergabe des gesamten Vereinseigentums der Südtiroler Alpenvereine an den Club Alpino Italiano.[27]

Die Auflösung aller alpinen Vereine in Südtirol mit Ausnahme des Club Alpino Italiano bedeutete aber keineswegs das Ende jeder organisierten Tätigkeit im alpinen Bereich. Stattdessen kam es zu einer Aufsplitterung in kleine inoffizielle Gruppen, die im Untergrund agierten. Erst 1946 konnte es eine offizielle Wiedergründung geben: Als Alpenverein Südtirol.

---

23 Maria Mitterdorfer geb. Krause, Ludwig Mitterdorfer 1885–1963, sein Lebenslauf (ungedruckt, Privatarchiv Richard Gabloner).
24 Siehe dazu auch die Beiträge von Martin Achrainer/Nicholas Mailänder und Kurt Scharr in diesem Buch; Scharr, Kurt: „Wer die Berge liebt, wird sie dem Welschen Feinde wehren". Der Deutsch Oesterreichische Alpenverein und der Erste Weltkrieg. In: Berg 2004. Alpenvereinsjahrbuch. München/Innsbruck/Bozen 2003, S. 80–89, hier 89.

25 Schreiben des Alpenvereins Bozen an die Alpenvereine Brixen und Meran, 11.1922, AVS HA, Akten 1918–1924.
26 Mayr, Paul: Die Enteignung der Alpenvereinshütten 1923, S. 22–26; CAI Alto Adige (Hg.): Documenti sulla questione die rifugi alpini in Alto Adige. Bozen 1964, S. 15–22.
27 Ebd.: (Mayr, CAI)

Autorinnen und Autoren

Eva Maria Bachinger, geb. 1973, ist Journalistin und Autorin. Die passionierte Reisende und Bergsteigerin hat unter anderem das Buch „Die besten Bergsteigerinnen der Welt" (Milena-Verlag, 2010) verfasst. www.eva-bachinger.at

Georg Bayerle, Dr., ist Spezialist für Berge und Umwelt in Hörfunk und Fernsehen beim Bayerischen Rundfunk, für Sendungen wie „Bergauf Bergab", „Zwischen Spessart und Karwendel" und das „Rucksackradio". Über Berge, alpine Kultur und Natur sind von ihm über hundert Filmbeiträge und zahlreiche Radioreportagen und Features erschienen. Ein weiterer Arbeitsschwerpunkt liegt in der alpinen Kulturgeschichte. Er hat ein Buch über Bergliteratur verfasst und an mehreren Wander- und Bergführern mitgearbeitet.

Vanessa Beucher lebt in La Grave/Frankreich und beschäftigt sich als Journalistin und Fotografin bevorzugt mit dem Themenfeld Berge und Outdoor-Kultur. www.vanessabeucher.com

Max Bolland, geb. 1976, staatlich geprüfter Berg- und Skiführer und Diplom-Sportwissenschaftler, lebt mit Frau und Tochter in Neubeuern im Inntal. Der Profibergführer verbringt auch seine Freizeit am liebsten in den Bergen der Welt, mit besonderer Vorliebe für Kletterreisen rund um den Globus. Als Bergführer leitet er die Alpin- und Wanderschule Erlebnis Berg (www.erlebnis-berg.com).

Robert Demmel, geb. 1963, Redakteur beim Magazin „Alpin", ist seit knapp vier Jahrzehnten Bergsteiger aus Leidenschaft. Den Mineralien der Hohen Tauern ist er seit knapp zehn Jahren auf der Spur.

Andi Dick, geb. 1964, lebt mit Frau und Tochter und Hüftprothese glücklich und zufrieden in Planegg bei München. Der staatlich geprüfte Berg- und Skiführer ist Redakteur bei „DAV Panorama" und in den DAV-Lehrteams Bergsteigen und Sportklettern – und arbeitet täglich daran, wieder an sein altes Niveau heranzukommen. Das direkt vor der OP hat er schon weit übertroffen.

Brigitta Erschbamer, Dr., Universitätsprofessorin am Institut für Botanik der Universität Innsbruck und wissenschaftliche Leiterin der Alpinen Forschungsstelle Obergurgl. Ihre Forschung konzentriert sich auf die Populations- und Vegetationsentwicklung im Hochgebirge. Sie betreut zwei GLORIA-Stationen in Südtirol (Dolomiten und Naturpark Texelgruppe) und ist verantwortlich für die Langzeitforschung in Obergurgl, die sich von den subalpinen-alpinen Weiderasen bis ins Gletschervorfeld des Rotmoosferners erstreckt.

Josef Essl, studierte Biologie mit Schwerpunkt Ökologie an der Universität Innsbruck. Von 1995 bis 2008 Mitarbeiter in der Fachabteilung Raumplanung-Naturschutz im Österreichischen Alpenverein. Seit 2013 Geschäftsführer von CIPRA Österreich und Leiter des Alpenkonventionsbüros. Ausgeübte Funktionen: Nationalparkkomitee in Kärnten, Natura-2000-Plattform im Umweltministerium, Tiroler Naturschutzbeirat/Amt der Tiroler Landesregierung. Seit 2014 staatlich geprüfter Bergwanderführer.

Johannes Fischer, geb. 1955 in Tübingen, Studium der Kartographie an der Fachhochschule München, zunächst berufstätig am Lehrstuhl für Kartographie an der Universität der Bundeswehr München. Mitarbeiter der DAV-Kartographie in der Bundesgeschäftsstelle des DAV seit 1981. Hat dort neben zahlreichen Geländebegehungen noch mit der Kartographie per Tuschezeichnung und Foliengravur begonnen und bereitet sich heute auf die zweite Generation der digitalen Arbeitsweisen vor.

Gerhard Fitzthum, Dr., geb. 1955, promovierte 1991 am Zentrum für Philosophie der Universität Gießen (Odo Marquard) über ökologische Ethik. Seither auf „freier Wildbahn" als Reisejournalist, Essayist und Wanderführer (www.tcen.de) tätig. Seine Schwerpunktthemen sind Philosophie der Naturbegegnung, sanfter Tourismus, kritische Analyse der Wachstums- und Fortschrittsideologie.

Gaby Funk, geb. 1957, studierte Germanistik und Romanistik mit Schwerpunkt Literaturwissenschaft sowie Journalismus und ist als Reisejournalistin und Tourguide weltweit unterwegs. Mehrere Jahre lang war sie als Redakteurin und Textchefin bei Berg- und Outdoormagazinen tätig. Danach lebte und arbeitete sie 15 Jahre lang im Allgäu als freie Journalistin, Autorin und Übersetzerin. Ab 2014 war sie im Helferkreis von Oberzollhaus aktiv, lernte beeindruckende Persönlichkeiten unter den Geflüchteten kennen – und die Probleme mit Behörden und Asylpolitik. Anfang 2017 zog es sie nach Tübingen, wo sie weiterhin über ihre Lieblingsthemen schreibt.

Stephanie Geiger, geb. 1977 in Murnau und dort aufgewachsen, studierte an der Ludwig-Maximilians-Universität in München katholische Theologie, Germanistik, Politologie und Soziologie, promovierte an der Uni Passau über die Europäische Governance. Nach zehn Berufsjahren in Berlin ist sie 2016 wieder in ihre bayerische Heimat zurückgekehrt. Wenn es die Zeit zulässt, ist sie mit Ski oder Mountainbike, mit Seil, Pickel und Steigeisen in den Bergen unterwegs. Darüber schreibt sie u. a. in „F.A.Z.", „Welt am Sonntag", „NZZ", „Die Presse".

Susanne Gurschler, geb. 1969 in Meran (Südtirol), lebt in Innsbruck. Sie studierte Germanistik und Fächerkombination (Philosophie, Geschichte, Politikwissenschaft) an der Universität Innsbruck. Seit 1998 arbeitet sie als freie Journalistin und Autorin in den Bereichen Kunst, Kultur, Zeitgeschichte, Architektur und Tourismus. Zahlreiche Publikationen, u. a. „111 Orte in Tirol, die man gesehen haben muss" (Emons Verlag). www.susannegurschler.at

Ute Hasenöhrl Dr., ist Universitätsassistentin am Institut für Geschichtswissenschaften und Europäische Ethnologie der Universität Innsbruck im Kernfach Wirtschafts- und Sozialgeschichte. Zu ihren Forschungsschwerpunkten zählen die Kolonialgeschichte des British Empire, Technik- und Alltagsgeschichte (v. a. Beleuchtung und Energie), Naturschutz- und Umweltgeschichte, soziale Bewegungen und Zivilgesellschaft, Institutionen und Gemeinschaftsgüter sowie die Kulturlandschaftsforschung.

Andreas Hauser, geb. 1969 in Innsbruck, studierte Komparatistik und Germanistik an der Universität Innsbruck. Von 1998 bis 2014 war er als Journalist bzw. stellvertretender Chefredakteur beim Tiroler Monatsmagazin „ECHO" tätig. Seit 2015 arbeitet er als Redakteur für Corporate Publishing in der Innsbrucker Werbeagentur KULTIG und konzentriert sich dabei auf die Themen Wissenschaft, Forschung, Wirtschaft und Innovation.

Bodo Hell, 1943 in Salzburg geboren, lebt in Wien und am Dachstein. Als Schriftsteller und Künstler widmet er sich Prosa (intertextuell und der Faktizität verpflichtet), Radio, Theater, Schrift im öffentlichen Raum, Text-Musik-Performances, Essays zur bildenden Kunst, Fotos, Film, Ausstellungen, Almwirtschaft. Zuletzt erschienene Bücher: Ritus und Rita. Neue Legenden und Liebeserklärungen, Droschl Essay 69, 2017; Kein Maulwurfshügel, topo-graphische SemmeringBilder (mit Zeichnungen von Norbert Trummer), bibliothekderprovinz, 2016; STADTSCHRIFT Radau A1 Wien, Fotos und Texte bibliothekderprovinz, 2015.

Jochen Hemmleb, geb. 1971, Autor, Drehbuchautor, Fachberater und Übersetzer im Bereich Bergsteigen und Alpinhistorik, nahm als Bergsteiger und Autor an sechs Himalaya-Expeditionen teil. 1999 entdeckte eine von ihm mitinitiierte Suchexpedition am Mount Everest den seit 1924 verschollenen Himalaya-Pionier George Mallory. Hemmleb veröffentlichte zahlreiche Bücher zur Alpinhistorie, zuletzt als Co-Autor das englische Werk „Extreme Eiger" über die John-Harlin-Direttissima in der Eiger-Nordwand 1966. Für das Alpenvereinsjahrbuch porträtierte er zuvor die britischen Bergsteiger Sandy Allan, Andy Parkin und Mick Fowler.

Franziska Horn, geb. 1966, Dipl.-Designerin und ausgebildete Redakteurin, lebt in München. Mit einem Bein in den Bergen aufgewachsen. Seit 1996 schreibt sie als freie Journalistin über Kulturthemen, Outdoor- und Alpinsport, für Tageszeitungen und Magazine. Lieblingsdisziplinen: Hoch- und Skitouren; Reportagen, Interviews und Porträts.

Tobias Ibele ist als Geologe für die staatlich geologischen Dienste der Schweiz und Österreichs in den Alpen und ihrem Vorland unterwegs und ergänzt diese freiberufliche Tätigkeit mit dem Schreiben. Obwohl in der Schweiz lebend, ist er als Fachübungsleiter Bergsteigen und Umweltreferent für eine Sektion des DAV im Einsatz. Die verbleibende Zeit füllt er gern mit Bergtouren und schreibt darüber regelmäßig in Blog-Texten, die auf www.bergliteratur.ch zu lesen sind.

Sybille Kalas, geb. 1949, ist freiberuflich arbeitende Diplom-Biologin mit Zusatzqualifikation Erlebnispädagogik (ÖAV). Elf Jahre lang erforschte sie in der Arbeitsgruppe von Konrad Lorenz das Familienleben von Graugänsen. Sie ist Beauftragte für Familienarbeit der Österreichischen Alpenvereins-Jugend und Ausbildende in der Alpenverein-Akademie. Ihre Themen sind ökologische Bildung, Familien und Kinder, Landart und vor allem das Draußen-unterwegs-Sein, am liebsten in den Bergen. Sybille lebt mit ihrem Mann in Oberösterreich, sie hat drei Kinder und neun Enkelkinder.

Mark Keiter, Dr., geb. 1973, studierte in Münster Geologie und Paläontologie und promovierte dort über Deformationsprozesse in metamorphen Gesteinen der Kykladen (Griechenland). Seit 2011 arbeitet er als Geologe am Naturkunde-Museum Bielefeld und versucht, geologisches Wissen an den Mann/die Frau zu bringen, insbesondere innerhalb der Vertikalsport-Gemeinde.

Matthias Keller, geb. 1973, studierte Sportwissenschaften und Anglistik in Köln. Der begeisterte Kletterer war zunächst lange Jahre als Jugendnationaltrainer für den DAV tätig, 2007 wechselte er in die Bundesgeschäftsstelle. Seitdem lebt er mit Frau und Tochter in München und leitet heute das DAV Ressort Leistungssport. Wenn er nicht klettert, frönt er ausgiebig dem Berg- und Ausdauersport in seinen verschiedensten Spielarten.

Axel Klemmer, geb. 1963, ist Diplom-Geograf und beschäftigt sich seit Beendigung des Studiums in München auch beruflich mit den Bergen, früher als Redakteur bei alpinen Fachzeitschriften („Bergsteiger" und „Berge"), heute als freier Autor. Mehr als das Bergsteigen und die Bergsteiger interessiert ihn das Gebirge selbst: als Wohn-, Wirtschafts- und Verkehrsraum, als Sport- und Konsumtempel, als Wohlstandsbastion und Fluchtburg.

Anette Köhler, geb. 1964, studierte deutsche Literatur- und Musikwissenschaft in Würzburg und München und ist beruflich als Verlagslektorin und privat als Bergsportlerin vorrangig mit den Themen Berge und Bergsteigen beschäftigt. Redakteurin des Alpenvereinsjahrbuchs seit 2011.

Andreas Lesti, geb. 1975 in Augsburg, Journalist und Germanist, lebt seit einigen Jahren im bergfernen Berlin. Seine Recherche-Reisen für die „Frankfurter Allgemeine Sonntagszeitung" und verschiedene Magazine führen ihn jedoch regelmäßig in die Alpen. Er ist für seine Reportagen zweimal mit dem Berg-Welten-Journalistenpreis ausgezeichnet worden und hat das Buch „Oben ist besser als unten. Eine literarische Expedition in die Alpen" geschrieben.

Thomas Neuhold, geb. 1965, Salzburg-Korrespondent der Tageszeitung „Der Standard". Als Alpinjournalist betreut er seit 1997 die Kolumne „Gipfelbuch" im „Salzburger Fenster". Autor für alpinistische Fachmagazine und Mitbegründer des Salzburger Bergfilmfestivals „Abenteuer Berg – Abenteuer Film". Lehraufträge an der Universität Salzburg in den Bereichen Kommunikationswissenschaften, Sportwissenschaften, Sportjournalismus. Autor zahlreicher Berg- und Skitourenführer.

Dominik Prantl, geb. 1977, hat gegenüber berühmten Bergen gewisse Vorbehalte. Leider ertappt sich der Journalist und Wirtschaftsgeograph immer wieder dabei, dass er – wie im Falle des Großglockners – dann doch ganz gerne hochsteigt.

Christian Rauch, Diplom-Ingenieur und seit 2010 freier Journalist und Autor für Zeitschriften und Zeitungen in den Themenbereichen Bergsport, Kultur, Wissenschaft und Technik. Im Bergverlag Rother erschienen von Christian Rauch zahlreiche Kulturwanderbücher, zuletzt „Münchner Berge und ihre Geschichte(n)".

Malte Roeper, geb. 1962, begann in seiner norddeutschen Heimat mit dem Klettern und zog nach der Schule Richtung Alpen. Zahlreiche extreme Routen, vor allem im Montblanc-Gebiet. Dokumentarfilmer, Autor und Dramaturg. Seine Filme über Wolfgang Güllich und die „Huberbuam" wurden mit Preisen ausgezeichnet. Der Vater von drei Kindern lebt in Traunstein, Oberbayern.

Martin Scharfe, Dr. phil. habil., Volkskundler, Universitäts-Professor für Europäische Ethnologie/Kulturwissenschaft. Geb. 1936 in Waiblingen (Württemberg). Zunächst Volksschullehrer. Dann Studium der Volkskunde, Kunstgeschichte, Soziologie etc. in Tübingen. Promotion 1968, Habilitation 1981. Hochschultätigkeit in Tübingen (1968–1985) und Marburg (1985–2001). Gastprofessuren in Stockholm, Graz und Innsbruck. Lebt und arbeitet in Marburg an der Lahn.

Isabelle und **Volker Schöffl** sind DAV-Verbandsärzte und betreuen auch die Kletternationalmannschaften. Dr. Isabelle Schöffl ist Kinderärztin und Sportwissenschaftlerin am Klinikum Bamberg und Prof. Dr. Volker Schöffl Leiter des Zentrums Interdisziplinäre Sportmedizin am Klinikum Bamberg. Beide sind als aktive Sportkletterer, Trailläufer, Skibergsteiger und Langläufer dem Leistungssport eng verbunden und international gefragte Dozenten zum Thema Sportklettern und Medizin.

Karin Steinbach Tarnutzer, geb. 1966 und bei München aufgewachsen, war von Kindheit an in den Bergen unterwegs. Die Literatur- und Kommunikationswissenschaftlerin arbeitete in fünfzehn Verlagsjahren in München und Zürich mit zahlreichen Alpinisten und Bergbuchautoren zusammen. Seit 2001 lebt sie als freie Journalistin (u. a. für „Allmountain", „Geo", „Neue Zürcher Zeitung"), Buchautorin und Lektorin in St. Gallen.

Florian Trojer, geb. 1975 in Bozen, Studium der Geschichte in Innsbruck, seit 2006 Mitarbeit an verschiedenen Alpenvereinsprojekten im Bereich Archiv und Kultur, seit 2010 Sachbearbeiter im Referat Kultur des Alpenvereins Südtirol.

Nachdrucke von Beiträgen, auch auszugsweise, oder Bildern aus diesem Jahrbuch sind nur mit vorheriger Genehmigung durch die Herausgeber gestattet. Alle Rechte, auch bezüglich der Beilagen und Übersetzungen, bleiben vorbehalten. Die VerfasserInnen tragen Verantwortung für Form und Inhalt ihrer Angaben.

Ältere Jahrgänge des Jahrbuchs (Zeitschrift) des Alpenvereins (und viele andere Periodika) finden Sie online auf den Internet-Seiten der Universitätsbibliothek Innsbruck und der Österreichischen Nationalbibliothek unter www.literature.at (1870–1998) (mit Volltextsuche) und unter www.anno.onb.ac.at (1872–1937).

© 2017

Herausgeber: Deutscher Alpenverein, München, Österreichischer Alpenverein, Innsbruck, und Alpenverein Südtirol, Bozen
Jahrbuchbeirat: Georg Hohenester (DAV), Friederike Kaiser (DAV), Melanie Grimm (DAV), Gerold Benedikter (ÖAV), Ingrid Hayek (ÖAV), Evi Brigl (AVS), Ingrid Beikircher (AVS)

Inhaltliches Konzept, Text- und Bildredaktion: Anette Köhler, Tyrolia-Verlag, Innsbruck
Grafisches Konzept: Gschwendtner & Partner, München
Layout und digitale Gestaltung: Studio HM, Hall in Tirol
Coverabbildungen: Großglockner und Glocknerwand von Nordosten (vorne oben), © H. Raffalt; Rückblick vom Gipfel auf den Gipfelgrat und die Glocknerscharte (vorne unten), © D. Prantl; Umschlagrückseite: Die Erzherzog-Johann-Hütte des Österreichischen Alpenklubs auf der Adlersruhe, © H. Raffalt
Abbildung Seite 2/3: Tiefblick vom Glocknerleitl auf die Adlersruhe mit der Erzherzog-Johann-Hütte, der Blick geht hinaus zur Schobergruppe. Zu sehen sind der Hochschober und der Glödis sowie die Goldberggruppe mit dem Sonnblick. © H. Raffalt

Lithografie: Artilitho, Trento (I)
Druck und Bindung: L. E. G. O., Vicenza (I)

Dieses Buch wurde auf FSC®-zertifiziertem Papier gedruckt. FSC (Forest Stewardship Council®) ist eine internationale Non-Profit-Organisation, die sich für eine ökologische und sozialverantwortliche Nutzung der Wälder unserer Erde einsetzt.

Alpenvereinsmitglieder erhalten mit diesem Band die AV-Karte Nr. 40 Glocknergruppe, Maßstab 1:25.000 (10. Ausgabe 2017), ISBN 978-3-937530-78-9

Alleinvertrieb für Wiederverkäufer: Tyrolia-Verlag, Exlgasse 20, A-6020 Innsbruck, www.tyrolia-verlag.at

ISSN 0179-1419
ISBN 978-3-7022-3627-4 (gedrucktes Buch)
ISBN 978-3-7022-3658-8 (E-Book)

Inhalt

Editorial: Von wegen Erholung >> Anette Köhler **6**

BergWelten: Großglockner

Die große Glocknerrunde. Sieben Tage im Banne des Königs der Hohen Tauern >> Josef Essl **10**
A wie Ameisenstraße. Kleines Glockner-Glossar >> Dominik Prantl **22**
Glockner-Ansichten >> Christian Riepler **28**
„Als Naturschutzpark der Zukunft erhalten". Albert Wirth und die Naturschutzidee >> Ute Hasenöhrl **32**
„Der Wirklichkeit abgelauscht". Die Glocknerkarten des Alpenvereins >> Johannes Fischer **40**
Ein sagenhafter Schatz. Die Kristalle vom Großglockner >> Susanne Gurschler **44**
Chronisten des Wandels. Baumfunde im Bereich der Pasterze >> Andreas Hauser **52**
Welterbe-Skitouren. Im Einzugsbereich der Großglockner Hochalpenstraße >> Thomas Neuhold **58**
Die vertagte Seelenrevolution. Szenen unterm Glockner, 1799/1800 >> Martin Scharfe **64**

BergFokus: Bergsport und Gesundheit

Heilsames Bergsteigen >> Eva Maria Bachinger **72**
„Die Stängelchen dem Wind aussetzen …" Was Kinder gesund und stark macht >> Sybille Kalas **80**
Berg-High. Bergsport und Rauschkultur >> Georg Bayerle **86**
Berge als Anti-Depressivum? >> Franziska Horn **94**
„Nach einem Jahr gehört sie dir!" Hüft- und Knieprothesen: Kein Grund zur Angst >> Andi Dick **100**
Kann das noch gesund sein? Klettern als Leistungssport >> Isabelle und Volker Schöffl **106**
„Der Tod am Berg ist männlich". Wie sich geschlechtstypisches Verhalten beim Bergsteigen auswirkt und warum uns Klischees trotzdem nicht weiterbringen >> Stephanie Geiger **114**

BergSteigen

New Kids on the Wall – Alpinismus 4.0. Internationale Highlights 2016/2017 >> Max Bolland **122**
Olympia im Blick. Die wichtigsten Ereignisse und Ergebnisse in den alpinen Wettkampfdisziplinen Klettern und Skibergsteigen >> Matthias Keller **134**
Schallmauer im Hirn. Die Erstbegehung der Pumprisse 1977 – 40 Jahre alpiner 7. Grad >> Malte Roeper **140**

Alpenvereinsjahrbuch BERG 2018

Nicht ohne mein Duschhandtuch. Die „neuen" Hüttenwanderer und der gesellschaftliche Klimawandel >> *Axel Klemmer* **146**

Interkulturelle Seilschaften. Bergsport als Integrationshelfer? >> *Gaby Funk* **154**

BergMenschen

Dienst in den Wolken. Als Wetterwart auf dem Hohen Sonnblick >> *Robert Demmel* **168**

The Good Bad Boy. Der amerikanische Bergsteiger John Roskelley >> *Jochen Hemmleb* **176**

Zwischen Kathmandu, Bern und Duschanbe. Billi Bierling im Porträt >> *Karin Steinbach Tarnutzer* **182**

Interview: Bergführerin Lisi Steurer im Gespräch >> *Anette Köhler* **188**

Seilerste in Sachen soziale Gerechtigkeit. Hanniah Tariq engagiert sich für die Bergregionen ihrer pakistanischen Heimat >> *Vanessa Beucher* **194**

BergWissen

Ewige Berge? Der Blick eines Geologen auf die Lebenserwartung von Gebirgen >> *Mark Keiter* **200**

Den Fels begreifen. Zur Geologie von Klettergesteinen >> *Tobias Ibele* **204**

Alpine Artenvielfalt in Gefahr? Die Vegetation der Berggipfel in Zeiten des Klimawandels – Untersuchungen in den Südtiroler Dolomiten >> *Brigitta Erschbamer* **212**

Wird Biken das neue Skifahren? Die Zukunft des Rad-Tourismus in den Alpen >> *Andreas Lesti* **218**

Skischaukel in der Tabuzone. Der Konflikt um den Alpenplan am Riedberger Horn >> *Gerhard Fitzthum* **226**

BergKultur

Offene Geheimnisse. Vom Dachstein >> *Bodo Hell* **234**

Wo Grenzbeamte zu Bergsteigern wurden. Vor 250 Jahren wurde die Grenze zwischen Werdenfels und Tirol neu vermessen >> *Christian Rauch* **242**

Begehrte Objekte. Die politische Auseinandersetzung um die Schutzhütten in Südtirol >> *Florian Trojer* **248**

Autorinnen und Autoren **254**

Impressum **256**

Von wegen Erholung

Zur 142. Ausgabe des Alpenvereinsjahrbuches

>> **Anette Köhler**

Gesundheit gilt den meisten Menschen als ihr höchstes Gut. „Hauptsache gesund", heißt es, „dann kommt alles andere von allein". Gerade für uns Bergsportler ist das Thema zentral und es steht außer Frage, dass ein aktiver Lebensstil ganz wesentlich zu Fitness und Wohlbefinden beiträgt. Bewegung ist die beste „Firewall" gegen die Zumutungen und Übergriffe des digitalen Lebensstils, der uns grenzenlose Freiheit verspricht und dabei zum Stillsitzen und immer schnellerem Funktionieren und Konsumieren zwingt. Wer sich hingegen regelmäßig bewegt, hat beachtliche Chancen, Herz-Kreislauf-Erkrankungen und anderen Zivilisationskrankheiten davonzulaufen. Aber mal ehrlich: Pflegen nicht gerade wir Bergsportler oft einen kompromisslosen, narzisstischen Lebensstil, der die Konzepte von Wachstum (schneller, höher, schwieriger) und Endloskonsum längst verinnerlicht hat? Der Fokus **Bergsport und Gesundheit** dieser Jahrbuchausgabe widmet sich diesem komplexen Themenfeld, das die vielfältigen Tätigkeitsbereiche des Alpenvereins wie eine Klammer umfasst und uns alle betrifft. Genau deshalb hatte der Österreichische Alpenverein in den letzten drei Jahren hier seinen Arbeitsschwerpunkt gesetzt, der mit dem Fachsymposium „Bergsport & Gesundheit" im November 2016 seinen Abschluss fand.

Doch was ist eigentlich Gesundheit? Und wie wird und bleibt man gesund? Fest steht, dass Gesundheit mehr ist als die bloße Abwesenheit von Krankheit. Nach dem Konzept der Salutogenese (das – im Gegensatz zur Pathogenese – Gesundheits- und nicht Krankheitsprozesse beschreibt) ist Gesundheit ein lebenslanger dynamischer Prozess, der zwischen den Polen Krankheit und Gebrechen einerseits sowie dem erstrebenswerten Zustand des vollständigen körperlichen, geistigen und sozialen Wohlergehens verläuft. Für Aaron Antonovsky, der den Begriff der Salutogenese prägte, ist dabei der „Sense of Coherence" ein wesentlicher Aspekt: das „Sinnesorgan" für Stimmigkeit, Verbundenheit, ja Sinnhaftigkeit, das jeder Mensch von Geburt an hat.

Neben allen positiven Auswirkungen auf unsere Physis ist es wohl gerade das Stärken dieses „Sense of Coherence", das Aktivitäten in der Natur so besonders macht: Wenn wir während eines fordernden Tages in den Bergen uns selbst in einer anderen Weise spüren, als es uns die modernen Arbeits- und Lebenswelten oft auferlegen; spüren, dass wir die Herausforderungen, die der Weg mit sich bringt, aus eigenen Kräften meistern können, uns auf ein Ziel hin anstrengen und es erreichen können und uns angesichts der Größe der Natur gleichzeitig in unserer Bedeutung relativiert und als Teil von etwas Größerem empfinden dürfen.

Bergsport in all seinen Spielarten fördert Selbstwahrnehmung, Selbstwirksamkeit und Resilienz entscheidend und kann uns ein Gefühl der Verbundenheit schenken (siehe Beitrag Seite 72): Aspekte eines gesunden, gelingenden Lebens, die kein Fitnessstudio bieten und die man nirgendwo sonst kaufen kann – und welche die Funktion der „Erholung" weit überschreiten. Deswegen ist es von entscheidender Bedeutung, gerade Kindern von Anfang an die Möglichkeit zu geben, sich selbst in der Natur erfahren zu können (siehe Beitrag Seite 80).

Untersuchungen zeigen deutlich, dass sich körperliche Aktivität positiv auf die psychische Belastbarkeit auswirkt und dass dieses Zusammenspiel positiv verstärkt wird, wenn die Bewegung draußen – in der Natur – stattfindet. In der Therapie von Depressionen zeigt regelmäßiges Wandern nachweislich eine Wirkung, die mit der konventionellen medikamentösen Behandlung vergleichbar ist (siehe Beitrag Seite 94).

Natur tut uns gut, in einem tiefen, komplexen Sinn, den DAV-Vizepräsident Rudi Erlacher in seiner sehr lesenswerten, eingangs zitierten Stellungnahme zum Alpenplan[1] anklingen lässt, um dessen Fortbestand derzeit stellvertretend – und mit einer Bedeutung, die weit über die unmittelbar betroffenen Bayerischen Alpen hinausgeht – am Riedberger Horn im Allgäu gerungen wird (siehe Beitrag Seite 226). Diese Naturbeziehung, die Erlacher anspricht, ist ein gewachsener Teil unserer Kultur, verwurzelt im Geist der Romantik. Die

---

1 *Der komplette Text ist nachzulesen unter www.alpenverein.de/stellungnahme-alpenplan-erlacher*

*So, wie wir unsere Museen, Konzerthallen und Orchester schätzen,
so schätzen wir auch unsere Naturräume. Nicht nur wegen der „Erholung" –
niemand geht ins Museum, nur um sich zu erholen.
Und ebenso ist es im Gebirge: Es geht nicht nur um Erholung,
es geht darum,* **den Alltag** *zu transzendieren,* **zu überschreiten***,
ihm ein Licht aufzusetzen. Insofern ist der Erholungsraum Alpen des Alpenplans
auch ein „Bereicherungsraum" – ganz ohne Heller und Pfennig.*

Rudi Erlacher

Transzendierung des Alltags, das außerordentliche, ja rauschhafte Erlebnis ist dabei von Anfang an ein elementarer Aspekt dessen, warum Menschen Berge besteigen (siehe Beitrag Seite 86).

Mit dem BergWelten-Schwerpunkt **Großglockner** begeben wir uns in das flächenmäßig größte Naturschutzgebiet in den Alpen und in den ältesten Nationalpark in Österreich – wobei dieses Prädikat durchaus relativ ist: Erst gut hundert Jahre nach dem ersten Nationalpark in den USA und mehr als sechzig Jahre nach der grundlegenden Gebietsschenkung an den Alpenverein durch den Kärntner Holzindustriellen und Naturliebhaber Albert Wirth (siehe Beitrag Seite 32) konnte in Österreich die Nationalparkidee in die Tat umgesetzt werden. Im Kern dieser Schutzzone verdichten sich die verschiedensten geologischen, geographischen und alpinhistorischen Phänomene, daher ist der Glockner für viele Superlative gut: Der höchste Gipfel der Alpenrepublik wird – dramatischer Gletscherschwund hin oder her – vom nach wie vor längsten Gletscher der Ostalpen umflossen, der wiederum den Ötzi unter den Bäumen freigegeben hat: eine rund 9000 Jahre alte Zirbe, deren Erforschung das Wissen um die klimatischen Bedingungen im Holozän grundlegend verändert hat (siehe Beitrag Seite 52). In den Flanken der Glocknerwand wurde vor einigen Jahren einer der größten Kristallschätze der Ostalpen gefunden und unter dramatischen Umständen geborgen (siehe Beitrag Seite 44). Und natürlich ist der Großglockner vor allem einer der begehrtesten und beliebtesten Gipfel. Wenn dann einer wie Dominik Prantl mit dem Auftrag auszieht, den alltäglichen Wahnsinn an Österreichs höchstem Berg zu beschreiben, mit der Botschaft zurückkommt, dass er einen „Wahnsinn" trotz Ameisenstraße im Gipfelbereich (siehe Titelbild) nicht finden könne, dürfen wir das als eine gute Botschaft betrachten – zumal sein amüsantes Glockner-Glossar (Seite 22) die geplante Reportage mehr als ersetzt.

In Sommern wie diesem, wo die Gletscher nahezu komplett ausapern und die Temperaturen über Wochen ungewöhnlich hoch sind – der August 2017 liegt laut Zentralanstalt für Meteorologie und Geodynamik um 1,9 Grad über dem vieljährigen Mittel und gilt als der fünftwärmste seit Beginn der Messgeschichte –, werden klassische hochalpine Gipfelanstiege wie der auf den Glockner allerdings zunehmend gefährlich (siehe Beitrag Seite 28): die Gletscher blank, die Spalten offen, erhöhte Steinschlaggefahr und der Übergangsbereich von Fels und Eis ein undefinierbares, kaum sicherbares Gekrümel. Laut dem österreichischen „Sachstandsbericht Klimawandel" wandert mit jedem Grad Temperaturanstieg die Permafrostgrenze um 200 Meter nach oben: ein Phänomen, das uns noch vor ganz andere Fragen stellen wird als die, wie wir zum Gipfel kommen.

Während der Arbeit an diesem Text hat sich am Piz Cengalo im Schweizer Bergell ein Bergsturz von gewaltigem Ausmaß ereignet: Rund vier Millionen Kubikmeter Fels brachen zusammen, stürzten ins Tal und schoben sich als verheerende Mure talaus. Blickt ein Geologe wie Mark Keiter auf die Berge (siehe Beitrag Seite 200), mag dies in Anbetracht der „Lebenszeit" von Gebirgen ein unbedeutender Rülpser sein – uns lässt er jedoch deutlich spüren, wie klein und machtlos wir sind gegenüber dieser unfassbar großen Naturgewalt.

An was werden wir uns erinnern, wenn wir rückblickend an das Jahr 2017 denken? An diesen Bergsturz am Cengalo? Den Tropensturm Harvey? An das Freerider-Solo von Honnold (siehe Chronik Seite 128) oder die Auftritte von US-Präsident Trump? – Vermutlich an nichts von all dem, wenn wir nicht eine auf ganz realem Erleben beruhende, persönliche Beziehung dazu hatten. Ein Grund mehr, den sich spiegelnden Touchscreenwelten immer wieder adieu zu sagen und sich von der Wirklichkeit der Natur und unseres Gegenübers berühren zu lassen: in den Bergen oder anderswo.

BergWelten

Wo Österreich mit 3798 Metern am höchsten ist, kulminieren auch geologische, geographische und historische Phänomene und sorgen für spannende Themen und Geschichten – ganz abgesehen davon, dass der **Großglockner** nach wie vor ein großartiges Bergerlebnis ist. Mehr als genug Stoff also für ein vielseitiges Gebiets-Portfolio. Im Bild: Großglockner mit Stüdlgrat (rechts) und Glocknerwand vom Großen Muntanitz aus gesehen. Darunter die weiten Gletscherflächen von Fruschnitzkees (links) und Teischnitzkees.

Die große Glocknerrunde

Sieben Tage im Banne des Königs der Hohen Tauern
>> **Josef Essl**

Wer den Großglockner umrundet, wird die ganze Schönheit und Wildheit des Nationalparks Hohe Tauern erleben. Wie kein anderer Hüttentrekk in Österreich bietet die Glocknerrunde unverwechselbare Eindrücke, die vom Kontrast zwischen der vergletscherten Hochgebirgs- und der traditionell gepflegten, bergbäuerlichen Kulturlandschaft lebt.

Die Hohen Tauern gehören inmitten Europas wohl zu den imposantesten Gebirgslandschaften, reichen sie doch von den von eiszeitlichen Gletschern geformten Tallandschaften mit ihren seit Jahrhunderten in mühsamer Handarbeit bewirtschafteten Bergwiesen bis hinauf in das alpine Urland mit seinen sich über 50 Quadratkilometer erstreckenden Tauerngletschern, zwischen denen mehr als 250 über 3000 Meter hohe Bergspitzen in den Himmel ragen. Unter ihnen bildet der 3798 Meter hohe Großglockner den Höhepunkt.

Prinzipiell ist der Einstieg in die Glocknerrunde in jedem Teil des Nationalparks möglich: ob von Kärnten über Heiligenblut, von Osttirol über Kals am Großglockner oder auf Salzburger Seite von Kaprun. Dieser Einstieg von Norden her hat den Vorteil, dass hier mit Zell am See die beste verkehrstechnische Anbindung, auch an ein internationales Bahnverbindungsnetz, besteht.

Von Kaprun zum Berghotel Rudolfshütte

Die Fahrt hinauf zum Stausee Mooserboden (2040 m) und damit zum Einstieg in die Glocknerrunde erfolgt von Kaprun aus mit dem Bus über das Kesselfall-Alpenhaus. Anschließend werden 431 Höhenmeter mit dem Lärchwand-Schrägaufzug überwunden. Man kann die beiden Stauseen Wasserfallboden und Mooserboden des Speicherkraftwerks Glockner-Kaprun, dessen Bau bereits Ende der 1930er-Jahre begonnen wurde, durchaus als technische Meisterleistung betrachten, dennoch trüben sie mit ihren mächtigen Staumauern den Blick auf die Berg- und Gletscherwelt.

Sieben Tage lang steht seine Majestät im Zentrum des Geschehens: Großglockner und Glocknerwand von Nordosten gesehen, darunter das zerrissene Glocknerkees. Auch in Zeiten des Schwunds bleiben die Gletscher die prägende und formende Kraft im Nationalpark Hohe Tauern.

© H. Raffalt (linke Seite)/
J. Essl (links)/Ch. Riepler (rechts)

BergWelten | 11

Im Antlitz des Karlingerkeeses führt der Anstieg der ersten Etappe über den Stausee Mooserboden hinauf zum Kapruner Törl.
© J. Essl

Der Kontrast zwischen Technik und Natur könnte nicht größer sein. Nur Wenige wissen, dass das Wasser in den Stauseen nur zu einem kleinen Teil von den umliegenden Gletschern stammt. Vor allem wird das Wasser der Pasterze, im Stausee Margaritze in Kärnten gesammelt, von dort über einen Überleitungsstollen in den Mooserboden geleitet.

Doch mit dem Beginn der Bergwanderung über die Staukrone lässt man Technik und Trubel schnell hinter sich und taucht langsamen Schrittes, begleitet von einer zunehmenden Stille und mit Blick auf einen Perlenkranz vergletscherter Dreitausender, in den Nationalpark ein. Am Wegesrand zaubert eine bunte Alpenflora mit Silberwurz, Alpen-Leinkraut, Fetthennen-Steinbrech, Tauerneisenhut, Stengellosem Leimkraut, Wundklee, Traubensteinbrech, Rotem Steinbrech und vielem mehr wunderschöne Farbtupfer in den dunklen Fels. Nach einigen leichten Auf- und Abstiegen ist bald das Ende des Stausees erreicht. Gut 600 Höhenmeter sind nun durch das ausladende Kar der „Wintergasse" bis zum Kapruner Törl zu überwinden. Nach einigen steilen Kehren führt der Steig direkt auf der Schneide einer markanten Ufermoräne entlang, die erahnen lässt, mit welcher Mächtigkeit sich das ehemalige Törlkees den Weg durch die „Wintergasse" während des letzten Gletscherhochstandes um 1850 gebahnt hat. Mit dem Rückzug des Gletschers hat sich in einer Mulde ein kleiner Bergsee gebildet, der sich kontrastreich von der zunehmend kargen Landschaft abhebt.

Mit dem Erreichen der Scharte des Kapruner Törls (2639 m) über Geröll und lose Steinplatten öffnet sich der Blick auf die wilde Bergszenerie des schuttbedeckten Torkeeses, des Oberen und Unteren Rifflkeeses sowie der Nordabbrüche zwischen Totenkopf, Hoher Riffl und Torkopf. So unnahbar und gefährlich diese Fels- und Eiswelt auch erscheint: die gut einsehbare und markante Nordwand der Hohen Riffl ist eine beliebte Eistour unter erfahrenen Alpinisten.

Angenehm geht es nun unter den Felsfluchten der Törlköpfe knapp 400 Höhenmeter ins Übelkar, wo sich der Steig durch vier Meter hohe Felsblö-

Wie ein Adlerhorst thront die Sudetendeutsche Hütte über dem Steinertal mit Blick auf Venediger- und Lasörlinggruppe.

© J. Essl

cke windet, die das schuttbedeckte Torkees einst ins Tal transportiert hat. Dazwischen schlängelt sich in zahlreichen Mäandern der Gletscherbach hinunter in den Speicher Tauernmoossee. Nach einer Geländekante und einem weiteren Abstieg durch die Hintere Ochsenflecke erreicht man den Gaulmöselsteg (2028 m).

Vor 150 Jahren reichte das Ödenwinkelkees weit herab. Heute zeugen noch der Name „Eisboden" und ein eingerichteter Gletscherlehrweg von diesem ehemals mächtigen Eisstrom, der sich gerade in den letzten Jahren stark zurückgezogen hat. Unter den Nordwänden des Eiskögele scheint er regelrecht Schutz vor den Sonnenstrahlen zu suchen.

Der letzte Anstieg von gut 300 Höhenmetern zum Berghotel Rudolfshütte (seit 2004 in Privatbesitz) führt entweder über die alpinistisch etwas fordernde „Steinerne Stiege" oder, durchwegs unschwierig, über den Hinteren Schafbichl. Auch hier tritt die Natur wieder in den Hintergrund, denn Speicherseen, Seilbahnanlagen und Skipisten dominieren die Landschaft.

Über den Kalser Tauern zur Sudetendeutschen Hütte

Sobald die ersten Sonnenstrahlen die umliegenden Bergspitzen mit Stubacher Sonnblick und Granatspitze berühren, sollte man seine Bergschuhe für diese zweite Etappe schnüren, denn der Weg entlang des Silesia-Höhenweges zur Sudetendeutschen Hütte ist weit. Dafür zählt dieser Abschnitt zu den herausragendsten der gesamten Runde. Einsamkeit und Stille werden zum Begleiter und der Blick auf den Großglockner mit seinen eisgepanzerten Trabanten schafft fesselnde Momente. Nach einer guten Stunde ist der Kalser Tauern (2518 m) erreicht, wo die wärmenden Sonnenstrahlen die noch müden Glieder zum Leben erwecken. Das ist auch notwendig, denn nun folgt ein steiler Abstieg hinunter zum „Erdigen Eck" (2213 m), einem wichtigen Kreuzungspunkt entlang der Glocknerrunde. Hier kann die Route mit dem weiteren Abstieg zum wunderschönen Dorfersee und durch das Dorfertal zum Kalser Tauernhaus und weiter nach Kals am Großglockner abgekürzt werden.

Am Gradetzsattel, dem höchsten Punkt der Runde: Auf dem Silesia-Höhenweg hat man den Großglockner stundenlang im Blick. Rechts: Das Zwerg-Seifenkraut ist sehr eng auf die Ostalpen begrenzt. In den Hohen Tauern hat es als subendemische Pflanze eine Heimat gefunden.
© Ch. Klocker/J. Essl

Der Silesia-Höhenweg, der bereits in den 1960er-Jahren von der damaligen schlesischen Sektion Silesia-Troppau in mehrjähriger Bauzeit errichtet wurde, führt hingegen zur westlichen Hangschulter von Seetrog und Spinnevitrol aufwärts. Dabei passiert er zahlreiche Bäche und Gräben, wandelt durch Kare und Tröge und überquert bis zur Sudetendeutschen Hütte zahlreiche Gratschneiden und Sättel. Der Blick auf die atemberaubende Landschaft mit dem Glocknerkamm vom Eiskögele über Romariswandkopf, Glocknerwand bis zum Großglockner und zu den darunter liegenden Gletscher- und Eisströmen mit Kastenkees, Lapperwitzkees, Fruschnitzkees und Teischnitzkees fesselt, die seltsamen Bergnamen wecken die Neugierde: Wo sie wohl herstammen?

Den steilen, kurzen Anstieg zum Spinnevitrol hat man bald hinter sich gelassen und gelangt am Fuße des Äußeren Knappenkopfes zum Inneren Knappentrog. Ein schmales Steiglein zweigt hier rechter Hand ab und führt über Bergwiesen in 20 Minuten in den Schoß der Aderspitze zum Schwarzsee (2602 m), einem der schönstgelegenen Bergseen in den Hohen Tauern. Nur schwer wird man sich vom glasklaren Wasser und vom Blick auf den Dom des Großglockners mit seinem Langschiff der Glocknerwand trennen und seine Bergwanderung fortsetzen, aber es ist erst gut die Hälfte der heutigen Etappe geschafft.

Es folgen steilere Abschnitte bergauf und bergab, immer wieder trifft man dabei auf Geländepunkte mit romanischen Namen, wie etwa Bloibalfelen („steiles Grundstück") oder Gradetzsattel (von *Gradötz*, „hoher Felsen").

Den Gradetzsattel schmückt ein mächtiger Steinmann, mit 2826 Metern ist er der höchste Punkt der gesamten Glocknerrunde. Von hier schweift ein letztes Mal der Blick auf die dunkle Felspyramide des von Kargletschern umrahmten Glocknergipfels, bevor der Abstieg zur Sudetendeutschen Hütte erfolgt. Das Gradetzkees hat sich in den letzten Jahren stark zurückgezogen, doch die mächtigen Seitenmoränen bezeugen beim Durchwandern des Gletschervorfeldes mit seinen zwei Bergseen, wie weit sich die Gletscherzunge noch vor gut 150 Jahren ausgedehnt hat. Nach bald neun Stunden Gehzeit ist die hoch über dem ursprünglichen Steinertal gelegene Sudetendeutsche Hütte (2650 m) mit ihrem kleinen Bergsee erreicht.

Über die Dürrenfeldscharte und das Hohe Tor nach Kals

Von der kleinen und feinen Sudetendeutschen Hütte mag man sich womöglich nur schwer trennen, denn nicht nur die aussichtsreiche Lage und die besondere Stille laden zu einem längeren Aufenthalt ein, es sind auch die umliegenden über 3000 Meter hohen Berggipfel, wie Großer und Kleiner Muntanitz, Gradetzspitze oder Vordere Kendlspitze, die mit einsamen Anstiegen und großartigen Ausblicken locken.

Unterhalb der steilen Westhänge der Gradetzspitze zieht, mitunter seilversichert, der bereits im

Hoch über dem Peischlachbach führt der Anstieg zum Peischlachtörl.
Links: Die Gelbe Hauswurz gehört zu den Raritäten in den Hohen Tauern.
© J. Essl

Jahre 1930 errichtete Sudetendeutsche Höhenweg hinauf zur Dürrenfeldscharte (2823 m). Hier hat man die Qual der Wahl: Will man gleich den Abstieg nach Kals am Großglockner fortsetzen oder vielleicht doch die 265 Höhenmeter hinauf zur 3088 Meter hohen, aussichtsreichen Kendlspitze „mitnehmen"? Bis auf den Übergang vom Grat zum Gipfel beherbergt dieser Anstieg keine besonderen Schwierigkeiten.

Der Abstieg durch die „Mondlandschaft" des weitläufigen, von Schutt bedeckten Dürrenfeldes führt die vielfältige Geologie der Hohen Tauern vor Augen. Es sind Gesteine der Oberen Schieferhülle mit Kalkglimmerschiefer und Prasinite, die hier in Erscheinung treten. Unterhalb des Tschadinhörnls bricht das Gelände steil ab und wird von zahlreichen schuttbedeckten Rinnen durchzogen. Trittsicherheit ist in diesem labilen Gelände ein wichtiger Begleiter. Doch nach wenigen Kehren wird das Gelände wieder etwas flacher, die karge Landschaft tritt in den Hintergrund und weicht den üppigen, mit Edelweiß-Sternen eingesprenkelten Bergwiesen bis zum Hohen Tor (2477 m). Hier sollte man innehalten, denn mit dem Blick auf die Schobergruppe und ihre von dunklem Gestein geprägten Berg- und Felsspitzen öffnet sich eine weitere vielfältige Berglandschaft der Hohen Tauern, die wir noch kennenlernen werden. Von tief unten grüßt bereits Kals herauf. Unmittelbar nach dem Hohen Tor baut sich der aufgrund seines Serpentingesteins grünblau schimmernde Gipfel der Blauspitze (2575 m) auf. Der abweisend wirkende Berg ist über einen markierten Steig zwar steil, aber ohne technische Schwierigkeiten erreichbar. Allein wird man hier sehr wahrscheinlich nicht sein, denn viele Touristen, die sich mit der Seilbahn von Kals aus bis auf über 2300 Meter in die Höhe transportieren lassen, wählen die Blauspitze als Gipfelziel.

Aufgrund des reichen Vorkommens von Serpentin wurde östlich am Fuße der Blauspitze bereits im 15. Jahrhundert nach Kupfererz geschürft. In der Umgebung befinden sich mehrere Knappenlöcher, wobei die allermeisten nur sogenannte „Hoffnungsstollen" waren. Das Knappenloch unterhalb der Blauspitze dient mittlerweile als frei zugängliches kleines Schaubergwerk.

Der weitere Abstieg über den Aussig-Teplitzer Weg nach Kals führt am Ganotzegg (2055 m) zur Kapelle der verunglückten Bergsteiger, anschließend entlang öder Skipisten und unter Seilbahnen hindurch. In Kals, das gern als die Wiege des Alpinismus bezeichnet wird (siehe auch Seite 25), lohnt sich der Besuch des Bergsteigerfriedhofes sowie die Ausstellung im Glocknerhaus, wo man unter anderem die prächtigsten Exemplare des sensationellen Kristallfunds in der Glocknerwand (siehe Seite 44) bewundern kann.

Über die Tschadinmähder und das Peischlachtörl zur Glorer Hütte

Nach dieser kurzen Rückkehr von der Bergeinsamkeit in die „Zivilisation" geht es anderntags bereits früh am Morgen hinaus in die Natur, denn beim Anstieg über die Tschadinmähder bis zur Glorer Hütte gilt es doch beinahe 1600 Höhenmeter zu überwinden. Knorrige Lärchen, üppig blühende Bergwiesen, kleine Almhütten, rauschende Bäche und neue Ausblicke auf den Großglockner entschädigen für den mehrstündigen Aufstieg. Gleich zu Beginn zieht sich der Steig steil in zahlreichen Kehren hinauf zur Glorergartenalm (1804 m). Nur wenige Lücken lassen Blicke durch den dunklen Fichtenwald auf den Talboden von Kals und die gegenüberliegenden Berge der Granatspitzgruppe zu. Doch mit zunehmender Höhe beginnt sich das Bild der Landschaft immer mehr zu ändern. Eine kleine Unterstandshütte bietet mit einem grandiosen Blick auf das tief eingeschnittene Ködnitztal und den dahinter steil aufragenden Großglockner mit seinem markanten Stüdlgrat einen guten Rastplatz.

Am Fuße der Nordwesthänge des Tschadinhorns folgt ein kurzer Abstieg bis zum Peischlachbach, der eine Trennlinie zwischen Schober- und Glocknergruppe bildet. Hier treffen unterschiedliche Gesteinsschichten aufeinander, die beim Anstieg zum Peischlachtörl mit einer unbeschreiblich bunten und vielfältigen Blumenpracht überzogen sind. Am Peischlachtörl (2490 m) mit seiner Unterstandshütte öffnet sich nach Süden hin eine weite, tundraartige Moorlandschaft, die von ausgeprägten Bültenböden begrenzt wird. Darüber thront das Böse Weibl. Gute eine Stunde sind es noch bis zum Berger Törl, in dessen Einsattelung – der Grenze zwischen Tirol und Kärnten – seit 1887 die Glorer Hütte steht. Man folgt dabei dem seit 1934 bestehenden Wiener Höhenweg, der seinen Ausgangspunkt im wilden Herzen der Schobergruppe hat. Das Steiglein führt mitten durch die steile, schuttbedeckte Nordflanke des Kastenecks, die ständig in Bewegung zu sein scheint, und erfordert erhöhte Konzentration. Auch auf herabstürzende Steine ist zu achten! Doch schon bald sind diese heiklen Passagen gemeistert und die Glorer Hütte liegt in Sichtweite.

Auf den Spuren der Erstbesteiger zwischen Salmhütte und Glocknerhaus

Folgt man am nächsten Morgen in aller Stille dem Steig zur Salmhütte, betritt man schon nach wenigen Minuten das weitläufige grüne Becken des Glatzbachtales, das von unzähligen Bächen und Rinnsalen wie von Adern durchzogen wird. Nur wenige Meter abseits versteckt sich in einer Mulde mit dem Oberen Glatzsee ein wunderschönes, von Wollgraswiesen umrahmtes Kleinod. Neben dem majestätischen Großglockner fesselt besonders der Blick auf das mächtige Schwerteck und den Schwertkopf mit den von Eis und Wind geformten scharfen Graten und den tief eingeschürften Karen. Aus der Ferne grüßt bereits die kleine Salmhütte herüber, doch muss bis dorthin noch der steile und seilversicherte „Glatzgang" überwunden werden, denn der Leiterbach hat sich hier tief in den Berg eingegraben. Sollte für diesen Abschnitt eine gewisse Unsicherheit bestehen, so gibt es auch die Möglichkeit, die einfachere Route über die „Erdstellen" zur Salmhütte zu wählen.

Die Salmhütte hat eine lange und ereignisreiche Geschichte, denn sie wurde anlässlich der geplanten Erstbesteigung des Großglockners (siehe dazu Seite 64) durch Fürstbischof Franz Xaver von Salm-Reifferscheid errichtet und gilt als die erste Schutzhütte in den Ostalpen. Der erste Bau erfolgte im Jahre 1799, gut 200 Höhenmeter oberhalb der jetzigen Schutzhütte. Diese erste Schutzhütte wurde aber durch das vorstoßende Hohenwartkees gänzlich zerstört. 1883 erfolgte die Eröffnung der zweiten Salmhütte am Fuße des Schwertecks auf 2753 Metern Höhe. Auch diese Schutzhütte, deren Schlaf- und Essräume in den Fels gehauen wurden, war nicht lange von Bestand, und so erbaute die ÖAV-Sektion Wien am heutigen Standort die dritte Salmhütte. Sie bietet sich auch heute noch als ruhigere Alternative zur Stüdlhütte an, um den Großglockner über die Hohenwartscharte zu besteigen. Von hier besteht auch die Möglichkeit, direkt durch das Leitertal nach Heiligenblut abzusteigen, von wo einst die Erstbesteiger ihre Expedition auf den höchsten Berg Österreichs unternahmen.

Nach einer ausgiebigen Rast auf der Salmhütte folgt man der Glocknerrunde entlang des Wiener Höhenweges talauswärts zur Stockerscharte. Sanft geneigt führt der Steig unterhalb des Schwertecks mit seiner mächtigen, nach Süden ausgerichteten Felswand und dem „Eiskeller" vorbei, dem Rest eines Karlgletschers, der vor nicht allzu langer Zeit noch als „Kühlschrank" für die Lebensmittel der Salmhütte gedient hatte. Auch

Der von Wollgras umgebene Obere Glatzsee bildet ein besonderes landschaftliches Kleinod im Antlitz des Großglockners. Rechts die kargen Flanken des Schwertecks.
© J. Essl

wenn die Bergwelt überaus beeindruckend ist, sollte man den Nahblick in die umliegenden Bergwiesen nicht vergessen, denn dort wird man immer wieder die weißfilzigen Edelweiß-Sterne erblicken. Begleitet vom Rauschen des Leiterbaches geht es steil und teilweise seilversichert hinauf zur Stockerscharte (2501 m). Das Gelände bricht hier steil in die Tiefe, ein Fehltritt wäre fatal.

Die Stockerscharte bietet dann genügend Platz für eine Rast. Auf diesem exponierten Punkt fühlt man sich angesichts der grandiosen Aussicht wie in einem Freiluftkino: Aus der Goldberggruppe grüßen Sonnblick und Hocharn herüber, zur Linken blickt man auf die Pasterze und die umliegenden Gipfeltrabanten mit Freiwandeck, Fuscherkarkopf, Johannisberg und Großglockner. Die Pasterze, noch immer der längste Gletscher der Ostalpen, ist ein eindrucksvolles Beispiel dafür, wie stark die Gletscher, nicht zuletzt aufgrund des Klimawandels, zurückgegangen sind: Vor gut 170 Jahren floss der mächtige Eisstrom bis unterhalb des heutigen Margaritzenspeichers in die Möllschlucht. Heute erinnern nur mehr der Untere Pasterzenboden mit dem Sandersee und die immer noch gut sichtbare Ufermoräne an dieses mächtige Ausmaß. Nur mehr knapp 400 Höhenmeter tiefer liegt bereits das Glocknerhaus, das Ziel der heutigen Etappe.

Zu Beginn führt der Abstieg durch das Schrofengelände des Mittleren Leiterkopfes, wo Trittsicherheit unerlässlich ist. Es sind aber nur wenige Schritte, bis das Grün der Bergwiesen dominiert und das Gelände sanftere Formen zeichnet. „Am Seele" hat man schließlich einen freien Blick über die Pasterze bis zum Oberen Pasterzenboden mit dem Gipfel des Johannisbergs, dem Nährgebiet des Gletschers. Dabei sind die aus dem Eis herausragenden drei Burgställe, die auch als „Nunatak" bezeichnet werden, wahre naturkundliche Besonderheiten, denn selbst beim Gletscherhochstand der Pasterze um 1850 waren diese Felsinseln immer eisfrei. Dadurch konnte sich dort eine ganz spezielle, einzigartige Vegetation ausbilden.

Über sanfte Bergwiesen erreicht man den Margaritzenspeicher, der im Jahre 1953 fertiggestellt wurde. Damit wurde die Entwässerung der Pasterze in die Möll unterbunden und über einen Druckstollen nach Norden in den Stausee Mooser-

Großglockner mit Johannisberg und Pasterze gelten als das Herz des Nationalparks. Rechts: Entlang der Glocknerrunde hört man oft die Warnschreie der Murmeltiere, die bis zu neun Monate Winterschlaf in ihren Bauen halten.
© J. Essl

boden auf Salzburger Seite entwässert. Nach Überqueren der zwei Talsperren folgt ein letzter Anstieg hinauf zum 1875 errichteten Glocknerhaus (2132 m), das heute an der Großglockner Hochalpenstraße liegt.

Über die Pfandlscharte bis nach Fusch an der Glocknerstraße

Bevor die Sonne ihre ersten wärmenden Sonnenstrahlen zum Glocknerhaus schickt, wird es Zeit, dem Schutzhaus auf Wiedersehen zu sagen. Angenehm still ist es noch, wenn man vor die Tür tritt. Keine Hektik, kein Lärm vom Ausflugsverkehr, der sich an schönen Sommertagen hinauf zur Franz-Josefs-Höhe wälzt. Die ersten Schritte hinauf zu den Bergwiesen der Trögeralm werden womöglich noch ungelenk sein, denn das Gelände ist zu Beginn etwas steil und lässt den Puls gleich ein wenig nach oben schnellen. Ein guter Grund, hin und wieder innezuhalten und den Blick zum Großglockner mit seinem Gletscher- und Eismantel des Hofmannskeeses zu richten. Schärft man dabei seinen Blick, wird man wahrscheinlich sogar Glocknerbesteiger als kleine schwarze Punkte am Glocknerleitl erkennen. Genießen wir den Anblick noch einmal in vollen Zügen, denn der „König", der in den letzten Tagen in unterschiedlicher Erscheinung immer im Mittelpunkt stand, wird mit dem Überqueren der Unteren Pfandlscharte zum letzten Mal auf dieser Runde zu sehen sein. An seine Stelle treten nun andere, kaum weniger imposante Tauern-Bergriesen.

Vor dem Übertritt von Kärnten nach Salzburg über die Untere Pfandlscharte durchquert man ein weitläufiges Kar zwischen Spielmann und Racherin. Nach dem Abschmelzen des Südlichen Pfandlschartenkeeses hat sich bis auf einen kleinen Gletscherrest ein großer Bergsee gebildet. Hochalpine Pflanzenspezialisten, wie Gletscherhahnenfuß, Alpenleinkraut, Alpenmannschild oder auch die Kriechende Nelkenwurz, haben das karge Gletschervorfeld in eine bunte Blütenpracht verwandelt. Auch die unscheinbare Stumpfblättrige Weide, gern auch als „kleinster Baum der Welt" bezeichnet, bildet kleine Teppiche und festigt mit ihren meterlangen Wurzeln den Boden.

Der Steinbock hat in den Hohen Tauern wieder ein Zuhause gefunden und mit etwas Glück wird man diesem stattlichen, wenig scheuen Wildtier hier begegnen. Im 18. Jahrhundert wäre das Steinwild aus den Alpen beinahe verschwunden, hätte es nicht im oberitalienischen Gran-Paradiso-Gebiet eine Zufluchtsstätte gefunden. Von dort erfolgte die alpenweite Wiederansiedlung. Heute leben im Nationalpark Hohe Tauern an die 1000 Exemplare.

Mit dem Erreichen der Unteren Pfandlscharte (2663 m), die zwischen Schartenkopf und Spielmann regelrecht eingezwängt ist, folgt nun ein langer Abstieg von über 1400 Höhenmetern in das Ferleitental. Noch vor wenigen Jahren füllte das Nördliche Pfandlschartenkees das gesamte Becken aus, doch mit dem Zurückschmelzen dieses nur mehr kleinen Gletschers erfolgt der Abstieg mittlerweile eisfrei linksseitig, entlang von

Markierungsstangen. An den Gletscherkörper sollte man sich aus Sicherheitsgründen nicht zu nah heranwagen, denn die Steinschlaggefahr aus den Nordwänden des Spielmanns ist groß. Ein besonderes Naturschauspiel sind die Gletschertische, die das gesamte Pfandlschartenkees zieren. Diese entstehen durch Abschattung des Eises unterhalb des Steines, wodurch ein langsamer Abschmelzprozess stattfindet.

Die Zeit, als das Nördliche Pfandlschartenkees und das Spielmannkees noch vereint waren, ist schon lange vorbei. Heute führt der Steig durch ein von Schutt bedecktes Gletschervorfeld, das insbesondere vom weiß blühenden Einblütigen Hornkraut und dem Gelben Steinbrech besiedelt wird. Die Überwindung des Pfandlbaches ist in den Morgenstunden noch einfach, aber mit der Tageserwärmung wird der Gletscherbach durch den ausgeprägten Tagesgang zunehmend rauer und wilder – ein Umstand, der Schwierigkeiten bereiten könnte.

Mit Tiefblick auf das von den eiszeitlichen Gletschern ausgeschürfte Fuschertal steigt man zur Trauneralm (1522 m) ab. Beim Abstieg fällt der schöne Blaue Eisenhut auf, der zu den giftigsten Pflanzen im Alpenraum gehört, gleichzeitig aber auch eine große Heilwirkung besitzt. Direkt an der Hangkante, wo die Berghänge steil ins Fuschertal hinabgleiten, weist eine Bronzetafel auf das „Späherbrünnl" hin, eine kleine Quelle. Beim Blick über das gesamte Tal wird einem die gewaltige Reliefenergie zwischen Talboden und den höchsten Gipfeln der nördlichen Glocknergruppe besonders bewusst. Nirgendwo im Nationalpark ist der Höhenunterschied – beinahe 2500 Höhenmeter – so groß wie hier. Lange Zeit war man deshalb der Meinung, dass das Große Wiesbachhorn (3564 m) der höchste Berg in Österreich sei.

Die Gletscherlandschaft rund um Wiesbachhorn, Fuscherkarkopf, Hohe Dock und Klockerin ist faszinierend. Noch in den 1970er-Jahren ereigneten sich gewaltige Eisstürze vom Bockkarkees mit über einer Million Kubikmeter Eis. Dabei drangen die Eislawinen bis ins Innere Fuschertal auf knapp 1300 Meter Seehöhe vor. Mit dem Boggeneikees, das von Lawinen gespeist wird, ragt dieser Gletscher noch immer bis auf knapp 1900 Meter hinunter. Der Talschluss beherbergt mit dem Rotmoos ein besonderes Naturjuwel. In zahlreichen Mäandern durchfließen kleine Bäche diese Moorlandschaft mit ihren zahlreichen Tümpeln und einer vielfältigen Flora: Der fleischfressende Rundblättrige Sonnentau, Fieberklee, verschiedene Enzian- und Seggenarten, Breitblättriges Knabenkraut oder auch wunderschöne Wollgraswiesen haben hier ihre Heimat.

Doch dieses Tal hat auch eine Seite, die so gar nicht zur Philosophie eines Nationalparks passt: Lärm! Hunderttausende befahren jährlich in den Sommermonaten mit ihren Pkws und Motorrädern die Großglockner Hochalpenstraße und verursachen dabei mitunter eine ohrenbetäubende akkustische Umweltverschmutzung, die sich weithin in den Nationalpark ausbreitet.

Ein Kreuz ziert den Übergang der Unteren Pfandlscharte mit Blick ins Fuschertal und zum Großen Wiesbachhorn. Links: Das typische Zick-Zack-Band verrät die Kreuzotter. Sie ist die einzige Giftschlange in den Hohen Tauern.

© J. Essl

Die Trauneralm (1522 m), die zu einer Rast und Stärkung einlädt, ist nun nicht mehr weit. Mit dem Erreichen des Talbodens des Fuschertales ändert sich auch die Landschaft, denn hier wurde in jahrhundertelanger Bauernarbeit eine ausgedehnte Kulturlandschaft mit besten Weidegründen für das Almvieh geschaffen. Gut erhaltene Klaubsteinmauern erinnern noch an vergangene Zeiten ohne Stacheldraht. Der Blick bleibt immer wieder am spaltenzerrissenen Hängegletscher des Sandbodenkeeses hängen, der bedrohlich seine Gletscherzunge über die dunklen Felswände ins Tal schiebt. In Ferleiten bei der Mautstelle angekommen, herrschen hektisches Treiben und Lärm. Von hier aus besteht die Möglichkeit, bequem mit dem Linienbus nach Fusch an der Glocknerstraße zu fahren.

Die Wanderung nach Fusch (813 m) hat aber durchaus auch ihren Reiz, da sich Schluchtwälder mit steilen Almwiesen und ausgedehnten Laubwäldern abwechseln. Nach über neun Stunden Gehzeit ist schließlich die Nationalparkgemeinde als Ziel dieser sechsten und längsten Etappe erreicht.

Von Fusch ins Kapruner Tal

Mit der letzten Etappe um den Großglockner geht eine eindrucksvolle Woche in dieser grandiosen Hochgebirgswelt der Hohen Tauern dem Ende zu. Zum Abschied erwarten den Bergwanderer auf dem Weg über die Brandlscharte bis ins Kapruner Tal nochmals eine unvergessliche Berg- und Gletscherszenerie, traditionell bewirtschaftete und blumenreiche Bergwiesen sowie eine gemütliche und aussichtsreiche Schutzhütte. Der Beginn des Aufstieges zur Gleiwitzer Hütte sollte keinesfalls zu spät erfolgen, denn der Anstieg verläuft über einen Osthang, der sich sehr rasch erwärmt. Am Beginn schützt noch der Laubwald mit seinem schattenspendenden Blätterdach, wenn es dann doch heiß werden sollte, sorgen entlang des Weges sprudelnde Bächlein mit glasklarem Quellwasser für Abkühlung und Erfrischung. Die Überquerung des vom Hirzbach- und Brachkees gespeisten Hirzbaches, der zwischen großen Gesteinsblöcken ungezähmt und tosend ins Tal rauscht, signalisiert, dass die Waldgrenze bald erreicht ist. Daran an schließt sich ein wunderschöner Blick über die weiten Bergwiesen der Hirzbachalm, die im Schutz steil aufragender Berggipfel, wie Kempsenkopf, Bauernbrachkopf, Schneespitze, Kleiner und Hoher Tenn, Zwingspitze und Lorenzkopf, liegt. Besonders der Hohe Tenn (3368 m) ist ein unter erfahrenen Bergsteigern geschätztes hochalpines Bergziel. Im Reigen dieser herrlich kontrastreichen Berglandschaft sind die 400 Höhenmeter bis zur Gleiwitzer Hütte, die bereits in Sichtweite ist, bald geschafft. Wie ein Adlerhorst wacht die kleine Schutzhütte auf 2174 Metern Höhe über dem Hirzbach- und Fuschertal.

Nach einer guten Jause inmitten blumenreicher Bergwiesen folgt ein genussreicher Anstieg, vorbei am tiefblauen Brandlsee, zum Sattel der Brandlscharte (2371 m). Mächtig erhebt sich auf der anderen Talseite die Pyramide des Kitzsteinhorns, das für den Gletscherskilauf erschlossen ist. Kontrastreich ist der Blick nach Norden zu den durchwegs sanften Grasbergen der Kitzbüheler Alpen sowie zu den schroffen und wuchtigen Felsgipfeln der Loferer und Leoganger Steinberge. Von der Brandlscharte würde die Möglichkeit bestehen, zwei schöne Berggipfel in unmittelbarer Nähe zu besteigen: den einsamen Rettenzink (2510 m) oder das äußerst beliebte und leicht erreichbare Imbachhorn (2470 m), das über dem Zeller Becken thront und Tiefblicke auf den Zeller See ermöglicht.

Nach dem langen Aufstieg von Fusch zur Brandlscharte weiß man, dass die Glocknerrunde in gut zweieinhalb Stunden zu Ende sein wird. Deshalb sollte man sich auf dem Weg durch das Falkenkar bis zum Rosskopf (1999 m) an den herrlich blühenden Bergwiesen erfreuen, auch wenn sich Serpentine an Serpentine legt. Zumeist ist es

Großglockner und Glocknerwand von Norden. Links das Hofmannskees, in der Mitte das innere Glocknerkar und rechts, unter der Glocknerwand, das Glocknerkees.
© J. Essl

Die Glocknerrunde in Zahlen
Dauer: 7 Tage
Gesamtgehzeit: etwa 50 Stunden, Tagesetappen von bis zu 9 Stunden.
Höhenmeter: insgesamt 7120 Hm im Aufstieg, 8265 Hm im Abstieg.
Gesamtlänge: 100,2 km.
Höchster Punkt: Gradetzsattel, 2826 m
Der Alpenverein bietet einen Folder zur Glocknerrunde in deutscher und englischer Sprache zum Download an: http://www.alpenverein.at/portal/berg-aktiv/wege-touren/trekkingrouten/index.php

in diesem Abschnitt heiß und deshalb bietet der Eintritt in die schattenspendenden Nadel- und Mischwälder eine angenehme Abkühlung. Auffallend sind beim weiteren Abstieg die gewaltigen Kahlschläge an der gegenüberliegenden Talseite – Folgen des orkanartigen Sturms mit dem Namen „Uschi" aus dem Jahre 2002, der vor allem im Salzburger Pinzgau, Pongau und Lungau schwere Schäden anrichtete.

Erfrischendes Wasser war beim Abstieg lange Zeit rar, doch je näher man dem Talboden kommt, desto mehr vereinigen sich die Rinnsale des Schwarzenbaches zu einem erfrischenden Nass im Schutz eines schattenspendenden Laubwaldes mit Grauerlen und Bergahorn. Mit dem Erreichen des Parkplatzes der Gletscherbahnen tritt man in die Welt des Massentourismus ein. Technik, Hektik und Lärm bestimmen hier das Geschehen. Man sollte es in diesem Moment ausblenden und vielmehr im Erlebten der letzten Tage schwelgen, wo Ruhe, Stille und Einfachheit in einer atemberaubenden Hochgebirgslandschaft ständige Begleiter waren.

Die Glocknerrunde im Internationalen Jahr des Nachhaltigen Tourismus

Die Glocknerrunde wurde im Jahre 2002, dem Internationalen Jahr der Berge, vom Österreichischen Alpenverein in Zusammenarbeit mit dem Nationalpark Hohe Tauern umgesetzt. Die hochalpine Trekkingroute verbindet nicht nur die drei Bundesländer Kärnten, Salzburg und Tirol im gemeinsamen Anliegen für den Nationalpark Hohe Tauern, sie ist auch ein Beweis dafür, wie durch die enge Zusammenarbeit von Gemeinden, NGOs und Wirtschaftsbetrieben der Alpintourismus und Naturschutz in einer engen Koexistenz harmonieren können. Diese Form des landschaftsschonenden Tourismus bedeutet Wertschätzung und Respekt gegenüber einem sensiblen Ökosystem und reiht sich damit als gelungenes Beispiel auch in die Umsetzung der Alpenkonvention zur Förderung eines nachhaltigen Tourismus ein. Gerade im Jahr 2017 – dem Internationalen Jahr des Nachhaltigen Tourismus – bleibt es zu hoffen, dass derartige Initiativen noch viele Nachahmer finden.

Tritt man aus dem Wald im Hirzbachtal heraus, bauen sich zahlreiche Berggipfel, wie der Kleine Tenn oder die angezuckerte Schneespitze, zu einer imposanten Naturkulisse auf.
© J. Essl

A wie Ameisenstraße

Der Großglockner ist ein Berg voller Mythen, Anekdoten und Absurditäten. Höchste Zeit also, ein paar Begriffe zu klären.

>> **Dominik Prantl**

Adlersruhe, die: Bezeichnung für den südöstlich des Glockner-Gipfels, auf dem Normalweg zum Großglockner gelegenen Felssockel (3454 m). Wird mittlerweile auch als Synonym für die im Jahr 1880 auf der Adlersruhe eröffnete → *Erzherzog-Johann-Hütte* (Abb. rechts) verwendet, die einzige alpine Unterkunft des Österreichischen Alpenklubs. Ist heute wegen der starken Frequentierung eher kein Platz mehr, auf dem Adler Ruhe finden könnten.

Adria, die: Seitenbecken des Mittelmeeres, das laut Julius Payer angeblich vom Gipfel des Großglockners aus zu sehen ist – was rein physikalisch aber auch schon bei Payers Glocknerbesteigung 1863 nicht möglich gewesen sein dürfte.

Ameisenstraße, die: Führt an guten Tagen ab sechs Uhr morgens von der → *Adlersruhe* über den sogenannten Bahnhof, das Glocknerleitl und das Sattele auf den Gipfel (Abb. links und Seite 26). Besteht im Normalfall aus mindestens 25 Prozent Menschen, denen die soziale Einstellung von Ameisen eher fremd ist. Müsste daher eigentlich Egoistenschlange heißen.

Bergführerverein, der: Zusammenschluss wilder, meist aber sehr umgänglicher Gesellen, die eher selten Hochdeutsch sprechen, aber dafür umso schneller die Berge hochgehen können. Hatte seinen Geburtshelfer in → *Stüdl, Johann,* der 1869 in → *Kals* am Fuße des Großglockners den ersten Bergführerverein der Ostalpen (Abb. unten) gründete. Ist seitdem nicht mehr aus dem Ort wegzudenken.

Briefmarke, die: In Zeiten von E-Mail, Whatsapp und sozialen Medien etwas aus der Mode gekommene, auf Papier gedruckte Postgebühr mit unterschiedlichen Motiven, zu denen immer auch gern der Großglockner zählte – ob als Sieben-Schilling-Version zum 200. Jahrestag der Erstbesteigung oder als 160-Cent-Marke vor wenigen Jahren.

© H. Raffalt

© Archiv Bergführer Kals

Compton, Edward Theodore: In England geborener und später in Deutschland wirkender Maler (1849–1921), der sein ganzes Leben lang Berge bestieg oder malte, darunter auch gern den Großglockner (Abb. S. 25 oben). Ist mit dem Berg prominent auf diversen Ausstellungsflächen vom Alpenvereins-Museum bis Wikipedia im Internet vertreten. Steht damit in der Tradition etlicher anderer Großglockner-Künstler von Kupferstecher Belsazar de la Motte Hacquet über Otto Barth – bis hin zu → *Fendrich, Rainhard.*

Euphorie, die: Extreme Gefühlswallung, die bei Großglockner-Besteigungen je nach Bergsteigertyp ganz unterschiedlich ausgeprägt ist. Äußert sich am Gipfelkreuz in einer erstaunlichen Bandbreite des Mitteilungsbedürfnisses – von der hingeraunten Selbstvergewisserung („Guat, hamma des a wieder g'schafft") über das eher ruhige Schwärmen („Mei, ist des schee") bis hin zur völlig überdrehten, mit Begriffen aus der Jugendsprache garnierten Wortkaskade („Jajajaaaa, geilgeilgeil, oder Dirk? Ja, wahnsinnsuperobergeil").

Erstbegeher, die: → *Zimmerleute, die;* → *Expeditionsstil, der*

Erzherzog-Johann-Hütte, die: → *Adlersruhe, die.*

Expeditionsstil, der: Im Jahr der Erstbesteigung 1800 noch absolut akzeptiert. So waren der Ortschronik „Kals am Großglockner" von Louis Oberwalder zufolge damals 62 Personen, davon 47 Führer und Träger, sowie 16 Pack- und Reitpferde im Einsatz.

© H. Raffalt

Fendrich, Rainhard Jürgen: Inzwischen leicht angegrauter Vertreter des Austropops und geständiger Kokainkonsument. Drehte am Großglocknergipfel entscheidende Sequenzen für den Videoclip seiner Heimathymne „I am from Austria". Unbestätigten Gerüchten zufolge ist auch die Schnulzorgie „Weus'd' a Herz hast wia a Bergwerk" und darin enthaltene Verse wie „weus'd' a Wahnsinn bist für mi, steh' i auf di" aus dem Jahr 1983 nichts anderes als eine Hommage an den höchsten Berg Austrias. Zudem kann die erste Zeile „Wei du stoiz bist, wenn du wanst" als geradezu prophetischer Hinweis auf eine damals nicht abzusehende Schmelze der Gletscher interpretiert werden.

Führertarif, der: Etwas altmodischer Begriff für Bergführerkosten. Der F. für eine Großglockner-Besteigung von Kals mit Übernachtung in der Stüdlhütte betrug in der zweiten Hälfte des 19. Jahrhunderts 7,50 Gulden, wobei der Führer verpflichtet war, bis zu 8,5 Kilogramm Gepäck des Touristen unentgeltlich zu tragen. Jedes weitere Kilogramm war mit vier Kronen pro Stunde zu vergüten. Heute liegt der Tarif für eine Person bei etwa 500 Euro, wobei der Gepäcktransport nicht inbegriffen ist.

© www.climbandhike.com

Gipfelbuch, das: Potpourri aus teils sinnfreien, teils gesellschaftskritischen bis hin zu tiefst philosophischen Sprüchen („Wir zwei heroben, die Alte im Tal, am Gipfel die Freiheit und unten die Qual"), die sich nur mit der Mischung aus totaler → *Euphorie* und partiellem Sauerstoffmangel erklären lassen. Wurde am Großglockner so oft entwendet, bis es zuerst durch eine – inzwischen nicht mehr existierende – Webseite ersetzt wurde und heute auf Facebook ein digitales und daher bedauerliches Dasein führt. Darf als erster Beweis gesehen werden, dass die Mischung aus totaler Euphorie und partiellem Sauerstoffmangel auch zu vorübergehender Kleptomanie führt.

Gipfelkreuz, das: Symbol des Christentums am Großglockner (Abb. links), dessen lange Geschichte ein echtes Kreuz für die Kalser → *Zimmerleute* und Bergführer bedeutete. Zierte den Gipfel in einer ersten Version bereits einen Tag nach der Erstbesteigung. Stand aber nicht lange. Wurde schließlich 1879 anlässlich des 25-jährigen Ehejubiläums des österreichischen Kaiserpaares Kaiser Franz-Joseph und „seiner Sisi" durch Kalser Bergführer neu gebaut und ein Jahr später auch aufgestellt – knapp unterhalb des Gipfels. Stand dann wesentlich länger. Überlebte trotz akutem Übergewicht (mehr als 300 Kilogramm) eine Restaurierung 1999 und einen drohenden Absturz nach Blitzeinschlag 2010 – wieder mithilfe von Bergführern. Hätte einiges zu erzählen, verweigert sich Interviewanfragen von Journalisten jedoch beharrlich.

Haider, Jörg: Verstorbener Rechtspopulist und Landeshauptmann aus Kärnten mit einem Faible für den Großglockner. Erregte auch nach seinem Tod noch Unmut, nachdem dessen Parteikollege und Bürgermeister von Großkirchheim, Peter Suntinger, eine Gedenktafel zu Ehren Haiders unterhalb des → *Gipfelkreuzes* angebracht hatte. Laut Ernst Rieger, Sektionsleiter des Alpenvereins Großkirchheim, sei die Tafel sehr auffällig platziert und mit dem unüblichen Spruch „Am Berg gibt's keine falschen, nur echte Freunde" versehen gewesen, weshalb diese erst mit Pickeln traktiert und schließlich entfernt wurde.

Hofmannsweg, der: Nach dem heute in Johann Stüdls Schatten stehenden deutschen Bergsteiger Karl Hofmann benannte Aufstiegsvariante. Führt von der inzwischen abgerissenen Hofmannshütte über die Pasterze und das Hofmannskees zur → *Erzherzog-Johann-Hütte*. Wird wegen der heute zur Hochsaison herrschenden schwierigen Verhältnisse kaum mehr begangen.

Ja-Wort, das: Gaben sich Doris und Peter Ponholzer, Bergführer und Bruder des → *Ponholzer, Toni*, auf dem Gipfel des Großglockners im Beisein von Pfarrer Franz Hoffmann am 20. August 1985.

Johann von Österreich, Erzherzog: Namensgeber der Hütte auf der → *Adlersruhe,* aus dem Hause Habsburg, mit alpinistischem Interesse und Gipfeldrang. War Sohn von Erzherzog Leopold II. und Maria Ludovica von Spanien, Enkel von Franz Stephan von Lothringen, Maria Theresia von Österreich, Carlos Sebastián de Borbón y Farnesio und Maria Amalia von Sachsen, was darauf schließen lässt, dass es manchmal schwieriger ist, zu wissen, wo man herkommt, als zu wissen, wo man hinwill: zum Gipfel.

Kals: Bergdorf zu Füßen des Glockners (Abb. rechts, siehe auch → *Compton, Edward Theodore*) mit annähernd so vielen Kirchen und Kapellen wie Einwohnern. Darf heute offiziell nicht mehr unter dem Alpenvereins-Label „Bergsteigerdorf" firmieren, nachdem der alpine Kapitalismus in Form eines Skigebietszusammenschlusses und eines 490-Betten-Resorts Einzug gehalten hatte. In naher Zukunft möglicherweise das von Touristikern gerne verwendete Fallbeispiel dafür, dass dort vieles falsch gemacht wurde – oder alles richtig.

© Archiv DAV

Kees, das: Österreichischer Ausdruck für Gletscher. Ist am Großglockner unter anderem mit dem Ködnitzkees, Teischnitzkees, Hofmannskees, Glocknerkees und → *der Pasterze*, dem längsten Ostalpengletscher, geradezu überrepräsentiert. Hat den Berg noch fest im Griff, verliert durch die grassierende Schmelze jedoch langsam an Einfluss.

© Archiv DAV

Kerer, Johann: Von 1853 bis 1929 lebende Kalser Bergführerlegende und Pionier. Streifte schon vor hundert Jahren in den Westalpen, dem Kaukasus und Himalaya umher. Könnte sich heute wahrscheinlich von Sponsoren einkleiden lassen und für das Tragen einer Mütze mit roten Stieren darauf fast so viel verlangen wie für seine Vorträge im Gasteig München oder auf der Alpinmesse Innsbruck. Würde außerdem mindestens ein Buch pro Jahr schreiben (Mögliche Titel: „Kerer – ein Kalser im Kaukasus" oder „Vom Glockner um den Globus"). Wurde nur leider zur falschen Zeit geboren – oder zur absolut richtigen.

Lugner: 1. Nachname eines Wiener Bauunternehmers und ehemaligen österreichischen Präsidentschaftskandidaten mit einem Faible für Wiener Opernbälle und Frauen im Schlepptau. 2. Name der wohl leichtesten Route im fantastischen Glocknerblick-Klettergarten direkt am Lucknerhaus-Parkplatz, die wahrscheinlich auch noch 85-jährige Präsidentschaftskandidaten nach dem Wiener Opernball mit vier Frauen im Schlepptau hochkommen.

Meletzkigrat, der: Erstaunlicherweise nach dem Zweitbegeher Emil Meletzki benannte Gratroute am Großglockner. Wird trotz der eher einfachen Kletterei (maximal II) und der schönen Wegführung noch immer relativ selten begangen. Hätte deshalb in diesem Glossar ursprünglich verschwiegen werden sollen, ersetzte kurzfristig aber doch den weitaus häufiger beschriebenen Stüdlgrat.

Mysterium Großglockner: Name eines Cuvées aus dem Burgenland, den die vier Wirte von Lucknerhaus über Luckner- und Stüdlhütte bis zur → *Adlersruhe* produzieren lassen. Dient nicht nur der Stimmungssteigerung, sondern zugleich dem guten Zweck, weil 1 Euro pro verkaufte Flasche der Leukämie- und Kinderkrebshilfe Osttirol zugutekommt. Was nicht zwangsläufig heißt, dass man sich den Gipfel von Hütte zu Hütte hochtrinken sollte.

Nationalpark Hohe Tauern, der: Großräumiges Schutzgebiet, in dem auch der Großglockner liegt. Ist auch ganz ohne den höchsten Berg Österreichs einen Besuch wert und heute wieder Heimat von Bart- und Gänsegeiern.

Ortler, der: Mit 3905 Metern der Vorgänger des Großglockners als höchster Berg Österreichs. Verlor diesen Status durch die Abtrennung Südtirols.

Pallavicini-Rinne, die: → *Tribusser, Hans*

Pasterze, die: → *Kees, das* (Abb. Pasterze Seite 27 unten)

Piefkes, die: Meist abschätzig gemeinter, österreichischer Ausdruck für alle Bewohner nördlich von Altbayern, bei enger Definition sogar nördlich der Donau. Wagen sich heute in größeren Massen (Abb. oben) auch auf die Wege zwischen Lucknerhaus und → *Gipfelkreuz*. Fallen dort inzwischen weniger durch unpassende Kleidung oder mangelhafte Kondition als durch ihre Sprachfärbung auf. Sind im bayerischen Dialektraum unter der Bezeichnung „Preißn" bekannt.

Ponholzer, Toni: Kalser Bergführer und Gegenteil eines → *Piefke*. Wird gerne als wilder Hund mit weichem Herz bezeichnet. Treibt sich als langhaariger Geistesverwandter vom → *Kerer, Johann* auch gerne mal am Cerro Torre in Patagonien herum. Hat sich in der dortigen Wildnis lange vor der weltweiten Red-Bullisierung der Berge unter anderem schon von Mäusen ernährt, wobei diese laut Ponholzers Aussage auch nicht anders schmecken als Meerschweine. War in dem Film „Cerro Torre – Nicht den Hauch einer Chance" für die humoristischen Einlagen zuständig. Stellte seine persönliche Großglockner-Bestzeit von zweieinhalb Stunden auf, als er den Brautstrauß seiner Schwägerin rechtzeitig liefern sollte (→ *Ja-Wort*). Guter Typ.

Quarzit; der: Metamorphes Gestein, das neben vielen anderen Gesteinen und Sedimenten wie Serpentin, Prasinit und Bündnerschiefer am Aufbau des Glockners beteiligt ist und damit eine Mitverantwortung für Österreichs höchsten Berg trägt. Außerdem das einzige Wort mit dem Anfangsbuchstaben Q, das hier mit gutem Gewissen aufgeführt werden kann. Mehr zur Geologie Seite 45 ff.

Rekordjahr, das: Wurde erstmals 1872 mit 317 Gästen und 93 erfolgreichen Glocknerbesteigungen registriert – ein Wert, der heute an einem guten Samstag (Abb. links) locker überboten wird.

Skirennen, das: Führte zwischen 1934 und 1959 regelmäßig zu Pfingsten von der → *Adlersruhe* über 1200 Höhenmeter auf die → *Pasterze*, ehe es u. a. wegen des Gletscherrückgangs bis zur Einstellung 1968 ins Skigebiet Schareck verlegt wurde. In den 1930er-Jahren Experimentierfeld für den damals berühmten Thirring-Skimantel (Abb. unten). Lockte als eine der schwierigsten Skirennstrecken der Welt neben den besten Skifahrern auch mehrere tausend Zuschauer. Am 30. Mai 1957 berichtete die „Zeit" dazu: „Bequem im Sessel sitzend kann man vom Franz-Josefs-Haus, dem Endpunkt der Glocknerstraße, mit Ferngläsern den Ablauf des Rennens verfolgen. Sollten die Zuschauer wegen Nebeleinbruchs dort nicht auf ihre Rechnung kommen, dann haben sie wenige Stunden später auf dem Wörthersee noch einmal Gelegenheit, die Artisten des Skisports im Wettkampf zu sehen – diesmal auf Wasserskiern."

Skitour, die: Wird heutzutage nicht nur von den besten Skifahrern sowohl von Kals als auch von Heiligenblut auf den Großglocknergipfel angetreten.

Stüdl, Johann: Prager Kaufmann, ohne den es Gerüchten zufolge möglicherweise die gesamten Ostalpen, zumindest aber die Glockner- und Venedigergruppe nicht mehr gäbe. Engagierte sich in den 60er-Jahren des vorvergangenen Jahrhunderts für die touristische Entwicklung und die Entwicklung des Alpinismus im Glocknergebiet. Finanzierte die Stüdlhütte, gründete 1869 den ersten → *Bergführerverein* der Ostalpen und mit ein paar anderen Pionieren den Deutschen Alpenverein. Stand außerdem Pate für den relativ häufig begangenen Stüdlgrat. Kalser Ehrenbürger und Lokalheld.

Tribusser, Hans: Begleitete mit zwei weiteren Bergführern im Jahr 1876 den viel prominenteren Alfred Markgraf von Pallavicini durch eine 55 Grad steile und 600 Meter hohe Eisrinne auf der Glockner-Nordseite. Führte die Viererseilschaft in die Eisrinne – und musste einer Ausgabe des „Grazer Volksblatts" aus dem Jahr 1886 zufolge schließlich sieben Stunden lang insgesamt 2500 Stufen schlagen, da ein Führungswechsel im Steileis nicht mehr möglich – oder er einfach der stärkste der vier Bergsteiger war, wie es in anderen Quellen heißt. Geriet in Vergessenheit, weil der inzwischen stark steinschlaggefährdete und erst 1899 zum zweiten Mal gemeisterte Anstieg heute nicht etwa Tribusser-Couloir, sondern → *Pallavicini-Rinne* heißt.

Urkunde, die: Kräftiges Papier, das die Besteigung des Großglockners mit Bergführer bescheinigt. Hat nicht jeder verdient. Ersetzt auch das → *Gipfelbuch* nicht. Trotzdem ein nettes Andenken.

Vanitscharte, die: Standort der 1868 errichteten Stüdlhütte, deren Wohnküche damals 10 mal 7,5 Fuß (ca. 3 mal 2,3 Meter) maß. Heute Standort einer dermaßen guten Küche, dass Übernachtungsgäste allein am Käsebuffet garantiert mehr Kalorien aufnehmen, als sie am Weg nach oben verlieren.

Werbewert, der: Wurde für den Großglockner noch nicht zuverlässig erhoben. Dürfte jedoch ähnlich hoch liegen wie der des Wiener Praters oder der Swarovski-Kristallwelten, was weniger mit den geschätzten 6000 Gipfelstürmern pro Saison zu tun hat als mit der Bedeutung des Großglockners als Anschauungsobjekt und Wahrzeichen. So verzeichnet alleine die Großglockner Hochalpenstraße in guten Jahren fast eine Million Besucher.

Zimmerleute, die: Spielten bei der Erstbesteigung im Jahr 1800 neben Pädagogen, Landvermessern, Botanikern und Pastoren eine entscheidende, aber früh vergessene Rolle. Nicht einmal die Namen gelten heute noch als gesichert, auch wenn häufig die Brüder Martin und Sepp Klotz genannt werden. In vielen Berichten ist von vier Heiligenbluter Zimmerleuten und Bauernburschen die Rede, welche nicht nur Unterkünfte für die Besteigung im → *Expeditionsstil* errichtet hatten und am 28. August den zu Tode verängstigten Pfarrer Mathias Hautzendorfer geradezu mit auf den Gipfel gezerrt haben sollen. Sie befestigen am nächsten Tag ganz ohne Geistlichen auch das erste → *Gipfelkreuz*.

Zirbe, die: Dient unter anderem als Schutzwald, Schlafzimmerverkleidung, Kernspender, Ölquelle, Thema für Themenwege und Aroma für Schnäpse. Erregte auch schon unter Gletscherarchäologen Aufsehen, als 1990 ein 9000 Jahre alter Z.-Stamm vom rapide schmelzenden Großglocknerkees → *Pasterze* ausgespuckt wurde (siehe Beitrag Seite 52). Wird als der Ötzi unter den Pflanzen aber wohl nicht als Schlafzimmerverkleidung enden.

© A. Kellerer-Pirklbauer

Glockner-Ansichten

Wie alle Bergziele im hochalpinen Bereich sind auch die Routen am Großglockner stark von den Auswirkungen der globalen Erwärmung betroffen. Gerade der Übergangsbereich von Eis und Fels verändert sich ständig, die objektiven Gefahren vieler klassischer Anstiege nehmen ebenso zu wie die sicherungstechnischen Herausforderungen in zunehmend labilem Gelände. So war etwa der Normalweg von der Stüdlhütte zur Adlersruhe bzw. Erzherzog-Johann-Hütte im August 2017 akut steinschlaggefährdet. Wichtiger denn je ist eine flexible Tourenplanung mit möglichst aktuellen Informationen, wie sie zum Beispiel das Tourenportal www.alpenvereinaktiv.com bietet. Die folgende Bildauswahl gibt charakteristische Einblicke in beliebte Glockner-Anstiege.

1 Beim Blick von der Blauen Wand zum Großglockner sieht man den Normalanstieg von Süden: Von der Stüdlhütte (eingerahmt) über Moränen zum Beginn des Ködnitzkeeses und über den versicherten Felsgrat (Oberer Mürztaler Steig) empor zur Adlersruhe mit der Erzherzog-Johann-Hütte. Von dort (verdeckt) über das Glocknerleitl zum Kleinglockner. Die Glocknerscharte zwischen Kleinglockner und Hauptgipfel ist deutlich zu erkennen, ebenso wie der vom Hauptgipfel nach links herab streichende Stüdlgrat. Aus dem Nordwestgrat, der den Großglockner mit der Glocknerwand verbindet, ragt keck das Teufelshorn heraus. Unter der Glocknerwand das Teischnitzkees.

2 Blick von der Adlersruhe in Richtung Gipfel im August 2017: Die Gletscher sowie das Eisleitl sind von starker Ausaperung betroffen.

3 Die fortschreitende Ausaperung zeigt sich auch im Rückblick von der Adlersruhe auf das Ködnitzkees.

4 Durch den Rückgang des Permafrosts ist das Ködnitzkees von Steinschlag aus den angrenzenden Felsflanken betroffen.

5 Die Glockneransicht vom Kellersberg gewährt Einsicht in die Hohenwartscharte. Dort mündet der von der Salmhütte kommende Weg der Erstbesteiger. Im Frühsommer erreicht man den Beginn der Seilversicherungen, die in die Scharte leiten, meist noch über Firn, im Hochsommer dann meist über ein Schuttfeld. Von der Hohenwartscharte geht es dann weiter empor zur Adlersruhe.

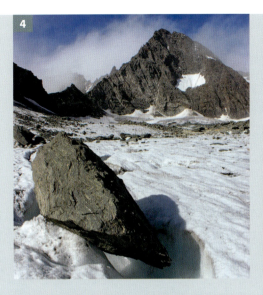

6 Glocknerscharte: Blick zum Kleinglockner und zur Pasterze. Die Scharte ist im Hochsommer oft eisfrei und daher seit vielen Jahren kein großes Hindernis mehr im Vergleich zu früher, wo es hier noch einen Firngrat gab.

7 Das Glocknerleitl bei starker Ausaperung. Der Aufstieg hinauf zum Sattele führt in diesem Fall nicht über steilen Firn, sondern wird rechts im leichten Fels umgangen.

8 Blick vom Gipfel zum Stüdlgrat: dank der großartigen Linie sowie der guten Felsqualität und teils klettersteigartigen Absicherung einer der beliebtesten Glockneranstiege. Der Grat ist jedoch sehr lang und häufig mit Schnee und Eis bedeckt – alles in allem also nicht zu unterschätzen.

Glockner-Ansichten

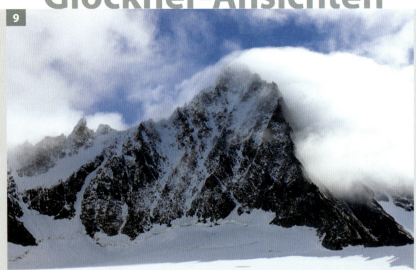

9 Der Zustieg zum Stüdlgrat (rechts) und zum Nordwestgrat (links) führt über das Teischnitzkees: Zahlreiche Gletscherspalten befinden sich auch entlang der Aufstiegsroute. Also unbedingt anseilen!

10 Der Ausstieg aus der Pallavicini-Rinne zur Glocknerscharte hin. Die berühmteste Eistour am Großglockner ist durch die Ausaperung gerade im oberen Bereich sehr viel schwieriger geworden. Auch die objektiven Gefahren haben zugenommen.

11 Teischnitzkees mit Teischnitztal: Der Rückgang des Gletschers ist deutlich zu erkennen.

12 Das Glocknermassiv von Nordosten, vom Fuscherkarkopf aus gesehen. Die Pallavicini-Rinne zieht in logischer, direkter Linie durch die Nordwand und mündet in der Glocknerscharte. Unter Glockner und Glocknerwand erstreckt sich das zerrissene Glocknerkees; rechts der Felsrippe von Glocknerwandkamp das Teufelskampkees.

13 Die Kärntner Ansicht des Glocknermassivs mit der Pasterze, die trotz massiven Masseverlusts noch immer den größten Gletscher der Ostalpen bildet. Links vom Felssporn des Glocknerhorns (Bildmitte) mündet die Mayerlrampe.

14 Blick vom Gipfel des Großglockners nach Nordosten in das innere Glocknerkar. Links am Grat des Glocknerwandkamps ist die Glockner-Biwakschachtel (eingerahmt) zu erkennen.

15 Blick in die Mayerlrampe, die im Frühjahr und Herbst trotz fortschreitender Ausaperung und zunehmender Stein- und Eisschlaggefahr nach wie vor als Eistour (bis 70 Grad) beliebt ist.

Alle Fotos und Infos © Ch. Riepler/Bergführer Kals, Bild Nr. 12 © H. Raffalt

„Als Naturschutzpark der Zukunft erhalten"

Albert Wirth und die Naturschutzidee im Großglocknergebiet

\>\> Ute Hasenöhrl

Der Kärntner Holzindustrielle und passionierte Naturliebhaber legte mit einer Grundstücksschenkung die Grundlagen für den späteren Nationalpark Hohe Tauern. Dem war freilich ein jahrelanges Ringen um die private Nutzung des Großglockners vorausgegangen.

Den Großglockner „ausschroten"?

Ende April 1914. Den Hauptausschuss des Deutsch-Österreichischen Alpenvereins (DuOeAV) erreichen beunruhigende Nachrichten aus dem Glocknergebiet. Dr. Otto Kallab, k. k. Bergbaubeamter aus Cilli in der Steiermark, berichtet über Gerüchte, ein Grund- und Häuseragent aus Wien plane den Großglockner „auszuschroten". Ein zu gründendes Konsortium solle Großglockner und oberen Pasterzenboden – bislang im Privatbesitz der Familie von Aichenegg aus Winklern im Mölltal – aufkaufen und absperren. In der Gamsgrube solle ein „fashionables Hotel mit Sportplätzen" entstehen, von der Pasterze eine schwebende Seilbahn auf die Glocknerspitze führen – und das Gebiet nur noch gegen Eintrittsgeld zugänglich sein.[1] Wenige Tage später verdichten sich die Gerüchte. Franz Freiherr Czapka von Winstetten, Beamter der Bezirkshauptmannschaft Spittal a. d. Drau und Mitglied der Sektion Villach, schreibt über Kaufabsichten eines Herrn Wielers aus Westfalen, der dort ein ausgedehntes, der Öffentlichkeit nicht zugängliches Hochjagdgebiet plane. Tatsächlich wendet sich Wielers' am 18. Mai 1914 selbst an den Hauptausschuss:

Der Großglockner nebst einem Gebiet bei demselben ist in meinen Besitz übergegangen. Da ich beabsichtige dort oben Steinwild auszusetzen, bin ich gezwungen das Gebiet für den Touristenverkehr ab 1. August ds. Jrs. zu sperren. Jedoch bin ich bereit, einige Wege zum Glockner freizugeben und bitte ich den Alpenverein mir umgehend Vorschläge und Wünsche zu unterbreiten, da ich meine Disposition bald treffen muss. Es wird dies ja ein harter Schlag für den Verein sein, doch bin ich gewillt weitestes Entgegenkommen zu zeigen und hoffe damit einen friedlichen Vergleich herbeizuführen.[2]

Das Schreiben ruft einen Aufschrei der Entrüstung von Seiten der Alpinisten hervor. Die Presse berichtet regelmäßig über die Proteste. Ein Herr Hochstetter aus Konstanz stellt dem Alpenverein 1000 Kronen als „Kampffond in der Glocknerfrage" zur Verfügung.[3] Die Sektionen treten mit Protestresolutionen an Öffentlichkeit, Politik und Verwaltung. So ersucht die Sektion Innsbruck die k. k. österreichische Regierung, den Tiroler Landtag und Landesausschuss, keine wie auch immer geartete Beschränkung der Bergfreiheit in Kauf zu nehmen:

Denn das Bergwandern ist keine bloße Liebhaberei einzelner Kreise, sondern eine immer allgemeiner werdende, gesundheitlich wertvolle, wirtschaftlich bedeutsame Volksbetätigung, ein notwendiges Gegengewicht gegen nachteilige Einflüsse des Großstadtgedränges, ein wirksames Erziehungs- und Kräftigungsmittel für die Jugend und als Grundlage des Fremdenverkehrs in den Alpenländern eine wichtige Erwerbsquelle der Alpenbevölkerung. Das Bergsteigen verdient deshalb und auch mit Rücksicht auf die Bedürfnisse der Heeresverwaltung und Landesverteidigung allseits Unterstützung und Förderung, besonders von Seiten aller Zivil- und Militärbehörden. […] Großglockner und Hochkönig sind Wahrzeichen schrankenloser Ausnützung des Privateigentums zugunsten Weniger auf Kosten der Gesamtheit. Demgegenüber muß immer kräftiger der Ruf erschallen: Bahn frei für den Alpenwanderer![4]

Ruf nach Wegefreiheit

In der Tat bringen am 26. Mai 1914 die Abgeordneten Kofler, Henggi und von Guggenberg eine Interpellation im Tiroler Landtag ein. Die Sektion Klagenfurt appelliert ihrerseits an die Gemeinde Heiligenblut, die Touristenwege im Gebirge zu öffentlichen Wegen zu erklären – eine Aufforderung, der die Gemeinde im Juni 1914 tatsächlich nachkommt –, und zeigt sich bereit, künftig für deren

---

1 Archiv des Österreichischen Alpenvereins, Akt Naturschutz, Umschlag „Großglockner 1914, Sperre Wielers": Kallab an Hauptausschuss, 29. 4. 1914.
2 Ebd., Wielers an Hauptausschuss, 18. 5. 1914.
3 Ebd., Hochstetter an DuOeAV, 2. 6. 1914.
4 Ebd., Sektion Innsbruck an Hauptausschuss, 27. 5. 1914.

Grenzvermessung am Breitkopf 1936, im Hintergrund der Großglockner, fotografiert von Franz Thurner. Ab Mitte der 1930er-Jahre versuchte der Alpenverein seinen Grundbesitz in den Hohen Tauern zu erweitern.

Diese und alle weiteren Abbildungen © Archiv ÖAV

Albert Wirth (1874–1957), Holzindustrieller in Villach, schenkte dem DuOeAV im Jahr 1918 41 Quadratmeter Grund im Glocknergebiet – verbunden mit dem Wunsch, das Gebiet „ein für allemal der spekulativen alpinen Fremdenindustrie zu entziehen." Damit waren alle Absperrungspläne endgültig vom Tisch, gegen die sich unter anderem der Touristenverein „Die Naturfreunde" (Abb. rechts) stellte.

Pflege zu sorgen. Auch der Österreichische Touristenklub und der Touristenverein „Die Naturfreunde" unterstützen die Proteste. Alois Rohrauer, Präsident der proletarischen Naturfreunde, lädt wegen der Wegabsperrungen zu einer Volksversammlung in Wien am 10. Juni 1914 ein, überlässt die „führende Rolle in dieser Angelegenheit" aber „eine[r] ältere[n] Körperschaft"[5] – dem Alpenverein. Bestürmt von den Sektionen, interveniert auch der Hauptausschuss mit Eingaben an die Landesregierungen in Klagenfurt und Salzburg, die Landesausschüsse in Klagenfurt, Graz, Linz, Salzburg und Wien sowie die k. k. Statthaltereien Graz, Linz und Wien und droht an, „mit allen gesetzlich zulässigen Mitteln diesen Eingriff in bestehende Verhältnisse und erworbene Rechte abzuwehren."[6]

Der Konflikt um die Absperrung des Großglockners entpuppt sich letztlich als Sturm im Wasserglas. Die Vorverkaufsverhandlungen wurden nicht zu Ende gebracht – ob nun aufgrund des Ausbruchs des Ersten Weltkriegs, eines Rückzugs des potenziellen Käufers oder weil die Eigner den Verkauf gar nicht ernsthaft erwogen hatten, ist nicht aktenkundig geworden. Dennoch war die Debatte alles andere als folgenlos. Die lebhaften öffentlichen Proteste des DuOeAV (freilich mehr von Sorgen um die Wegefreiheit im Gebirge als von naturschützerischen Überlegungen motiviert) hatten nämlich die Aufmerksamkeit des Naturliebhabers Albert Wirth geweckt – und sollten diesen im Frühling 1918 dazu bewegen, dem Alpenverein ein bedeutsames Angebot zu unterbreiten.

Albert Wirth und die Naturschutzidee

Albert Wirth (1874–1957) war seit 1907 mit einer der vier Eignerinnen des strittigen Geländes verheiratet – Maria Aicher von Aichenegg, die zusammen mit ihren Schwestern Sidonie, Dorothea und Johanna vom Vater umfangreiche Grundflächen im kärntnerischen Glocknergebiet geerbt hatte. Die Familie versuchte seit geraumer Zeit, ihren Besitz zu veräußern. Kaufangebote waren in der Vergangenheit unter anderem an den Alpenverein und den Verein Naturschutzpark (VNP) ergangen – allerdings zu Preisen, die sich beide Vereine nicht leisten konnten (oder wollten). In der 1914er-Affäre hatte der Alpenverein zwar erwogen, zumindest Teile des Aichenegg'schen Besitzes zu erwerben, um dort eine Sperrminorität zu erlangen. Der Gedanke war aber nicht weiter verfolgt worden. Zum einen kursierten wilde Gerüchte über die Finanzkraft des Käufers und die Ernsthaftigkeit seiner Kaufabsichten – bis hin zur Mutmaßung, es könne sich bei Wielers Angebot um einen Maklertrick handeln, um den Alpenverein zum Grunderwerb zu bewegen. Zum anderen waren die Eigentumsverhältnisse am Großglockner nicht eindeutig: Das Pasterzengebiet war zwar 1887 als Bestandteil des Gutes Großkirchheim und Besitz des Notars Josef Aicher von Aichenegg ins neu angelegte Grundbuch eingetragen worden. Doch auch die Gemeinde Heiligenblut hatte damals Ansprüche angemeldet. Albert Wirths Rolle in der Ver-

---

5 Ebd., Zentralausschuss des Touristenvereins „Die Naturfreunde" an DuOeAV, 23. 6. 1914.
6 Ebd., Entwürfe und Ausführungen der Eingaben des DuOeAV-Hauptausschusses.

kaufsaffäre des Jahres 1914 ist unklar. Es gibt Hinweise, dass er zu dieser Zeit – auch im Namen seiner Schwägerinnen – die Verwaltung des ganzen Besitzes in Händen hatte, also zumindest mittelbar involviert gewesen sein muss. Wirth und seine Frau Maria – beide wohlhabend und als Förderer alpiner Ziele bekannt – waren zudem als mögliche Vermittler zwischen Alpenverein und Familie von Aichenegg diskutiert worden. Ansonsten treten sie aber in den Quellen nicht als Akteure hervor.

Umso nachhaltiger rückte Wirth im Jahr 1918 ins Licht der Geschichte – bereitete er doch mit einer Grundstücksschenkung an den DuOeAV die Grundlagen für den späteren Nationalpark Hohe Tauern. Der Großindustrielle aus Villach (Kärnten) empfand seit seiner Jugend eine tiefe Leidenschaft für Natur und Wald – gern wäre er Naturforscher geworden, stellte diesen Wunsch aber hinter die Erfordernisse der elterlichen Holz- und Baufirma zurück. 1899 reiste der damals 25-jährige Wirth in die USA, um die Betonbauweise bei Hochhäusern zu studieren. Das hektische Leben in den Großstädten Chicago und New York stieß Wirth eher ab. Umso begeisterter war er von der Landschaft des Yellowstone-Nationalparks – dem 1872 gegründeten ersten Nationalpark der Welt – und der Idee, die Schönheiten der Natur für alle Zeiten zu bewahren.

Der Naturschutzgedanke lag um die Jahrhundertwende in der Luft. Urbanisierung und Industrialisierung hatten in breiten Schichten den Wunsch nach einem „Zurück zur Natur" geweckt – im städtischen Bürgertum, aber auch in der Arbeiterschaft. Zugleich schien die moderne Welt immer stärker in Natur und Landschaft vorzudringen: Flüsse wurden reguliert, neue Bergwerke und Kraftwerke errichtet, um den menschlichen Hunger nach Energie und Rohstoffen zu stillen, die traditionelle Land- und Forstwirtschaft schien zu schwinden. Getragen von der Sehnsucht nach der „guten alten Zeit" und den ästhetischen Idealen der romantischen und biedermeierlichen Landschaftsmalerei formierten sich um 1900 im deutschsprachigen Raum zahlreiche Organisationen, die für Natur- und Heimatschutz eintraten, darunter der Bund für Vogelschutz (1899), der Bund Heimatschutz (1904) oder der Verein Naturschutzpark (Deutschland: 1909, Österreich: 1913). Die meisten von ihnen kümmerten sich um Erhalt und Pflege regionaler Naturdenkmäler und Landschaften. Auch staatlicherseits konzentrierte man sich vorwiegend auf einen kleinräumigen Naturschutz. Wegweisend war hier die 1906 eingerichtete staatliche Stelle für Naturdenkmalpflege in Preußen unter Hugo Conwentz, der den Naturschutz dieser Zeit prägte. Doch auch die Idee eines großflächigen Schutzes der Natur- und Kulturlandschaft nach dem „amerikanischen Modell" fand durchaus Anhänger. So hatte Wilhelm Wedekamp bereits 1898 im preußischen Abgeordnetenhaus die Schaffung von „Staatsparks" gefordert, um die „Denkmäler der Entwicklungsgeschichte der Natur uns zu erhalten".[7] Es sollten jedoch noch weitere zehn Jahre ins Land gehen, bis diese Idee im deutschsprachigen Raum größere Resonanz finden sollte.

1908 feierte Wien das 60-jährige Regierungsjubiläum von Kaiser Franz Joseph I. Zu den zahlreichen Veranstaltungen, die zu seinen Ehren organisiert wurden, gehörte auch ein Vortrag von Kurt Floericke, Redakteur der Zeitschrift „Kosmos" in

Der Konflikt zwischen privatem und öffentlichem Interesse schlug hohe Wellen: Karikatur der Montagszeitung „Der Morgen" zur Glockneraffäre des Jahres 1914.

---

7 Zitiert nach: Kupper, Patrick: Die Etablierung eines Naturschutzparks (bis 1918). In: ders./ Wöbse, Anna-Katharina (Hg.): Geschichte des Nationalparks Hohe Tauern. Innsbruck 2013, S. 10–37, hier S. 18.

Brief von Albert Wirth an den Hauptausschuss des DuOeAV vom 14. Mai 1918.

Stuttgart. Floericke schlug vor, das Kaiserjubiläum bleibend zu würdigen – mit der Stiftung eines Naturschutzparks in den Alpen. Einer der Anwesenden, Robert Seyfert, der spätere Schriftführer des Österreichischen Vereins Naturschutzpark, stellte dem Redner daraufhin spontan 1000 Kronen zur Verfügung, um seine Idee voranzutreiben. Floericke machte sich sogleich ans Werk. Im April 1909 publizierte er im „Kosmos" den ersten „Aufruf zur Begründung eines Naturschutzparks", am 23. Oktober 1909 wurde in München der Verein Naturschutzpark e. V. (VNP) gegründet (mit Sitz in Stuttgart). Ziel des Vereins war es, dem deutschen Volk „die letzten Zeugen aus Wotans gewaltigen Zeiten"[8] zu bewahren – wobei man großdeutsch dachte und Österreich in diese Vision einschloss. Die Mitglieder (zu denen auch einige DuOeAV-Sektionen gehörten) stammten allerdings überwiegend aus dem Deutschen Reich. Drei Naturschutzparke sollten in typischen deutschen Landschaften entstehen: einer im alpinen Hochgebirge, ein zweiter im Mittelgebirge sowie ein dritter in der norddeutschen Tiefebene. Die Zeit schien hierfür reif, hatte Schweden doch im selben Jahr die ersten europäischen Nationalparke ins Leben gerufen und auch in der Schweiz gab es ähnliche Bestrebungen. Dieser internationalen Entwicklung könne sich Deutschland als Kulturnation und Naturvolk nicht verschließen.

Vor allem der Heidepark in Norddeutschland machte rasche Fortschritte – bis Ende 1913 erwarb der VNP dort gut 3000 Hektar Boden im Wert von 1,7 Millionen Mark. Der Alpenpark dümpelte dagegen vor sich hin, geeignetes und bezahlbares Gelände schien schwer zu finden. 1913 erreichten den VNP dann gleich zwei gute Angebote. Ein Kölner Agent bot dem Verein ein großes Gut der Familie von Aichenegg auf der Kärntner Seite des Großglockners an. Vereinsmitglied August Prinzinger wiederum hatte Kontakte zu Landwirten, die bereit waren, ihre Almen im Salzburger Stubach- und Felbertal zu veräußern. Der VNP entschied sich für die zweite Option – die ers-

---

8 Zitiert nach: ebd., S. 15.

Kaufvertrag zwischen den Geschwistern von Aichenegg und dem DuOeAV, 1918 (erste und letzte Seite).

te Keimzelle des Nationalparks Hohe Tauern. Das Grundstück am Großglockner stand dagegen weiter zum Verkauf – und wäre ein Jahr später bekanntlich fast als Hochjagdgebiet im Besitz des Herrn Wielers' geendet.

Ende des Ersten Weltkriegs geriet die Sache wieder in Schwung. Albert Wirth, der sich von 1914 bis 1917 im Kriegsdienst an der serbischen, italienischen und russischen Front befunden hatte, war nach Hause zurückgekehrt und strebte danach, die unsicheren Besitzverhältnisse am Großglockner im Sinne des Naturschutzes zu klären. Die Schwestern versuchten immer noch, die Grundstücke zu veräußern: 1917 erreichten entsprechende neue Gerüchte die Sektion Winklern. Wirth selbst verfügte über reichliche Mittel – er hatte durch das Auflösen von Holzlagern sogar relativ viel Geld flüssig. Und es gelang ihm, seine Schwägerinnen zu einem günstigen Preis zu überreden. 10.000 Kronen war der Kaufpreis für ca. 41 Quadratkilometer Grund im Glocknergebiet – 1914 hatten die Damen angeblich 60.000 Kronen von Wielers verlangt. Wirth bot der Sektion Villach das Gebiet als Widmung an, den Kaufpreis mit allen Kosten und Gebühren werde er übernehmen. Dieses Angebot war der Sektion zu groß: Man befürchtete Eifersüchteleien der Nachbarsektionen und sah sich außerstande sicherzustellen, dass nicht später eine dem Fremdenverkehr nahestehende Persönlichkeit Einfluss auf die Sektionspolitik nehmen könnte. Die Schenkung ging daher an den Gesamtverein, verbunden mit dem ausdrücklichen Wunsch Wirths, den Großglockner samt Pasterze „ein für allemal der spekulativen alpinen Fremdenindustrie zu entziehen"[9]. In seinem Brief vom 14. Mai 1918 formulierte Wirth seine Ziele: *„Ich bitte den verehrlichen Hauptausschuß, diese Widmung entgegen zu nehmen und knüpfe daran den Wunsch, daß das gewidmete Grossglocknergebiet als Naturschutzpark der Zukunft erhalten bleibe."*[10]

---

9 *Archiv des Österreichischen Alpenvereins, Akt Naturschutz, Umschlag „Glocknerkauf Wirth": Wirth an Hauptausschuss, 20. 7. 1918.*

10 *Ebd.: Wirth an Hauptausschuss, 14. 5. 1918.*

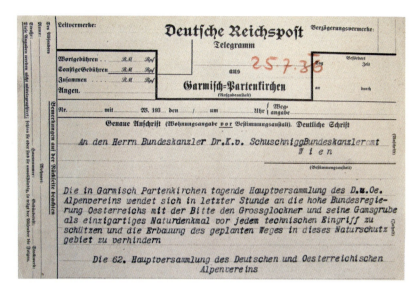

Protest-Telegramm der DuOeAV-Hauptversammlung in Garmisch-Partenkirchen vom 25. Juli 1936 an Bundeskanzler Kurt von Schuschnigg, gegen die Errichtung des „Promenadenwegs" durch die Gamsgrube gerichtet.

Im Kaufvertrag beim Bezirksgericht Winklern vom 10. Juni 1918 findet sich eine derartige Einschränkung der Befugnisse des Käufers allerdings nicht – und sie wäre dem DuOeAV wohl auch nicht recht gewesen. Zwar sah der Hauptausschuss eine erhebliche Schnittmenge zwischen dem Wirth'schen Wunsch und den eigenen Vereinszielen, „dieses Gebiet für alle Zeiten einer Profanisierung [zu entziehen]"[11]. Intern strich man allerdings heraus, dass es sich lediglich um einen Wunsch und nicht um eine Bedingung handle.

Das Naturbild des Alpenvereins

Der DuOeAV war damit zum Grundstückseigner am Großglockner geworden – und sollte sich in der Zwischenkriegszeit vom eher lustlosen Verwalter der Wirth'schen Schenkung zum engagierten Kämpfer für einen Nationalpark in den Hohen Tauern mausern. Der Naturschutz war bis in die 1930er-Jahre ein eher randständiges Thema im Alpenverein gewesen. Erst 1927 wurde er als Aufgabe in die Statuten aufgenommen. Besonders umstritten war die Frage, ob das „Ödland" oberhalb der Vegetationsgrenze auch vor den eigenen Vereinsaktivitäten wie Hütten- und Wegebau geschützt werden müsse. Angesichts wachsender Mitglieder- und Besucherzahlen befürworteten die meisten Mitglieder einen Ausbau der alpinen Infrastrukturen – nach dem Ende der Inflationszeit setzte ein regelrechter Bauboom von Hütten und Wegen ein. Die Etablierung und Pflege von Schutzgebieten sowie der Artenschutz spielten im Alpenverein dagegen eine untergeordnete Rolle. Mitunter wurden sie sogar negativ beurteilt, da dem DuOeAV damit „wieder ein Stück freien Berglandes verloren [gehe]"[12]. Diese Haltung war auch bei der Wirthschen Schenkung spürbar. So lehnte der Hauptausschuss die 1921/22 an ihn gerichteten Bitten des VNP ab, ihm Pasterzengletscher und Großglockner für die Errichtung eines möglichst großflächigen Schutzgebiets zu verpachten oder zu verkaufen, da man sich „bezüglich dieses Gebietes jegliche Freiheit vorbehalten will"[13]. Allerdings war man bereit, die Schutzbestimmungen des VNP anzuwenden, solange keine bergsteigerischen Interessen beeinträchtigt würden. Auch traditionelle Jagd- und Weiderechte blieben im Alpenvereinsgebiet zunächst unangetastet.

Diese Zurückhaltung gegenüber dem Naturschutz hing auch mit dem im Alpenverein verbreiteten Naturbild zusammen. Während viele Naturschutzvereine die Zerstörung der Natur durch den Menschen als schmerzlichen Verlust beklagten, stand die verletzliche Seite der Natur im Weltbild des Alpenvereins in Spannung zur Vorstellung einer heroischen Bergnatur, die dem kühnen Bergsteiger im Kampf mit den Naturgewalten zur „Stählung des Körpers" und „Erhebung des Geistes" verhelfe.[14] Das DuOeAV-Naturbild hatte eine stark nationalistische Komponente. So argumentierte Geheimrat Müller 1925 gegen die Errichtung der Zugspitzbahn:

Genuß am Berge kann nur haben, wer den Berg sich erkämpft. [...] Unser Vaterland braucht seine unverfälschten, ungezähmten Berge. Aus ihrem Schatz sollen seine Söhne und Töchter selbstlose und eherne Herzen, stahlharten Sinn und eiserne Nerven sich holen zum großen Kampf um Freiheit und Ehre.[15]

---

11 Ebd.: Hauptausschuss an Wirth, 10. 6. 1918.

12 Archiv des Deutschen Alpenvereins, BGS 1 SG/173/4: Zweig Lenggries an DuOeAV-Verwaltungsausschuss, 20. 4. 1944.

13 Archiv des Österreichischen Alpenvereins, FA R/N Großglockner Naturschutzerklärung 1919–1942: Hauptausschuss an VNP, 11. 8. 1922.

14 Ebd.: Verhandlungsschrift der Hauptversammlung des DuOeAV 1919, S. 5.

15 Archiv des Deutschen Alpenvereins, DOK 2 SG/100/1: Rede Müller gegen Zugspitzbahn, 28. 4. 1925.

Werte im Wandel

Ein gewisser Gesinnungswandel des DuOeAV gegenüber dem Naturschutz trat in den 1930er- und 1940er-Jahren ein. Zum einen wurde dem Alpenverein nach dem „Anschluss" Österreichs im Jahre 1938 offiziell die Zuständigkeit für den vereinsmäßigen Naturschutz im Alpengebiet übertragen. Zum anderen war das Alpenvereinsgebiet am Großglockner in dieser Zeit gleich von mehreren Eingriffen betroffen – darunter dem vielleicht wichtigsten österreichischen Infrastrukturprojekt der Zwischenkriegszeit: der 1935 eröffneten Großglockner Hochalpenstraße. Der ursprüngliche Streckenverlauf hatte die Wirthsche Schenkung zwar nicht tangiert. Nach ihrer Fertigstellung trachtete die Großglockner Hochalpenstraßen AG (GROHAG) aber danach, diese mit touristischen Zusatzangeboten zu veredeln. Zu diesen Vorhaben gehörte die Errichtung eines „Promenadenwegs" in die Gamsgrube samt Parkplätzen und Seilbahn auf den Fuscherkarkopf. Unter Federführung des Alpenvereins wandte sich von 1935 bis 1937 eine breite Koalition aus Naturschutz- und Wissenschaftsorganisationen gegen das Projekt – vergebens: Der „Bundeskanzler-Schuschnigg-Weg" wurde 1937 eröffnet. Die für den Wegebau benötigten Grundstücke des Alpenvereins wurden enteignet – und dies, obgleich das Land Kärnten den Alpenvereinsbesitz zum 1. Juli 1935 zum Naturschutzgebiet ernannt hatte. Der DuOeAV erhielt für 6620 Quadratmeter eine Entschädigungssumme von 662 Schilling.

Dagegen verliefen die Proteste des DuOeAV gegen den Bau mehrerer Bergbahnen im Glocknergebiet erfolgreich. So gelang es 1933 und 1938, Seilbahnprojekte von der Franz-Josefs-Hütte auf die Adlersruhe abzuwenden. Auch die Fuscherkarkopfbahn konnte verhindert werden. Angesichts dieser Erfahrungen bemühte sich der Alpenverein seit Mitte der 1930er-Jahre zum einen, seinen Grundbesitz in den Hohen Tauern spürbar zu erweitern. Zum anderen suchte der DuOeAV für seinen Grundbesitz einen möglichst hohen Schutzstatus zu erreichen – am besten den eines Nationalparks, denn die Ausweisung als Naturschutzgebiet hatte sich im Konflikt um die Gamsgrube ja als wirkungslos erwiesen. Bis dieses hohe Ziel erreicht werden konnte, sollte freilich einige Zeit vergehen. Der Dreiländer-Nationalpark Hohe Tauern wurde in den 1980er- und 1990er-Jahren ins Leben gerufen (1981 Kärnten, 1983 Salzburg, 1991 Osttirol). Er umfasst heute ein Gebiet von 1856 Quadratkilometern.

Albert Wirth konnte die späte Verwirklichung seines Widmungswunsches nicht mehr erleben. In die Konflikte der 1930er Jahre war er offenbar nicht mehr involviert, obgleich er als Gemeinderat der Stadt Villach bis 1939 politisch aktiv blieb. In diesem Jahr ereilte ihn ein schwerer Schicksalsschlag: Die Netzhaut löste sich auf beiden Augen, sodass er erblindete. Wirth starb am 20. Dezember 1957 im Alter von 83 Jahren in Villach.

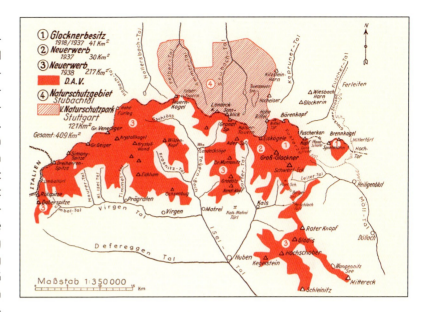

Karte des Grundbesitzes von Alpenverein und Verein Naturschutzpark in den Hohen Tauern, 1938.

Literatur

Draxl, Anton: Der Nationalpark Hohe Tauern. Eine österreichische Geschichte. Bd. 1: Von den Anfängen bis 1979. Innsbruck 1996.

Gelb, Georg: Das Pasterzengebiet in der Obhut des Alpenvereins. In: Tagungsbericht Albert Wirth Symposium – Gamsgrube (Fachbeiträge des Österreichischen Alpenvereins, Serie: Alpine Raumordnung Nr. 2). Innsbruck 1989, S. 97–113.

Hasenöhrl, Ute: Naturschutz. In: Deutscher Alpenverein/Österreichischer Alpenverein/Alpenverein Südtirol (Hg.): Berg Heil! Alpenverein und Bergsteigen 1918–1945. Köln u. a. 2011, S. 391–419.

Kupper, Patrick/Wöbse, Anna-Katharina (Hg.): Geschichte des Nationalparks Hohe Tauern. Innsbruck 2013.

„Der Wirklichkeit abgelauscht"
Die Glocknerkarten des Alpenvereins
>> Johannes Fischer

In der Kartographie manifestiert sich das Selbstverständnis des Alpenvereins: die Kenntnis vom Gebirge zu erweitern und seine Bereisung zu erleichtern. Führende Köpfe wie Richard Finsterwalder oder Hans Rohn wirkten dabei bis heute stilbildend – weit über die Vereinsgrenzen hinaus.

Zu Beginn der zweiten Hälfte des 19. Jahrhunderts begann der Durchbruch des alpinen Gedankens. Ziel der neu gegründeten Alpenvereine war es, die Kenntnis vom Gebirge durchaus auch im wissenschaftlichen Sinn zu erweitern und seine Bereisung zu erleichtern. Die kartographische Erfassung der Alpen war dazu – neben dem Bau von Hütten und Wegen – das vordringlichste Mittel. Man muss sich die Situation der Kartographie zu dieser Zeit in Erinnerung rufen, um die Aktivitäten des Alpenvereins auf diesem Gebiet richtig einordnen und würdigen zu können: Amtliche Karten, so wie wir sie heute kennen, gab es damals noch nicht, sehr wohl aber schon Vorläufer zu diesen. Die amtlichen sogenannten Landesaufnahmen waren im Gange und je nach Gebiet mehr oder weniger weit fortgeschritten. Allerdings waren die Absichten, die zu diesen Unternehmungen führten, von ganz anderen Zielsetzungen geprägt als von alpinen. Militärische und fiskalische Aufgabenstellungen standen eindeutig im Vordergrund, die technischen und finanziellen Möglichkeiten waren begrenzt. So entsprachen die wenigen zur Zeit der AV-Gründungen in den 1860er-Jahren vorhandenen Karten weder in Genauigkeit, Maßstab noch in der Gestaltung auch nur annähernd den alpinistischen Anforderungen.

Da aus damaliger Sicht der Alpenvereine auch keine Änderung dieser Situation abzusehen war, blieb als logische Konsequenz nur die Entscheidung, in eigener Regie alpine Gebiete kartographisch bestmöglich zu erfassen. Damit trug der Alpenverein selbst wesentlich zur Weiterentwicklung der Kartenwissenschaft bei.

Die Glocknerkarten der Frühzeit

Das Glocknergebiet ist dabei von besonderer Bedeutung, nicht nur aufgrund der Höhe des Massivs und des alpinistischen Interesses, sondern auch, weil im Jahr 1918 großflächige Areale im Bereich der Pasterze und des oberen Mölltals in den Besitz des DuOeAV übergingen, die die Grundlage für den heutigen Nationalpark Hohe Tauern bildeten (siehe auch Beitrag Seite 32).

Über die Hintergründe der ersten Glocknerkarte aus dem Jahr 1871 des königlich-bayerischen Leutnants Peter Wiedenmann ist recht wenig bekannt. Sie kommt mit einer erstaunlich knappen Zeichenerklärung aus und erinnert mit den roten Eintragungen der Routen von Johann Stüdl und Karl Hofmann noch ein wenig an die Karten von Entdeckern fremder Länder, obschon zu dieser Zeit die allerersten Pionierleistungen im Glocknergebiet schon einige Jahrzehnte zurücklagen. Doch immerhin bestiegen Stüdl und Hofmann von 1867 bis 1869 einige Gipfel zum ersten Mal, so unter anderem den Schneewinkelkopf, die Hohe Riffl und die Klockerin.

Mit einem Höhenlinienabstand von 300 Metern war diese Karte für das freie Gelände allerdings nur bedingt geeignet, jedoch war der Maßstab mit 1:66.000 schon etwas größer als bei den ersten AV-Karten von Franz Keil (Ankogel 1:72.000, Venediger 1:84.000). Die dreifarbige Ausführung (schwarz – blau – braun) weist schon in die Richtung der späteren klassischen „Dreifarbenkarte", die sowohl beim Alpenverein als auch in der amtlichen topographischen Kartographie lange Zeit die übliche Darstellungsweise bildete.

Wie ein Rückschritt erscheint dagegen die zweite AV-Karte der Frühzeit, die Schwarzweißkarte 1:50.000 von 1890, doch täuscht der erste Eindruck. Aufbauend auf der staatlichen Kartenaufnahme enthält sie bereits Höhenlinien im Abstand von 100 Metern, eine feine Geländezeichnung bis in die Felsbereiche hinein, Böschungsschraffen und eine Wald-Ringeldarstellung.

Die legendäre Karte von 1928

Nicht hoch genug eingeschätzt werden können die Leistungen der Akteure bei der Neuherstellung der Glocknerkarte 1:25.000 von 1928. Maßgebliche treibende Kraft war dabei Richard Finsterwalder, der in den Sommern 1924 und 1925 zusammen mit Wilhelm Kuny und Assistenten mehrere Monate mit Vermessung und photogrammetrischen Aufnahmen zubrachte und dabei nach eigenem Bekunden in der Glocknergruppe fast alle Gipfel bestieg, darunter „so manche Erstbegehung […] in entlegenen Teilen der Gruppe".

Die Herstellung der Karte bestand im Wesentlichen aus fünf Abschnitten. Jeder einzelne davon mutet dem heutigen Kartographen wie eine Herkulesaufgabe an.

Die Arbeiten begannen 1924 mit der Grundlagenvermessung. Hier wurde noch richtig klassisch trianguliert, d. h. zunächst einige Gipfel bestiegen, dabei die unbrauchbar gewordenen älteren

Richard Finsterwalder (1899–1963, Abb. oben) schuf die Grundlagen vieler Alpenvereinskarten. Hans Rohn (1868–1955) war verantwortlich für die Reinzeichnung der legendären Glocknerkarte von 1928 per Steingravur.
© Archiv DAV/Hans-Rohn-Gesellschaft, Melk

Chronologie eines Kartenbildes: Ausschnitte aus der Glocknerkarte des Alpenvereins von 1871, 1890 (oben) sowie 1928 und 2017 (unten).
© Archiv DAV/Alpenvereinskartographie

Der Geograph Hans Kinzl (1898–1979; Abb. oben) galt als „Motor" für den Erhalt der Alpenvereinskartographie nach dem Zweiten Weltkrieg. Karl Erhardt (1908–1963), in den 1960er-Jahren Hauptgeschäftsführer des DAV, engagierte sich für eine eigene DAV-Kartographie.
© Archiv DAV

Gipfelsignale durch solide, zwei Meter hohe Steinmänner erneuert und dann Richtungs- und Höhenwinkel zu den benachbarten Gipfeln gemessen. Parallel dazu, denn die Zeit drängte, begannen bereits die photogrammetrischen Arbeiten, d. h. das Fotografieren gegenüberliegender Hänge und Geländeteile von wohldefinierten Standorten aus, mit dem von Sebastian Finsterwalder, dem Vater von Richard Finsterwalder, entwickelten leichten Phototheodoliten. Dabei entstanden 250 Stereoaufnahmen auf etwa 165 Standlinien.

Teil drei waren Berechnung und Auswertung. Allein das Dreiecksnetz zu berechnen, welches das geometrische Grundgerüst der ganzen Karte bildet, war im Zeitalter weit vor Taschenrechner und PC ein mühsames Unterfangen, zumal die Berechnung in Annäherung an das schon vorhandene Dreiecksnetz der Vorgänger-Vermessung eine mehrmalige Fehlerausgleichung erforderte. Die darauf folgende Auswertung der photogrammetrischen Aufnahmen dauerte elf Monate.

Danach kam der kongeniale Topograph und Lithograph Hans Rohn zum Einsatz. In den Sommern 1926 und 1927 durchstreifte er die Glocknergruppe, um die Geländezeichnung, vor allem die Felsdarstellung und Kleinformen, im unmittelbaren Eindruck der Natur zu entwerfen. Richard Finsterwalder ist mehr als zufrieden: „Rohns Geländezeichnung ist […] nicht nach draußen gefertigten Skizzen zu Hause gezeichnet, sondern bis zum letzten Tuschestrich der Reinzeichnung der Wirklichkeit abgelauscht und ohne irgendwelche Umwege und Überzeichnungen schon draußen in der endgültigen Form festgelegt. Aus dieser Art der Entstehung erklärt sich die Unmittelbarkeit und Ausdruckskraft der Rohnschen Geländedarstellung, die freilich ein ganz ungewöhnliches zeichnerisches Geschick voraussetzt."

Teil fünf erst war die eigentliche Kartographie, das heißt die Gravur der Ergebnisse in Stein, ebenfalls durch Hans Rohn. Nicht zuletzt muss auch die Leistung der Namenerhebung in einer in diesem Gebiet noch nicht da gewesenen Dichte erwähnt werden. Dafür verantwortlich zeichnete der Sprachwissenschaftler Karl Finsterwalder, ein Cousin von Richard Finsterwalder. Der Kartendruck vom Stein erfolgte schließlich in bewährter Weise bei der Kartographischen Anstalt Freytag & Berndt in Wien.

Folgeprodukte der legendären Karte

Schon einige Jahre später wurde der Schichtlinienplan der Glocknerkarte, der als Grundlage der Rohn'schen Arbeit gedient hatte, für die Präsentation anderer Wissensgebiete verwendet: zunächst für die farbenprächtige zweiteilige Vegetationskarte der Umgebung der Pasterze, Maßstab 1:5.000, im „Zustand des Gebietes vom Sommer 1934", aufgenommen und entworfen von Helmut Friedel, 1956 erschienen. Später auch für die ebenfalls mehrfarbige Vegetationskarte 1:25.000 von Helmut Gams, erschienen 1936, die das gesamte Kartengebiet abbildet.

Auch bei der Geologischen Karte der Glocknergruppe 1:25.000 aus dem Jahr 1935 kam die komplette Fläche der Alpenvereinskarte zum Einsatz. Gedruckt wurde sie ebenfalls bei Freytag & Berndt in Wien.

Für die damaligen Geologen waren die neuen AV-Karten höchst willkommen. War es doch zuvor unmöglich gewesen, auf den bis dahin verfügbaren topographischen Unterlagen, den sogenannten Schraffenkarten, die kleinräumigen und komplexen Verbandsverhältnisse unterschiedlicher Gesteine korrekt darzustellen. Der Quantensprung in der Qualität wurde begeistert zum Anlass genommen, um auf Basis der Alpenvereinskarten geologische Detailkartierungen durchzuführen.

Für die Kristallingebiete der Ostalpen stellt die Geologische Karte des Glocknergebietes von 1935 zweifellos einen qualitativen Meilenstein dar. Das Projekt wurde von Hans Peter Cornelius (1888–1950) initiiert, einem höchst angesehenen Kristallin-Geologen. Als Partner wählte er Eberhard Clar (1904–1995), der sein Studium mit einer Dissertation zur Geologie der Schobergruppe abgeschlossen hatte und sich 1929, zu Beginn der von 1929 bis 1934 dauernden Feldarbeiten im Glocknergebiet, als erst 25-Jähriger an der Universität Graz habilitierte. Die geologische Aufnahmetätigkeit teilten sich die beiden derart, dass Clar den Ostteil der Karte mit dem Glockner-Wiesbachhorn-Kamm sowie dem Fuschertal und somit die mesozoischen Gesteine, Cornelius dagegen die überwiegend älteren Gesteinsserien im Westteil des Kartenblattes bearbeitete. Anspruchsvolle Profilaufnahmen wurden oft gemeinsam unternommen.

Neuauflagen der 1928er-Karte

1965 kam erstmals eine Ausgabe der Alpenvereinskarte mit überarbeitetem Gletscherstand heraus. Die Arbeiten dafür wurden 1963 noch von Richard Finsterwalder in die Wege geleitet, der aber am 28. Oktober 1963 überraschend starb. Dadurch war man gezwungen, neue Möglichkeiten der Überarbeitung zu finden, was allerdings nicht immer reibungslos gelang und auch im Endergebnis hinter den Erwartungen blieb. In der Folge wurde im DAV und ÖAV die gemeinsame Weiterführung der Kartographie grundlegend und teils sehr heftig diskutiert, was letztendlich in die Kartographievereinbarung von 1969 mündete, ein Vertrag, der in seinen Grundzügen noch heute gilt. Ein weiteres Ergebnis war die aktualisierte Glocknerkarte von 1969, die Rüdiger Finsterwalder initiierte, ein Großneffe von Richard Finsterwalder und der „frischgebackene" Beauftragte für das Kartenwesen im DAV. Diese Karte wurde der wissenschaftlichen Gebietsmonographie zur Glocknergruppe beigegeben, die zum Anlass der 100-Jahre-Feier des DAV erschien.

In die Auflage 2002 flossen die Ergebnisse der Diplomarbeit von Wolfgang Pusch ein, der dabei eine neuartige Methode mit einem System aus GPS und Messfernglas erprobte und die Gletscherveränderungen der Pasterze vermaß. Bei der Auflage 2006 wurde die komplette Gletscherfläche nach Orthofotos (Luftbildern) neu bearbeitet.

Die jetzt vorliegende Ausgabe 2017 verabschiedet sich fast völlig von der Finsterwalder'schen Vermessung der 1920er-Jahre. Nur die Felszeichnung von Rohn wurde weitestgehend erhalten, um die mittlerweile klassische Ästhetik der legendären 1928er-Karte beizubehalten. Durch die zahlreichen reprotechnischen Umkopien der diversen Auflagen und die Umsetzung in Rasterdaten für die digitale Arbeit hat sie allerdings etwas von ihrer einstigen Brillanz eingebüßt. Dafür wurde die übrige Kartengrafik unter der Regie von Reiner Buzin von der Hochschule München völlig neu erarbeitet und damit eine noch höhere Lagegenauigkeit erzielt. Ein amtliches digitales 10-Meter-Geländemodell sorgt für die Höhenlinien und die Schummerung. Die anderen Inhalte wurden nach neuesten Orthofotos gezeichnet, einige Details mit GPS im Gelände erhoben, insbesondere Steige und Wege. Im Hinblick auf die künftige Alpenvereinskartographie wurden hier neue technische Abläufe mit der Software OCAD erprobt. Auch wenn sich die Arbeitstechniken grundlegend geändert haben, das Ziel bleibt das gleiche: eine Karte mit hohem praktischem Nutzwert, die den Anforderungen des Alpinisten genügt.

Ein qualitativer Meilenstein: Ausschnitt aus der Geologischen Karte des Glocknergebiets, 1935 von Hans Peter Cornelius und Eberhard Clar realisiert.

© *Geologische Bundesanstalt, Wien*

Literatur

Arnberger, Erik: Die Kartographie im Alpenverein, Wissenschaftliche Alpenvereinshefte Nr. 22, gemeinsam hg. v. DAV und ÖAV. München und Innsbruck 1970.

Deutscher Alpenverein (Hg.): Neuere Forschungen im Umkreis der Glocknergruppe, Wissenschaftliche Alpenvereinshefte Nr. 21. München 1969, Vorwort von Dr. Karl Erhardt.

Finsterwalder, Richard: Begleitworte zur Karte der Glocknergruppe, AV-Jahrbuch 1928. München 1928.

Fischer, Ewald Guido: Die Kunst der dritten Dimension: Der geniale Alpenkartograph und Maler Hans Rohn. Graz 2009.

Kostka, Robert/Moser, Gerhart: Die Kartographie im Alpenverein an der Schwelle zum 21. Jahrhundert. Gnas 2014.

Schmidt-Wellenburg, Walter: Das Gebiet der neuen Glocknerkarte und der Alpenverein. In: AV-Jahrbuch 1965. Innsbruck 1965.

Dank

An Herrn Univ. Prof. Dr. Wolfgang Frank von der Universität Wien (Geologie) und Herrn Prof. Peter Mellmann, Eichenau (Geschichte der AV-Kartographie).

Ein sagenhafter Schatz

Die Kristalle vom Großglockner
>> **Susanne Gurschler**

In den 1990er-Jahren entdeckte Stefan Obkircher am Großglockner eine alpine Kluft voller Mineralien – der Fund sollte sich als einer der größten in den Ostalpen erweisen. Die Bergung der "Steine" war begleitet von dramatischen Zwischenfällen und emotionalen Momenten.

Beginnen wir ganz leidenschaftslos mit dem wohl bekanntesten Kristall. Der Bergkristall besteht aus Siliziumdioxid, ist ein zumeist farbloser, transparenter Quarz und kommt weltweit vor. Seine Bruchstücke können – wie Diamanten – Glas ritzen, zudem ist er ziemlich leicht zu erkennen: Der Bergkristall ähnelt farblosem Glas. Die Formen, in denen er auftritt, scheinen unerschöpflich, sie reichen von Monolithen bis zu Zwillingsspitzen.

Kristalle faszinieren seit Menschengedenken. Zahlreich sind hierzulande die Sagen, in denen es um unterirdische funkelnde Paläste geht, in die nur Auserwählte Zugang erhalten. Einer dieser Auserwählten ist der Osttiroler Stefan Obkircher. Ihm verdanken wir einen der größten Mineralienfunde in den Ostalpen, geborgen in einer sogenannten "alpinen Kluft" am Großglockner – eine Sensation für Wissenschaftler, Sammler und Interessierte.

Dank der Kooperation von Österreichischem Alpenverein (ÖAV), Nationalpark Hohe Tauern, Universität Graz und nicht zuletzt dem Entdecker selbst gelang es, den Fund zu dokumentieren, zu heben und damit vor der Zerstörung zu bewahren. Im "Glocknerhaus" in Kals sind die schönsten Stücke mittlerweile für die Öffentlichkeit zugänglich gemacht. Das Unternehmen war allerdings von emotionalen Störfeuern und Auseinandersetzungen begleitet.

Kühle Schönheit

Den Menschen der Antike galt der Kristall als das "ewige Eis" der Götter. Der Begriff Kristall leitet sich vom griechischen *krýstallos* ab. Er bedeutete ursprünglich Eis, Frost, aber auch Eiseskälte, später wurde auch Eis-Ähnliches, Transparentes so bezeichnet. Über das lateinische *crystallus* fand das Wort Eingang in die deutsche Sprache (althochdeutsch: *kristallo*).

Seit jeher begeistert die kühle Schönheit von Kristallen, seit jeher werden sie gesammelt. Geologisch geschulte und erfahrene Menschen wissen, wo Mineralien zu finden sind. Das Tauernfenster (siehe Infobox), in dem der Großglockner liegt, ist dank seiner geologischen Voraussetzungen prädestiniertes Gebiet für Mineralienfunde – seit über 25 Jahren gibt es zum Beispiel die "Vereinigten Mineraliensammler Kals", die sich diesen Preziosen der alpinen Welt widmen.

Stefan Obkircher kommt allerdings nicht aus Kals, sondern aus dem nahen Defereggental. Der Landwirt ist Bergfex und Mineraliensammler seit

Obkircher präsentiert eine der geborgenen Großstufen. Der Rauchquarz zeigt sich von besonderer Qualität. Die schönsten Stücke sind im Glocknerhaus in Kals ausgestellt.

© Archiv: F. Walter/Foto: A. Kirchler (linke Seite); Gemeinde Kals am Großglockner (unten)

Kindertagen, ein profunder Kenner der Materie, der jede freie Minute in den geliebten Bergen verbringt. Bei einer seiner ausgiebigen Touren entdeckte er 1994 auch jenen Hinweis im Gelände, der jedes Sammlerherz sofort höherschlagen ließe. Im Nordwesten der Hofmannspitze auf 3575 Metern Seehöhe in extrem abschüssigem Gebiet ragte ein weißlich schimmernder Derbquarzgang aus dem Gesteinsschutt. Ein klares Zeichen für eine „alpine Kluft" (siehe Infobox) inmitten der gut sichtbaren Wechsellagerungen aus grünlich schimmerndem Prasinit (Grüngestein) und grau-braunem Kalkglimmerschiefer, aus denen die Glocknerwand unter der Hofmannspitze besteht, entstanden während der letzten Tauernkristallisation vor 30 Millionen Jahren.

Wenige Jahrzehnte zuvor hatte noch Gletscher die markante Stelle bedeckt. Nun lag die mehrere Meter tiefe Kluft sozusagen offen; durch den Rückgang des „ewigen Eises" war der oberflächennahe Inhalt Witterungseinflüssen wie Frost und Tau ausgesetzt. „Längerfristig bedeutete das

Das Tauernfenster

Tauernfenster ist die geologische Bezeichnung der Region zwischen Brenner im Westen und Katschbergsattel im Osten; im Norden bildet das Salzachtal die Grenze, im Süden verläuft diese auf der Höhe von Spittal an der Drau, Matrei in Osttirol und Sterzing (Südtirol). Im Tauernfenster treten die Gesteine des ehemaligen Penninischen Ozeans zutage. Im Zuge tektonischer Verschiebungen am Brenner und am Katschberg wurden die Gesteinsformationen des Ostalpins abgeschoben und die des Penninischen Ozeans emporgehoben. Innerhalb des Tauernfensters lassen sich zwei großtektonische Bausteine der Alpen ausmachen.
Die äußere Schale besteht aus Bündnerschiefern (auch Glocknerdecke genannt), die einst auf dem Boden des Penninischen Ozeans lagen. Unterhalb der Penninischen Decken finden sich im zentralen Tauernfenster kristalline Orthogneise (Zentralgneis), also verformte Granite. Einige der höchsten Gipfel (u. a. Venediger- und Reichenspitzgruppe) setzen sich aus diesen zusammen. Auf diesen Zentralgneisen liegen Gesteine, die die frühere Sedimentbedeckung Europas darstellen. Der Großglockner befindet sich in den Schieferhüllen des Tauernfensters und besteht aus Prasiniten (Grüngestein) und Glimmerschiefern.
Das Tauernfenster wurde in den letzten 30 bis 20 Millionen Jahren durch Hebung und Abschiebung freigelegt. Die enormen tektonischen Kräfte bewirkten die Entstehung von Klüften. Untersuchungen in den Westalpen ergaben, dass dieser Prozess vor circa 18 Millionen Jahren begonnen hat, und zwar in einer Tiefe von 12 bis 14 Kilometern. Bis zu 400 °C heiße Lösungen drangen in die Klüfte

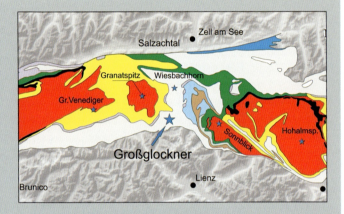

ein und laugten die Wände aus. Materialien aus dem Umgebungsgestein, vor allem Glimmer, Feldspat, Amphibole und Quarz, wurden teilweise aufgelöst und gelangten mit den Fluiden in die Klufthohlräume. Mit der Hebung des Gebirges stiegen die Klüfte in Richtung Erdoberfläche auf, die mineralisierten Fluide kühlten ab und verschiedene Mineralarten kristallisierten. Auch die tektonischen Bewegungen haben Einfluss auf die Kristallisation: Die Verformungen können zu Übersättigung der Fluide führen.

Quelle und Abbildungen: Stüwe, Kurt/ Homberger, Ruedi: Die Geologie der Alpen aus der Luft. Gnas, 2015.
Walter, Franz: Bergung von Kristallen aus einer Alpinen Kluft in der Glocknerwand. In: Der steirische Mineraloge, Nr. 28/2014.

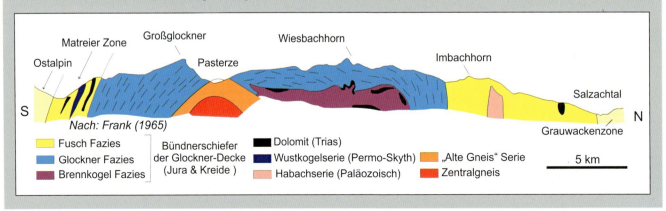

Blick auf Großglockner und Hofmannspitze mit dem markierten Fundort; gut erkennbar ist die Wechsellagerung von Grüngestein und Glimmerschiefer.

© Ruedi Homberger/
www.fotohomberger.ch

eine Zerstörung der Mineralien in der Kluft", so Obkircher. Eine Zerstörung aber wollte er verhindern. Es sollte allerdings noch einige Jahre dauern, bis er den Schatz heben konnte.

„Ich habe die Stelle immer wieder beobachtet, hatte Sorge, jemand könnte sie finden und ausräumen", so der Mineraliensammler. Dass dies nicht passierte, lag in erster Linie an der extrem exponierten Lage der Fundstelle. Nordwestlich der Hofmannspitze führte weder ein Weg noch ein Steig vorbei. Im Gegenteil: Die Fundstelle war nur in mehreren Stunden Aufstieg zu erreichen, über eine Route, die sogar erfahrenen Bergsteigern Respekt abtrotzte, stets von Steinschlag bedroht, felsig, abschüssig.

Schließlich gelang es Obkircher, nicht nur Franz Walter, Professor für Mineralogie und Kristallographie am Institut für Erdwissenschaften der Karl-Franzens-Universität in Graz (siehe Interview), sondern auch Peter Haßlacher vom Österreichischen Alpenverein von der Bedeutung dieses Fundes zu überzeugen. „Als Grundeigentümer des Areals rund um den Großglockner gehören dem ÖAV sämtliche Mineralien, die dort zu finden sind", unterstreicht Robert Renzler, Generalsekretär des ÖAV.

Sanfte Hebung

„Klar war, dass eine Bergung der Funde beziehungsweise der Abtransport der Kristallstufen ausschließlich mit Hubschrauber zu bewältigen ist – Hubschraubereinsätze aber genehmigt die Nationalparkverwaltung nur nach sehr strengen Kriterien", so Obkircher. Nicht einmal Übungsflüge der Osttiroler Bergrettung waren bisher bewilligt worden – ein Streitpunkt zwischen Nationalparkverwaltung und Bergrettung, der Zündstoff erhielt, als die Transportflüge für die Mineralien genehmigt wurden. „Nicht seitens der Bergrettung, aber medial wurden plötzlich zwei Themen vermischt, die nichts miteinander zu tun haben", erinnert sich Obkircher.

Voraussetzung für das Okay der Nationalparkverwaltung war, dass die Bergung der Mineralien unter Aufsicht und im Rahmen eines wissenschaftlichen Projektes erfolgte. Auch für Obkir-

Großes Glück hatten die Projektmitarbeiter am 24. August 2012: Ein Steinschlag ging nieder und verschüttete einen Teil des Eingangs zur Kluft.
Rechts: Stefan Obkircher in der Kluft beim vorsichtigen Auftauen des Kluftinhaltes mittels Gasbrenner.
© F. Walter

cher ein wichtiger Aspekt. „Die Mineralien aus der Kluft haben einen großen Wert, sie sind ein Kulturgut, österreichweit einmalig. Bevor jemand einfach anfängt zu graben und vielleicht vieles zerstört, ist es besser, die Mineralien bleiben im Berg", ist er überzeugt. Der besondere Reiz lag für ihn darin, diesen Kristallfund im Gesamten dokumentieren zu können. „Die Ausgangssituation, die Koordinaten, die Bergung, die verwendeten Hilfsmittel und so weiter – das war eine spannende Sache", erläutert Obkircher.

Franz Walter, der bereits in Schutzgebieten in Kärnten und in Salzburg wissenschaftliche Projekte durchgeführt hatte und durchführt, reichte 2012 ein wissenschaftliches Nationalparkprojekt ein. Die Genehmigung desselben erfolgte durch die Bezirkshauptmannschaft Lienz. Die Laufzeit betrug drei Jahre und beinhaltete die fachgerechte Bergung der Mineralien mit dem Ziel, die Entstehung der Kluftmaterialien in der Glocknerwand wissenschaftlich zu untersuchen. Die Hebung der Mineralien übernahmen Stefan Obkircher und der Kärntner Bergführer Kurt Sternig; unterstützt wurden die beiden vom Nationalparkmitarbeiter Andreas Rofner.

Rund dreißig Mal stieg das Team allein 2012 auf; das Zeitfenster, in dem es arbeiten konnte, war schmal. „Am 25. Juni haben wir uns die Situation vor Ort angeschaut, dann von Anfang Juli bis Ende August intensiv gearbeitet. Im Schnitt waren wir jeden zweiten Tag oben – bei jeder Witterung", so Obkircher. Im ersten Jahr drangen Obkircher, Sternig und Rofner rund sechs Meter vor. Jeden Morgen hieß es, das Wasser schöpfen, mit dem sich die Kluft über Nacht gefüllt hatte. Dann machten sie sich ans Werk.

Um die Mineralgruppen freizulegen, schmolzen sie das Eis vorsichtig mit einem Keramikgasbrenner. „Der Vorteil war, dass sich die Kristallstufen bereits während des Wachstums von der Kluftwand gelöst hatten, das heißt, sie hatten mit dieser keine Verbindung mehr. Hammer und Meißel waren nicht nötig", erläutert Walter. Je nach Größe der Kristallgruppe dauerte es ein bis zwei Tage, bis sie, vom Eis befreit, auf die vorbereitete Unterlage – Zellstoff und Matratze – fiel und vorsichtig in die Transportkiste gelegt werden konnte. Diese wiederum war mit Stahlseilen im stark abfallenden Gelände gesichert.

Zerborstener Glanz

Die zutage beförderten Stücke zeigten sich – mit Ausnahme der im Eingang liegenden, bereits durch Witterung zerstörten – von erstklassiger Qualität. „Der Rauchquarz war nicht milchig, sondern klar und groß", schwärmt Obkircher. Und die Mineraliengruppen waren riesig: Viele über 100 Kilogramm schwer, glänzend. Rund zwei Tonnen Material habe man ins Tal befördert, schätzt Obkircher.

Die Arbeit forderte nicht nur Erfahrung im Umgang mit Mineralien und Trittsicherheit, wichtig war auch, Anzeichen für Wetterumschwünge und andere hochalpine Gefahren rasch zu erkennen und entsprechend zu handeln, wie sich auf dramatische Weise zeigen sollte.

Am 24. August 2012 stiegen Sternig, Obkircher und Rofner in aller Herrgottsfrühe auf. Die erste Kiste sollte per Hubschrauber ins Tal gebracht werden – ein aufregender Tag für alle Beteiligten. Wie immer stiegen die drei in die Kluft und bildeten eine Kette, um das angesammelte Wasser zu schöpfen. Sternig reichte Obkircher und dieser dem am Eingang stehenden Rofner den Kübel weiter, als Obkircher bemerkte, dass sich dieser immer wieder etwas von den Schultern strich. Auf die Frage, was er da mache, erwiderte Rofner, es fielen ständig Steinchen auf seine Schultern.

Ohne zu zögern, riss Obkircher Rofner in die Kluft. Keine Sekunde zu früh. „Schon krachte es, Geröll prasselte herab und versperrte den Eingang bis zum oberen Drittel", erinnert sich Obkircher. Während die drei Männer die Steinlawine unbeschadet überstanden, wurde die Transportkiste mitgerissen, stürzte 80 Meter in die Tiefe auf das Kees und zerbarst – die herrlichen Mineralien waren zerstört. „Schweren Herzens, aber dankbar, dass uns nichts passiert ist, sagte ich den geplanten Transportflug ab", so Obkircher.

Auf den Tag genau ein Jahr später kam es erneut zu einem dramatischen Zwischenfall unter der Hofmannspitze. „Sternig war zum Materialdepot auf dem Sattel hinübergegangen, um das Werkzeug zu holen, als es plötzlich rumpelte und eine Steinlawine losbrach", erinnert sich Obkircher. Bange Minuten, wie eine Ewigkeit für den Mineraliensammler – wusste er doch nicht, wo genau Sternig sich in diesem Moment befunden hatte. „Als ich aus der Kluft trat, die mir wieder Schutz geboten hatte, war er nirgends zu sehen", erzählt Obkircher. Zunächst verhallten seine Rufe, doch dann erhielt er Antwort: Sternig hatte unter einer Felsnase Zuflucht gefunden.

Leihdauer als Thema

Für die wissenschaftliche Untersuchung wurden nur kleinere, weniger wertvolle Stücke ausgewählt – die fantastischen Großgruppen sollten der Allgemeinheit zugänglich gemacht werden. Wie genau, darüber entbrannte ein heftiger Disput zwischen der Gemeinde Kals und dem ÖAV. „Einige Gemeindevertreter waren der Ansicht, die Mineralien gehörten Kals. Sie ließen sich auch durch die klare rechtliche Lage nicht beeindrucken und forderten, dass sämtliche Funde nach Kals kommen müssten", so ÖAV-Generalsekretär Renzler.

Die Auseinandersetzung fand auf einer hochemotionalen Ebene statt, nicht zuletzt wohl deshalb, weil vielen noch lebhaft in Erinnerung war, dass der ÖAV dem Ort 2011 das Siegel „Bergsteigerdorf" wieder entzogen hatte. Nach der Skigebietsverbindung Matrei-Kals hatte die Gemeinde Kals noch das Chaletdorf „Gradonna Mountain Resort" mit rund 500 Betten und neunstöckigem Turm bewilligt – und damit den strengen Kriterien, die Orte für das Siegel zu erfüllen hatten, nicht mehr genügt. Die Entscheidung hatte für viel Aufregung in der Region gesorgt; seither war das Verhältnis zwischen der Großglockner-Gemeinde und dem ÖAV getrübt.

Nun gab es ein zähes Ringen zwischen Gemeinde und ÖAV, insbesondere, was die Leihdauer

Obkircher und Sternig verpacken die wertvolle Fracht für den Transport mit dem Hubschrauber. Beim Steinschlagereignis vom Sommer 2012 wurde die Transportkiste mitgerissen und zerbarst auf dem Teischnitzkees; die Kristallgruppe war zerstört.
© F. Walter

Adularkristalle als Kruste auf Rauchquarz – rechts unter dem Elektronenmikroskop betrachtet.
© F. Walter

für die Kluftmineralien anbelangte. Die Gemeinde beharrte zunächst auf einer unbefristeten Leihgabe, der Alpenverein konnte und wollte das nicht akzeptieren, „obwohl beide Parteien davon überzeugt waren, dass eine Präsentation wichtig und richtig sei", wie Renzler unterstreicht. Die Gemeinde argumentierte schließlich – nachvollziehbar –, dass sie 80.000 Euro für die Adaptierung des Ausstellungsbereichs im Glocknerhaus aufwenden würde und diese hohe Summe nicht zu rechtfertigen sei, wenn sie die Mineralien nur zehn Jahre zeigen könne.

Schließlich gelang ein Kompromiss: Die Leihdauer beträgt 15 Jahre mit Option auf Verlängerung. „Neben anderen herrlichen Funden sind nun die zwei schönsten Stücke in Kals zu sehen, das drittschönste im Kesslerstadel in Matrei", so Renzler. Auch seitens der Gemeinde sei man froh, dass die Funde in Kals gezeigt werden, da, wo sie geborgen wurden, betont Erika Rogl, seit 2016 Bürgermeisterin von Kals; die Präsentation bereichere die Ausstellung „Im Banne des Großglockners". Mehrere Mitarbeiter des ÖAV hätten bei einem Ausflug die Präsentation besucht und wären mit der Präsenz der Stücke zufrieden gewesen.

Glitzernde Zeugen

Wer in den Ausstellungsbereich des Glocknerhauses in Kals hinuntersteigt, vorbei an der Geschichte des Ortes, die eng mit der des Großglockners und seiner Erstbesteigung vor über 200 Jahren verbunden ist, den lehrt die Natur Staunen. Wunderbar funkelnde Mineralien, die an der Kluftwand kristallisiert waren, präsentieren sich in den Schaukästen. Besonders markant: die hell- bis dunkelbraunen Rauchquarze, gern über 100 Kilogramm schwer, die stellenweise mit weißem bis durchsichtigem Adular, mit Hämatit (auch Blutstein oder Eisenglanz genannt), Chlorit und Kalzit überzogen sind. Dazu die wissenschaftlichen Erläuterungen rund um die Bergung der Mineralien aus der Kluft. So wiesen einige Kristalle Flüssigkeits- und Gaseinschlüsse auf. „Erste Untersuchungen an den Fluiden im Quarz dieser Kluft erbrachten Bildungstemperaturen für den Quarz bei 300 °C, alle später gebildeten Mineralien bis zum Kalzit wurden bei niedrigeren Temperaturen gebildet", erklärt Walter. Anhand von gebrochenen Kristallen, die wieder verheilt waren, konnten er und sein Team zudem Verformungen des Hohlraums durch tektonische Einflüsse nachweisen. „Eine Altersdatierung wurde bisher nicht gemacht, sie ist nun Gegenstand eines zweiten Forschungsprojektes", ergänzt Walter.

Komplexe Vorgänge und spannende Zusammenhänge, die für den Laien allerdings zurücktreten, angesichts der kristallinen Pracht, die ihn im Glocknerhaus umgibt. Wer jemals einen Bergkristall berührt, über seine glatte, kühle Oberfläche gestrichen hat (in der Ausstellung ist das möglich), der versteht die Faszination, die davon ausgeht. Die Mineralienfunde aus der Glocknerwand sind wunderbar anzuschauen; der wie nebenbei laufende Film über die dramatische Bergung verursacht Gänsehaut. Kristalle – ein Zauber, nicht in Worte zu fassen.

„Die Qualität der Mineralien ist hervorragend"

Franz Walter, Professor für Mineralogie und Kristallographie am Institut für Erdwissenschaften der Karl-Franzens-Universität in Graz, spricht über die Bedeutung des Mineralfundes an der Glocknerwand, erste wissenschaftliche Ergebnisse und das bereits laufende Folgeprojekt.

Susanne Gurschler (SG) » *Wie erfuhren Sie von der Kristallkluft am Großglockner und was machte das Projekt spannend für Sie?*
Franz Walter (FW) » Stefan Obkircher hat sich an mich gewandt. Er erzählte mir, dass in einer alpinen Kluft unterhalb der Hofmannspitze relativ große Stücke zu finden seien. Er fragte, ob es nicht möglich wäre, die Mineralien zu bergen, bevor sie zerstört werden, etwa durch Steinschlag oder Einstürzen der Kluft.
SG » *Wann machten Sie sich selbst ein Bild von der Situation vor Ort?*
FW » Ich war erstmals im Sommer 2012 dort, nachdem unser wissenschaftliches Projekt bewilligt worden war, der Großteil der Mineralien lag noch geschützt im Eis – ein großes Glück.
SG » *Für Nichtfachleute: Was ist das Spezielle an diesem Fund bzw. welche Bedeutung hat er?*
FW » Es handelt sich dabei um einen der größten Mineralienfunde in den Ostalpen. Die Qualität der Mineralien ist hervorragend: Wir haben zum Teil wasserklare, große Rauchquarze. Er ist einer der wenigen Funde, die von Anfang an nach wissenschaftlichen Kriterien dokumentiert ist. Normalerweise finden Sammler etwas und bringen es zur Analyse. In diesem Fall war ich selbst dort, habe die Bergung begleitet und jene Stücke ausgewählt, die für Untersuchungszwecke gebraucht werden.
SG » *Rund um die Bergung gab es Konflikte speziell mit Mineraliensammlern aus Kals. Was war der Grund?*
FW » Um Mineralien im Glocknergebiet zu bergen, braucht man eine Sonderbewilligung. Es muss sich erstens um ein wissenschaftliches Projekt handeln und zweitens muss der Grundeigentümer zustimmen. Der Österreichische Alpenverein ist als Grundeigentümer Eigentümer sämtlicher Stücke, die dort geborgen wurden und werden – das hat für Missstimmung gesorgt. Einige glaubten und glauben, alles in diesem Gebiet gehöre ihnen. Das zweite Problem war wohl, dass Leute von außen kamen und an „ihrem" Großglockner Mineralien abbauten. Ich habe aus mehreren Gründen keine Leute von dort herangezogen: Zum einen hatte ich keine Kontakte in Kals, Obkircher hat die Kluft gefunden, Sternig war mir als exzellenter und zuverlässiger Bergführer bekannt und ist zudem mineralienkundig. Es handelt sich bei den beiden um Leute, die mit Mineralien umgehen können und alpinistisch geschult sind. Beides brauchte es dort.
SG » *Hat sich die Aufregung zwischenzeitlich gelegt?*
FW » Zum Teil. Es gibt eine Person in Kals – ich will keine Namen nennen –, die immer wieder Schwierigkeiten macht – auch beim zweiten Projekt, das gerade läuft. Aber ich habe eine relativ dicke Haut bekommen. Der ÖAV hat uns sehr unterstützt und diese negativen Begleiterscheinungen an sich abprallen lassen.
SG » *Die wissenschaftlichen Erkenntnisse sind vielfältig, ein Bereich umfasst die Fluideinschlüsse. Sie geben Aufschluss über die Bildungsbedingungen der Mineralien – was haben die Untersuchungen hier ergeben?*
FW » Durch die Untersuchung der beim Wachstum der Kristalle eingeschlossenen Flüssigkeiten, „Fluid inclusions", konnte die Bildungstemperatur bestimmt werden. In der Glocknerwand sind folgende Mineralien entstanden: Bei Temperaturen um 300 °C zuerst ein massiver, weißer Derbquarzgang, danach bei 260 °C die hochglänzenden, wasserklaren Bergkristalle, die erst später bei Temperaturen unter 180 °C die Rauchquarzfarbe durch radioaktive Strahlung erhielten. Dann kristallisierten nach und über den Bergkristallen Adular (Kalifeldspat), Hämatit (Eisenoxid) und Chlorit (grünes, glimmerartiges Mineral). Als letzte Mineralart kristallisierte Kalzit bei Temperaturen von 240 °C bis 170 °C. Unter 170 °C war die Mineralisation abgeschlossen.
SG » *Mittlerweile läuft ein zweites Forschungsprojekt. Worum geht es da?*
FW » Das Alter der Kluftmineralisation der Glocknerwand konnte bisher noch nicht bestimmt werden. Das Nachfolgeprojekt, das bis 2019 läuft, versucht das Mineral Monazit (Ce) zu finden, mit dem die Altersdatierung möglich wäre. Wir sammeln Proben aus dem gesamten Gebiet. Im näheren Bereich, in der Sonnblickgruppe, auf der Kärntner und Salzburger Seite der Hohen Tauern, konnten erstmals die Mineralalter in den alpinen Klüften bestimmt werden. Es ist anzunehmen, dass die alpinen Klüfte in der Glocknergruppe ebenfalls zwischen 19 und 15 Millionen Jahren alt sind.

Chronisten des Wandels

Baumfunde im Bereich der Pasterze
>> **Andreas Hauser**

Im Jahr 1990 schwemmte der Gletscherbach der Pasterze eine jahrtausendealte Zirbe aus dem Eis. Der Fund war eine wissenschaftliche Sensation. Mit weiteren uralten Holz- und Torffunden in den folgenden Jahrzehnten änderte er die Sicht der Forschung auf die Nacheiszeit im Alpenraum.

Selbst der Hubschrauber hatte es nicht leicht. 350 Kilogramm Holz schaffte er noch rauf zur Kaiser-Franz-Josefs-Höhe, der zweite Teil der Zirbe, ein mehrere Meter langes und 1,35 Tonnen schweres Stück, musste im Juni 2015 talauswärts ausgeflogen werden. Und es war nicht irgendein Stück Holz, die Zirbe datiert aus einer Zeit rund 6000 Jahre vor heute. „Für die Öffentlichkeit ein sehr spektakulärer Fund", gibt Andreas Kellerer-Pirklbauer zu. Der Mitarbeiter des Instituts für Geographie und Raumforschung der Universität Graz weiß, wovon er spricht. Die Pasterze ist eines seiner Forschungsgebiete, mehrmals im Jahr ist er oben am Gletscher, beobachtet den Rückgang des Eises, untersucht neue eisfreie Stellen und wirft dabei einen Blick in die Vergangenheit: Uralte Baumreste und Torfstücke, Zeugen einer Zeit, in welcher der mächtigste Gletscher der Ostalpen eine Größe hatte wie in der Kleinen Eiszeit, ja sogar immer wieder kleiner war als heute.

Der Gletscherrückgang bringt es ans Licht

Der Rückgang der Gletscher, erinnert sich der Salzburger Geograph Heinz Slupetzky, brachte schon in den 1960er-Jahren am Schweizer Aletschgletscher Rest von Bäumen zu Tage, die um Christi Geburt dort oben gewachsen waren. 1990 fand Slupetzky an der Pasterze zwei Holzstammreste (siehe Interview S. 56/57). Auch wenn Holzfunde am Zungenende der Pasterze aufgrund der regelmäßigen Bautätigkeiten auf der Kaiser-Franz-Josefs-Höhe oder an der Oberwalderhütte nichts Ungewöhnliches waren, keimte in Slupetzky der Verdacht, auf sehr altes, jahrhundertealtes Holz gestoßen zu sein. Die Radiokarbon-Datierung gab ihm nicht nur recht, sie übertraf seine Erwartungen weit – die Baumreste stammten aus den Zeitabschnitten um 9000 und 10.200 vor heute.

Seit 1990 sind, erzählt Andreas Kellerer-Pirklbauer, immer wieder Baumreste und Torfstücke gefunden worden, Reste, die lange Geschichten erzählen können – wenn man sie lesen kann. Kurt Nicolussi kann das – wenn es um Holzreste geht. Der Innsbrucker Hochgebirgsforscher ist Spezialist für Dendrochronologie, des Ansatzes zur Auswertung und Datierung von Holz auf Basis der Jahrringe. Und in seinem Labor am Institut für Geographie der Universität Innsbruck lagert er Tausende alpine Hölzer, darunter auch viele Stücke von der Pasterze.

Bäume als Datenspeicher entdeckt

Fast könnte man sagen, die Wissenschaft der Dendrochronologie entstand durch Zufall. Anfang des 20. Jahrhunderts wollte der US-Astronom Andrew Ellicott Douglass eigentlich den Zusammenhang von Sonnenflecken und Klima nachweisen, aufgrund fehlender Aufzeichnungsdaten suchte er eine geeignete Witterungschronik. Diese fand er in Bäumen. Ihm wurde klar, dass die variierende Breite der Jahrringe ein Abbild der Wachstumsbedingungen und somit des Klimas sein müssen – gute Wachstumsbedingungen bedeuten breite Jahrringe, schlechte führen zu schmalen Jahrringen. „In den Hochlagen der Berge", erklärt Nicolussi, „ist die Sommertemperatur der wachstumsbestimmende Faktor" – die Waldgrenze ist in diesem Sinne eine Temperaturmangelgrenze.

„In Tieflagen lässt sich von den Jahrringen auf die Feuchte schließen", ergänzt der Innsbrucker Geograph, wobei mangelnde Feuchte nicht unbedingt mangelnden Niederschlag bedeuten muss, sondern die Menge an Wasser anzeigt, die Bäume in der Wachstumsphase zu sich nehmen, was wiederum von den Bodenbedingungen abhängen kann.

Doch Douglass zog aus seinen Holzproben einen weiteren genialen Schluss. Er erkannte, dass verschiedene Bäume der gleichen Art sehr ähnliche Jahrringmuster besitzen können, dass sich innere Sequenzen von jungen Bäumen mit äußeren Sequenzen von alten Bäumen überlappen. Kennt man das Fälldatum eines Baumes, kann man mithilfe der zeitlich übergreifenden Sequenzen das Alter ganzer Baumreihen jahrgenau zurückdatieren – das sogenannte Crossdating. Schon Ende des 19. Jahrhunderts hatte der Schweizer Arthur Freiherr von Seckendorff-Gudent, von 1874 bis 1886 Leiter der Forstlichen Bundesversuchsanstalt in Wien, erste Versuche zur Altersbestimmung von Bäumen mittels Jahrringen gemacht. Doch seine Arbeiten fanden keine Fortsetzung.

Douglass hingegen entdeckte als Erster die wahre Dimension. Er begann zu sammeln – junges Holz, altes Holz, verwitterte Dachbalken – und erstellte einen Jahrringkalender, der bis ins

Andrew Ellicott Douglass (1867–1962; li.) gilt als der Begründer der Dendrochronologie. Bei ihrer Verwendung als Datierungsmethode werden die Jahrringe von Bäumen anhand ihrer unterschiedlichen Breite einer bestimmten Wachstumszeit zugeordnet.

© University of Arizona

Seit 1990 wurden auf der Pasterze immer wieder Baumreste und Torfstücke gefunden. Das Bild der nacheiszeitlichen Gletscherentwicklung hat sich dadurch geändert – über lange Phasen des Holozäns war der mächtigste Gletscher der Ostalpen kleiner als heute.

© A. Kellerer-Pirklbauer

Im Sommer 2012 entdeckten Bergbahnmitarbeiter auf der Pasterze ein Bodenprofil mit Torfschichten, Spezialisten rund um Ruth Drescher-Schneider legten ein 2,6 Meter langes Torfprofil frei, Radiokarbon-Datierungen ergaben ein Alter von 6700 bis 5700 Jahren vor heute.

© A. Kellerer-Pirklbauer

14. Jahrhundert zurückreichte. Der endgültige Durchbruch gelang ihm 1929. Der Amerikaner unterstützte Grabungsarbeiten in den verlassenen Pueblodörfern und rätselhaften Felswohnungen der Anasazi-Indianer im Vierstaateneck von Arizona, New Mexico, Utah sowie Colorado. Dabei stieß er auf das Missing Link zwischen seiner genau datierten Jahrringchronologie und einer älteren Reihe – aneinandergehängt reichte sie nun bis ins Jahr 700 zurück. Mithilfe dieser Jahrringserien als Vorlage konnte Douglass Fundstücke aus den Indianersiedlungen einordnen. Als Folge gelang es den Forschern, die Wanderbewegungen der Anasazi vom Tal in die Felsensiedlung, aber auch fruchtbare Zeiten und Dürreperioden genau zu datieren.

Ein Archiv des Holozäns

Die Erkenntnisse von Douglass waren revolutionär, heute ist die Dendrochronologie längst in andere Sphären vorgestoßen. Der Jahrringkalender aus Eichen und Kiefern an der deutschen Universität Hohenheim reicht fast 12.500 Jahre zurück und ist der längste der Welt. Nicht ganz so weit geht die Innsbrucker Reihe zurück. Basierend auf Proben von lebenden Zirben, Lärchen und Fichten sowie sogenannten subfossilen Hölzern dieser Baumarten bildet der Ostalpine Jahrringkalender den Großteil des Holozäns ab und blickt rund 10.000 Jahr zurück in die Vergangenheit.

Auf das Innsbrucker Archiv der (hoch)alpinen Jahrringreihen wird gerne zurückgegriffen. So konnte zum Beispiel ein Einbaumfund vom Obersee am Stallersattel (2016 m) auf das Jahr 1040 n. Chr. datiert werden – der Osttiroler Einbaum dürfte daher das höchstgelegene archäologisch erforschte Wasserfahrzeug Europas sein. Im Tiroler Außerfern erbrachten die dendrochronologischen Untersuchungen das übereinstimmende Fälldatum 45/46 n. Chr. für eine Vielzahl von Bäumen, die zur Errichtung eines Abschnitts der römischen Staatsstraße Via Claudia Augusta verwendet wurden. Jahrringdatierungen geben auch Einblick in den prähistorischen Bergbau Tirols und Salzburgs, die ältesten erfassten Holzkonstruktionen datieren dabei in das 14. Jahrhundert v. Chr.

Beim Schwarzsteinmoor in den Zillertaler Alpen auf 2150 Meter, im aktuellen Waldgrenzbereich, fanden sich in einem Moor Lawinenhölzer, mit deren Hilfe mehrere Lawinenabgänge in den letzten 6500 Jahren datiert werden konnten – woraus sich ableiten lässt, dass in wärmeren Perioden der Vergangenheit die Baumgrenze oberhalb des Moores gelegen haben muss. Der wesentliche Anwendungsbereich der Ostalpinen Nadelholz-Chronologie liegt aber in der Umweltentwicklung in der Nacheiszeit mit Schwerpunkt Hochgebirgsraum – und somit im Gebiet der Gletscher.

Den im September 2014 von Mitarbeitern der Großglockner Bergbahnen geborgenen und 2015

ins Tal geflogene Zirbenstamm datiert Nicolussi anhand von Holzbohrkernen auf 6000 Jahre vor heute. „Das genaue Absterbedatum können wir aber nicht festlegen, dazu waren die äußeren Jahrringe zu sehr gequetscht", berichtet der Dendrochronologe. Massiv war der Druck, der jahrtausendelang auf der toten Zirbe lastete, sie war quasi an der Stelle, an der sie gefunden wurde „einsedimentiert", wie es Andreas Kellerer-Pirklbauer bezeichnet. Insofern, sagt der Grazer Geograph, unterscheidet sich der Fund gegenüber jenem von Heinz Slupetzky und vielen anderen Hölzern, die vom Gletscherbach ausgeschwemmt worden sind. Beim Fundort dürfte es sich daher um eine Art geschützten Bereich am Rande des Talbodens handeln, so die Vermutung von Kellerer-Pirklbauer. Im Laufe der Jahrtausende nach dem Absterben des Baumes ist er vor der Erosion durch Gletscher und Gletscherbach verschont geblieben. Dass es sich um einen sogenannten In-Situ-Fund, also fast oder nahe am Wuchsstandort, handeln dürfte, lässt sich auch aus einem anderen Fund schließen, der nicht weit entfernt im Sommer 2012 gemacht wurde.

Im Zuge von Wegearbeiten im Sommer 2012 legten Bergbahnmitarbeiter teilweise ein Bodenprofil mit Torfschichten frei, das sowohl das Interesse von Nicolussi als auch von Kellerer-Pirklbauer weckte. Im September waren die zwei Spezialisten mit einer kleinen Gruppe – unter ihnen Heinz Slupetzky und die Palynologin Ruth Drescher-Schneider – vor Ort auf einer Seehöhe von rund 2080 Metern. Im Laufe des Tages gelang es ihnen, ein rund 2,6 Meter langes Sedimentprofil mit Torflagen freizulegen – ein In-situ-Fund, wie er kaum an einem Gletschervorfeld in Österreich gemacht wurde. Die erste Analyse zeigte mehr als 15 Lagen mit hohem organischen Anteil. „Wir haben jeweils eine Probe von einer oberen Lage und einer unteren Lage genommen", sagt Kellerer-Pirklbauer. Die zwei Radiokarbon-Datierungen ergaben ein Alter von 6700 und 5700 vor heute: „Das Profil deckt also einen Sedimentationszeitraum von plus/minus 1000 Jahren ab."

Rückschlüsse auf Klima und Ökologie

Der Bereich der heutigen Gletscherzunge, folgert Kellerer-Pirklbauer, dürfte daher während der Entstehung des Sedimentprofils eisfrei gewesen sein, „wieviel Eis unterhalb des Kleinen und Mittleren Burgstalls gewesen ist, wissen wir nicht." Im eisfreien Bereich dürfte sich ein Moor gebildet haben, allerdings in keinem „ruhigen Milieu".

In den ersten Analysen konnten Drescher-Schneider und Kellerer-Pirklbauer immer wieder Sedimentablagerungen feststellen, diese Abfolge von organischem und minerogenem Material sei aber typisch für Gletschervorfelder. Weitere Analysen, so der Grazer Gletscherforscher, könnten neue Erkenntnisse zu Tage fördern. „Bäume sagen

Im Juni 2015 wurde ein 1,35 Tonnen schwerer Baumstamm von der Pasterze ausgeflogen. Die Zirbe datiert aus einer Zeit rund 6000 Jahre vor heute. Der „Gletscherbaum" ist in der Ausstellung „Gletscher.Leben" im Besucherzentrum auf der Kaiser-Franz-Josefs-Höhe zu sehen.

© A. Kellerer-Pirklbauer

primär etwas über die Wachstumsbedingungen aus, in dem Torfprofil könnten wir aber auch zum Beispiel Reste von Kleinlebewesen finden und damit Rückschlüsse auf die Ökologie im Gletschervorfeld ziehen. Es ist ein Archiv, das noch angezapft werden soll und muss ", kann sich Kellerer-Pirklbauer ein konkretes Forschungsprojekt vorstellen – allein an der Finanzierung hapert es noch.

„Durch solche Überraschungsfunde bekommen wir Einblicke in Perioden, über die man sonst keine Daten hat", beschreibt Kurt Nicolussi die Bedeutung der Entdeckungen an der Pasterze. Bis in die 1990er-Jahre sei man für den Alpenraum davon ausgegangen, dass es im Holozän zwar auch Rückzugsphasen, vor allem aber lange Vorstoßphasen und welche mit Gletscherhochständen gegeben habe – vergleichbar mit den historisch

„Zufall mit Kalkül"

Heinz Slupetzky stieß 1990 im Vorfeld der Pasterze auf zwei Baumstammreste, die Radiokarbon-Datierung ergab ein Alter von rund 8000 bzw. 9200 Jahren. Ein Alter, das selbst den Gletscherexperten Slupetzky „irrsinnig überrascht und erfreut" hat.

Andreas Hauser (AH) » Herr Professor Slupetzky, Sie sind 1990 auf der Pasterze auf zwei Holzstammreste gestoßen. Waren sie damals wegen Vermessungen am Gletscher?
Heinz Slupetzky (HS) » Auf der Pasterze selbst habe ich eigentlich nie Gletschervermessungen durchgeführt. Nur in den 1960er-Jahren war ich einmal mit dem Innsbrucker Geographen Gernot Patzelt dort, um die Abschmelzung und den Eisnachschub zu messen. Mit Gerhard Lieb habe ich aber im Jahr 2011 das Buch über die Pasterze gemacht und sieben Jahre zuvor die Broschüre „Gletscherweg Pasterze" des Alpenvereins Österreich.
AH » Warum waren Sie dann auf der Pasterze?
HS » Einerseits war da das allgemeine Interesse, alles zu sehen, andererseits die Vermutung, wirklich etwas zu finden. Ich wusste, dass in den 1960er-Jahren am Schweizer Aletschgletscher Holzstücke gefunden worden waren, die – wenn ich mich richtig erinnere – um Christi Geburt gewachsen waren. Durch den Rückgang der Gletscher seit 1850 wurde Gelände frei und man wusste dadurch – und von historischen Dokumenten und Aufzeichnungen –, dass die Gletscher schon früher und nicht nur einmal kleiner waren.
AH » Es war also eine bewusste Suche nach Fundstücken?
HS » Ja, im Oktober 1990 war ich aber doch erstaunt, als ich diese Holzstücke gefunden habe. Es waren zwei Baumstämme, einen konnte ich aus dem Bach ziehen, deponieren und später mit dem Nationalpark Kärnten und den Rangers bergen. Der zweite hatte den dicksten Durchmesser aller bislang gefundenen Baumreste. Er war zu groß und zu schwer – ich konnte nur Teile entnehmen, Späne aus dem Holz. Der Gletscherbach hat ihn dann leider mitgenommen. Es war aber nicht gleich klar, dass es Bäume aus der Umgebung waren, denn es fanden sich auch Holzstücke mit Nägeln darin. Diese hätten von der Bautätigkeit auf der Franz-Josef-Höhe oder vom Brennholz der Oberwalderhütte stammen können.
AH » Hatten Sie eine Vermutung über das wirkliche Alter der Baumstämme?
HS » Seit 1850 ist die Pasterze über drei Kilometer kürzer geworden, rund um den Margaritzenstausee begannen die ersten Lärchen zu wachsen, jetzt wandern sie Richtung Sandersee ein. Lärchen können das, sie wachsen schon auf einem Rohboden. Zirben hingegen brauchen einen ein, zwei Jahrhunderte entwickelten Boden. Bei einem Stamm habe ich allein aufgrund der Größe des Durchmessers von rund 60 Zentimeter vermutet, dass er 300 Jahre alt sein muss. Daher hatte ich die Vermutung, dass es ein alter Baum ist. Dass er vor so langer Zeit gewachsen ist, habe ich nicht erwartet. Ich war daher irrsinnig überrascht und erfreut, als ich die Daten im Frühjahr 1991 bekommen habe: Die Radiokarbon-Datierung ergab 8000 und 9200 Jahre.
AH » Das heißt in Kalenderjahren?
HS » Radiokarbonjahre muss man mit vorhandenen weit zurückreichenden Jahrring-Chronologien entsprechend kalibrieren, für die zwei Baumstämme ergibt sich dann ein Alter von 9000 und 10.200 Jahren vor heute. Zufälligerweise habe ich damit den ältesten bislang freigegebenen Baum gefunden – und einen deutlich jüngeren auch dazu. Meiner

bekannten der Kleinen Eiszeit, die im Alpenraum heute mit etwa 1270 bis 1860 n. Chr. datiert wird. „Die Funde von Slupetzky haben dem natürlich widersprochen. Unser Bild der nacheiszeitlichen Gletscherentwicklung hat sich dadurch ziemlich geändert, es sind dann noch andere Funde – an der Pasterze und auch an anderen Gletschern – dazu gekommen. Die Baum- und Torfdatierungen der Funde an der Pasterze zeigen, dass der Gletscher über lange Phasen des Holozäns geringer ausgedehnt war als heute beziehungsweise maximal so groß war wie heute. Vor rund 3500 Jahren dürfte er zumindest die heutige Ausdehnung erreicht haben", resümiert der Innsbrucker Forscher: „Die Holz- und Torffunde belegen auch, dass wir heute klimatische Bedingungen haben wie im frühen und mittleren Holozän – allerdings unter ganz anderen Voraussetzungen."

Der „Pasterzenbaum" von Slupetzky wuchs vor 9000 Jahren. Durch den mehrmaligen Druck der Eismassen wurde der Stamm oval verformt.
© H. Slupetzky

Meinung nach weist das darauf hin, dass in diesem Bereich über rund 1200 Jahre kein Gletscher war, dass auch das Nährgebiet der Pasterze bis auf einen kleinen Teil im Glocknerkar komplett weg gewesen ist.

AH » Sie haben auch Torfstücke gefunden?

HS » Ja, sie wurden auch auf einige tausend Jahre datiert. Nach 1990 sind immer wieder Torf- und Holzstücke vom Gletscherbach herausgeschwemmt worden. Die Innsbrucker Geographen Kurt Nicolussi und Gernot Patzelt – dem ich im Herbst 1990 davon erzählt hatte – haben mithilfe vieler weiterer Funde ab 1991 exzellente Ergebnisse erarbeitet. Das führte zu der Erkenntnis, dass es auch später Phasen gab, in denen die Pasterze immer wieder kleiner war, und es am Pasterzenboden mehrmals Baum- und Moorwachstum gab. Durch den Vorstoß des Gletschers vor 9000 Jahren wurde das älteste Moor überfahren und zugeschüttet, es blieb trotz der wiederholten Gletschervorstöße unter der Grundmoräne verdeckt. In den letzten Jahren haben Bäche an der Basis des Gletschers diese Torflager und andere angeschnitten.

AH » Was erwarten Sie in den nächsten Jahren bzw. Jahrzehnten?

HS » Es wird spannend sein, wenn in vierzig, fünfzig Jahren die Pasterze weg ist: wenn man die Stelle findet, wo dieses ursprüngliche Moor bzw. Torflager war. Es kann natürlich verschüttet sein, aber es wird Methoden geben, um es vielleicht zu finden. Sollte dieses älteste Moor unter der heutigen Pasterze noch teilweise oder komplett vorhanden sein, könnte man Proben entnehmen und somit die gesamte warme Phase vor 10.200 bis 9000 Jahren – im erdgeschichtlichen Zeitalter des sogenannten frühen Holozäns – erforschen. So wie es der Grazer Geograph Andreas Kellerer-Pirklbauer in den letzten Jahren mit Ruth Drescher-Schneider, welche die in den Torfstücken konservierten Pollen untersucht, gemacht hat – so könnte nach dem weiteren Rückschmelzen der Pasterze wieder Interessantes entdeckt werden. In jüngster Zeit wurde ja ein mehrere Meter langes Stammstück gefunden, der Baum wuchs vor rund 6000 Jahren. Er ist in der Ausstellung „Gletscher.Leben" der GROHAG auf der Franz-Josef-Höhe zu sehen.

Heinz Slupetzky

(Jahrgang 1940) untersucht seit 1960 die heimischen Gletscher, privat, aber auch beruflich nach dem Studium der Geographie und einer Universitätslaufbahn bis zum Professor am Institut für Geographie und angewandte Geoinformatik der Universität Salzburg (früher Institut für Geographie), wo er unter anderem bis zu seiner Pensionierung die Abteilung für Gletscher- und vergleichende Hochgebirgsforschung und die Hochgebirgs- und Nationalparkforschungsstelle Rudolfshütte leitete. Von 2002 bis 2010 war Slupetzky Vorsitzender der Sektion Salzburg des Österreichischen Alpenvereines (heute: Alpenverein Salzburg).

Welterbe-Skitouren

Im Einzugsbereich der Großglockner Hochalpenstraße
>> **Thomas Neuhold**

Tourismusmaschine, Wirtschaftsmotor, politisches Symbol, ökologischer Vorzeigebetrieb, Technikwunder, Landschaftsjuwel und vielleicht bald Weltkulturerbe: Die Großglockner Hochalpenstraße vereint viele Funktionen und Eigenschaften in sich. Und ganz nebenbei gibt es hier auch fantastische Skitouren.

Es gibt viele Gründe, warum wir in die Berge gehen. Die einen suchen nach kontemplativer Ruhe, um der überregulierten Zivilisation auf Zeit zu entkommen, andere wiederum betrachten die Berge als Sport- und Fitnessgeräte. Und dann gibt es die Wanderer, Kletterer, Mountainbiker, Skitourengeher, die Fotografen, die Steinesammler, die mythisch-religiös Verklärten oder jene, die auf die Frage, warum sie in die Berge gehen, in Anlehnung an George Mallory nur etwas brummen, das klingt wie: „weil sei da sind".

Auch wenn der Ruf der Berge eine vielstimmige Polyphonie sein mag, eines ist den allermeisten Bergbegeisterten gemein: Obschon man irgendwie der Überzeugung ist, einer sanften Sportart zu frönen, der Weg dorthin wird fast ausschließlich mit dem Auto zurückgelegt. So lobenswert die Initiativen für Öffi-Bergtouren und die Apelle der alpinen Vereine, Höhenmeter und Kilometeranzahl einigermaßen in Einklang zu halten, sind, im Großen und Ganzen fahren wir individuell motorisiert in die Berge – oft zigtausende Kilometer im Jahr. Und wenn man schon einmal im Auto sitzt, dann fährt man vielfach so weit wie möglich an den Berg heran: „bis zum Anschlag", wie man so sagt.

Straße in die Berge

Eines der Symbole für diese Motorisierung des Gebirges im vergangenen Jahrhundert ist die im August 1935 eröffnete Großglockner Hochalpenstraße. Mit rund 900.000 Besuchern pro Jahr gehört die mautpflichtige Glocknerstraße, die Kärnten und Salzburg über das Hochtor (2504 m) verbindet, zu den wichtigsten Tourismuszielen Österreichs. In den Rekordjahren 1962 und 1992 wurden sogar 1,3 beziehungsweise 1,2 Millionen Besucher gezählt. 1992 machte das dann beispielsweise weit mehr als 330.000 Motorräder, Autos oder Busse, die die Straße zwischen Bruck an der Glocknerstraße und Heiligenblut am Großglockner befahren haben. Aber schon im Eröffnungsjahr 1935 hat die Zahl der Besucher alle Erwartungen übertroffen. 130.000 Besucher wurden gezählt, 28.965 Fahrzeuge quälten sich damals über die 47,8 Kilometer lange Straße.

Damit wurde eine der zentralen Erwartungen erfüllt, die Planungs-Ingenieur Franz Wallack mit dem 1930 begonnenen Bau der Straße verband. Das erste Projekt aus der Feder Wallacks stammte schon aus 1924; der findige Ingenieur orientierte sich damals bereits an dem alten, schon von den Römern benutzten Säumerweg aus dem Rauriser Seidlwinkeltal über den Tauernhauptkamm. Für die Erste Republik und vor allem für das austrofaschistische Regime von Engelbert Dollfuß und Kurt Schuschnigg war der Straßenbau freilich weit mehr als nur Tourismusprojekt und daher mit viel Symbolik aufgeladen – es war *das* nationale Projekt des klerikal-faschistischen Staates, auch in Abgrenzung zum nationalsozialistischen Deutschland. Wobei es durchaus Parallelen zu Nazi-Deutschland gab. Wie dort der Straßenbau, war auch die Glocknerstraße ein gewaltiges Arbeits-

Zwei PS-Monster in Aktion: Die Arbeit der mächtigen Wallack-Schneefräsen ist Voraussetzung für Skitouren von der Glocknerstraße weg. Ist die Straße geräumt, dann steht dem Firntraum vor hochalpiner Kulisse nicht mehr viel im Weg.

© *Großglockner Hochalpenstraßen AG (links)/Th. Neuhold*

Teilweise nur mit Schaufel und Krampen haben Tausende „Glocknerbaraber" die Straße in den Berg gegraben. Architekt des Jahrhundertbaus war Franz Wallack (unten).
© Großglockner Hochalpenstraßen AG

beschaffungsprogramm. Tausende „Glocknerbaraber" hackten die Straße buchstäblich mit Krampen und Schaufeln in den Berg. Technische Hilfen blieben, abgesehen von ein paar Presslufthämmern, die Ausnahme. Statt Maschinen gab es für die Schuftenden Hilfe von „oben": Um die Moral zu heben, wurde sogar eigens ein katholischer Priester eingestellt.

Einfacher Firngenuss

Die Bergsportler machen in der Statistik der Glocknerstraße-Besucher natürlich nur einen kleinen Teil aus. Doch auch sie nutzen die zwischen Mai und Oktober geöffnete Straße, kommt man doch so ohne größere Mühe schnell ins Hochgebirge. „Man taucht nach nur kurzer Auffahrt regelrecht ein ins Hochgebirge", beschreibt der Direktor der straßenbetreibenden und -erhaltenden Großglockner Hochalpenstraßen AG (kurz einfach GROHAG genannt), Johannes Hörl, dieses Gefühl. Hörl ist nicht nur Chef der Glocknerstraße, sondern auch der Nockalmstraße, der WasserWelten in Krimml und der Gerlos sowie der Villacher Alpenstraße. Die Geschäfte der im Eigentum des Bundes sowie der Länder Kärnten und Salzburg stehenden AG gehen gut: 2015 erwirtschaftete man ein Plus von rund 1,9 Millionen Euro und zählte zur Saisonspitze 110 Beschäftigte.

Wie nahe sich Bergsport und Autofahren stehen, zeigt auch die historische Rolle des Alpenvereins beim Bau der Glocknerstraße. Schon 1905 – also drei Jahrzehnte vor der Eröffnung der eigentlichen Hochalpenstraße – wurde die Kaiserin-Elisabeth-Straße eingeweiht. Der Fahrweg wurde auf Initiative der Alpenvereinssektion Klagenfurt gebaut und führte von Heiligenblut zum Glocknerhaus, das die Klagenfurter 1875 als alpinen Stützpunkt fertigstellen konnten. Die Elisabeth-Straße entspricht der heutigen Südrampe und der rund acht Kilometer langen Stichstraße vom Kreisverkehr Guttal zur Franz-Josefs-Höhe bei der Pasterze. Heute ist das Glocknerhaus übrigens nicht nur eine der vielen Einkehrmöglichkeiten entlang der Straße, das Haus wurde vom Alpenverein zum Leitbetrieb für die Region ausgebaut und bietet sich vor allem für mehrtägige Wandertouren als auch für Skitourengeher als Stützpunkt an.

Die Skitourengeher sind es auch, die die Vorzüge eines motorisierten Zugangs ins Hochgebirge als Erste im Jahr nützen. Kaum ist die Straße nach der Wintersperre Ende April/Anfang Mai offen, fahren sie bergan. Der Reiz, Touren direkt an der Straße zu beginnen, liegt klar auf der Hand: Während man anderenorts im späteren Frühjahr die Skier oft stundenlang tragen muss, bevor der Schnee beginnt, hält sich die Tragerei hier in engen Grenzen oder entfällt fast vollständig. Mit etwas Planungsgeschick kann man noch im Juni von der Straße weg Skitouren gehen.

Bei einigen Routen muss man nicht einmal zu nachtschlafender Zeit starten, um den perfekten Firngenuss zu erwischen. Die nach Norden ausgerichtete Weißenbachrinne ist so ein Beispiel. Gemütlich geht es vom Nordportal des etwa 300 Meter langen Hochtortunnels direkt entlang des Alpenhauptkammes nach Osten, bis man nach etwa eineinhalb Stunden in der Weißenbachscharte (2645 m) steht. Felle und Harscheisen runter, Bindung zu, Schuhe zu und schon geht es nach Norden Richtung Seidlwinkeltal hinunter. Meist kann man in der breiten, gemäßigten Rinne etwa 600 Höhenmeter hinunterschwingen. Wem die 600 Meter zu wenig sind, hängt vor der Abfahrt eben noch einen der Gipfel am Alpenhauptkamm an (zum Beispiel das Hintere Modereck oder Noespitze und Herbertturm). Nach der Abfahrt geht es am späteren Vormittag gemütlich wieder retour in die Scharte und zum Hochtor. Wer in größeren Gruppen unterwegs ist, organisiert sich einen Bus und lässt sich nach einem Fußmarsch im Rauriser Seidlwinkel abholen.

Die Klobentour

Mit Busunterstützung „funktioniert" auch die Paradetour entlang der Glocknerstraße, der Kloben. An schönen Maiwochenenden warten bei der Mautstelle Ferleiten frühmorgens einige kleine Busse auf die Skitourengeher und bringen diese – gegen Bezahlung, versteht sich – hinauf zum Fuschertörl. Nach einem kurzen Anstieg von nicht einmal zwei Stunden steht man dann am 2936 Meter hohen Kloben, ein recht unspektakulärer Mugel im Kamm zwischen den Dreitausendern Spielmann und Brennkogel. Der Kloben ist freilich gar nicht das Ziel der Unternehmung, vielmehr geht es um die dann folgende Traumabfahrt nach Norden in den steilen, manchmal auch engen Pfandlbachgraben und ins Käfertal. Im Graben heißt es übrigens aufpassen und nicht direkt über dem Bachbett fahren: Später im Jahr kann die Schneedecke brechen und man landet im Bach. Es sind hier schon Skitourengeher ertrunken. Unten angekommen, warten dann bereits die Klobentaxis und bringen die Skifahrer hinaus zum Tauernhaus nach Ferleiten.

Was diese Paradetour so besonders macht? Dem Anstieg von rund 550 Höhenmetern steht eine Abfahrt von etwa 1600 Höhenmetern gegenüber. Entsprechend überlaufen – und bei „echten" Bergsteigern fast verpönt – war der Kloben lange Jahre. Das habe sich inzwischen aber wieder gelegt, berichtet Peter Embacher. Er ist als stellvertretender Betriebsleiter für die Nordseite der Straße zuständig. In den späten 1990er- und frühen 2000er-Jahren hätten an Spitzentagen bis zu 600 Leute den Kloben „heimgesucht", erinnert sich Embacher. Heute kämen bestenfalls noch 150 Skitouristen – wie gesagt, an absoluten Spitzentagen.

Warum die Zahl der Kloben-Aspiranten rückläufig ist, kann Embacher nicht genau sagen, wohl aber kann er eine Beobachtung beschreiben: Lange Jahre hätten die Skitourengeher in großer Zahl die Glocknerstraße zur Saisonverlängerung benutzt, inzwischen würden aber die meisten ohnehin den ganzen Winter über im Schnee unterwegs sein und daher viele im Mai schon aufs Rad umsteigen: „Die Radlfahrer kommen schon im April und fahren uns praktisch bis zum Heck der Schneefräsen nach", erzählt Embacher, der auch für die Schneeräumung auf der Straße zuständig ist. Die Schneeräumung ist übrigens ein ganz eigenes Thema hier heroben. Nachdem anfangs die Schneemassen von rund 350 Mann in siebzig Tagen händisch ausgeschaufelt wurden, stehen seit den 1950er-Jahren mächtige Kettenfahrzeuge mit Rotationsfräsen im Einsatz. Diese 15-Tonnen-Ungetüme wurden ebenfalls vom Straßenplaner Franz Wallack entwickelt.

Der Klimawandel und die rasante Erhitzung im Alpenraum haben derzeit auf die Schneeräumung allerdings noch weniger Auswirkungen, als man gemeinhin annehmen würde. „Aber der Schnee kommt immer später", fasst Embacher zusammen. 2017 wären über Ostern noch einmal 1,70 Meter dazugekommen. „Die Rückkehr des Winters hat den Trupps wirklich zu schaffen gemacht: Zweimal zwangen uns Wetterstürze zum Rückzug der Räumgeräte." Spürbar seien die höheren Temperaturen vor allem im Sommer. Früher seien beim Hochtor noch im Oktober Schneereste vorhanden gewesen – eine echte Attraktion für viele Touristen. Lange hätten die GROHAG-Mitarbeiter sogar noch versucht, diese mit Abdeckungen für die Touristen zu erhalten, das sei aber inzwischen sinnlos geworden. Anderenorts sind die Folgen der Erhitzung allerdings dramatisch sichtbar: Die Pasterze ist nahezu verschwunden, die Hofmannshütte am Gamsgrubenweg oberhalb der Pasterze wurde im Herbst 2016 abgerissen, der Zustieg vom Gamsgrubenweg zur Oberwalderhütte musste verlegt und neu gebaut werden.

Anspruchsvolles Gelände

Embacher wie auch sein Chef, GROHAG-Direktor Hörl, sind natürlich selbst viel mit Skiern unterwegs. Unisono legen sie den Skitourengehern vor allem eines ans Herz: Auch wenn die Straße nahe sei, „wir befinden uns im Hochgebirge". Entsprechendes Können, entsprechende Ausrüstung und fallweise auch professionelle Führung seien erforderlich. Das gilt nicht nur wegen der möglichen Lawinengefahr. Selbst die „niederen" Dreitausender Spielmann, Racherin, Brennkogel, Schwerteck oder Noespitze, selbst „kleine" Kare wie die Gamsgrubenscharte oder so unbekannte Gipfel wie beispielsweise der Hirzkarkopf weit im Norden der Straße führen in anspruchsvolles Gelände. Sichere Skitechnik auch im Aufstieg bei hartem Harsch und meist auch etwas Klettergeschick auf den Gipfelgraten sind Voraussetzung.

Die Parade der alpinen Stars vom Fuschertörl aus gesehen: Großglockner, Sonnenwelleck und der von vielen nur „FKK" genannte Fuschkarkopf. Rechts: Abseits der wenigen Modetouren beginnt auch entlang der Großglocknerstraße rasch die Bergeinsamkeit, wie hier beim Aufstieg zum Hirzkarkopf.
© Th. Neuhold

Die großen Touren wie Fuscherkarkopf, Sonnenwelleck oder auch die 2000-Höhenmeter-Tour auf das Wiesbachhorn bleiben ohnehin Könnern und Kennern vorbehalten. Das sind schon richtige Hochtouren – teilweise mit Westalpencharakter. Ein Unfallbericht der Salzburger Bergrettung aus dem Jahr 2015 illustriert das augenfällig:

„Zwei Bergsteiger wollten am 11. April 2015 über das Sandbodenkees (Ostseite) von Fusch/Ferleiten zum Großen Wiesbachhorn (3564 m) aufsteigen. Gegen zehn Uhr erreichten sie den Nordgrat unterhalb des Gipfels auf zirka 3400 Meter und beschlossen, nicht bis zum Gipfel weiterzugehen, sondern abzufahren. Als die beiden knapp nebeneinander zu stehen kamen, stürzten sie in eine Gletscherspalte. Einer der beiden fiel etwa acht Meter tief, während der zweite in zirka vier Meter Tiefe auf einer Schneebrücke landete. Der weiter unten gelandete Tourengeher schaffte es mit dem Eispickel des Kollegen, sich auf eine Schneebrücke, etwa zwei Meter unterhalb seines Kollegen, hinaufzuarbeiten. Es gelang ihnen aber nicht, selbständig aus der Spalte zu gelangen." Es folgte eine aufwändige Bergeaktion – die beiden konnten aber erst am darauffolgenden Tag, nach 24 Stunden, unterkühlt, aber unversehrt aus der Spalte geholt werden.

Leber- und Augenbründl

Auch die meisten Hochwintertouren entlang der Straße sind nicht ohne: Die beiden Standards an der Nordseite der Straße heißen Imbachhorn und Schwarzkopf. Da kommen schnell einmal 1600 Höhenmeter zusammen. Sichere Bedingungen sind ohnehin obligat. Wobei der Schwarzkopf eine ganz besondere Geschichte zu erzählen hat: Beim Anstieg von der Straße (etwa entlang des Sommerweges beim Embachbauern, die alte Gemeindestraßenzufahrt ist oft wegen Felsstürzen gesperrt) passiert man nach kurzer Zeit eine kleine Geisterstadt. Das ist Bad Fusch, das kalte Gastein. Bad Fusch war von der Mitte des 19. Jahrhunderts bis ins erste Jahrzehnt des 20. Jahrhunderts ein mondäner Kurort. Kriege und Wirtschaftskrisen, Misswirtschaft und die Konkurrenz anderer Kurorte führten zum Niedergang oder beschleunigten diesen. Alle Wiederbelebungsversuche versandeten. Die Quellen sprudeln aber weiter. Ihre Namen Leberbründl und Augenbründl geben Auskunft über die ihnen zugeschriebene Wirkung. Wissenschaftliche Nachweise liegen freilich keine vor.

Auf der Südseite kann man im Hochwinter sogar Pistenskifahren. Bis auf 2550 Meter Seehöhe (nahe des Schareck-Gipfels) führt der Liftbetrieb von Heiligenblut herauf. Im Mai übrigens eine schöne Gelegenheit für weniger Versierte oder bei schlechten Bedingungen, auf den verlassenen Pisten die eine oder andere Tour zu absolvieren. Zum Abschluss kurz noch ein Ausblick in die nähere Zukunft der Hochalpenstraße. In der Vergangenheit wurde neben der direkten Straßenerhaltung viel in die touristische Infrastruktur investiert. Auch wenn die Bedeutung des Automobils in unseren Gesellschaften tendenziell zurückgeht, die Rolle der Straße als wichtiger touristischer Leitbetrieb der Republik wird wohl noch länger erhalten

bleiben – über 65 Millionen Besucher seit der Eröffnung sprechen eine deutliche Sprache. Dass es aber nicht ganz unproblematisch ist, Sommer für Sommer 200.000 Fahrten im sensiblen Ökosystem Hochgebirge zu generieren, ist den Verantwortlichen der GROHAG wohl bewusst.

Ökologie und Welterbe

Aus ökologischen und mit ziemlicher Sicherheit auch aus touristischen Überlegungen heraus setzt man daher vermehrt auf das Thema Ökologie. Jüngstes Beispiel: Die Kampagne für die Glocknerwiesen. Geschätzte 60.000 Orchideen verwandeln die Berghänge an der Hochalpenstraße jedes Jahr in ein echtes Blütenmeer; dazu kommen noch viele andere Alpenblumen. In der verkürzten Vegetationszeit entsteht so ein flammender Blumenteppich. Die GROHAG hat 5500 Quadratmeter ihrer Straßenränder in das Naturschutzbund-Blühflächen-Projekt „Natur verbindet" eingebracht. Gemäht wird nur dort, wo es ökologisch sinnvoll ist, und dann auch oft nur mit der Sense. Das koste zwar mehr, im Gegenzug würden aber die Besucher mit einer besonderen Blumenvielfalt belohnt, sagt Hörl.

Der eigentliche Clou könnte aber erst bevorstehen: Die Großglockner Hochalpenstraße ist auf Antrag der Republik Österreich in die offizielle Vorschlagsliste der Welterbekonvention aufgenommen worden. Bis 2019 könnte die Straße damit UNESCO-Weltkulturerbe werden. Eine wichtige Voraussetzung dazu ist schon gegeben. Die Straße steht unter Denkmalschutz. GROHAG-Chef Hörl: „Ein Monument muss jeweils den höchsten nationalen Schutz genießen, um überhaupt zum Welterbe werden zu können." Er erwarte von der Aufnahme eine Stärkung auch des Internationalen Bewusstseins für die Großglockner Hochalpenstraße als Monument und damit auch Auswirkungen im Sinne eines Welterbetourismus. Speziell am asiatischen Markt spiele das Etikett Weltkulturerbe eine große Rolle. Sollte die UNESCO bei der Weltkonferenz im Sommer 2019 dem bereits 2017 erfolgreich eingebrachten Antrag der Republik Österreich zustimmen, wäre die Straße die erste weltweit, die als Straße und nicht als Teil eines Ensembles oder einer archäologischen Stätte das UNESCO-Prädikat erhält. Und die Hochalpenstraße würde dann in einer Reihe mit den historischen Zentren von Salzburg, Wien und Graz, dem Schloss Schönbrunn, der Semmeringbahn oder aber auch der Chinesischen Mauer oder den Pyramiden von Gizeh stehen.

Schon bald könnten wir also unsere Skitouren von der Glocknerstraße aus als „Welterbe-Skitouren" bezeichnen. Das hat schon was.

Literatur/Info

Hörl, Johannes/ Schöndorfer, Dietmar (Hg.): Die Großglockner Hochalpenstraße – Erbe und Auftrag. Wien 2015.

AV Karte Nr. 40 Großglocknergruppe und AV-Karte Nr. 42 Sonnblick, beide 1.25.000.

Einkehr und Übernachtung im Glocknerhaus der AV-Sektion Klagenfurt: www.alpenverein.at/klagenfurt

Während andere schon im Freibad liegen: Mai- und Junifirn lockt die Skitourengeher in größere Höhen, wie hier vom Hinteren Mödereck Richtung Weißbachrinne. Trotz Straßennähe: Wir sind im hochalpinen Gelände und fast alle Ziele verlangen im Gipfelbereich (links) zumindest etwas Trittsicherheit und Klettergeschick.

© Th. Neuhold

Die vertagte Seelenrevolution

Szenen unterm Glockner, 1799/1800
>> Martin Scharfe

Viel zu selten ist in der Geschichtsschreibung des Alpinismus auf einen Sachverhalt hingewiesen worden, der doch offen vor aller Augen liegt: dass nämlich seine ersten Großtaten zeitlich zusammenfallen mit dem Beginn der Französischen Revolution, 1789 – diesem ersten neueren Versuch, die hergebrachten gesellschaftlichen Verhältnisse in Europa abzuschaffen und umzuwandeln. Beides hat mehr miteinander zu tun, als man zunächst vermuten möchte.

Drei Jahre vor dem Pariser Ereignis, 1786, war der Montblanc erstmals erstiegen worden, und nur ein Jahrzehnt später, nämlich in den Jahren 1799 und 1800, wurden die Triumphkreuze auf den Spitzen von Klein- und Großglockner aufgerichtet. Der zeitliche Zusammenfall der politisch-gesellschaftlichen Revolution mit der kulturellen Revolution des beginnenden Alpinismus kann uns zur Frage ermuntern, ob nicht der seinerzeit neuartige Drang, die ‚Bergreisen' auf die höchsten Gipfel der Alpen zu lenken, selbst einen beträchtlichen Beitrag geleistet habe zur Demokratisierung der europäischen Gesellschaft – und zwar einfach deshalb, weil er Angehörige der unterschiedlichsten Klassen in gemeinsamer – in leiblicher! – Aktion zusammenzwang. Vielleicht darf man sagen: Der frühe Alpinismus habe die politische durch eine leibliche Demokratisierung ergänzt – und das sei nicht der geringste Beitrag zu diesem Prozess gewesen.

Das revolutionäre Nachtlager

Auch hoch oben am Glockner und weit weg vom Paris der Revolution war das Verhältnis der Gesellschaftsklassen im Sommer des Jahres 1800 heimlich längst in Gärung übergegangen. Zwar ließ das die Architektur des Hüttenensembles, das Fürstbischof Salm-Reifferscheid hatte errichten lassen, noch nicht erkennen. Die Hütte bestand aus vier säuberlich getrennten Abteilungen: aus der Küche, einer „Vorkammer für das Gesinde", einer „Mitterkammer für die Honoratioren" und einem „Kabinet für den Fürstbischoff".[1] In sicherem Abstand dazu jedoch (nämlich zweihundert Schritte entfernt!) hatte man aus Steinplatten „ganz solid" und gewissermaßen als fünfte Abteilung eine eigene Hütte für die Führer und Träger erbaut, für die sogenannten „Bauern" – die „zweybeinigen Mölltaler Kamele", wie sie Pfarrer Franz Joseph Orrasch ironisch respektlos nennt.[2]

Auf den ersten Blick scheint hier noch alles den alten Klassenverhältnissen verpflichtet. Doch ein zweiter Blick, der sich auf die mittlere Kammer für die sogenannten Honoratioren richtet, zeigt uns eine neu entstehende Gesellschaftsformation an: die bürgerliche Gesellschaft. Denn hier brachte ein knappes Dutzend Männer die Nacht gemeinsam auf dem Stroh zu, zumeist Wissenschaftler, die teils dem Adel angehörten, teils dem gebildeten städtischen Bürgertum – oder gar aus dem Bergbauerntum stammten wie unser überaus aufmerksamer Berichterstatter, der Landpfarrer Orrasch. Der vergaß denn auch nicht hinzuzusetzen, dass das Nachtlager in dieser „Mitterkammer" „ohne Rüksicht des Standes oder der Würde, die jemand bekleidete", eingenommen worden sei; und wie um das noch zu unterstreichen, wählte er Sprache und Vokabular der Französischen Revolution (von deren Praxis er sich im übrigen ausdrücklich distanzierte!) und schrieb: Das Nachtlager wurde „a L'egalité" (à l'égalité, in Gleichheit) eingenommen.[3] Doch zur Idylle taugt dieses Bild keineswegs, die alten sozialen Hauptgegensätze waren viel zu fest verankert, als dass sie nun durch die neuartige Arbeit am Berg, die die Klassen in körperlichen Aktionen zusammenzwang, hätten auf einen Schlag überwunden werden können. Es knisterte im sozialen Gefüge, es wimmelte von kleinen verdeckten Rebellionen der Führer.

Heimliche Widersetzlichkeiten

Orrasch am Kleinglockner argwöhnte, sie hätten mit Absicht („aus Bosheit") ein Fixseil weggetan, um ihn „zu züchtigen".[4] Doch war das nicht der einzige Verdacht, den er hatte – weshalb er von einer anderen Episode berichtet, die er beobachtet hatte.

Fürstbischof Salm nämlich, der Initiator und Finanzier der ersten Glocknerbesteigungen, sollte von der „Hohenwartshöhe" zur „Salmhöhe", zu den Hütten also, zurückgebracht werden. Für die schwierige Gletscherpassage war ein Schlitten bestellt worden. Er wurde zu spät geliefert und war auch nur stümperhaft gebaut; Orrasch jedenfalls moniert, dass „keine Zurüstungen angebracht waren" – dass also Geländer und Haltegriffe fehlten. Der Fürst „muste sich gefallen lassen, auf dem

Das verkehrte Bild: links Fürstbischof Salm mit Gefolge hoch zu Ross – rechts die Heiligenbluter Bauern, Träger, Helfer, ‚Führer' zu Fuß und müde am Boden. Am Berg aber – im Gletscher- und Gipfelhintergrund des Bildes – verkehren sich die Verhältnisse.

Johann Evangelist Scheffer von Leonhardshoff (1795–1822): Erstbesteigung des Großglockners unter Fürstbischof Kardinal Franz Xaver von Salm-Reifferscheidt am 28. Juli 1800. Öl auf Leinwand, um 1816–1819, 200 x 250 cm, Landesmuseum für Kärnten, Klagenfurt, Inv.-Nr. K 16.

---

1 Franz Joseph Orrasch: [Reise auf den Glockner im Jahre 1800]. In: Marianne Klemun: … mit Madame Sonne konferieren. Die Großglockner-Expeditionen 1799 und 1800. Klagenfurt 2000, S. 273–361; hier: S. 303.
2 Ebd. S. 304.

3 Ebd. S. 316.
4 Ebd. S. 325.

Herkömmliche Bilder vom Heiligenbluter Blick auf den Glockner wollen uns einreden: Da war die Welt noch in Ordnung. Illustration von Joseph Prokop.
Aus: Josef Friedrich Perkonig: Kärnten. Ein Heimatbuch. Leipzig 1925, S. 39.

Schlittchen sitzend einen Strick um die Mitte des Leibes zu nehmen. 2 Bauern, einer rechts, der andere links, hielten den Strick und haben den Fürsten auf diese Art fortgemartert."[5]

Doch der ließ sich nichts anmerken – äußerlich ungerührt bewahrte der hohe Herr die Contenance, die stets in das Kultur- und Erziehungsprogramm des Adels gehört hatte, während der impulsive Zeuge und Protokollant Orrasch sich während der gefährlichen Passage hätte „todt ärgern

---

5 *Ebd. S. 346.*

mögen, daß der Fürst nicht aufsprang".[6] Kurz, meinte der scharf beobachtende Döllacher Pfarrer, die „Kerls" seien frech, indem sie gelegentlich sogar offen und mit zynisch-höhnischem Unterton provozierten – wenn sie also die Wege, die sie nur ‚liederlich' mit Ästen und Steinplatten präpariert hatten, mit den Worten empfahlen: „nur kek drauf meine Herrn, wenns den Bauer halt, so haltet es auch den Herrn".[7]

Diese ja doch aggressiv ironische Herausforderung der ‚Herren', diese Demonstration eigener Kompetenz verweist ohne jeden Zweifel auf das erhebliche Selbstbewusstsein, ja das ‚Herren'-Bewusstsein der ‚Knechte', das heißt: der Führer im alpinen Gelände – wie denn schon von Anfang an im Wort *Führer*, das ja den Handlanger, den Diener, den Subalternen bezeichnen sollte, die Paradoxie des Verhältnisses zum Ausdruck kam.

Und es kann kein Zufall sein, dass just in jenen Jahren, da die alpinistischen ‚Knechte' am Montblanc, am Glockner, an Jungfrau, Finsteraarhorn, Monte Rosa ihr Selbstbewusstsein zu zeigen wagten, Georg Wilhelm Friedrich Hegel in seinen philosophischen Vorlesungen an der fernen Berliner Universität in gewiss höchst komplizierter sozialpsychologischer Argumentation die Dialektik des Knecht-Herr-Verhältnisses auseinanderzulegen versuchte. Diese Argumentation muss und kann hier nicht wiederholt werden – es soll uns genügen, dass Hegel zu dem nur scheinbar paradoxen Schluss kam, dass die Knechtschaft *zugleich* „Selbstbewußtsein" *ist*.[8]

Gedemütigte Herren

Dieses Selbstbewusstsein der Knechte konnte sich einen gänzlich unauffälligen Ausdruck verschaffen in jener Alpintechnik der Anfangszeit, die wohl allgemein als ‚Forthissen' bezeichnet wurde – das heißt: in einer Technik, die es erlaubte, die unerfahrenen Herren am Seil (und mehr oder minder ‚verschnürt') gefahrlos über steile Felsstufen oder tiefe Schründe zu befördern, also: hinauf-

---

6 *Ebd. S. 345.*
7 *Ebd. S. 300.*
8 *Georg Wilhelm Friedrich Hegel: Phänomenologie des Geistes (= Werke 3). Frankfurt am Main 1986, S. 152. – Die „Phänomenologie des Geistes" erschien 1807 erstmals im Druck.*

zuziehen oder kontrolliert abzulassen. Die Führer (und in diesem Fall ist auch die Bezeichnung ‚Bauern' völlig korrekt) hatten diese Technik aus ihren Arbeitsüberlieferungen und Arbeitserfahrungen abgeleitet: nämlich aus dem riskanten Abseilen des in großen und schweren Ballen verpackten kostbaren Bergheus aus unzugänglichem Gelände. „Das Herabführen des Heu's ist die Schule," lesen wir, „aus der die Glockner-Führer gewandt und unerschrocken hervorgehen. Sie behandeln den fremden Glockner-Besteiger als ein Heubündel, das sie unversehrt in ihre Wohnungen herabbringen sollen".[9]

Über solche Akte des ‚Forthissens' und die Empfindungen der auf diese Weise Transportierten sind uns zahlreiche Äußerungen erhalten geblieben. Sie betreffen zum einen die wohl oft wenig zimperlichen Handgriffe der Führer, von denen es hieß: Sie „warfen uns mehr, als sie uns hoben"[10]; oder: Sie reichten und warfen sich die Wanderer gegenseitig zu – so etwa, wie die Dachdecker die Ziegel auf die Höhe des Daches befördern.[11] Doch war es nicht allein die wenig gewohnte Art des Zupackens der fremden Fäuste, welche die Bergreisenden irritierte – als äußerst unangenehm und als demütigend empfanden sie auch die Vorstellung, wie ein seelenloses Objekt befördert zu werden: also, wie gesagt, als Heubündel oder als Heufuder oder: wie ein Mehlsack.[12]

Und es gibt andere, vielleicht gar noch drastischere Beispiele solchen Ausgeliefertseins oder, um es so zu sagen: der Empfindung seelischer Nacktheit als Folge der notwendigerweise engen Zusammenarbeit am Berg. Auch wir Heutigen verstehen, dass eine durch die rauhen Umstände des Gebirges erzwungene körperliche Entblößung das Gefühl der seelischen Nacktheit ins fast Unerträgliche steigern musste.

Am Ende des Berichts über die erstmalige Ersteigung der Kleinglocknerspitze im Jahre 1799 nämlich fasst der anonym gebliebene Autor[13] eine Reihe von Erfahrungen, die man auf dieser Expedition gemacht hatte, kurz zusammen – Erfahrungen mit der Kleidung, mit dem Wetter, mit der Ernährung, mit den Getränken. Er kommt auf das Problem des Gletscherwassers zu sprechen, auf das man jenseits der Hütte angewiesen sei: es könne „schon seiner übermässigen Kälte wegen auf der Stelle Colicschmerzen verursachen". „Dass dieses Getränke starkes Abweichen mache, ist in dortigen Gegenden allgemein bekannt."[14] Nach dieser gewiss nützlichen Mitteilung aber scheint den Autor des Berichts die Erinnerung an eigene unangenehme Erfahrungen derart heftig eingeholt zu haben, dass er in wenigen Sätzen höchst anschaulich das Bild einer Szene entwirft, die auch uns Heutige noch berührt: die peinliche, ja verzweifelte Situation des Mannes von Stand, der, vom Durchfalldrang überrascht und überwältigt, bei Sturm und bitterer Kälte in der offenen Einöde

Der Bergreisende wird auf den Berg „gehisst". Holzstich-Bildglosse von Martin Disteli, 1841.

Aus: Martin Disteli: Schweizerischer Bilderkalender 1839–1845. Red. Hans Derendinger, Peter Killer. Olten o. J. (1994). Abb.: 4. Jg. 1842, S. 6.

---

9 Dionys Stur: Der Gross-Glockner und die Besteigung desselben [1853 und 1854]. In: Jahrbuch der Kaiserlich-königlichen Geologischen Reichsanstalt (Wien) 6/1855, S. 814–837; hier: S. 825.

10 Joseph August Schultes: Reise auf den Glockner. Teil 2. Wien 1804, S. 162 (über Schultes' eigene Glockner-Ersteigung im Jahre 1802).

11 Carl Ritter: Montblanc. Geographisch-historisch-topographische Beschreibung zu K. W. Kummer's Stereorama oder Relief des Montblanc-Gebirges und dessen nächster Umgebung [Berlin 1824]. Hg. von Andreas Mahler. Stühlingen an der Wutach 2008, S. 52.

12 Vgl. Joseph August Schultes: Reisen durch Oberösterreich in den Jahren 1794, 1795, 1802, 1803, 1804 und 1808. Teil I. Tübingen 1809, S. 119.

13 Zur begründeten Vermutung, dass Salm wenn nicht der Autor, dann doch wenigstens der Redakteur gewesen sei, vgl. M. Klemun: ... mit Madame Sonne konferieren (wie Anm. 1), S. 152.

14 Tagebuch einer Reise auf den bis dahin unerstiegenen Berg Groß-Glokner an den Gränzen Kärntens, Salzburgs und Tirols im Jahre 1799. In: Jahrbücher der Berg- und Hüttenkunde 4/1800, S. 161–224; hier: S. 219.

vergeblich eine Stelle sucht, wo er seine Hosen herunterlassen könnte – geschützt vor den Blicken der allgegenwärtigen Bauern, vielleicht aber noch mehr vor den Blicken der anderen Männer von Stand. Es muss eigene leidvolle Erfahrung dahinterstehen, wenn der Tagebuchschreiber – also wohl Fürstbischof Salm selbst! – zum Durchfallproblem am Berg notiert (und gar noch gedruckt in alle Welt hinausgehen lässt): „Diese Wirkung [des Gletscherwassers, MSch.] dürfte aber wohl für jeden, der auf dem Wege zum Glokner ist, zur Unzeit kommen. Es ist wahrhaft eine bittere Pflicht, am heftigsten Sturmwinde im Freien der Natur ihren Zoll bringen zu müssen."[15] Nicht nur der ‚Natur' – so fügen wir heutigen Betrachter der Szene unterm Glockner an – war ein Opfer zu bringen, sondern auch der bis dahin unumstritten gültigen Vorstellung festgefügter Klassenverhältnisse.

Vor den eigenen Lakaien die Hosen herunterzulassen mochten die Herren gewohnt sein. Aber den Vollzug dieses Aktes vor den Blicken der fremden ‚Bauern' aus Heiligenblut: das war die neue, die äußerst strapazierende Herausforderung. Kurz: Wir müssen uns die seelische Belastung der Herren Bergreisenden als nicht unerheblich vorstellen; die kulturelle Symbiose, die soziale Kooperation am Berg, die sich nach außen hin als so erfolgreich zeigte, hatte ihren inneren Preis, den man dann später nicht mehr zu zahlen bereit war.

Ein wetterleuchtendes Vorzeichen

Zwar dauerte es Jahrzehnte, bis – im Alleingängertum, im ‚führerlosen Bergsteigen' – diese Emanzipation vom ‚Knecht' als dem heimlichen ‚Herrn' vollzogen war. Doch an Vorzeichen mangelte es nicht. Ich schildere zum Schluss noch eine Szene, die gleich zu Beginn der Glockner-Ersteigungen zu besichtigen war und als Vorschein und wie ein heimliches Wetterleuchten auf jene noch fern liegende Zeit der Befreiung vom Führer verweist.

Erstmals war nämlich der große Glockner bestiegen worden, und am 29. Juli des Jahres 1800 errichteten die Heiligenbluter Zimmerleute, die man nun die ‚vier Glockner' nannte, das neue prachtvolle und mit allerlei Messgerät versehene Gipfelkreuz. Um die Mittagszeit kehrten sie hungrig zurück, setzten sich ins Freie vor die Hütte und begannen, die Nocken aus der gemeinsamen Suppenschüssel zu verzehren. Da trat unversehens der Fürstbischof Salm hinzu und – „warf einige Hände voll Geldes" in die Schüssel.[16]

Das ist eine fast unglaubliche, jedenfalls eine höchst befremdliche Szene. Deshalb zitiere ich noch den etwas ausführlicheren und farbigeren Bericht eines anderen Augenzeugen, des Pfarrers Orrasch. Der schreibt: „Die Kreuzbefestiger, die sogenannten 4 Glokner, kamen herab, machten unter ihren Nachbaren eine eigene Parthie" (das heißt: Sie sonderten sich ab), „kochten sich Nocken in der Suppe und assen mitsamen. Der gütigste Fürstbischoff benuzte die Gelegenheit und sagte, ‚liebe Leuthe, seyd ihr matt und hungrig, was habt ihr da, habt ihr Nocken in der Suppe, ihr habt doch nicht gar viel gekocht, wenn ihr etwa zuwenig Nocken habt, seht da', indem warf er 32 schöne blanke gute Silbermünzen in die Schüssel, ‚ich gieb euch auch Nocken, das gieb ich euch über die 2 Fl [= Gulden, MSch], die jeder täglich hat, als ein Extrageschenk.'"[17]

Wenn wir die so kleine wie explosive Geschichte zu sortieren versuchen, halten wir natürlich zuerst die erstaunliche Großzügigkeit des Bischofs Salm fest. Gewiss war schon der Tageslohn von zwei Gulden sehr hoch; doch noch acht weitere Silbermünzen für jeden der Führer – das war ein ungewöhnlich starkes Salär und lässt auf Dankbarkeit und tiefe Befriedigung über die gelungene Großtat der Glocknerersteigung schließen; schließlich hielt man in der Monarchie diese Bergreise für eine der Montblanc-Ersteigung vergleichbare Tat.

Hinzuweisen wäre des weiteren auf die ebenfalls erstaunliche Leutseligkeit Salms: er begibt sich hier zu den ‚Glocknern', er spricht sie freundlich an; er würdigt sie also in einer zunächst nicht erwartbaren Weise, indem er die Silbermünzen persönlich überbringt (denn er hätte sie ja auch

---

15 Ebd. S. 219 f.

16 [Sigismund von Hohenwarth:] *Tagebuch des Herrn Sigmund von Hohenwart, Generalvicars des Herrn Fürstbischofes von Gurk; geschrieben auf seiner Reise nach dem Glockner im Jahre 1800*. In: Joseph August Schultes: *Reise auf den Glockner. Teil 2*. Wien 1804, S. 196–258; hier: S. 252.

17 F. J. Orrasch: [*Reise auf den Glockner*] (wie Anm. 1), S. 350.

durch seinen Kammerdiener, der ihn begleitete, überreichen lassen können).

Doch dann ereignet sich ein Bruch: der von Kindesbeinen an mit den Feinheiten der höfischen Etikette vertraute Fürstbischof – der leutselige, gütige, freundliche, besonnene, gebildete, aufgeklärte Mann, als der er stets und mit Recht geschildert wird, benimmt sich daneben, er vertut sich, er ‚vergreift' sich[18], indem er das so großzügige wie gutgemeinte Silberlingsgeschenk den verdutzten Heiligenbluter Männern nicht in die Hand drückt, sondern in die aufspritzende Nockenbrühe wirft. Denn er musste doch wissen, dass er mit diesem Akt die vier ‚Glockner' zum hastigen Verschlingen der Speise gewissermaßen zwang – und dass er sie damit gleichzeitig als geldgierige Tölpel bloßstellte. „Wie da die Kerls mit ihrer Suppe eilten", protokollierte denn auch der Pfarrer Orrasch, „Nocken wie die Eyerwaren mit einem Biß verschlungen, so viel gaben sie sich Mühe" – und dann fällt dem wortmächtigen Pfarrer Orrasch noch ein schönes Wortspiel zur Bedeutung, also zur ‚Wahrheit' des *Bar*gelds ein –, „um nur bald auf den wahren Grund und das wahre Liecht der baaren Wahrheit zu kommen."[19]

Indem der Fürstbischof also seine unersetzlichen Helfer belohnt, bestraft er sie zugleich; indem er sie beschenkt, demütigt er sie. Er übt mit seiner hilflosen Wohltat gleichsam subkutan und sicher völlig unbewusst Rache für so manches erniedrigende Leiden am Berg und für die peinlichen Einblicke ins höchst Private, die er den ‚Bauern' zwangsläufig hatte gewähren müssen.

Späte Befreiung

Es dürfte also zu Beginn des 19. Jahrhunderts kaum einen anderen Lebensbezirk gegeben haben, in dem die gegensätzlichsten sozialen Klassen so aufeinander geworfen, zu solch direkter leiblicher Nähe gezwungen und derart voneinander abhängig waren wie auf jenen ersten Bergreisen. Deshalb hatte ich anfangs von Vorübungen für ein demokratisches Miteinander gesprochen. Aber dieses Vorspiel der Demokratie lieferte auch genügend Gelegenheit für Missverständnisse, Enttäuschungen, Aggressionen, Demütigungen aller Art. Insbesondere die Umkehrung des hergebrachten und gewohnten Herr-Knecht-Verhältnisses musste zu schweren Verwerfungen in der überkommenen Ordnung der Seele führen. Das wurmte die entthronten Herren und blieb als Stachel sitzen. Über kurz oder lang – wir wissen heute: er dauerte eher lang! – musste der Schmerz des Stachels so bohrend werden, dass die bürgerlichen Alpintouristen seiner überdrüssig wurden: das aber war der Beginn des führerlosen Bergsteigens. Man mindert die Leistung der ersten Führerlosen und Alleingänger nicht, wenn man auf die Zeit des Keimens, der Verpuppung, auf die Jahrzehnte andauernde Zeit der Latenz hinweist. Aber im ganzheitlichen historischen Rückblick zeigt sich, dass die Praxis der Führerlosigkeit nur die Konsequenz lange zurückliegender Seelenerfahrungen war. Und noch ein anderes hat unser Rückblick auf die Anfänge gezeigt: Der Historiker als „rückwärts gekehrter Prophet"[20] entdeckt im breit daliegenden Material eine subversive Variante der bisherigen alpinistischen Geschichtsschreibung.

Die Salmhütte: Schauplatz der verstörenden Szenen unterm Glockner in den Jahren 1799 und 1800. Kupferstich 1804.

Aus: Joseph August Schultes: Reise auf den Glockner. Teil 2. Wien 1804, Frontispiz.

---

18 Vgl. die Deutung der Gebärde des Vergreifens bei Sigmund Freud: Zur Psychopathologie des Alltagslebens. Über Vergessen, Versprechen, Vergreifen, Aberglaube und Irrtum (1901). Frankfurt am Main 2000 (Kap. VIII: Das Vergreifen, S. 224–253).

19 F. J. Orrasch: [Reise auf den Glockner] (wie Anm. 1), S. 350.

20 Friedrich Schlegel: [„Athenäums"-]Fragmente (1798). In: ders.: „Athenäums"-Fragmente und andere Schriften. Hg. von Andreas Huyssen. Stuttgart 1978 (Ausgabe 2005), S. 76–142; hier: S. 85.

BergFokus

Gesundheit ist kein statischer Zustand, sondern ein sich fortwährend verändernder Prozess mit vielen verschiedenen Parametern. Gelingt es, sie auszubalancieren, hat man das Glück, sich gesund nennen zu können. Bergsportaktivitäten können dabei einen wesentlichen Beitrag leisten – Risiken und Nebenwirkungen nicht ausgeschlossen.

Heilsames Bergsteigen

Bergsport ist gesund, wenn er achtsam betrieben wird
>> **Eva Maria Bachinger**

Bergsteigen kann für seelische und körperliche Gesundheit, für ein gutes Selbstwertgefühl und für Verbundenheit mit sich selbst, mit seinen Begleitern und mit der Natur sorgen. Es ist aber auch gefährlich, und damit sind beileibe nicht nur die objektiven Gefahren gemeint.

Die Gletscherfläche ist beeindruckend weit. Wir, drei Freunde, sind mit den Skiern auf die 3500 Meter hohe Weißseespitze im Tiroler Kaunertal gestiegen. Da die Verhältnisse günstig sind, wartet nun die grandiose „Münchner Abfahrt". Diese nordexponierte, bis zu 40 Grad steile Gletscherflanke ist eine skitechnische Herausforderung, aber sehr reizvoll, da man direkt zur Gletscherzunge abfahren kann. Schon bei der Anfahrt auf der Bergstraße sorgt der Blick auf das weite, einladende Schneefeld für Bauchkribbeln. Nach dem Aufstieg und dem Gipfelglück stehen wir vor dem Abgrund: Die Größe und Erhabenheit des Gletschers lässt uns Skifahrer winzig klein erscheinen. Doch wir sind nicht nur nichtig, wir sind auch Teil dieser Landschaft. Sozusagen nichtig und wichtig zugleich. Die Abfahrt löst große Glücksgefühle aus. Unten angekommen blicken wir noch einmal zurück, auf den Gipfel und auf den Gletscher. Wir schauen uns lachend an. Freude und eine tiefe Verbundenheit zwischen uns ist spürbar.

Mehr als nur Sport

Bergsteigen ist ein Sport, aber doch viel mehr als das: Bergsteigen sorgt für solche Erfahrungen der Verbundenheit, mit sich selbst, mit der Natur und mit den Menschen, mit denen man unterwegs ist. So kann Bergsport zu seelischer und körperlicher Gesundheit beitragen und sehr positive Auswirkungen insgesamt auf die Lebensqualität haben. Freudestrahlend und auch ein bisschen stolz erzählt man von solchen Erlebnissen.

Aber Erfahrungen in den Bergen können auch gegenteilig sein: Wir wandern durch eine Schlucht im Passeiertal in Südtirol. Durch die starken Regenfälle der vergangenen Tage führt der Fluss viel Wasser. Ein mehr als 40 Meter hoher Wasserfall am Ende der Schlucht fällt tosend in die Tiefe. Auffällig ist, dass im großen Wasserbecken, in dem man sonst wunderbar schwimmen kann, Steine, zersplittert in allen Größen, liegen. Wir schauen nach oben und sehen an einem Felsüberhang die Abbruchstelle. Sie schaut frisch aus. Doch es ist ein schöner Sommertag, das Gebirgswasser ist erfrischend und der tosende Wasserfall beeindruckend. So verweilen wir. Als wir schon im Aufbruch sind, pfeift plötzlich ein kleiner Stein genau zwischen uns durch. Sekunden später folgen drei weitere kleine Steine. Gämsen? Andere Wanderer?

Hoch hinaus am Zeiger in den Allgäuer Alpen: Bergsteigen ist ein Sport, aber mehr als das. Am Berg kann man einige der intensivsten Momente seines Lebens erfahren.

© W. Ehn

Kann nicht sein, über uns sind nur steile Felsen. Der Berg hat uns gewarnt, denn kurz darauf sehen wir, wie sich riesige Felsbrocken von der Abbruchstelle lösen. 60 Meter im freien Fall rasen sie ungebremst auf uns zu. Eines ist sicher: Wenn wir nicht sofort in Deckung gehen, sind wir auf alle Fälle tot. Hastig und panisch rennen wir buchstäblich um unser Leben, über einen kleinen Grashügel hinauf, zurück auf den Weg. Hinter einer Felswand gehen wir in Deckung. Im nächsten Augenblick kracht und donnert es. Die Felsbrocken zerbersten und das Wasser färbt sich schlammfarben. Wir sehen uns entsetzt an und wissen: Es hat uns um Haaresbreite nicht erwischt. Wir hatten sehr, sehr großes Glück. Jetzt wollen wir nur noch weg von hier. Die Idylle ist vorbei, die Felsen sind nur noch Bedrohung.

Die Natur ist also nicht nur schön und romantisch, sie kann auch gefährlich und feindselig sein. Bergsteigen ist auch ein Sport in einer Natur, die unberechenbar ist, mit Risiken und Gefahren, die nicht unserer Kontrolle unterliegen, wie Gewitter, Steinschlag, Sturm, Lawinen. Aufgrund des Klimawandels nehmen solche extreme Ereignisse im Alpenraum seit Jahren zu. Gerät man in gefährliche Situationen, wird einem schlagartig klar, dass man nichtig ist und im nächsten Augenblick tot sein kann. Die Berge und ihre Naturgewalten können einem großen Respekt einflößen. Solche Erlebnisse können vieles wieder in die richtige Relation rücken, beispielsweise unser aufgeblähtes Ego ein wenig kleiner, uns demütig, still und dankbar machen. Das um sich greifende Machbarkeits- und Sicherheitsdenken wirkt in solchen Momenten sehr lächerlich. Es ist plötzlich glasklar: Der Mensch ist nur ein Teil der Natur, und vieles, was so unglaublich wichtig erscheint, ist überhaupt nicht wesentlich. Auch diese Erfahrung kann heilsam und gesund sein. Zudem können schwierige Situationen in der Natur, die man gemeinsam meistert oder übersteht, sehr zusammenschweißen. Beim Bergsport entstehen oft langjährige Freundschaften, eben durch schöne Erlebnisse, aber auch durch gemeinsam gemeisterte Herausforderungen. Kletterer wissen besonders gut: Eine schwierige Stelle scheint nicht machbar zu sein. Der verzagte Blick in den Abgrund, Angst doch ins Seil zu fallen, der Gedanke „Ich schaffe das nicht" kann sich immer mehr aufdrängen. Und genau dann allen Mut und alle Kraft zusammenzunehmen, um es noch einmal zu versuchen, und es dann vielleicht wirklich schaffen. Solche Erfahrungen können das Selbstwertgefühl ungemein stärken und tiefe Freude auslösen. Bergsteigen wird so auch zu einer Art Lebensschule. Und eines ist jedenfalls sicher: Am Berg kann man wohl einige der intensivsten Momente seines Lebens erfahren.

Studien belegen Erfahrungen

Der Österreichische Alpenverein hat sich dem Thema „Bergsport & Gesundheit" in den vergangenen Jahren verstärkt gewidmet und dazu auf einem Symposium im November 2016 in Wien auch neue Ergebnisse präsentiert, welche die subjektiv wahrgenommenen positiven Erfahrungen vieler Bergsportler wissenschaftlich belegen. Bisherige Studien hatten meist nur die Wirkung von Ausdauersport in der Ebene untersucht, nicht aber die Folgen von Sport in der Höhe. Die Einflüsse von außen sind anders, ebenso die Beanspruchung der Muskeln, insofern wurden hier wichtige Faktoren bisher nicht berücksichtigt. Das ist bemerkenswert, angesichts der hohen Anzahl von Menschen, die Bergsport mehr oder weniger ausüben. Allein in den Alpen geht man von rund 40 Millionen Bergtouristen pro Jahr aus. Seit Jänner 2017 zählt der Österreichische Alpenverein 521.575 Mitglieder. Damit ist er der größte Bergsportverein Österreichs. Der Deutsche Alpenverein hat rund 1,2 Millionen Mitglieder.

Der Bergsport umfasst eine große Vielfalt verschiedener Sportarten: Wandern, Mountainbiken, Hochtouren, Klettern – von den Winterthemen ganz zu schweigen. Mit einer Prävalenz von 2,7 Millionen Menschen ab 15 Jahren gehört jedenfalls das Wandern zu den drei am häufigsten ausgeübten Sportarten in Österreich.

Aber was ist so anziehend dabei, draußen in der Natur zu sein, schwitzend Hunderte Höhenmeter zu überwinden oder beim Klettern die Eisgeräte in einen gefrorenen Wasserfall zu rammen? Was ist konkret das Besondere am Bergsteigen im Vergleich zu anderen Sportarten? Der Psychologe Manfred Ruoß meint, dass die Anziehung vor allem im Tun in der Natur liege. Insofern kann jeder Sport, der in der freien Natur ausgeübt wird, ähnlich wirken. Doch: „Wald und Berge etwa haben

heilsame Wirkungen auf Körper und Seele, besonders trifft das beim Bergsport aufeinander", so Ruoß. Auch der Psychiater Manfred Spitzer meint: „Wer wandert, bewegt sich in freier Natur und ist nach einer Weile einfach recht gut gelaunt. Woran liegt das? Oft wird gesagt, das läge an der frischen Luft. Die experimentelle Psychologie hat jedoch eine ganz andere Antwort: Die Betrachtung natürlicher Landschaften aktiviert prosoziale Gedanken beim Menschen."

Das Erleben von Natur aktiviere Gedanken an das Aufgehoben-Sein in einem größeren Zusammenhang, Gedanken an Gemeinschaft und Gedanken an andere Menschen als Teil dieser Gemeinschaft. Das Erleben von künstlichen Umgebungen hingegen erinnere uns an Einschränkungen auch durch andere und an letztlich egoistische Wertvorstellungen. „Künstliche Umgebungen bringen wir eher mit unserem alltäglichen Leben und dem Stress, der damit einhergeht, in Verbindung: Druck, Hast, Interessen und deren Konflikte, Abhängigkeiten und Schwierigkeiten. Naturerleben bringt für uns demgegenüber Ruhe, Stressfreiheit, Autonomie und Freiheit." In US-Studien wurden diese Unterschiede bei Probanden nachgewiesen, die für mehrere Minuten entweder Bilder von Landschaften oder Bilder von Städten betrachteten. Wenn nun also der Kontakt mit Natur die Verbundenheit zu anderen Menschen stärkt, sind Tendenzen der Entsolidarisierung offenbar auch hier begründet.

Outdoor ist anders

„Wir alle sind mit den Anlagen zu guten Gefühlen geboren; positive Emotionen sind das, was uns am Laufen hält", erklärt der Physiker und Philosoph Stefan Klein. „Wenn sich eine Situation einstellt, die in irgendeiner Weise vorteilhaft für den Organismus sein könnte, dann werden im Gehirn bestimmte Neurohormone ausgeschüttet, die chemisch identisch sind mit Opiaten, dem Wirkstoff von Heroin und Opium. Der einzige Unterschied ist, dass diese Opioide auf vollkommen natürliche Weise entstehen – im Drogenlabor im Kopf. Sie werden ausgeschüttet und verändern dann die Art und Weise, wie weite Bereiche des

Gipfelerlebnisse werden gern romantisiert und dienen als Metapher für den Erfolg. Doch die Berge sind nicht nur schöne Kulisse, sie bergen auch Risiken und Gefahren in sich – eine Erfahrung, die unser aufgeblähtes Ego und den verbreiteten Machbarkeitswahn rasch relativieren kann. Aufstieg zum Scheibler, rechts die Flanke der Kuchenspitze (Verwall).

© W. Ehn

Raus aus der krank machenden, überbehüteten „Glasmenagerie": In der freien Natur können nicht nur Kinder Kreativität, Lebensfreude und Koordinationsgeschick entwickeln.
© W. Ehn/R. Gantzhorn

Gehirns arbeiten. Das erlebt man als Glück." Nicht das Bergsteigen alleine löse diesen Prozess aus, sondern was damit einhergehe: Natur, Bewegung, Gemeinschaft, das selbstgewählte Ziel. „Die Mechanismen, die Glücksgefühle auslösen, sind so gemacht, dass wir stark reagieren, wenn wir uns Ziele setzen und diese auch erreichen. Und was gibt es für ein stärkeres Ziel als einen Gipfel?", erklärt Klein. „Zudem werden bei intensiver körperlicher Bewegung Endorphine ausgeschüttet. Sie wirken berauschend und schmerzstillend. Man hat dann irgendwann das Gefühl, man läuft auf Wolke sieben, obwohl man eigentlich nicht mehr kann." Und: „Die völlig andere Umgebung schafft Distanz zu Alltagssorgen. Sie sind in einer ganz anderen Umgebung, das kann ein Fitnessstudio um die Ecke nicht unbedingt geben."

Bewegungsmangel macht krank

Es gibt widersprüchliche Trends: Einerseits herrscht gravierender Bewegungsmangel und es findet enorme Naturzerstörung statt – trotz aller Beteuerungen, naturverbunden und nachhaltig zu sein. Andererseits scheinen immer mehr Menschen in Naturlandschaften zu strömen, um dort Sport zu betreiben. Einerseits wird durchaus Natur geschützt und dem Berg mit Respekt begegnet, andererseits wird das Gebirge ebenso als eine Art Sportgerät missbraucht. Immer weiter, immer schneller, immer höher – das Dogma einer Gesellschaft, die Wachstum, Wettbewerb und Profit nach wie vor als oberste Prioritäten sieht. Dass

Menschen Sport betreiben und sich dafür gute Ausrüstung und Infrastruktur wünschen, freut Branchen wie Tourismus und Ausrüstungsindustrie, die Umsatzzuwächse registrieren. Letztlich freut das auch Mediziner wie den Wiener Kardiologen Karl Mulac, der im Bewegungsmangel fatale Folgen für die Gesundheit sieht. „Der Mensch ist ein Läufer auf zwei Beinen." Erst seit dem Aufkommen von Transportmitteln vor etwa 100 Jahren geht unser Bewegungsumfang drastisch zurück. Für eine genetische Änderung ist dieser Zeitraum viel zu kurz. „Die meisten Wohlstandserkrankungen resultieren aus der Diskrepanz zwischen genetischer Veranlagung und dem davon weit entfernten modernen Lebensstil", so Mulac.

Nachweislich beuge sportliche Betätigung unter anderem Herz- und Kreislauferkrankungen, Gebrechlichkeit, Krebserkrankungen sowie Demenz und Depression vor. Der Arzt fragt deshalb, wann der Sport endlich den Stellenwert bekommt, der ihm gebühre, denn laut zahlreichen Studien, die er vorlegen kann, halten sich Kinder, Jugendliche und Erwachsene nicht an die internationalen Empfehlungen der Weltgesundheitsorganisation (WHO). Kinder und Jugendliche etwa sollten täglich mindestens 60 Minuten lang eine moderate bis forcierte aerobe sportliche Aktivität ausüben, mehr wäre besser. Bei der Siebten „Österreichischen Health Behaviour in School-aged Children"-Befragung 2005/2006 der WHO wurden rund 4000 Kinder der Altersgruppen 11, 13 und 15 Jahre bezüglich ihrer sportlichen Aktivitäten be-

fragt. Schulkinder waren durchschnittlich an 4,2 Tagen der Woche für mindestens 60 Minuten aktiv. Die Intensität ist allerdings gering und nimmt mit zunehmendem Alter ab.

„Auch bei den Erwachsenen sieht es nicht besser aus, und es ist ein weltweites Problem", stellt Mulac fest. In der Gesundheitsbefragung 2006/2007 der Statistik Austria wurden 15.474 Österreicher ab einem Alter von 15 Jahren befragt. 68 Prozent der 15- bis 30-Jährigen gaben an, mindestens einmal pro Woche moderaten bis anstrengenden Sport zu betreiben. Bei den Erwachsenen waren es 60 Prozent der Männer und 49 Prozent der Frauen. Bei den Angaben muss man aber bedenken, dass es subjektive Einschätzungen auf Befragungen sind.

Grundsätzlich gehört Wandern neben Schwimmen und Radfahren zu den gesündesten Sportarten. In der Bergsport-Werbung wird die Natur sehr romantisiert oder als spektakuläre Kulisse für das eigene Ego und für Action dargestellt. Draußen zu sein scheint en vogue zu sein. Dass Natur wie das Gebirge so idealisiert wird, sieht der Natursoziologe Rainer Brämer im „Leben in der Glasmenagerie" begründet. Wir leben, arbeiten, konsumieren, betreiben oft auch Sport sozusagen hinter und vor Glas – von Wohnungen, Büros, Fitnessstudios, Supermärkten, Computern, Fernsehgeräten ... Die Hektik unserer selbstgeschaffenen Welten, einseitige Beanspruchung und die Verarmung von Erfahrungen, die buchstäblich Sinn geben, die Komplexität heutiger Beziehungen bei gleichzeitiger Vereinzelung, die vielseitige Reizüberflutung und Reizabwehr – all das erschöpft und laugt uns aus. Die Sehnsucht nach Einfachheit und Ruhe stellt sich ein.

Nach einem Höhepunkt nach dem Zweiten Weltkrieg und in den 1990er-Jahren sind die Zahlen der Wanderer laut Brämer derzeit dennoch wieder eher rückläufig, besonders bei Jüngeren. Verschiedene (soziale) Medien üben mehr Anziehung aus als die Natur. 10- bis 19-Jährige sitzen täglich fast zwei Stunden vor dem Fernseher, ein Viertel spielt täglich am Computer, im Schnitt eineinhalb Stunden, geht aus Daten der Statistik Austria hervor.

Kinder werden oft überbeschützt

Das Smartphone ist der ständige Begleiter im Alltag, alle paar Minuten werden Nachrichten gecheckt. Dabei ist es nicht nur die Verdrängung der Natur durch den Menschen, die die Verbindung zur Natur kappt, sondern auch die Angst der Eltern: Während unsere Großeltern stundenlang zu Fuß durch Wald und Wiesen in die Schule gehen mussten, werden Kinder heute häufig mit dem Auto zur Schule kutschiert. Spielerisch und nebenbei könnten Kinder am Schulweg lernen, wann die Äpfel reif sind, wann welche Blumen blühen und welche Tiere schon vom Winterschlaf erwacht sind. Doch die Tage sind durchgeplant, Muße und wirklich freie, planlose Zeit haben nur wenige. Kinder sind kaum noch unter sich, die Kinderwelten sind von Erwachsenen überwacht

Gemeinsam draußen unterwegs sein statt einsam im Hamsterrad: Beim Bergsport entstehen oft verlässliche Freundschaften – ein wesentlicher Faktor für ein gesundes, gelingendes Leben.

© R. Gantzhorn/W. Ehn

und beschützt. Damit bleibt auch die Selbsterfahrung in der Natur auf der Strecke – und womöglich sehr viel Kreativität und Lebensfreude. Ob man als Kind Kontakt zur Natur hat oder nicht, beeinflusst die Liebe zur Natur und den Wunsch, sich in ihr aufzuhalten und sich für ihren Schutz zu engagieren. Was man nicht kennt, schätzt man nicht und vermisst man auch nicht. Wer gerade mal den Gesang einer Amsel bestimmen kann, kränkt sich nicht, wenn er keine Braunelle mehr hört. Wer keine positiven Erinnerungen an ursprüngliche Naturlandschaften hat, leidet nicht, wenn Gletscher schmelzen oder alte Bäume gefällt werden. Das Verschwinden und die Zerstörung fallen nicht mehr auf. So meinen viele, durch Naturlandschaften zu fahren, und merken nicht, dass es auf weiten Strecken gar keine ursprünglichen Landschaften mehr gibt, sondern nur noch grüne Futterwiesen und Wirtschaftswälder, wo Bäume in Reih und Glied stehen. Auch der Alpenraum ist massiv erschlossen, beherbergt aber dennoch ursprüngliche, wilde Naturlandschaften, wo man eine Ahnung davon bekommen kann, was Wildnis ist.

Der Abschied der Kinder von der Natur ist nicht folgenlos: Ohne die Nähe zu Pflanzen und Tieren verkümmern Bindungsfähigkeit, Empathie, Fantasie und Lebensfreude, schreibt der US-Autor Richard Louv in seinem Buch „Das letzte Kind im Wald?" Spätere Krankheiten werden früh durch die Lebensweise angelegt, eben nicht nur genetisch: Kinder, die nur selten in der Natur sind, tendieren vermehrt zu Übergewicht, Diabetes, Haltungsschäden und Koordinationsstörungen, Allergien und psychischen Problemen.

Sport als Spiegel unserer Gesellschaft
Es gibt bei dem Thema „Gesundheit und Bergsport" noch weitere Aspekte zu beachten. Etwa: Wo beginnt gesundheitsschädigendes Verhalten beim Bergsport? In welchen Fällen ist er der physischen und psychischen Gesundheit nicht mehr dienlich? Damit hat sich der Psychologe Manfred Ruoß beschäftigt und das Buch „Zwischen Flow und Narzissmus. Die Psychologie des Bergsteigens" geschrieben. Bei seinen Analysen von Extrembergsteigern ist ihm häufig ein instabiles Selbst und ein Gefühl der Minderwertigkeit aufgrund von Kindheitserfahrungen aufgefallen. „Bergsteigen kann nun als eine persönliche Strategie gewählt werden, um die persönliche Minderwertigkeit zu kompensieren und das brüchige Selbst zu stabilisieren." Daraus könne ein kompromissloses Leistungs- und Konkurrenzhandeln resultieren: „Das Bergsteigen bekommt so einen suchtartigen Charakter. Es entwickelt sich der Zwang, seine Leistungen kontinuierlich zu steigern und fortdauernd Höchstleistungen zu erbringen. Paradoxerweise ergibt sich dadurch aber kein nachhaltig stabilisierender Effekt für das Selbst. Das liegt daran, dass das Leistungsverhalten ein Vermeidungsverhalten ist, das lediglich die Wahrnehmung des instabilen Selbst für eine begrenzte Zeit ausblendet."

Das Selbstbild „Ich genüge nicht" bleibe bestehen und sei verbunden mit dem Gefühl innerer Leere. So müsse nach jeder Tour, auch wenn sie noch so schwer und erfolgreich war, sofort eine neue Leistung geplant und erbracht werden. Der Psychologe attestiert Extrembergsteigern einen ausgeprägten Narzissmus und Egoismus. „Sie definieren sich ausschließlich über Leistung und Arbeit und beziehen ihre Wertigkeit über die soziale Anerkennung für diese Leistungen", so Ruoß. Stabile Partnerschaften aufzubauen sei unter diesen Umständen schwierig, weil sie häufig dem Bergsteigen untergeordnet werden würden.

Warum sie dennoch als Vorbilder gelten und als Stars bewundert werden, habe mit gesellschaftlichen Trends zu tun: „Die genannten Merkmale gehören zu einem narzisstischen Lebensstil, der für unsere gegenwärtige Gesellschaft fast so etwas wie die Leitkultur darstellt. Die Kosten, die dieser Stil verursacht, sind hoch – sowohl für die betroffenen Personen als auch für die Gesellschaft", betont der Psychologe. Die Menschen strömen nicht nur in die Vorträge der Profis, es gebe auch die Tendenz, dass Freizeitbergsteiger die Handlungsmuster der Extremen kritiklos und wie selbstverständlich auf das eigene Bergsteigen übertragen. Viele Firmen buchen sie als Vortragende, um vor Führungspersonen und Mitarbeitern über Motivation und Zielerreichung zu referieren. Ruoß hält diese Praxis für gefährlich, da die Führung von Unternehmen nicht so durchgezogen werden könne wie eine extreme Bergtour. „Ein ausgeprägter Narzisst als Manager ist eine Katastrophe und ein hohes Risiko für eine Firma und letztlich für die gesamte Gesellschaft."

Auswege aus der Enge: Stärker als seine Angst sein und selbstwirksam handeln zu können, ist eine wesentliche Erfahrung, die Bergsteigen wie kaum ein anderer Sport vermitteln kann.

© P. Trenkwalder

Grundsätzlich unterscheidet Ruoß beim Bergsteigen zwei Erlebnisweisen oder Erfahrungsbereiche, mit denen Grundbedürfnisse befriedigt werden: erstens das Erleben des Spielerischen, das Flow-Erleben, zweitens das Erleben von Leistung im narzisstischen Leistungshandeln. Der Schatz und der gesunde Anteil des Bergsteigens liegt im Flow-Gefühl, das viele Bergsteiger, ob extrem oder nicht, beschreiben. „Wir tun Dinge ihrer selbst willen, weil sie uns Freude machen, weil wir im Tun aufgehen und eine Ichlosigkeit erleben. Kinder verlieren sich selbstvergessen im Spiel und sind glücklich. Das kann Erwachsenen beim Klettern oder beim lustvollen Aufstieg auch wieder passieren. Dann ist es auch gesundheitsfördernd. Es geht um Achtsamkeit und Naturerleben, um Stressabbau und um Stabilisierung des Selbstwertgefühls. Diese Seite des Bergsteigens sollte man als Hobbybergsteiger in den Vordergrund rücken. Viele Heldengeschichten der Profis transportieren aber das Gegenteil: Leistungs- und Konkurrenzdenken, Zähne zusammenbeißen, Warnsignale ignorieren. Es ist mit Tod assoziiert und man tänzelt am Abgrund. Das kann kein Leitbild für alle sein."

Bergsteigen kann das Leben bereichern, die persönliche Entwicklung voranbringen sowie körperliche und seelische Gesundheit fördern. Viele Studien zeigen, dass es in erster Linie nicht um extremen Leistungssport geht, der meiste Benefit für die Gesundheit werde durch moderate körperliche Aktivität statt Inaktivität erzielt, gibt der Kardiologe Karl Mulac zu bedenken. Also, worauf noch warten? Rucksack packen, rauf auf den Berg, und dabei achtsam sein, mit sich selbst, den Mitwanderern und mit der Natur.

Literatur

Louv, Richard: Das letzte Kind im Wald? Geben wir unseren Kindern die Natur zurück! Weilheim und Basel 2011.

Ruoß, Manfred: Zwischen Flow und Narzissmus. Die Psychologie des Bergsteigens. Göttingen 2014.

Klein, Stefan: Die Glücksformel oder Wie die guten Gefühle entstehen. Reinbeck 2003.

"Die Stängelchen dem Wind aussetzen…"

Was Kinder gesund und stark macht und warum wir ihnen etwas zutrauen dürfen

>> Sybille Kalas

Aurelio ist Gärtner. An einem warmen Frühlingstag zeigt er uns im Folientunnel seine Pflänzchen: Tomaten, Paprika, Kürbis … Ein großer Ventilator bringt Bewegung in die feuchtwarme Luft. „Man muss die Stängelchen dem Wind aussetzen, das macht sie stark", erklärt uns Aurelio. Sie sind dann den Anforderungen im Freiland, in das sie bald übersiedeln werden, besser gewachsen – im ganz konkreten Sinn.

Folientunnel oder Freiland?

Viele Winde wehen durch Kinderleben. Wie unsere Kinder und auch wir Erwachsenen sie erleben, wie wir ihnen begegnen und ihnen „gewachsen" sind, das hat mit Gesundheit zu tun. Gesundheit – Wohlbefinden – möchte ich ganzheitlich betrachten, entsprechend der Definition der WHO: „Gesundheit ist ein Zustand völligen psychischen, physischen und sozialen Wohlbefindens […]."

Es tut Kindern gut, sich draußen zu bewegen, das ist keine neue Erkenntnis. Seit Generationen werden Kinder „an die frische Luft" geschickt. Heute ist das nicht mehr so selbstverständlich. Kindergarten und Schule spielen sich überwiegend indoor ab, auch die Nachmittage sind großteils mit Aktivitäten in Räumen ausgebucht, von Hausübungen bis Musikunterricht, Ballett und Judo. Vielleicht auch Fußballtraining, das zumindest „an der frischen Luft". Viele dieser Aktivitäten sind nicht von den Kindern selbst organisiert und verantwortet, wie das früher in Kinderbanden möglich und üblich war. Damit fehlt ein wichtiger Aspekt der stark machenden Winde in Kinderleben. Sollen Kinder nicht im Folientunnel aufwachsen, müssen wir sie auch in diesem Sinne rausschicken ins Freiland. Hier können sie den Winden begegnen, die „die Stängelchen stark machen" und ihnen ganzheitlich-positive Gelegenheiten bieten für eine vielseitige Entwicklung.

Bei der Beschäftigung mit den Aspekten von gesunden Kinder-Welten möchte ich auch auf die Möglichkeiten eingehen, die sich uns im Alpenverein eröffnen. Bei „Tage* draußen", wie es Luis Töchterle (2009) formuliert hat, bei Spaziergängen und Wanderungen, Camps und Unternehmungen mit Familien. Wo sind wir die Experten und Expertinnen? Wie unterstützen uns Naturräume dabei? Wie können wir unsere Kompetenzen „ans Kind" bringen und an interessierte Erwachsene weitergeben? Sind auf unseren Tätigkeitsfeldern vielleicht auch Stolpersteine versteckt, die uns wieder im „Folientunnel" landen lassen?

Nur g'sund? – Das Startkapital Natur

Warum schicken wir unsere Kinder raus? Ehrlich: nicht nur, weil wir an ihre Gesundheit denken; kein Mensch hat den ganzen Tag nur Gesundheitsthemen im Kopf – das wäre ja an sich schon ungesund. Wir gehen mit unseren Kindern raus oder schicken sie raus zum Spielen, weil sie dort entspannter sind und damit auch für uns besser auszuhalten. Eine „artgerechte" Kinder-„Haltung" also (Renz-Polster 2011). Wer kennt nicht die Situation, ob zu Hause in der Familie oder potenziert an einem Regentag beim Camp: im Haus unerträglich lärmende, streitende Wilde werden draußen, auch im Regen, zu einer Gruppe netter, unternehmungslustiger, fantasievoller Kinder. Die Erwachsenen werden nicht gebraucht – und auch nicht gestresst –, alles löst sich in Zufriedenheit.

In ihrem Buch „Startkapital Natur" haben Andreas Raith und Armin Lude (2014) 115 Studien zusammengestellt, die sich auch mit Gesundheitsthemen im Zusammenhang mit Natur befassen. Die Ergebnisse zeigen, dass bereits die Anwesenheit von grünen Pflanzen positiv auf die Gesundheit wirken kann, erst recht ein Aufenthalt im Freien. Vielleicht ist da noch ein Zusammenhang: Wie ich vermute, bezeichnen Eltern, die selber gern bei jedem Wetter draußen sind und das auch ihren Kindern zu-muten, ihre Kinder nicht so leicht als „krank", wenn ihnen z. B. die Nase läuft oder sie einen Husten haben. Sie kennen und nützen auch den positiven Effekt des Draußenseins bei solchen kleinen Beeinträchtigungen. Die Kombination von Natur und Bewegung in ihr, also in Räumen mit hohem Aufforderungscharakter, wirkt positiv auf die motorische Entwicklung, auf Bewegungshäufigkeit und -vielfalt sowie auf Körpergewicht bzw. Body-Mass-Index. Der nachweisbar positive Einfluss von Aufenthalten in der Natur auf das Wohlbefinden von Kindern mit ADHS-Syndrom ist bekannt. Andersherum betrachtet bedingt „Nature-Deficit Disorder" (Louv 2011) Wahrnehmungsdefizite, Übergewicht, Hyperaktivität, psychosomatische und motorische Beeinträchtigungen.

„Hauptsache, sie bewegen sich!"

Wenn ich mit Schulklassen arbeite, mache ich die Erfahrung, dass in den ersten beiden Tagen erst einmal die ganze aufgestaute Energie raus muss. Erst dann kehren Gelassenheit und Ruhe ein, um zum Beispiel ein geplantes Landart-Projekt in Angriff nehmen zu können. Bei einer solchen Gelegenheit hatte allerdings auch eine Gruppe drei Tage lang „nur" Brücken gebaut, egal welches Thema angeboten war. Gut, wenn die Klasse dann von einem die Kinder und deren Situation verstehenden Leh-

Nass? –Egal! Wenn der Weg selbst gewählt ist, meistern Kinder (fast) alle Herausforderungen.

Alle Fotos © S. Kalas

Er-Lebens-Räume: Unterwegs auf eigenen wilden Wegen.

Rechts: In der Familiengruppe können alle ihren Platz und ihre Aufgabe finden.

rer begleitet wird, wie in diesem Fall: „Hauptsache, sie bewegen sich und kommen in Kontakt mit sich und der Natur!" Ihm ist selbstverständlich, dass der Prozess wichtiger ist als das Ergebnis.

Woher nehmen Erwachsene Gelassenheit wie dieser Lehrer? Das hat viel mit eigenen Kindheitserfahrungen zu tun. Die Generation der jetzigen jungen Eltern gehört ja zum Teil schon zu den vielfach Überbehüteten mit den fremd-verplanten Nachmittagen und ängstlichen Eltern, die ihre Kinder lieber sicher vor dem Fernseher aufbewahrt wissen möchten als auf wilden, unkontrollierten Wegen, wie sie Astrid Lindgren aus dem „entschwundenen Land" (1977) ihrer Kindheit beschreibt: „…[I]n unseren Spielen waren wir herrlich frei und nie überwacht. Und wir spielten und spielten und spielten, so dass es das reine Wunder ist, dass wir uns nicht totgespielt haben". Meistens sind es Menschen, die über ähnliche Kindheitserinnerungen verfügen, die bei Fortbildungsveranstaltungen des Alpenvereins für die Arbeit mit Kindern und Jugendlichen auftauchen. Man könnte sie heimschicken und die andere Fraktion zwangsverpflichten. Weil das nicht geht, packen wir ihre wichtige Rolle als MultiplikatorInnen am Schopf!

Ein entschwundenes Land?

Im Fall des oben zitierten Lehrers und seiner wilden Burschen hatten wir eine starke Partnerin für unsere Arbeit: die Natur eines Gebirgstales mit frei fließenden Bächen, Almwiesen, Uferbewuchs und Wäldern, mit jeder Menge Material, aus dem sowohl künstlerische Landart-Objekte als auch variantenreiche Brücken entstanden sind. Solche vielfältigen Lebens- und Erlebnisräume mit Aufforderungscharakter unterstützen uns bei unserer Arbeit. Menschen jeden Alters eröffnen sich hier „Wege ins Freie". Die Berge, mit denen wir in den Alpen gesegnet sind, eröffnen besondere Gelegenheiten.

Auch in einer ländlichen Kulturlandschaft, sogar in Städten mit Parks, Stadtwäldern, „Gstettn", Gärten, Gassen und Plätzen lassen sich anregende Umwelten für freies Kinderspiel finden oder gestalten. Astrid Lindgrens „entschwundenes Land" kann man – bedingt – auch dahin versetzen: „Wir kletterten wie die Affen auf Bäume und Dächer, wir sprangen von Bretterstapeln und Heuhaufen, dass unsere Eingeweide nur so wimmerten, […] und wir schwammen im Fluss, lange bevor wir überhaupt schwimmen konnten." Solange Kindergarten, Schule, Medien, (Früh-)Förderung um jeden Preis und die Ansicht, Kindheit sei nur eine Vorstufe fürs Erwachsenenleben und Kinder seien auszubildendes Humankapital, sie nicht von diesen Umwelten fernhalten, werden Kinder fantasievoll mit allen Angeboten umzugehen wissen. Der Wind, dem sie hier ausgesetzt sind, ist zugegebener Maßen ein rauerer. Starke Kinderplätze finden sich aber auch hier. Ich erinnere mich an verwilderte Gärten und stadtnahe Wald-Biotope mit magischer Anziehungskraft…

Die Berge sprechen lassen – und ihnen zuhören

Wandern wir zurück in die Er-Lebens-Räume, in die wir Menschen jeden Alters begleiten dürfen: vielfältige Natur- und Kulturlandschaften und besonders die Berge. Wollen wir Kindern das „Startkapital Natur" mitgeben, geschieht das am effektivsten in strukturierten, bespielbaren Lebensräumen. Diese Landschaften sprechen Menschen an. Wir können sie dabei unterstützen, solche Lebensräume für sich zu entdecken, sich in ihnen auszukennen und sich zu Hause zu fühlen. Wiederholte Aufenthalte in Naturräumen sind wichtig für das Wachsen von Naturbeziehung und Naturvertrautheit. Je ansprechender die Landschaften sind, je mehr Gelegenheiten sie Kindern bieten, selbst tätig zu werden, ihren Körper zu spüren, ihre Kompetenzen zu entwickeln und damit Selbstwirksamkeit zu erfahren, umso lieber werden Kinder solche Er-Lebens-Räume wieder aufsuchen. Es entsteht keine Sättigung. „Je häufiger eine Erfahrung gemacht wird, umso größer ist ein Wunsch nach weiteren Erfahrungen dieser Art" (Lude 2001).

Haben Kinder beim Alpenvereinscamp eine Unternehmung als spannend erlebt, wünschen sie sich im nächsten Jahr eine Wiederholung: Sich mit glitzerndem Kristallingatsch im Nixentümpel einpanieren, ist ein Highlight, auch wenn man hinterher lange Zeit merkwürdig riecht. Draußen schlafen muss stattfinden, wehe, das Wetter macht einen Strich durch die Rechnung. Im Hochsommer über ein Schneefeld rutschen – hoffentlich finden wir eins! Solche Wünsche machen auch deutlich, wie wichtig das gemeinsame Planen und Entscheiden ist. Hier gibt es nun einmal kein übergestülptes „Programm", Kinder und Jugendliche sind gleichberechtigte Partner und Partnerinnen bei der Planung und können auch ganz spontan Ideen verwirklichen. „Dürfen wir über den Bach?" – Probiert's halt!" Diese Antwort löst manchmal Verwunderung aus: Darf ich das jetzt wirklich?!

„Lust auf Welt" nennt das Eckhard Schiffer (1999). Lust auf Welt hat viel mit Ausprobieren zu tun. Wie weit trau ich mich rauf auf den Baum? Kinder müssen sich auch fürchten dürfen. Das ist klug im Angesicht schroffer Felsen, steiler Schneefelder, weglos-dunkler Wälder und großer Einsamkeit. Wer in den brausenden Schlund geschaut hat, in dem der Bach das Schneefeld unterfließt, versteht, warum man sich genau überlegen muss, ob, wie und wo man es betreten kann. Hier weht ein wichtiger Wind durchs Kinderleben: ihn spüren heißt den sicheren Hafen verlassen, sich selbst und seine Kompetenzen ausprobieren, Zu-Mutung der Bezugspersonen erleben, Zu-Trauen in die eigenen Fähigkeiten entwickeln.

... manchmal auch die Sprache der Berge übersetzen

In Naturräumen bieten sich unendlich viele Gelegenheiten zum gemeinsamen erforschenden Lernen. Die vielen Alpensalamander an einem Re-

„Nach oben strecken, nach unten beugen!" – Verantwortung übernehmen in der altersgemischten Gruppe.

Links: „Trau ich mich da runter"? – Aus der Rückentrage hinein ins Abenteuer.

Von Anfang an: Das Team Familie bietet Erlebnisse auf Augenhöhe.

Sich etwas (zu-)trauen: alles im Griff, auch wenn's luftig wird.

haben wir die Chance, solches Verständnis bei der Begleitung kleiner und großer Menschen anzustoßen und wachsen zu lassen.

„Die Sternstunden der Kindheit lassen sich nicht in einem Erlebnispark buchen!" (Renz-Polster 2011)

Welt-Erfahrungen machen Kinder im freien Spiel. Dazu brauchen sie Spiel-Raum im eigentlichen Wortsinn, der ihnen erlaubt, ganz in ihr augenblickliches Tun einzutauchen; sie brauchen keinen geplanten Zeit-Vertreib, sondern Zeit-Wohlstand. Nur unter solchen Voraussetzungen kann ein und derselbe Felsblock Kletterfelsen, Ritterburg, Räubernest, Rückzugsraum, Begegnungsraum … sein. Hier spielt sich Gruppenleben ab. Alle Spielenden können ihre besonderen Kompetenzen einbringen. Man muss sich auseinandersetzen, sich durchsetzen, andere Meinungen akzeptieren, sich zusammenraufen. Zusammen spielen! Der Stein mitten im Bach ist für eine wilde Kinderhorde das Schiff auf Hoher See. Er kann aber auch individueller Rückzugsort und Traumplatz sein.

„Wenn ich hoch in einen Baum klettere und dort ganz allein bin, bin ich … glücklich" (Felix, 12 Jahre). Sprechen wir über die Möglichkeiten, die das Leben in Naturräumen Menschen jeden Alters bietet, kommt dieser wichtige Aspekt des Allein-sein-Könnens mit sich selbst oft zu kurz. Bedenken wir das auch im Umgang mit Kindern. Ein durchorganisierter Tag nimmt solche Freiräume. In ihnen darf auch Langeweile, die zu langer Weile im Sinne von Zeitwohlstand wird, ihren Platz haben.

Familien-Bande

Begegnung mit Natur in der frühen Kindheit ist in erster Linie eine Sache der Familie. Deshalb ist es uns ein besonderes Anliegen, mit unseren Angeboten „von Anfang an" mit dabei zu sein. Familien – zumindest mehrere zusammen – bilden fast immer gemischtaltrige Gruppen, an deren Wert der Kinderarzt Herbert Renz-Polster (2013) erinnert: „[W]eil dort jedes Kind im Laufe seiner Entwicklung genauso lange ein jüngeres wie ein älteres Kind ist, lernten sich die Kinder in sehr unterschiedlichen Rollen kennen. […] [S]ie lernten, sich – in sozialer Hinsicht – nach oben zu strecken, aber auch sich nach unten zu beugen […]. Sie waren

gentag, die von Insekten durchsummte Blumenvielfalt einer Almwiese, sie stellen neugierigen Kindern viele Fragen, denen man gemeinsam auf den Grund gehen kann. Konzepte von Natur entstehen nicht von allein, aber viele Fragen, und Antworten, die Zusammenhänge verständlich und durchschaubar machen, tragen dazu bei, dass Kinder und genauso Erwachsene an ihrem Bild von der Welt bauen können.

Der Alpenverein versteht sich als Anwalt der Alpen. Diese Verantwortung verlangt grundsätzliches Verstehen von ökologischen Zusammenhängen und Neugierde darauf. Weil man in der Biologie jeden Tag etwas Neues entdecken kann,

Lernende und Lehrende, Geführte und Führende". Diese Konstellation, die wir in Familiengruppen verwirklichen können, ist eine große Chance. Nicht nur für die Kinder, auch für die Erwachsenen, die ihre Kinder mit ihrer eigenen Leidenschaft – den Bergen – vertraut machen und mit ihnen dort unterwegs sein wollen. Das kann hier von Anfang an geschehen: Eltern lernen von ihren Kindern, dass anderes zählt als Höhenmeter und Wegstrecken. Das hier ist kein Wettbewerb! Der kann aber spontan und authentisch entstehen: Wer findet den besten Bachübergang und die Route auf den Kraxelfelsen? Eltern können auf Augenhöhe mit Kindern neue, vielleicht vergessene Aspekte der Natur entdecken. Die Kinder können sich auf ihre eigenen Wege machen, in ihre eigenen Abenteuer ziehen. Man muss sie nur lassen, ihnen Zu-Trauen entgegenbringen; da sein, wenn man gebraucht wird. Derweil kann man auch mal entspannt auf der Wiese liegen, auf der Hütte ein Bier trinken, sich mit anderen Eltern austauschen … und irgendwann kommt garantiert ein Blick nach oben: „Kann man da rauf?" Dann ist es an der Zeit, an gemeinsame Gipfel zu denken. Das selbstgesteckte Kinderziel macht's möglich, besser, als die beste Elternplanung. Bergsteigen mit Kindern verstehen wir in diesem Sinn. Das Knowhow muss von den Großen kommen. Die Motivation der Kleinen von diesen selbst. Wenn man den Eindruck hat, sie motivieren zu müssen, ist vielleicht etwas schief gelaufen. Und nörgelnde Kids am Berg sind keine Freude, da ist dann vielleicht der Bach abseits des Weges oder die Latschenwildnis das bessere Ziel – der Gipfel steht noch länger.

Raus aus dem Folientunnel!

Wo sollen wir uns also in Acht nehmen vor den oben erwähnten Stolpersteinen? Viele Eltern und andere Begleiterinnen und Begleiter von Kindern „in die Welt" sind selbst schon ins Netz gegangen: sie wollen den Kindern etwas bieten, glauben, die Kids müssen sinnvoll beschäftigt, früh gefördert, leistungshungrig sein. Leistung muss nicht im Vordergrund stehen, sie tut es in Kinderleben oft genug. Zum Beispiel auch in der Kletterhalle, dabei kann auch dort das Spielerische dominieren. Übrigens gibt's die besseren Klettergelegenheiten ohnehin draußen, da kommen viele andere Aspekte dazu und Naturvertraute finden Griffe und Tritte auch im Fels. Kinder brauchen keinen voll verplanten Tag. Die wirklich wichtige „Leistung" von Kinderbegleiterinnen und -begleitern liegt in ihrem Zu-Trauen in die Lebendigkeit der Kinder und in die Angebote der Naturräume, in denen wir unterwegs sind. Lassen wir in Ruhe Wohlbefinden entstehen!

Erfahrungen sammeln – Kompetenzen erwerben: Wie „funktioniert" ein Altschneefeld?

Literatur

Lindgren, Astrid: Das entschwundene Land. Hamburg 1977.

Louv, Richard: Das letzte Kind im Wald? Weinheim und Basel 2011.

Lude, Armin: Naturerfahrung und Naturschutzbewusstsein: Eine empirische Studie. Innsbruck, Wien und Bozen 2001.

Renz-Polster, Herbert: Menschen-Kinder. Plädoyer für eine artgerechte Erziehung. München 2011.

Renz-Polster, Herbert/Hüther, Gerald: Wie Kinder heute wachsen. Natur als Entwicklungsraum. Weinheim und Basel 2013.

Raith, Andreas/Lude, Armin: Startkapital Natur. Wie Naturerfahrung die kindliche Entwicklung fördert. München 2014.

Schiffer, Eckhard: Warum Huckleberry Finn nicht süchtig wurde. Weinheim und Basel 1999.

Töchterle, Luis: Tage*draußen. Eine Messgröße für Lebensqualität. Bergauf 1/2009, S. 28–31.

Berg-High

Bergsport und Rauschkultur

>> Georg Bayerle

Man treibt sich physisch aufs Äußerste an, man ist erschöpft, aber wenn du anhalten würdest, dann würdest du sterben. Man bekommt Halluzinationen, weil das Gehirn nicht mehr normal arbeitet. (Steve House)

Musst amal auf d'Oberreintalhütte gehen, wenn d'Jungmannschaft oben ist, dann weißt, was ein Rausch am Berg ist. (Ein Bergführer aus dem Oberland)

Sie winkt mich hinüber in ihren blendenden Lichtkreis, weg über das Schattenmeer, dessen Abgrund vor meinen Füßen gähnt. (Hermann von Barth)

Wie ein Irrer, mindestens wie ein Getriebener jagt Hermann von Barth vier Jahre lang durch die bayerischen Gebirge, erreicht letzte unbeschriebene Gipfel und schreibt jeweils im darauffolgenden Winter in der gleichen Besessenheit über das in den Sommermonaten zuvor Erlebte. In seiner großartigen Stilistik verknüpft der junge Rechtsreferendar Naturschilderungen mit einem reportageartigen Erlebnisstil und spart Erfahrungen nicht aus, deren Beschreibungen in der Alpinliteratur heute noch herausragen.

Im Sommer 1869 verbringt er wieder einmal eine Nacht unter freiem Himmel, diesmal auf dem Gipfel des Hochvogels im Allgäu. Innerlich aufgewühlt vom abenteuerlichen Aufstieg und beeindruckt vom exponierten Schlafplatz, schreibt er, „an Schlaf war nicht zu denken", denn „die Lagerstätte war zu ungewohnt und die Kälte der Nacht zu empfindlich". Wo sich der Normalbergsteiger vielleicht zähneklappernd in die unangenehme Lage gefügt hätte, in der die Stunden bis zur erlösenden Morgendämmerung in schier endloser Dehnung der Zeit vergehen, wird Hermann von Barth durch ein nächtliches Naturgeschehen aus der lähmenden Situation gerissen:

Ich lag nun mit meist offenen Augen in meinem Felsengrabe, betrachtete die aneinander gereihten, vom untergehenden Monde hell beleuchteten Wolkenballen, die greifbar nahe über mich hinwegflogen. Der Sturmwind, immer mächtiger sich erhebend, heulte und pfiff dazu ganz wundersame Melodien.

Der Gipfel des Brunnsteins (Karwendel) im letzten Abendlicht
© H. Zak

In der Ausgesetztheit erfährt der Bergsteiger die Natur als belebt, der Wind pfeift plötzlich nicht nur, sondern erzeugt „wundersame Melodien" und wird als Akteur im Naturgeschehen beseelt. Das ist die Tradition der deutschen Romantik und Naturverehrung – einerseits.

Bald durch die Felsenklüfte streichend, klingt seine Stimme wie Aeolsharfen in die Leere, bald donnert er in wildem Prall gegen die Wände, als gälte es, den Berg in seinen Grundfesten zu erschüttern.

Natur offenbart hier ihre beiden Seiten: die ästhetisch-schöne und die archaisch-wilde, und er, Hermann von Barth, steckt mittendrin in einem Zustand, der nicht dem Normalmaß entspricht.

Ekstase

Ganz abgesehen davon, dass die Lektüre von Hermann von Barth als Schule der Aufmerksamkeit und der sinnlich-empfindsamen Wahrnehmung überhaupt erst zu entdecken wäre – der Bericht steigert sich in immer neue Aufgipfelungen:

Dann wieder Stille – und leises Flüstern zittert durch den weiten Raum, der Mond bricht durch die Wolken, umflorte Nebelgestalten schweben durch Sternengefunkel dahin. Aus ihrem schimmernden Reigen taucht im Silberglanz ein Zauberbild hervor von lockender Gestalt – die Lailach ist's mit ihren zackigen Wänden – aber dahin gestreckt liegt an seiner Stelle nun im Wolkenbette unter dem schwarz-

*Wir horchen in uns hinein – und wissen nicht, welches **Meeres Rauschen** wir hören.* (Martin Buber)

blauen Himmelsgezelt eine Feengestalt mit lang herabwallendem Schleier. Sie winkt mich hinüber in ihren blendenden Lichtkreis, weg über das Schattenmeer, dessen Abgrund vor meinen Füßen gähnt.

Da der 24-jährige Rechtsreferendar bei seiner Solotour der Einnahme von bewusstseinserweiternden Substanzen unverdächtig ist, ist der Schlüssel zu dem berückenden und recht einzigartigen Selbstdokument woanders zu suchen. Tatsächlich ähnelt der Text einer mystischen Erfahrung, wie sie der Religionsphilosoph Martin Buber beschrieben hat: „Dieses allerinnerlichste Erlebnis ist es, das die Griechen Ekstasis, das ist Hinaustreten, nannten."

In seinen 1909 erschienenen „Ekstatischen Konfessionen" über die Berichte der Mystiker beschäftigt sich Buber eindringlich mit diesem Heraustreten: „Der Mensch, der in den Funktionen seiner Körperhaftigkeit und Unfreiheit einherstapft Tag um Tag, empfängt in der Ekstase eine Offenbarung seiner Freiheit." Und zwar, weil er sein eigenes Ich als unbegrenztes, als zugehörig zu einer All-Einheit erlebt – mitten im „blendenden Lichtkreis" –, wie Barth das visionäre Zentrum seiner Hochvogel-Fantasie schildert. Die visionäre Erfahrung auf dem Gipfel entgrenzt also, versetzt den Bergsteiger in einen rauschhaften Zustand, in dem er eins mit der Welt um ihn herum wird. Es ist das zentrale Motiv von Kunst, Literatur und Musik der Jahrhundertwende, von Nietzsche bis in die 1930er-Jahre, die den Ausbruch aus der rationalisierten Wirklichkeit in eine mystisch-mythische All-Einheit endlos variiert haben.

Gemeinsam ist all diesen Annäherungen, dass die Erfahrung selbst, wie sie Buber für die Mystiker beschreibt, „unaussprechlich" sei und daher „ganz Gedicht werden" müsse, um mitteilbar zu werden. Denn es gehe dabei um „eine Offenbarung der letzten Wirklichkeit des Seins", eine transzendentale Lebenserfahrung, die über den üblichen Gesichtskreis hinausragt und den einzelnen Menschen dadurch mit etwas Größerem und Höherem verbindet: „Ist nicht das Erlebnis des Ekstatikers ein Sinnbild des Urerlebnisses des Weltgeistes? Ist nicht beides ein Erlebnis? Wir horchen in uns hinein – und wissen nicht, welches Meeres Rauschen wir hören." Bezeichnend ist dann aber auch, dass Hermann von Barth im Angesicht des Lichtkreises in die Wirklichkeit zurückgeholt wird:

Da erwachen wieder die finstern Mächte, aus den unsichtbaren Tiefen brechen ihre Wirbel hervor, näher und näher rückt der brausende Schwall; das Zauberbild verlischt in der Nacht. „Vorbei, vorbei!", heult's durch den Sturm. Und da rasen sie wieder heran an die Mauern und fahren pfeifend durch ihre Klüfte, dass die gewaltige Pyramide in ihren Fugen ächzt. „Reisst doch den Hochvogel selbst in den Grund, wenn ihr könnt! Fegt mich weg von der Zinne, die ich mit Aug' und Eisen mir gewonnen, wie ihr die Lichtgestalt des nächtlichen Zaubers zerstört! – Da ist die Grenze eurer Macht!"

Im Sturm der Ekstase werden aber auch die Grenzen der ekstatischen Wahrnehmung deutlich – oder zumindest des Berichts über diese eigentümlichen und besonderen Erfahrungen.

Selbstverbot

Bemerkenswert an der Darstellung Hermann von Barths ist auch, dass er als Entdecker und Erforscher der Nördlichen Kalkalpen eigentlich einen akribischen und naturwissenschaftlichen Anspruch verfolgt. Trotzdem scheut er sich nicht davor, solche auf den ersten Blick wahnhafte Entgrenzungsfantasien zu schildern – bis zu einer gewissen Grenze allerdings.

Dieses kulturelle Muster gibt schon einer der ersten Erfahrungsberichte einer Bergtour vor, die vielzitierte Besteigung des Mont Ventoux von Francesco Petrarca aus dem 14. Jahrhundert: Oben angekommen, überlässt sich der Autor einer Art Gipfelrausch, indem er sich seiner ungehemmten Lust an der Ausschau hingibt. Erst als er sich dort etwas überraschend der Lektüre der „Confessiones" des Augustinus widmet, zieht Petrarca seiner Schaulust eine Grenze: Im Vergleich zur göttlich inkarnierten Seele des Menschen sei kein Gipfel groß; wer sich der Lust an der Ausschau hingäbe, der verlasse sich selbst und damit eben diesen inneren Kern des Göttlichen im Menschen. Der Rausch der Aussicht kippt also in das kulturelle Selbstverbot, sich dem entgrenzten Moment zu überlassen.

Auch wenn Petrarcas Ausführungen in hohem Maße stilisiert sind, legen sie doch die grundlegende Dialektik von Rausch und Selbstverbot an, die als Grundstruktur im Prinzip bis in die Gegenwart erhalten geblieben ist. Wie weit, wie offen kann ein Mensch Lust und Ekstase ausleben, ohne von sozialen Regelmechanismen zur Vernunft gerufen zu werden? Wie viel kann, wie viel will einer von dem schildern, was ihm „da draußen" und „da droben" begegnet? Wer gegen die rationalen Kontrollabsichten der Zivilisation oder ganz allgemein gegen die Konventionen verstößt, muss mit gesellschaftlichen Sanktionen rechnen. Vermutlich ist das ein Grund dafür, warum der bergsteigerische Lustgewinn durch die Suche nach Gefahr, die Enthemmung durch das Durchbrechen sozialer oder sexueller Grenzen und grenzüberschreitende Erfahrungssuche bisher kaum systematisch untersucht wurden, wie Manfred Ruoß in seiner sehr lesenswerten Studie „Zwischen Flow und Narzissmus. Die Psychologie des Bergsteigens" bilanziert. Die Bekenntnisse eines Hermann von Barths gehen da schon ziemlich weit. Sicher ist, dass Hermann von Barth, um mit Aldous Huxley zu sprechen, die „Pforten der Wahrnehmung" an dieser Stelle durchschritten hat und einen Raum betritt, der schrankenlos ist, in dem er die Welt als Einheit erlebt. Nicht aber durch den Selbstversuch mit Meskalin wie der in Kalifornien lebende Schriftsteller Huxley, der diese psychedelischen Erfahrungen in seinen 1954 veröffentlichten Essays „The Doors of Perception" und „Heaven and Hell" beschreibt, sondern allein durch jenen bewusstseinserweiternden Prozess der Solo-Bergtour.

Rausch

Für eine Kulturgeschichte des Rauschs ist der Alpinismus an sich ein Glücksfall, denn die Ekstase kriegt man hier ganz ohne Ecstasy. Biochemisch entsteht der Berg-Rausch durch die bei der körperlichen Leistung ausgeschütteten Monoamine. Wie beim gewöhnlichen Rausch auch, kann der Dopamin-Kick für halluzinogene Zustände sorgen – die Solotour durch wildes Gelände samt Biwak auf dem Hochvogel-Gipfel wäre durchaus geeignet, um den Bergsteiger in einen solchen Zustand scheinbar wahnhafter Halluzinationen zu versetzen. Scheinbar, denn Hermann von Barth erkennt, dass es sich hierbei nicht um die Realität handelt. Anders als im Wahn, wo eine illusionäre Verkennung der Wirklichkeit stattfindet, koppelt Hermann von Barth seine Durchbrechungsfantasie zurück an die Wirklichkeit. Die dem Rausch gesetzten Grenzen sind in dieser Hinsicht als positiv zu sehen und anders als bei den artifiziellen Rauscherlebnissen mit körperlich oder sogar seelisch destruktivem Hangover folgt dem Bio-Rausch des Bergsteigers nicht zwangsläufig der Kater.

Ein vergleichbares Phänomen ist das in vergangenen Jahren als „Runner´s High" viel besprochene Phänomen des euphorischen Zustands, in den Läufer oder Radfahrer geraten, wenn bei hoher Belastung Endorphine ausgeschüttet werden. Viele Alpinisten kennen vergleichbare Zustände, wie sie stellvertretend Steve House beschreibt: „Man treibt sich physisch aufs Äußerste an, man ist erschöpft, aber wenn du anhalten würdest, dann könntest du sterben. Man bekommt Halluzinationen, weil das Gehirn nicht mehr normal arbeitet."

Zum endorphingetriebenen Erschöpfungshoch kommt im Alpinismus noch die Hypoxie dazu, die Mangelversorgung des Organismus mit Sauerstoff. In der Extremsituation verselbständigt sich das Gehirn, der Bergsteiger halluziniert, was unter Umständen lebensrettend sein kann. Von Hermann Buhl ist eine der frühesten und sehr eindrücklichen Beschreibungen dieser Erscheinung überliefert, als beim Abstieg von seiner durch das Aufputschmittel Pervitin getriebenen, unvergleichlichen Höchstleistung der Solo-Erstbegehung des Nanga Parbat ein „Gefährte" auftritt, der ihm Mut zuspricht und ihn führt. In der äußersten Verlassenheit und Todesgefahr koppelt die halluzinierende Psyche einen als existent empfundenen mentalen Helfer aus. Der Höhenrausch tritt hier in einer lebensrettenden Dosis auf. Ansonsten gehört Hermann Buhl zu jener modernen Generation von Extrembergsteigern, die jede Art von Entgrenzungsgefühlen in einen unbedingten Leistungswillen (und höchstens noch in ein hohes Lied auf erlesene Bergkameradschaft) sublimieren.

Tod

Dass Todesgefahr ein Treibmittel für die ekstatische alpine Erfahrung sein kann, ist der Schlüssel in heroischen Konzepten der Zwischenkriegszeit. Eugen Guido Lammer und Leo Maduschka führen diese pathetische Bergsteigerphilosophie an, die auf den Grundbegriffen der die Jahrhundertwende dominierenden Philosophie Nietzsches beruht. Seine die nachfolgenden Generationen beeinflussenden Entgrenzungsfantasien gehen von einer Wiederbelebung des „Dionysischen" aus, jenen in der griechischen Klassik angelegten rauschhaften Kulten, die den Menschen in seiner animalischen Dimension aus den apollinisch genannten Strukturen der Vernunft zurückholt in die „All-Einheit" des Lebensganzen. Rationales Denken, so die radikale These, verstelle nur die Erkenntnis der wahren Dimension des Lebens.

Nietzsches „Zarathustra" zielt dementsprechend auf „höhere Höhen" und „tiefere Tiefen", als sie aus der Normalperspektive erkennbar sind. Er befindet sich dabei ständig auf einer Gratwanderung und scheut das Risiko nicht. Er setzt sich selbst aufs Spiel und bringt damit die eingefahrenen gesellschaftlichen Strukturen ins Wanken. Er „tanzt über dem Abgrund", so wie es in der Bewegung des Freikletterns seit Paul Preuß immer wieder als ein alpinistisches Ideal beschrieben wird. Das lebensgefährliche Spiel ohne Seil und doppelten Boden verdichtet die alpine Aktion zu jenem erfüllten und zeitlich gedehnten Moment, von dem Bergsteiger jedweder Couleur, von den Extremen bis zu Hobbykletterern, berichten. Ein wesentliches Momentum dabei ist die Angst respektive die Kontrolle über die Angst. Auch dieses archaische Gefühl löst den Einzelnen, ähnlich wie die Euphorie oder die sexuelle Ekstase, aus den gewohnten Bahnen der rationalisierten Vernunft.

Angst zu überwinden bedeutet auch, eine archaische Instinktreaktion in einen neuen Zustand zu überführen. Solche Durchbrechungen führen zu einer gesteigerten und überhöhten Selbstwahrnehmung. Die Chance auf diese intensiven und außeralltäglichen Erfahrungen ist der Grund, warum das Risiko eine Schlüsselfunktion im Alpinismus innehat. Genauso wie bei den Erfahrungen des Rausches ist das Bewusstsein für Risiko als grundlegenden menschlichen und gesellschaftlichen Komplex erstaunlich unzulänglich ausgeprägt. Der Alpinismus kann hier in einer gesellschaftlichen Funktion den Diskussionshorizont erheblich erweitern und Bewusstseins-Spielräume schaffen.

Wenn es um die Frage des Umgangs mit Risiken geht, dann bedeutet das für 85 Prozent der Menschen das Vermeiden von Risiken, sagt der österreichische Persönlichkeitstrainer Gerald Koller. In Zusammenarbeit mit dem Österreichischen Alpenverein hat der Theologe mit seiner Methode des „Risflecting" eine neue Risikokultur entwickelt, die auch in konkreten Projekten wie „Risk & Fun" umgesetzt wird. Dabei geht es nicht um Vermeidung, sondern um die richtige Balance, und das bedeutet auch, dem Rausch ein Korrektiv beizugeben. Denn, so Koller: „Rausch stellt eine Trübung her, dass ich glaube, ich sei noch in der Komfortzone, wo in Wirklichkeit die Schwelle zur unmittelbaren Unfallgefahr längst überschritten wurde." Der entscheidende Schritt besteht dabei darin, dass Gerald Koller die außeralltäglichen Erfahrungen am Berg ganz konkret aus den Tabuisierungen und Stigmatisierungen der gesellschaftlichen Konventionen herausholt und bewusst reflektiert.

Intensität

Hier eröffnet sich der Horizont eines weiteren Schlüsselbegriffs des alpinen Erlebens: Intensität hat sich als existenzielle Kategorie seit dem 18. Jahrhundert in den philosophischen und literarischen Diskursen herausgebildet. Eine Erfahrung, die vielfach beschrieben worden ist, wenn Bergsteiger sich im Augenblick der Gefahr überhaupt erst als „lebendig" erfahren. Das Leben, das in den alltäglichen Bezügen und erwartbaren Abläufen quasi ereignislos, stumpf vergeht, wird in dem Moment überhaupt erst er-lebt, wo es sich

Erst die „Erschütterung" der gewohnten Muster **öffnet den Raum** *für wirkliche Erfahrungen*

am Limit befindet. Erst die „Erschütterung" der gewohnten Muster öffnet den Raum für wirkliche Erfahrungen und Erkenntnis. Von Walter Benjamin bis zum französischen Psychoanalytiker und Philosophen Jacques Lacan reicht die Bandbreite der Vordenker, die in der ersten Hälfte des 20. Jahrhunderts entsprechende Überlegungen angestellt haben. Das Stolpern auf dem Weg macht bildlich gesprochen den buchstäblichen „Stein des Anstoßes" aus, der die gewohnte Wahrnehmung aus der Bahn wirft und neue Erfahrungen erst möglich macht. Wo die alpine Tour, egal auf welchem Niveau, ans Limit führt oder dieses überschreitet, findet intensives Erleben statt. Die Tatsache, dass entsprechende Situationen besonders in Erinnerung bleiben und „an langen Winterabenden" in der Rückblende eines erfüllten Alpinistenlebens erzählt werden, ist ein weiterer Beleg dafür.

Unter den zahllosen Darstellungen von Extrembergsteigern und -bergsteigerinnen zu intensiven Erfahrungen auf ihren Touren am Limit sticht vor allem Maria Coffey mit ihrem Buch „Extrem. Glück und Gefahr des Bergsteigens" heraus, die als Partnerin und Hinterbliebene eines bekannten Extrembergsteigers beschreibt, wie die Jagd nach intensiven Erfahrungen auch in den Alltag hineinwirkt:

Die Partys – besonders vor dem Aufbruch zu einer Expedition – waren ungeheuerlich und so extrem wie das Klettern selbst. Ein nackter Mann, der in dem winzigen Wohnzimmer eines Waliser Häuschens wie ein Verrückter zu ohrenbetäubender Punk-Musik tanzt. Eine Lebensmittelschlacht in der Küche, bei der Käsekuchen und Zitronenbaiser-Törtchen durch die Luft sausen. Ein Paar, das in der Badewanne miteinander schläft, ungeachtet der Leute, die direkt neben ihnen die Toilette benutzen. Alkohol, Marihuana, Hasch, magic mushrooms, alles durchsetzt von Gelächter und dem berauschenden Gefühl, dass das Leben nie enden würde und uns die Welt offenstand.

Sucht

So wie bewusstseinserweiternde Stimulanzien wie Drogen und Tabletten für viele zu einer schwer kontrollierbaren Sucht werden können, wird gerade für Spitzenalpinisten die extreme Leistung zum entscheidenden Kick, der sich, kaum erlebt, schon wieder verflüchtigt und in gesteigerter Dosis aufgefrischt und wiederholt werden muss. Manfred Ruoß beschreibt in „Zwischen Flow und Narzissmus" diese Kippfigur intensiven Erlebens als durchgängiges Motiv der Extrembergsteiger. Unabhängig davon, ob man seiner psychologischen Ursachenforschung in traumatische Kindheitserlebnisse, Verhaltensauffälligkeiten und Minderwertigkeitskomplexe folgen will, zeigt sich gerade in der Spitzengruppe der Extremen die Fähigkeit zur Balance als besonders prekär. Und nur wenige schildern auch öffentlich die Erschütterungen auf der Gratwanderung, auf der sie sich befinden. Viele überleben sie nicht.

Die baskische Höhenbergsteigerin Edurne Pasaban, die als eine der ersten Frauen auf allen vierzehn Achttausendern stand, spricht offen darüber, wie extrem intensive Glücksmomente mit düsteren Phasen, die bis zum Selbstmordversuch reichten, abgewechselt haben. Ihr entscheidender Antrieb, in den Alpinismus aufzubrechen, war die strenge bürgerliche Enge der Familie und der von der autoritären Vaterfigur vermittelte Minderwertigkeitskomplex. Wie viele andere auch, kämpfte sie jahrelang und vielleicht bis heute mit dem Vorhaben, aus den selbstgefährdenden Strukturen der Bergsucht, die immer nach einer Steigerung verlangt, auszubrechen. Der Rausch der Berg- und Gipfelerlebnisse wird teuer mit der Leere nach erfolgtem Höhepunkt bezahlt. Einer von denen, die in einem offenen Reflexionsprozess zumindest aus heutiger Sicht diesen Wandel positiv reflektieren, ist Steve House. Nach der epochalen Erstbegehung des Zentralpfeilers der Rupalwand am Nanga Parbat (zusammen mit Vince Anderson) und einem Kletterunfall, den er nur knapp überlebte, verwirklicht er heute die Balance aus Familienleben, alpinem Coaching und kontrolliertem Alpinismus.

Erkenntnis

Unabhängig von den jeweils persönlichen Ausprägungen und der Fähigkeit, das eigene Tun zu reflektieren und in ein gesundes Verhältnis zum Lebensganzen zu setzen, bieten die Berge den Raum für besondere Erfahrungen und Intensität. Es geht eben keineswegs um die oft zitierte „Eroberung des Nutzlosen" – Alpinismus ist nicht „sinnlos", sondern ganz im Gegenteil: die Berge öffnen die Pforten zu intensiven und sogar transzendentalen Erfahrungen. Das ist der Hauptgrund, warum wir dahin aufbrechen – auf den unterschiedlichsten Leistungs- und Höhenstufen. Die Berge versprechen die Möglichkeit, Antworten zu finden auf die menschliche Grundfrage nach dem Warum, nach dem Sinn des Lebens. Die Wirkungsweise des Bergsteigens, die der Neurologe und Psychiater Viktor Frankl als „säkulare Askese" bezeichnet hat, formuliert Steve House so: „Herauszufinden, wer wir sind, versuchen, uns besser kennenzulernen, durch diese Katharsis. Indem wir uns selbst extrem herausfordern, lernen wir etwas über uns. Das ist so etwas wie die Suche nach der Erkenntnis."

Eine derartige Erkenntnissuche beschreibt der amerikanische Schriftsteller und Ethnologe Carlos Castaneda im 1968 erschienenen Klassiker „Die Lehren des Don Juan. Ein Yaqui-Weg des Wissens". Angeregt von den schamanistischen Praktiken der Indigenas Nordmexikos um die halluzinogenen Wirkungen des Peyote-Kaktus, ist der Pfad des Wissens für ihn auch ein Prozess der Naturerfahrung. Vor allem in den 1970er- und 80er-Jahren wurden solche Konzepte auch unter Kletterern populär. Die drogengetriebene Klettererfahrung im Yosemite Valley schildern Leute wie Jim Bridwell, zuletzt in einem Beitrag für das Bergsportmagazin „Allmountain":

„Der Rausch steigert das Erlebnis. Du schwebst in Euphorie, und alles außer deinem Körper und der Granitwand wird unbedeutend." Sein Resümee heute gibt der Auffassung des Risikotrainers Gerald Koller recht: „Ich hab gesehen, wie schmal der Grat zwischen Kühnheit und Dummheit ist. Der Rausch kann eine großartige Erfahrung sein. Aber beim Klettern darfst du nie das Bewusstsein verlieren, dass die Sache lebensgefährlich werden kann." Der alpine Rausch hat in den vergangenen Jahren einen neuen Aufschwung genommen. Von der Neuentdeckung des „Flows" beim ungarisch-amerikanischen Psychologen Mihály Csíkszentmihályi bis zum „Glücksforscher" Stefan Klein reicht die Palette des Angebots. Die Suche nach außeralltäglichen Erfahrungen, das Bedürfnis, sich selber besser kennenzulernen, nach intensiven Erfahrungen im Leben nimmt zu. Gerade weil der hohe Lebensstandard und die gesellschaftlich erreichte Sicherheit allzu kontrolliert und berechenbar scheinen.

Verflachung

Wie im Beispiel der Risikodebatte kann der Alpinismus hier viel mehr, als er es gegenwärtig tut, Diskussionen anstoßen sowie Themen und Aspekte eines gelingenden Lebens liefern. Denn es scheint ja gleichzeitig so, als ob das Leistungsdenken der Gesellschaft nahezu bruchlos auf das Bergsteigen übertragen würde. Es geht um schneller, weiter, schwieriger, und das oft schon im gewöhnlichen Hobbybereich, wo derartige Ansprüche stellenweise groteske Züge annehmen. Für viele Breitensportler sind alpine Cross- und Bergläufe, Bergradrennen oder 24-Stunden-Wanderungen zu erstrebenswerten Zielen geworden. So visionslos wie die inzwischen ganz den ökonomischen Kriterien gehorchende Gesellschaft scheint auch das Bergsteigen geworden zu sein: Fitness statt Fantasie, Freizeitoptimierung statt Feengestalten. Kein „Lichtkreis", der die ekstatische Erfahrung der Transzendenz verspricht. Das Andere der Vernunft, die Ekstase, ist vielmehr zu einem Artikel aus dem alltäglichen Selbstbedienungsladen geworden, wo die Erlebnisintensität hinter dem Marketing von Tourismus- und Outdoorindustrie und in der medialen Abnutzung verflacht. Die alpine PR hat sich die Monoamine einverleibt, seit „Adrenalin" das wohl meistbenutzte Schlagwort geworden ist in den „Arenen" von der Zugspitze bis ins Wallis. Der Rausch hat seine die Grenzen des Alltäglichen und der Erkenntnis sprengende Wirksamkeit verloren. Tatsächlich?

Berge als Anti-Depressivum?

Welche Rolle spielen Berg- und Outdoorsport für die Gesundheit und bei psychischen Erkrankungen? Ein Ausblick auf Prophylaxe und Therapie
>> **Franziska Horn**

Wir haben es geahnt: Bergsport ist gesund. Doch was heißt das wirklich? Wie wirken Wandern und Klettern auf Körper und Geist? Und: Hilft Outdoorsport auch bei psychischen Erkrankungen? Auf dem Fachsymposium „Bergsport & Gesundheit" präsentierte der Österreichische Alpenverein im November 2016 Ergebnisse seines dreijährigen Arbeitsschwerpunkts in Kooperation mit Wissenschaftlern der beteiligten Disziplinen.

Psychische Erkrankungen nehmen zu

Im seinem Vortrag „Bergwandern und psychische Erkrankung: ein Therapieansatz?" verweist Reinhold Fartacek, Facharzt für Psychiatrie und Neurologie, auf den derzeitigen Ist-Stand der Gesellschaft. Für Fartacek bildet die bestehende Leistungsgesellschaft – mit hohen Ansprüchen an sich und andere, quer durch alle Lebensbereiche – den Rahmen oder sogar Nährboden für eine mögliche psychische Überlastung. Damit steigt die Gefahr, psychisch zu erkranken, z. B. am Burnout-Syndrom oder an Depressionen. Laut Messungen der World Health Organisation (WHO) sind unipolare Depressionen zwischen 2008 und 2011 im Vergleich zu anderen körperlichen Erkrankungen überproportional angestiegen. Tatsache ist: Fast jeder wird einmal im Leben mit einer psychischen Krankheit konfrontiert, sei es in Form einer Essstörung, Sucht, eines Burnout-Syndroms oder einer Lebenskrise. Depressionen gelten dabei als Volkskrankheit, unter der 4 Millionen Deutsche leiden. Nach Angaben des Bundesgesundheitsministeriums sind schätzungsweise 350 Millionen Menschen weltweit von Depression betroffen. Laut Sozialversicherungsstudie werden jährlich 11 Prozent der Österreicher (900.000) wegen psychischen Erkrankungen behandelt, dabei sind die Ausfälle wegen Burnout oder Überlastungsdepression am höchsten. Laut Suicide data der WHO aus dem Jahr 2015 sterben jedes Jahr bis zu 800.000 Menschen durch Selbstmord, die Zahl versuchter Suizide vermutet man weitaus höher.

Wie wirkt Bergsport?

Um die Wirkung von Outdoorsport zu überprüfen, untersuchte Fartacek im Rahmen seiner Tätigkeit als Ärztlicher Direktor des Uniklinikums Salzburg die Auswirkungen des Wanderns auf eine Gruppe suizidgefährdeter Patienten. Im Rahmen einer klinischen Wanderstudie unternahmen diese während einer neunwöchigen Interventionsphase wöchentlich drei Wanderungen von je zwei Stunden Dauer mit 300 bis 500 Höhenmetern. Im Fokus der Studie stand dabei das Ausdauertraining bei einfacher Aktivität und mit gut steuerbarer Intensität, Überforderung galt es zu vermeiden. Als Mehrwert kommt hier zur Aktivität noch die Naturerfahrung, die man allein oder in der sozialen Gruppe erlebt. Das Resultat zeigte – bei weiterhin andauernder Unterstützung durch Pharmakotherapie und Psychotherapie – signifikante Verbesserungen: Das Wandern steigerte das Selbstwertgefühl ebenso wie den Faktor „erlebte Freude" und reduzierte dabei den Grad der Depression sowie der Ängstlichkeit bedeutend. Fartacek stellte dabei neurobiologische Effekte fest: eine Verbesserung von Hirndurchblutung und Glukosestoffwechsel, eine Verbesserung der neuronalen Plastizität durch strukturelle Veränderungen in den Hirnarealen und eine vermehrte Ausschüttung von Adrenalin, Noradrenalin und Dopamin. Bergsport wirke damit ebenso effektiv wie ein Antidepressivum, merkt der Mediziner an, weise dabei aber geringere Rückfallquoten auf als Antidepressiva. Daher empfiehlt er Outdoorsport besonders, auch um dem Risiko einer Burnout-Erkrankung vorzubeugen. Die Wirkung von Bergsport sei sogar „gleich effektiv wie eine kognitive Verhaltenstherapie bzw. eine psychotherapeutische Intervention" und wirke stimmungsaufhellend bei Depression. Sein Fazit? Ist eine klare Empfehlung, die bestehenden Angebote alpiner Vereine zu nutzen.

Ab ins Grüne!

Zu vergleichbaren Forschungsergebnissen kommt die Untersuchung eines Teams von Salzburger und Innsbrucker Medizinern, welche ebenfalls auf dem Fachsymposium präsentiert wurde. Dafür befragten die Wissenschaftler 1536 Bergsportler und führten eine Feldstudie mit 47 Personen durch. Im Fokus: das Leben von Menschen in der Großstadt, bei zunehmendem Stress durch „Crowding", die unter passiver Freizeitgestaltung, negativen Essgewohnheiten und Bewegungsarmut leiden. Dazu kommt noch das Phänomen einer zunehmenden Entfremdung von der Natur, im Fachjargon „Natur-Defizit-Syndrom" genannt. Während der Steinzeitmensch noch 30 bis 40 Kilometer pro Tag zurücklegte, sind es beim „Büromenschen" nur noch 400 bis 1600 Meter. Das Team untersuchte die Beziehung zwischen psychischer Gesundheit und körperlicher Aktivität in drei Szenarien: beim Bergwandern, auf dem Laufband oder bei sitzender Tätigkeit. Was zu erwarten war: Aktivität beeinflusst das Gesundheitsverhalten. Darüber hinaus erbrachte die Studie ein signifikantes Ergebnis: Schon eine einzelne Berg-

Raus aus dem Blues: Bewegung in der freien Natur kann helfen, die innere Balance wiederzufinden und zu erhalten.

© S. Wahlhütter

Von oben nach unten oder umgekehrt: Ein Perspektivenwechsel ergibt sich auf Bergtouren ganz automatisch. Eine Erfahrung, die auch in Alltagssituationen hilfreich sein kann. Rechts: Beim Bouldern erreicht man nicht nur die nächsten Griffe, sondern auch ein Stück Selbstwirksamkeit.

© P. Trenkwalder/Archiv K. Luttenberger (rechts)

wanderung von drei Stunden bringt positive Veränderungen der psychischen Gesundheit mit sich. Insgesamt gesehen steigt beim Bergwandern die Stimmung am meisten an, auch die Gelassenheit nimmt zu, Angst und Energielosigkeit schwinden. Die Probanden vom Laufband zeigten eine in allen vier Punkten schwächere Ausprägung, ebenso jene Kandidaten der Kontrollsituation bei sitzender Tätigkeit. Bedeutet: Bergwandern bringt positive unmittelbare Veränderung der psychischen Gesundheit, wobei „outdoor" deutlich bessere Effekte erzielt werden als „indoor". Gerade bei depressiven Menschen wurden verstärkte stimmungsrelevante Bewegungseffekte in der grünen Natur festgestellt, die Stress reduzieren und auch langfristig vorbeugend gegen Depressionen wirken. Zu einem ähnlichen Ergebnis kommen US-amerikanische Wissenschaftler um G. N. Bratman im „PNAS Journal" vom Juli 2015. Danach kann schon regelmäßiges Spazierengehen von 90 Minuten durch die Natur die Gefahr psychischer Erkrankungen drastisch senken. Ein Effekt, der sich interessanterweise nach 90-minütigem Gehen in der Stadt nicht einstellt.

Was ist eine Depression?

Die Frage „Was ist Gesundheit?" beantwortete das Fachsymposium mit Abwesenheit von Krankheit. Regelmäßige körperliche Bewegung hilft beim Stressbewältigen, beim „Krafttanken" und als präventive Maßnahme zur Erhaltung der Gesundheit – psychisch wie physisch. Dass gerade „sanftes" Bergsteigen solch positive Effekte bewirkt, führt dazu, dass Wandern in der Prävention und Rehabilitation und Klettern in der Physiotherapie heute sogar „verschrieben" werden (Quelle: DAV). Doch was ist das eigentlich, eine Depression? Als Messinstrument dient hier das Beck-Depressions-Inventar (BDI) mit eigenen Fragebögen wie der Beck Skala für Hoffnungslosigkeit (BHS) oder der Beck Skala für Suizidgedanken (BSS). Typisch für Erkrankte ist ein chronisches Stimmungstief und andauernder Pessimismus, Schlafstörungen, Grübeln und schwer zu durchbrechende Gedankenkreise, Mutlosigkeit, Trauer, Hoffnungs- und Antriebslosigkeit und Angst. „Die Ursachen für Depressionen sind vielfältig. Grundsätzlich trägt jeder Mensch das Risiko in sich, depressiv zu werden. Doch ob jemand erkrankt oder nicht, hängt von verschiedenen Einflüssen ab: Zum Beispiel von einer erblichen Veranlagung, körperlichen Faktoren oder auch vom persönlichen Lebensumfeld" (Quelle: daserste).

Auch Profis sind betroffen

Dass auch Bergprofis nicht vor psychischen Erkrankungen gefeit sind, weiß Extremkletterer Alex Huber. Er ist Unterstützer des Krisendienstes Psychiatrie am kbo-Isar-Amper-Klinikum Atriumhaus in München. Huber litt selbst an einer Angststörung und befreite sich mithilfe einer Therapie. 2009 übernahm er als Schirmherr der Angst-Hilfe e. V. ein Pilotprojekt des Klinikums rechts der Isar. Dabei sollten kranke Menschen durch Hallen-Klettern die aufreibenden Langzeittherapien besser durchstehen. „Fast die Hälfte der psychisch Erkrankten brechen eine Langzeittherapie ab", stellte Facharzt Werner Kissling vom Klinikum rechts der Isar fest. „Unser begleitendes Programm soll

Ruhe ausstrahlen und Dinge widerspiegeln: All das kann ein Bergsee. Wandern bringt nachweislich auch depressiven Menschen Lebensfreude zurück.

© ÖAV, Foto: N. Freudenthaler/ P. Trenkwalder

Spaß machen, denn Freude wirkt: Die Rückfallrate der […] depressiven Patienten konnten wir bei den ersten 200 Patienten um 70 Prozent senken." Damit ließen sich viele teure stationäre Klinikaufenthalte sparen.

Bouldertherapie gegen Depressionen

„Gerade Klettern und Bouldern hilft, abzuschalten und das Gedankenkreisen zu stoppen", hat Katharina Luttenberger beobachtet. An sich selbst – wie an ihren Probanden. Die Diplom-Psychologin arbeitet in der Forschung am Uni-Klinikum Erlangen und untersuchte in einer eineinhalbjährigen Studie (www.studiekus.de) den Zusammenhang zwischen Klettern und Stimmung. Die Besonderheit: Während Ausdauersportarten wie Joggen oder Wandern eher auf gleichförmigen Bewegungen und sich wiederholenden motorischen Prozessen beruhen und auch im Standby-Modus oder „auf Autopilot" funktionieren, erfordert das Klettern volle Konzentration und problemlösendes Denken in einem „kurzgriffigen" Sicht- und Umfeld. Es zwingt den Akteur ins Handeln und in den Moment und erlaubt kein gedankliches Abschweifen. Mit ihren Kollegen Schopper und Först verglich Luttenberger parallel zwei Gruppen, eine aktive Bouldertherapiegruppe und eine passive Wartegruppe, die zuerst die vorhandenen Angebote des Gesundheitssystems nutzen durfte, aber nicht boulderte. „Bei der aktiven Bouldergruppe verbesserte sich die Symptomatik danach um einen Schweregrad der Depression, gemessen am BDI", sagt Luttenberger, die persönlich wegen des Naturfaktors lieber am Fels als in der Halle klettert.

„In der achtwöchigen Studie dürfen sich die Teilnehmer an leichten, machbaren Routen ausprobieren, es geht ganz klar aber nicht um Leistung. Teilgenommen haben ganz unterschiedliche Leute bis zu einem Body-Mass-Index (BMI) bis 35. Zusätzliche positive Effekte: Beim Bouldern macht man auch aufgrund kurzer Routen schnelle Fortschritte und es gibt einen Alltagstransfer. Derzeit ist die Studie die einzige randomisiert kontrollierte Studie zum Bouldern bei Depression, man weiß aber, dass Bewegung allgemein bei Depression hilfreich ist", sagt Luttenberger. Wichtig war der Forscherin vor allem, dass sich die Teilnehmer dabei „nicht über Leistung oder Schwierigkeitsgrad der Route definieren, da eben jener Leistungsgedanke ein auslösendes Moment für eine Depression sein kann". Sie erklärt: „Es gibt bei manchen diese Denke: Schaffe ich es, bin ich ok. Schaffe ich es nicht, habe ich versagt. Doch das ist in Summe ein Depressionsmuster". Ist die heutige Leistungsgesellschaft also ein Nährboden für Depressionen, platt gefragt? Luttenberger sagt: „So einfach ist es nicht. Ein überhöhtes Leistungsdenken kann mit auslösend für Depressionen sein, aber nicht allein. Es gilt, immer auch die persönliche Disposition und den Lebenslauf mit zu betrachten". Um die Ergebnisse ihrer Studie auszudifferenzieren, führt sie aktuell eine Folgestudie durch, bei der sie die Teilnehmer in drei Gruppen aufteilt: eine Bouldergruppe mit Psychotherapie, eine Bouldergruppe ohne Psychotherapie und eine Gruppe mit aktivierendem Bewegungsprogramm. Interessenten können sich auf der Studienhomepage informieren: www.kusstudie.de

„Selbstwirksamkeit ist eine wichtige Facette psychischer Gesundheit"

Der Südtiroler Pauli Trenkwalder ist Bergführer, Psychologe und Ausbilder beim DAV. Mit seinem Kollegen Jan Mersch bietet er Coachings unterwegs am Berg an. Franziska Horn hat mit ihm über den psychischen Benefit und das Suchtpotenzial des Bergsteigens gesprochen.

FH » Als Coach verbindest Du die Psychologie mit dem Bergsteigen. Dein Werdegang?

PT » Ich stamme aus Sterzing, Jahrgang 1975, bin in den Bergen groß geworden und war in der Familie und im Freundeskreis von Bergsteigern umgeben. Irgendwann wollte ich Bergführer werden und mit Menschen arbeiten. Während der Bergführer-Ausbildung hab ich begonnen, Psychologie in Innsbruck zu studieren. Zu meinen Schwerpunkten gehörten Notfallpsychologie, mentales Training und Sozialpsychologie. Martin Schwiersch, ebenfalls Psychologe und Bergsteiger, holte mich als Diplomand zu einer Forschungsgruppe der Sicherheitsforschung des DAV. Bei den verhaltenspsychologischen Untersuchungen lag der Fokus auf dem Menschen und Gruppen und wie sie am Berg Entscheidungen treffen. Hier traf ich auf Jan Mersch. Er ist heute mein Partner von „Mensch und Berge".

FH » Wie bist Du auf die Idee gekommen, am Berg zu coachen?

PT » Die Idee ist zusammen mit Jan Mersch entstanden, da wir gemeinsam Seminare gaben und die Supervision des jeweils anderen übernahmen. Wir haben hier eine Nische gesehen und eine Nachfrage gedeckt. Es macht heute ein Drittel unserer Arbeit aus, neben der Arbeit im DAV-Lehrteam und dem klassischen Führen. Schwerpunkt unseres Coachings ist die psychologische Beratung, nicht die Therapie.

FH » Wer nimmt euer Angebot wahr – eher Frauen, vermutlich?

PT » Nein, es sind Männer wie Frauen, die Unterstützung suchen. Vom Alter her liegen die meisten zwischen 30 und gut 50 Jahren. Wie gesagt, wir arbeiten nicht therapeutisch, sondern im Bereich der Prophylaxe, der Gesundheitsförderung und der psychologischen Beratung. Auch die Gründe, warum die Menschen zu uns kommen, sind ganz unterschiedlich. Es kann um Fragen der Neuorientierung gehen, beruflich wie privat, um die Eigendiagnose Burnout, um Partnerschaft, Beruf und vor allem um Persönlichkeitsentwicklung.

FH » Wie wirkt sich der gemeinsame Bergtag auf die Gesundheit des Menschen aus?

PT » Jeder, der in die Berge geht, kennt das: Wer nach einem langen Tag beim Wandern, Bergsteigen oder Klettern müde zurückkommt, erlebt eine angenehme Zufriedenheit. Es tut einem einfach gut. Wer dann auch noch seine (Berg)-Ziele erreichen konnte, strahlt!

FH » Wie läuft ein solches Berg-Coaching mit dir ab?

PT » Ich bin Psychologe und Bergführer, eine wundervolle Kombination, um Menschen zu begleiten. Die Berge sind ein ergreifendes Ambiente, um sich geschützt zu öffnen

© Archiv Trenkwalder

und Veränderungen entgegenzugehen. Ich beginne mit einem Erstgespräch, um sich kennen zu lernen, um Erwartungen und das Thema festzulegen. Und um festzustellen, ob man persönlich „miteinander kann". Darauf folgen unterwegs Gespräche, Methoden und vor allem aktives Zuhören. Zurück im Tal merkt man, dass man sich äußerlich und innerlich bewegt hat, weitergekommen ist. Zwar auf anstrengende, aber gute Weise! Ich betrachte die Berge nicht als Methode meiner psychologischen Coachingarbeit, sondern ich bin Bergmensch und gehe mit meinen Klienten dort hin.

FH » Wie würdest Du also den Coaching-Effekt beschreiben, in deinen Worten?

PT » Selbstwirksamkeit ist eine wichtige Facette psychischer Gesundheit und wird ausschließlich in konkreten Situationen und mit konkreten Menschen gewonnen, d. h. ich bin in der Lage, die mir wichtigen Dinge durch mein Eigenhandeln auch gegen Widerstände zu erreichen. Psychische Gesundheit ist ein Zustand des Wohlbefindens, in dem eine Person ihre Fähigkeiten ausschöpfen, die normalen Lebensbelastungen bewältigen, produktiv arbeiten und etwas zur Gemeinschaft beitragen kann. Mir ist „Embodiment" wichtig, sprich: Erfahrungen werden immer auf der kognitiven, auf der emotionalen und auf der körperlichen Ebene verankert und einander gekoppelt. Mit Blick auf die dramatische Prognose der WHO nehmen stressbedingte Erkrankungen massiv zu. Hierzu möchte ich den Neurobiologen Gerald Hüther zitieren: „Zu viele Menschen leiden an Stress, weil sie über zu geringe Kompetenzen zur Stressbewältigung verfügen."

FH » Wie stehst Du selbst – als hervorragender Kletterer – zur Suche oder Sucht nach Risiko?

PT » Als Psychologe finde ich die Bergsuchtdiskussion überbewertet! Wenn ich mal davon ausgehe, dass es sie gibt, muss ich feststellen, dass man mit einer solchen Sportsucht niemand anderem schadet. Hingegen ist der Missbrauch von Alkohol, Drogen usw. immer auch dadurch gekennzeichnet, dass das soziale Umfeld stark darunter leidet, und das ist wirklich ein großes Problem in unserer Gesellschaft. Als Bergführer bin ich nicht auf der Suche nach Risiko. Hanspeter Eisendle hat eine treffende Beschreibung des Bergführerberufs: „Abenteuervermeider". Natürlich geht es in der Bergführerei um das Erreichen von Zielen, um Erlebnisse und das gemeinsame Unterwegssein. Dies alles ist ständig geprägt durch Entscheidungsfindung und Treffen von Entscheidungen unter Unsicherheit. Für mich eine Herausforderung und ein schöner Beruf; manchmal auch gefährlich. Und zuletzt muss ich für mich als Kletterer feststellen, dass sich mein Risikoverhalten verändert und gewandelt hat. Und zwar in dem Moment, als ich zum Familienvater wurde.

FH » Aus der Biografie der Höhenbergsteigerin Edurne Pasaban wissen wir, dass sie die letzten neun von 14 Achttausendern bestiegen hat, um ihre schwere Depression zu überwinden und eine Aufgabe zu haben. Der Berg als eine Art Therapie? Kann das funktionieren?

PT » Berge therapieren nicht. Sie sind einfach nur da. Edurne Pasaban beschreibt, was ihr gut tut und was aus ihrer Sicht hilfreich war. Man muss sicherlich nicht auf Achttausender steigen, um eine schwere Depression zu überwinden. Die Analogie „hoher Berg und depressive Erkrankung" finde ich passend; beides ist erdrückend. Individuell angepasste, professionelle Hilfe in Form von Psychotherapie bis hin zur medizinischen Unterstützung ist sinnvoll. Als Gesundheitspsychologe unterstütze ich Menschen, dass es nicht so weit kommt.

FH » Ein Hörbeitrag des Bayerischen Rundfunks vom Mai 2016 hat den Aspekt „Suizid am Berg" thematisiert und Zahlen genannt. Demnach liegt die Suizidrate unter Alpintoten bei überraschend hohen zehn Prozent.

PT » In jedem Jahr leidet in der Europäischen Region der WHO jeder 15. an einer schweren Depression. Nimmt man Angstzustände und sämtliche anderen Formen von Depression hinzu, sind fast 4 von 15 Menschen betroffen. Weiters beträgt die jährliche Suizidrate in der Europäischen Region 13,9 pro 100.000 Einwohnern. So sind zum Beispiel in Südtirol ein Suizid und drei versuchte Suizide pro Woche zu verzeichnen. Suizidprävention stellt für das Gesundheitswesen eine riesige Herausforderung dar. Der Fokus „Suizid am Berg" ist somit ein sehr kleiner Teil des traurigen Problems.

FH » Was meinst du: Wirken Berge als ein „Antidepressivum"?

PT » Auf einem Coaching in den winterlichen Bergen sagte mir eine Klientin: „Wenn ich draußen in den Bergen unterwegs bin, dann geht mir einfach das Herz auf!" Berge sind für meine Klienten positiv besetzt und genau das ist für mich hilfreich, wenn ich mit ihnen arbeite, um schwierige Themen in Angriff zu nehmen. Der Rahmen und Raum Berge ermöglicht es meinen Klienten, die Augen schweifen zu lassen, man muss nicht ständig in direktem (Augen-)Kontakt stehen, was ich als Erleichterung und Freiheit für meine Klienten empfinde. Wie schon erwähnt sind Berge für mich keine Methode, keine Therapeuten und auch kein Medikament, sondern Resonanzraum und ein wundervolles Ambiente für meine Arbeit. Auf die Frage, was für jeden Einzelnen wie wirkt, ist jeder frei, sich eine Antwort zu suchen.

„Nach einem Jahr gehört sie dir!"

Hüft- und Knieprothesen: Kein Grund zur Angst
>> **Andi Dick**

Selbst wenn die Regeneration mal länger dauern sollte: Hüft- und Knieprothesen machen das Leben aufs Neue lebenswert – und viele Bergsportarten wieder möglich.

Ich hätte nicht so lange warten sollen. Als ich im September 2015 bei Trento in der Wand hing, heulend vor Schmerz und Frustration, weil ich mit verspannter Körpermitte kaum noch den Fuß auf den nächsten Tritt setzen konnte, war es Zeit für die „neue Hüfte". Aber für den Winter waren schon Termine ausgemacht, die ich nicht absagen konnte (oder wollte), und so wurde die OP für April angesetzt. Wie rasant sich dann die Schmerzen steigerten, hätte ich nicht gedacht; die letzten vier Monate wurden eine Hölle, die nur mit zweimal täglich Voltaren (Diclofenac) knapp zu ertragen war. Schon am Tag, nachdem meine Hüftprothese eingebaut war und ich mit Krücken durch den Gang der Klinik stakste, waren die Schmerzen wesentlich reduziert; zwei Wochen nach der Operation konnte ich die Schmerzmittel absetzen. Das Leben war wieder lebenswert – auch mit und auch dank Bergsport: Nach sechs Wochen wieder Klettern, nach vier Monaten Wandern, nach sieben Monaten der winterliche Jubiläumsgrat.

Ich möchte nicht angeben mit diesen Daten. Und ich möchte Sie, liebe Leserin, lieber Leser, nicht auffordern, eine ähnlich rasante Reha anzupeilen, wenn Sie eine Hüft- oder Knieprothese haben oder über die Operation nachdenken. Aber ich habe gerne die Einladung der AV-Jahrbuch-Redaktion angenommen, über dieses Thema zu schreiben, weil ich begeistert und glücklich bin über diese Möglichkeit der modernen Medizin. Und weil ich allen Bergsportlern mit Arthrosen oder anderen Bewegungsproblemen in den Beinen Mut und Hoffnung machen möchte: Auch wenn im Knie oder in der Hüfte eine TEP (Total-Endoprothese) implantiert ist, kann Bergsport weitergehen. Und das gar nicht schlecht.

„Die Hüft-TEP ist die beste Operation des letzten Jahrhunderts", sagt Dr. Walter Treibel (siehe Seite 105): „geringe Komplikationsraten und großer Nutzen für die meisten Patienten". Auch wenn man immer wieder liest, dass zu viele Hüften ersetzt würden (in Deutschland 2015 rund 230.000 Stück), für Bergsportler ist diese Möglichkeit ein Segen. Das liegt sicher auch daran, dass die Hüfte ein solide und einfach konstruiertes Gelenk ist: Der Kopf des Oberschenkelknochens liegt in einer großen Hüftpfanne, von Bändern und großen Muskeln gehalten und geführt. Dieses Kugelgelenk bietet viel Bewegungsspielraum. Damit

„Ich hätte nie geglaubt, dass das wieder geht!"

Mit Tränen der Rührung fallen wir uns in die Arme, auf 5000 Metern Höhe am Denali. Drei Jahre zuvor, 2010, hat Toni Gutsch (*1964, Vermessungsingenieur und Bergführer) eine neue Hüfte bekommen. Nach einem Verkehrsunfall mit Schenkelhalsbruch hatte sich eine Arthrose entwickelt. Als er zum Klettern Voltaren plus Ibuprofen plus Magenschoner brauchte, war die OP fällig. Sechs Wochen danach war er wieder klettern, nach drei Monaten ging er die erste Skitour: 1200 Höhenmeter auf den Gilfert, nach einem Jahr kletterte er schwere Eiswasserfälle – „unangenehm war das Hängen im Gurt, wegen der fehlenden Muskulatur". 2013 durchstiegen wir in Alaska den Extremklassiker „Moonflower Buttress" (1200 m, ED3, VI, M6, WI 6) am Mount Hunter (Foto oben). Heute macht seine Hüfte alles mit, ist sogar beweglicher als die andere. Nur auf dünnen Isomatten bei Expeditionen ist sie empfindlicher, und Abspringen beim Bouldern versucht Toni zu vermeiden.

die Knochen nicht schmerzhaft aufeinander reiben, sind sie von einer Knorpelschicht überzogen. Dieses Stoßdämpfergewebe hat keine Blutgefäße; wenn es bei Bewegung zusammengequetscht wird und sich danach wieder ausdehnt, saugt es wie ein Schwamm nährstoffreiche Gelenkflüssigkeit auf – deshalb ist gute Bewegung die beste private Gesundheitspolitik.

Zu viel Bewegung allerdings kann auch schaden: Vor allem Extremstellungen und harte Stöße können den Knorpel im Lauf der Zeit zermürben. Aber auch eine familiäre Veranlagung oder angeborene Fehlstellungen können dazu beitragen, dass der Knorpel abgebaut wird und die Knochen

„Die Kopfsache ist ganz entscheidend"

Ein Schienbeinbruch mit 16 war wohl bei Michael Pause (*1952), Moderator von „Bergauf-Bergab", der Auslöser seiner Knieprobleme. Nach 15 Wochen Gips waren die Muskeln verkümmert, der Fuß zeigte nach innen; trotzdem (und trotz beginnender Knieschmerzen) trainierte er intensiv für Skirennen. Die Schmerzen begleiteten ihn in seinem Leben als Bergsteiger und -journalist, irgendwann war der Knorpel weg und die Situation unerträglich. Zwei Tage nach der OP konnte er an Krücken gehen, nach zwei Monaten intensiver Reha (stationär und ambulant) war er Langlaufen, nach drei Monaten auf Skitour, nach eineinhalb Jahren kletterte er eine 15-Seillängen-Tour. Beim Abstieg verwendet er konsequent Stöcke – und ist „weitestgehend schmerzfrei und immer glücklich". (Mehr im Buch „Mut zum neuen Knie" von Heidi Rauch und Peter Herrchen, Edition Rauchzeichen)

irgendwann aufeinander reiben – eine Arthrose entsteht, die im Endstadium zu einem degenerierten, knöchern versteiften Gelenk führen würde. Wenn sich eine Arthrose bemerkbar macht, hat man mehrere Möglichkeiten. Am wichtigsten ist: In Bewegung bleiben! Nur so wird der Knorpel versorgt, die Degeneration gebremst. Allerdings sollte sie dosiert sein: Harte Stöße, Sprünge, Bergabrennen mit steifen Schuhen und schwerem Rucksack schaden weiter. Hyaluronsäure-Spritzen ins Gelenk können Linderung bringen, sind an der Hüfte allerdings nicht einfach und bedeuten immer ein Infektionsrisiko. Drängen die Schmerzen zur Operation, wäre die erste mögliche Stufe eine „Gelenktoilette", die Entfernung zerschlissener Knorpelteile, was aber leider nur kurz Hilfe bringt. Ein nächster Schritt könnte der Ersatz einer oder beider Gelenkflächen durch eine Metallschicht sein – viele Patienten entscheiden sich aber gleich für die Totalprothese; so auch ich.

„Nach zwanzig Jahren sind noch 90 Prozent unserer Hüften drin, nach dreißig Jahren noch 80 Prozent", hatte der Assistenzarzt meines Operateurs (etwas euphorisch?) berichtet – eine ausreichende Perspektive mit 51 Jahren und der Aussicht auf mindestens einen möglichen Austausch. Generell werden zwar eher Lebensdauern von 15 bis 20 Jahren angegeben, aber man darf sich ja Mut machen lassen. Für die „minimalinvasive" Hüft-TEP wird die Haut aufgeschnitten, Muskeln und Bänder werden zur Seite gezogen, der Oberschenkelkopf wird ausgekugelt und abgesägt. Die Pfanne wird ausgefräst und eine Metallpfanne eingebaut, in der eine Gleitschicht (meist aus

---

Ultima Ratio – vernünftig gemacht

Vor der OP
- Gut für Gelenke ist: viel (kontrollierte) Bewegung, starke Muskeln, Lockerheit durch Dehnen (Stretching, Yoga)
- Gift für Gelenke ist: Bergabrennen mit schwerem Rucksack und steifen Schuhen, Sprünge (z. B. Abspringen beim Bouldern), Extrembewegungen (Kampfsport)
- Nicht zu lange warten: Schonhaltungen schwächen die Muskulatur und verlängern die Reha; fit in die OP zu gehen beschleunigt die Heilung, deshalb am besten schon vorher Krankengymnastik
- Falls Schmerzmittel unvermeidbar sind: mit Magenschoner kombinieren!
- Evtl. Krückengehen vorher üben – macht schneller und sicherer mobil.

Nach der OP
- So viel tun, wie möglich ist; nicht mehr, aber auch nicht weniger; der Schmerz markiert die Grenze.
- Vielfältig und regelmäßig trainieren: Kräftigung, Dehnung, Koordination – und so viel Bewegung wie möglich.
- Empfehlenswerte Bergsportarten sind ruhig und kontrolliert: Radfahren, Wandern, Langlauf, Nordic Walking, Toprope-Klettern. Bergabgehen mit Stöcken und kleinen Schritten, evtl. Bandage verwenden – oder per Seilbahn.
- „Mittlere Empfehlung" gilt für Klettern, Bergsteigen, Alpinskifahren.
- Harte Belastungen und Sprünge (Bouldern) gefährden die Lebensdauer der Prothese; (Hallen-)Ballsport und Kampfsport tun auch nicht gut.

Kunststoff) den Knorpel spielt. Ein Metallschaft im Oberschenkel und ein Kopf (oft aus Keramik) komplettieren das neue Gelenk; welche Bauteile und Materialien am besten passen, entscheidet der Chirurg bei der OP. Dann wird das Bein eingerenkt, die Wunde vernäht, und nach rund dreißig Minuten ist alles vorbei – am Abend stand ich schon auf dem operierten Hax. „Der Knochen freut sich über Belastung, das fördert das Einwachsen", ermunterte mich mein Operateur. Sofortige Vollbelastung, wenn schmerzfrei, das ist das Credo der meisten Ärzte – auch wenn einige die Belastung verbieten oder nur teilweise erlauben.

Die Operation – am besten durch Experten, die nichts anderes machen und daher viel Erfahrung haben, und in einer orthopädischen Spezialklinik – ist die halbe Miete; die zweite Hälfte fordert Eigeninitiative. Nach einer Woche Klinikaufenthalt geht es für drei Wochen auf stationäre Reha, anschließend sind 18 Termine Physiotherapie empfohlen – und Bewegung, so viel man verträgt. Kräftigungsübungen wie der Einbeinstand machen die Muskeln wieder stabil, gefühlvolles Dehnen fördert die Beweglichkeit, die Koordination übt man auf Wackelbrettern oder ähnlichem. Und mit gutem Körpergefühl und solider Bewegungstechnik darf man sich auch wieder an den Bergsport herantasten. Die wenigsten werden schon während der Reha auf den Wallberg wandern wie mein nicht bergsteigender Nachbar; aber nach drei bis vier Monaten können die meisten wieder vorsichtig einsteigen. Und man sollte vielleicht nicht gerade neu anfangen zu klettern oder Gleitschirm zu fliegen, aber was man vorher schon immer gemacht hat, sollte auch nach der OP möglich sein. Die offensiv-zurückhaltende Haltung aus dem Bergsteigen dient als Leitsatz: An die Grenze herantasten, sie akzeptieren – und daran arbeiten.

Christopher Dalus und Wolfgang Domej berichten im Jahrbuch 2016 der Österreichischen Gesellschaft für Alpin- und Höhenmedizin, dass bei Hüft-TEP-Patienten die sportliche Aktivität sogar zunahm: 36 Prozent waren vor der OP aktiv, 52 Prozent danach. Und sie sagen: „Alpinistisches Training [kann] einen unbeschwerten Alltag mit einer Prothese wie mit einem physiologischen Gelenk ermöglichen."

Knie-Endoprothesen dagegen, so Dalus und Domej, bremsen Bergsportler öfter: Waren vor der OP noch 42 Prozent der Patienten aktiv, waren es danach nur noch 34 Prozent. Das mag daran liegen, dass das Kniegelenk „das größte und komplexeste" Gelenk im Körper ist, wie Treibel erklärt. Auf dem Plateau des Schienbeinkopfes rollt der Oberschenkelknochen auf zwei Höckern, die Kniescheibe lenkt die Kraft der Oberschenkelmuskeln um und stellt die Sehnenverbindung zum Schienbein her. Die Roll- und Gleitbewegung im Gelenk wird durch seitlich und kreuzweise verlaufende Bänder stabilisiert; diverse Knorpel, unter anderem die seitlich liegenden Menisken, sind die Stoßdämpfer. Verletzungen dieser Bänder oder Knorpel sind meistens der Anfang, aus dem sich die Arthrose entwickelt, auch wenn sich erste Pro-

„Der Bergsteiger ist ein günstiger Patient"

Die Aussage von Dr. Christof Keinath (*1965), Orthopäde, Sportmediziner, Unfallchirurg und Allroundbergsteiger (u. a. Frêneypfeiler und Hasse/Brandler) ist doppeldeutig. Viele Höhenmeter können das Arthroserisiko erhöhen – aber wenn eine Hüft- oder Knieprothese fällig wird, sind starke Muskeln, kein Übergewicht und gute Koordination günstig für die Reha. Und was man vor der OP konnte, kann man auch danach meist wieder erreichen. Gespannt ist er, ob der Bouldertrend ihm künftig noch mehr Kniepatienten bringen wird; schon jetzt registriert er gehäuft Knorpelschäden, die nur vom Abspringen kommen können. Seine Tipps: Der Einbeinstand kräftigt und koordiniert; in der Reha realitätsnah arbeiten (Crosstrainer, Laufband); Vorsicht, wenn bei Belastung Schmerzen auftreten.

bleme meist noch mit arthroskopischen Eingriffen beheben lassen. Am Knie helfen Hyaluronsäurespritzen oft ziemlich gut; Treibel berichtet von einem Patienten, dem sie seit über zwanzig Jahren ermöglichen, auf der Alm dem Jungvieh hinterherzurennen. Aus der Erfahrung mit 1800 Patienten in zwanzig Jahren rät er, nicht nur alle paar Jahre eine komplette Spritzenkur mit mehreren Injektionen zu machen, sondern die Schmierflüssigkeit regelmäßig alle vier bis sechs Monate mit je einer Spritze „nachzuladen".

Auch beim Knie ist die Endoprothese die Ultima Ratio, wenn sonst nichts mehr hilft: Das Schienbeinplateau wird durch eine Metallfläche (plus Kunststoff-Puffer) ersetzt, einer oder beide Rollhöcker des Oberschenkelknochens durch ein oder zwei metallische „Schlitten". Monoschlittenprothesen erlauben tendenziell mehr sportliche Aktivität, erklärt der Münchner Bergsteiger-Arzt Christof Keinath, sind aber wegen der kleineren Kontaktfläche nicht ganz so langlebig. Bei Doppelschlittenprothesen werden meistens die Bänder teilweise durchtrennt, die neben der Stabilisierung auch der Propriozeption dienen: Ihre Dehnung gibt dem Gehirn Informationen über Position und Stabilität im Gelenk – fehlen sie, wird die Koordination schwieriger. Außerdem ist bei Knie-OPs die Gesamt-Komplikationsrate höher: 3 bis 4 Prozent statt ca. 1 bis 2 Prozent wie bei der Hüfte, schätzt Treibel. Und bei vielen Patienten schränken Knie-TEPs die Beugung ein: 100 Grad braucht man zum Fahrradfahren, oft ist bei

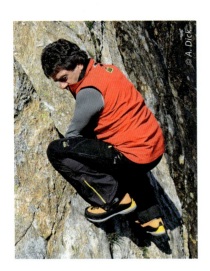

„Ich hatte tausend Fragezeichen"

Peter Geyer (*1949), Bergführer seit 48 Jahren, hatte viel Gutes über Hüftprothesen gehört, doch mit seinem Knie hatte er Bedenken. In den 1990er-Jahren war gegen seine O-Beine eine Knieumstellung links gemacht worden, und es dauerte über zwei Jahre bis zur Schmerzfreiheit. 2016 war das rechte Knie unerträglich geworden, und er fand einen Operateur, der trotz Doppelschlitten-TEP alle Kreuzbänder erhalten konnte. „Sechs Tage nach der OP bin ich mit 110 Grad Beugung aus dem Krankenhaus raus und konnte die Krücken in die Ecke schmeißen." In der Reha war er „Vorzeigepatient", nach knapp drei Monaten stand er auf Ski und ging im Winter regelmäßig Skitouren mit 800 bis 1000 Höhenmetern, ein halbes Jahr nach der OP konnte er komplett in die tiefe Hocke gehen. Als wesentlich empfand er – vor wie nach der OP – intensives Dehnungs-, Muskelaufbau- und Koordinationstraining (Wackelbrett) – und im Kopf Vertrauen ins neue Gelenk aufzubauen. Dabei hilft ihm der Vorsatz: „nichts übertreiben".

„Ich bin kein gutes Beispiel"

So urteilt die staatlich geprüfte Berg- und Skiführerin und Psychotherapeutin Kristine Gutsch (*1966) – das mag auch am hohen Anspruch liegen: Zum Führen am kurzen Seil ist ihr die operierte Hüfte zu unstabil. Mit angeborener Dysplasie (Fehlstellung) waren die Voraussetzungen ungünstig, irgendwann galoppierte die Arthrose – „wäre die OP nicht möglich gewesen, hätte ich mich wohl umgebracht. Wer diese Schmerzen nicht kennt, kann das nicht nachvollziehen." Nach der Operation 2011 war sie bald wieder auf den Beinen, aber wegen einer Muskelansatzentzündung hatte sie fast ein Jahr lang Schmerzen. Heute noch sieht sie 30 Prozent Muskelschwund und sagt über die Prothese: „Ich spüre sie jeden Tag". Aber sie kann wandern (ohne schweres Gepäck), klettern (ohne hohes Antreten), joggen und radfahren – und zieht ein pragmatisches Fazit: „So wie ich beieinander war, bin ich trotzdem zufrieden."

120 Grad Schluss, hoch antreten oder die Froschstellung beim Klettern werden dann schwierig. Es gibt aber auch Patienten, die bis 145 Grad Beugung erreichen oder gar voll in die tiefe Hocke gehen können, wie etwa Peter Geyer (siehe Seite 104).

Knapp 200.000 Knie-TEPs werden in Deutschland jährlich implantiert, über eine Million könnten es nach Schätzungen bis 2030 werden. Und bei 15 bis 25 Jahren Lebensdauer, der Aussicht auf einen Wechsel und auf weitere medizinische Fortschritte muss auch niemand mit ernsten Knieproblemen wirklich Angst vor dem Kunstknie haben. Dalus und Domej (s. o.) weisen allerdings auch darauf hin, dass der „Erfolg des Gelenkersatzes und die zufriedenstellende Funktionalität […] immer in engem Verhältnis zum präoperativen Fitnessgrad und einer effizienten Rehabilitation" stehe. Blinder Optimismus ist also nicht am Platz, Eigeninitiative gehört dazu – und wie beim Bergsteigen eine gute Selbsteinschätzung und -beobachtung sowie die Bereitschaft, die Ziele bescheiden zu setzen.

„Nach einem Jahr gehört sie dir", gab mir eine Freundin in der Kletterhalle mit, kurz vor der OP. Heute, ein Jahr nach der Hüft-OP, mit durchschnittlich einer halben Stunde Kraft- und Beweglichkeitstraining täglich, 132 Tagen Klettern und Bergsteigen, 52.000 Höhenmetern – klettere ich so stark wie in den Jahren zuvor, bin am Berg ähnlich schnell und hoffe auf weitere Steigerung. Die einbeinige Koordination lässt noch zu wünschen übrig, Spreizen und Piazen tut weh, beim ebenen Gehen schläft das Bein ein, aber ich pflege intensiv die Hoffnung, dass das noch anders wird. Falls nicht, denke ich an den Satz vom Arzt, der seinen älteren Patienten nicht „Wird schon wieder" sagt, sondern „Wird schon" – Gesundheit, Glück und Lebenszufriedenheit entscheiden sich auch teils im Kopf. Solange man noch im orthopädischen Lebensalter ist und noch nicht im internistischen, geht das ja relativ leicht. Mit der rechten Hüfte jedenfalls, die jetzt im Röntgenbild so aussieht wie die linke vor fünf Jahren, werde ich nicht so lange warten.

Flotte Reha: Vier Monate nach der OP am „Stopselzieher" zur Zugspitze: 1750 Höhenmeter in 2:55 Stunden – dann aber mit der Seilbahn runter.
© A. Dick

„Im Zweifel einen Gang zurückschalten"

Was für ältere Bergsportler sowieso nötig sein kann, müssen auch TEP-Patienten lernen: Sich mit dem zufriedengeben, was sie erreichen können. Das ist das Fazit von Dr. Walter Treibel (*1955), Orthopäde, Sportmediziner und Chirotherapeut, Mitgründer der Deutschen Gesellschaft für Berg- und Expeditionsmedizin und Allroundbergsteiger mit „beinahe" Seven Summits und der „Nose" am El Capitan. Er findet es gut, dass Bergsteiger schnell zurück in ihren Sport wollen und nach der OP früh wieder anfangen, aber „gutes Körpergefühl ist wichtig – und Rücksicht darauf." Wer an einen „Defensivmediziner ohne Sporterfahrung" kommt, solle sich „nicht zu viel Angst machen lassen". Und wichtig sei, sich von einem Spezialisten operieren zu lassen, der kaum oder nichts anderes macht, denn „Gelegenheitstäter haben eine höhere Fehlerquote".

Kann das noch gesund sein?

Klettern als Leistungssport: Medizinische Aspekte einer neuen olympischen Disziplin
>> **Isabelle und Volker Schöffl**

Das Ärztepaar Volker und Isabelle Schöffl betreuen seit vielen Jahren die deutsche Kletternationalmannschaft. Sie wissen von abenteuerlichen Trainingsmethoden, strapazierten Ringbändern und gebrochenen Wachstumsfugen zu berichten. Und dass man sie vermeiden kann.

Sportklettern wird medial immer wieder als Risikosportart eingestuft, die Realität sieht jedoch ganz anders aus: Unfallstatistische Untersuchungen beweisen, dass vor allem Indoorklettern, also Bouldern, Sport- und Wettkampfklettern, nur ein geringes Unfallrisiko zeigt. Mit der extremen Leistungssteigerung, die in den letzten Jahren im Klettersport stattfand, erhöhten sich aber gleichzeitig die Trainingsbelastung und damit die Beanspruchung des Bewegungsapparates. Lag der durchschnittliche Trainingsaufwand der männlichen A-Kaderathleten 1986 noch bei 10 Stunden/Woche, betrug er 1996 bereits 21 Stunden/Woche, mittlerweile liegt er bei knapp 27 bzw. im Jugendbereich bei 16 Wochenstunden. Das Durchschnittsalter der Spitzenathleten ging im gleichen Zeitraum von 26 auf unter 20 zurück.

Die Gefahr von Verletzungen und Überlastungen auch mit gravierenden Spätfolgen ist nicht zu leugnen – ebenso wenig übrigens wie die positiven Auswirkungen des Klettersports. Aber dazu später. Zunächst einmal sollen einige weitverbreitete „abenteuerliche" Trainingsmethoden näher betrachtet werden, dann die häufigsten und wichtigsten Verletzungen und Überlastungsschäden.

Risiken des isolierten Fingerkrafttrainings

Ein isoliertes Fingerkrafttraining findet häufig an einem sogenannten Finger- oder Leistenboard statt. Das Fingerboard ist ein Brett aus einer Kunstharzmischung (entsprechend der Kunstgriffe) oder aus Holz mit aufgesetzten Leisten verschiedener Stärke. An diesem werden Hänge- und Zugübungen durchgeführt, teilweise mit bis zu 50 Kilogramm Zusatzgewicht. Beim Leisten- oder Campusboard sind dagegen verschiedene Leisten über eine Strecke von ca. 2 Metern übereinander angebracht und es werden Hangelübungen nach oben und unten durchgeführt. Die Beanspruchung der Fingergelenke (hoher Druck auf die Gelenkknorpel) und der Ringbänder (starke Zugkräfte beim Aufstellen) ist in beiden Fällen extrem hoch. Diese Trainingsformen gelten zwar als sehr effektiv, sind aber auch extrem anfällig für Überlastungen und Verletzungen. Beim Hangeln nach unten kommt es durch die negativ exzentrische Belastung oft zu Überbeanspruchungen der Muskelansätze der Unterarmbeuger. Mittels kombiniert negativ/positiver Doppeldynamos wird zusätzlich versucht, ein Niedersprung- oder plyometrisches Training zu simulieren. Der Kletterer springt hierbei jeweils beidarmig hangelnd an den Leisten nach oben und unten. Auch wenn der trainingsmethodische Ansatz dieser Übung aufgrund der zu langen Kontaktzeiten beim Wiederabsprung zweifelhaft ist, wird die Methode immer noch praktiziert. Das Verletzungsrisiko für die Finger und den Schultergürtel ist dabei immens hoch.

Ähnlich beim einfingrigen Klimmzug, der eher für spektakuläre Showeinlagen gut ist: Durch das passive Hängen im Fingermittelgelenk kommt es bei einem derartigen Training immer wieder zu Kapsel-Band-Verletzungen des Fingergelenkapparates.

Verletzungsrisiken im Wettkampfklettern

Beim Leadklettern resultieren Verletzungen in der Regel aus sehr kräftigen Kletterzügen und betreffen vor allem die obere Extremität. Die häufigsten Verletzungen sind Ringbandverletzungen der Finger, Kapselverletzungen, Sehnenverletzungen sowie Muskelzerrungen. Sturzverletzungen mit Verletzungen der unteren Extremität sind beim Wettkampfklettern vergleichsweise selten, da die Wände in der Regel sehr überhängend sind und die Absicherung perfekt ist. Überlastungsschäden betreffen ebenfalls vor allem die obere Extremität, am häufigsten sind hier Sehnenscheidenentzündungen und Kapselentzündungen der Finger sowie der Sehnenansätze (Epicondyliden).

Beim Bouldern hingegen kommt es relativ gleich verteilt zu Verletzungen der oberen und der unteren Extremität. Die Pathologie der Verletzungen der oberen Extremität entspricht derer beim Leadklettern, Verletzungen der unteren Extremität entstehen vor allem durch unkontrollierte Stürze. Folgen sind Sprunggelenks- und Knieverletzungen als Kontusion, Distorsion, Bandruptur oder Knochenbrüche.

Dank entsprechender Auflagen auf der Basis eines Statements der Medizinischen Kommission ist die Absicherung der Boulder im Wettkampfbereich deutlich sicherer geworden: Matten müssen beispielsweise „Verbindungsbrücken" haben, um die Schlitze zwischen ihnen zu verschließen und Distorsionen zu vermeiden.

Ziehen, was das Zeug hält? Aufgestellte Finger mit extrem hoher Druckbelastung können für die Ringbänder zur Zerreißprobe werden. Anna Stöhr beim Bouldern im Zillertal.

© R. Fichtinger

Die Beanspruchung von Fingergelenken und Ringbändern ist beim Leisten- oder Campusboardtraining extrem hoch.
© E. Haase

Sonografisches Bild einer Ringband- (unten) und Wachstumsfugenruptur (oben). Auffällig ist der vergrößerte Abstand zwischen Beugesehnen und Knochen.
© V. Schöffl

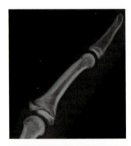

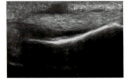

Im Speedklettern kommt es dank Toprope-Sicherung extrem selten zu richtigen Verletzungen. Hautabschürfungen durch Anschlagen an die raue Oberfläche der Wettkampfwand sind allerdings häufig, aber harmlos – ähnlich wie die „durchgekletterten" Fingerkuppen, die man sich beim Bouldern an rauen Griffoberflächen bei heißen Temperaturen holen kann.

Einige der häufigsten und wichtigsten Verletzungen im Klettersport sollen nachfolgend kurz näher dargestellt werden.

Die häufigsten Verletzungen

Verletzungen des Ringbandapparates. Geschlossene Verletzungen des Ringbandapparates treten fast ausschließlich bei Sportkletterern auf. Aufgrund der überwiegend „aufgestellten" Fingerposition, die zum Greifen von kleinen Griffen verwendet wird, kommt es zu hohen Druckbelastungen auf den Ringbandapparat, vor allem der Ringbänder A2 bis A4. Dies kann zur Bandzerrung oder gar zum Riss führen. An Symptomen findet sich ein lokaler Druckschmerz mit Schwellung des Grundgliedes, manchmal ein geringer Bluterguss und beim Anspannen der Beugesehne gegen Widerstand ein Hervortreten der Sehne (Bogensehneneffekt). Im eigenen Klientel handelt es sich zu 90 Prozent um singuläre, zu 10 Prozent um multiple Ringbandrupturen eines Langfingers. Nach klinischer Verdachtsdiagnose und Ausschluss einer knöchernen Verletzung gibt die Sonografie Aufschluss über Ringbandzerrung, singuläre Ringbandruptur oder Mehrfachruptur. Ist mittels Sonografie keine eindeutige Diagnosestellung möglich, gibt die Magnetresonanztomografie (MRT) weiteren Aufschluss.

Bei der singulären Ringbandruptur erfolgt ein konservatives Vorgehen mit Ruhigstellung und frühfunktioneller Behandlung. Bei der Mehrfachverletzung sollte die operative Rekonstruktion angestrebt werden.

Brüche der Wachstumsfugen der Finger. Die häufigste Verletzung bei den Jugendlichen ist die Wachstumsfugenfraktur der Finger. Dabei handelt es sich um eine Verletzung vor allem des Mittelfingers, die durch chronische Überlastung herbeigeführt wird. Bis vor wenigen Jahren kannten wir diese Verletzung noch gar nicht, da es noch nicht so viele Jugendliche gab, die ihre Finger einer derart hohen Belastung aussetzten. Bekannt wurde die Wachstumsfugenfraktur in Sportarten wie Baseball (Schulter) und Geräteturnen (Unterarm), wo bereits seit langer Zeit Hochleistungssport im Kinder- und Jugendalter betrieben wird. Mit der wachsenden Anzahl an Wettkämpfen und dem steigenden Leistungsanspruch nahm auch der Trainings- und Belastungsumfang der jungen Klettersportler zu. Vor allem beim Klettern oder Training mit aufgestellter Fingerposition entstehen enorme Kräfte im Finger. Die Wachstumsfuge des Mittelgliedes des Fingers wird durch diese Kräfte regelrecht herausgepresst. Die Folge sind Schmerzen auf der Handrückseite über dem Fin-

Gerade beim Bouldern kommt eine starke Belastung auf den Schultergürtel. Isabelle Schöffl in Fontainebleau.

Links: Die richtige Sturzposition, wie hier von Isabelle Schöffl demonstriert, entscheidet beim Sportklettern maßgeblich über Wohl und Weh.
© E. Haase/V. Schöffl

germittelglied, die schlimmer werden und schließlich häufig bei einer bestimmten Bewegung zu maximalem Schmerz führen. Dabei ist aber vor allem das Alter des Kletterers zum Zeitpunkt der Belastung entscheidend. Sind die Wachstumsfugen noch vollständig offen, wie bei einem Kind, so scheint diese Verletzung unwahrscheinlich. Erst mit dem beginnenden Verschluss der Wachstumsfuge zum Zeitpunkt der Pubertät steigt das Risiko einer solchen Verletzung. Dadurch, dass die Fuge auf der Handflächenseite bereits verschlossen ist, konzentrieren sich die entstehenden Kräfte in der aufgestellten Fingerposition auf die Seite der Fuge, die auf der Handrückseite liegt, und es kommt zur Fraktur.

In einer Studie, in der wir die Ursachen hinterfragten, um bessere präventive Maßnahmen zu entwickeln, untersuchten wir 22 Jugendliche mit Fingerschmerzen. Von diesen 22 Jugendlichen hatten 21 eine Wachstumsfugenfraktur. Dies bedeutet zum einen, dass diese Verletzung außergewöhnlich häufig vorkommt, zum anderen aber auch, dass ein Jugendlicher in der Pubertät, der unter Fingerschmerzen leidet, sehr wahrscheinlich genau diese Verletzung erlitten hat. An sich ist diese Verletzung nicht weiter schlimm. Wird sie rechtzeitig erkannt und befolgt der Jugendliche eine Auszeit für einen gegebenen Zeitraum von ca. drei Monaten, verheilt die Fraktur in nahezu allen Fällen. Zur Kontrolle führen wir stets nach den drei Monaten nochmals eine Bildgebung (Kernspintomografie) durch, um sicher zu sein, dass die Verletzung ausgeheilt ist. In seltenen Fällen ist eine längere Pause nötig und nur ganz selten ein kleiner operativer Eingriff. In allen Fällen, in denen wir involviert waren und in denen unserer Behandlungsplan befolgt wurde, heilten die Frakturen folgenlos aus!

Es muss jedoch erwähnt werden, dass es trotz aller Vorsichtsmaßnahmen und Erklärungen immer wieder schwarze Schafe gibt, die nicht hören wollen und die verordnete Pause nicht einhalten. In diesen Fällen heilte die Fraktur leider nicht – mit irreversiblen Folgen.

Die Wachstumsfuge des Fingers ist, wie der Name schon erahnen lässt, entscheidend für das Wachstum des Fingers. Eine dauerhafte Verletzung dieser Fuge führt zu einem Fehlwachsen des Fingers, sei es, dass er deutlich kürzer wird als die anderen Finger oder dass er sogar krumm wird. Prävention und Aufklärung sind daher äußerst wichtig. Zu diesem Zweck wurden in vielen deutschen Kletterhallen Schilder an Campusboards angebracht, dass diese Art des Trainings zum Zeitpunkt der Pubertät ungünstig ist. Wir versuchen Eltern, Trainer und Kollegen, die mit jungen Kletterern arbeiten, zu schulen.

Es geht darum wachsam zu sein, Training mit hängenden Fingerpositionen zu bevorzugen, Abstand von langen, hochintensiven Einheiten zu nehmen und auf Zeichen der Pubertät wie Wachstumsschub, Stimmbruch oder Brustwachstum zu achten und im Zweifelsfall das Training in einer solchen Zeit zu reduzieren.

Sehnenscheidenentzündungen. Die Sehnenscheidenentzündung einzelner Finger ist das häufigste Überlastungssyndrom bei Sportkletterern. Da Mittel- und Ringfinger beim Klettern am stärksten belastet werden, treten hier besonders häufig Entzündungen der Beugesehnenscheiden auf. Diagnostisch muss man bei ähnlichen Symptomen die Verletzung eines Ringbandes von der Sehnenscheidenentzündung abgrenzen. Dies gelingt leicht im Ultraschall am Finger. Bei einer Sehnenscheidenentzündung können zwar die Beschwerden während des Kletterns auch akut beginnen, aber es liegt nie ein echtes Trauma (Sturz, Hängenbleiben eines Fingers o. ä.) vor.

Die Behandlung der Sehnenscheidenentzündung erfolgt durch Ruhigstellen mittels einer Schiene über eine Woche und anschließende Schonung über weitere ein bis zwei Wochen. Zusätzlich kann durch Antiphlogistika-Gabe und Eisabreibungen Besserung erzielt werden, in chronischen Fällen hilft nur die Injektion eines Corticoids in die Sehnenscheide. Ein spezielles Taping und ein Fingermassagering unterstützen die Therapie.

Sturzverletzungen. Führend bei Sturzverletzungen sind Verletzungen der unteren Extremität, ursächlich prinzipiell zwei verschiedene Unfallmechanismen: das Anpralltrauma und das Niedersprungtrauma. Das Anpralltrauma entsteht durch den Seilzug, der den Stürzenden gegen die Felswand zieht. Die Ursache hierfür liegt vor allem in kurzen Stürzen mit hohem Sturzfaktor in wenig steilem Gelände. Hierbei kommt es vor allem zu Kontusionen und Frakturen des Vor- und Mittelfußes sowie des Fersenbeins (Calcaneus).

Beim Niedersprungtrauma kommt es zum ungebremsten Sturz auf den Boden. Dieses ereignet sich zunehmend beim Bouldern; beim Klettern meist beim Sturz vor dem Einhängen des Sicherungsseiles in den ersten Haken oder bei sicherungstechnischen Fehlern. Hierbei kommt es vor allem zu Umknicktraumen mit eventuell nur harmlosen Distorsionen oder aber auch Außenbandrupturen und Frakturen (typisch z. B. Sprunggelenksluxationsfraktur).

Wichtig ist eine richtige Sturzposition, um Verletzungen mit dem eigenen Seil zu vermeiden (siehe Abb. Seite 109).

Schulterprobleme. Schulterverletzungen bei Kletterern nehmen in den letzten Jahren deutlich zu. Dies hat mehrere Ursachen: Einerseits werden die Kletterer der ersten und zweiten Generation älter, was aber nicht heißt, dass sie nicht dennoch ihren Sport weiter intensiv ausüben. Über 70-Jährige, die drei- bis viermal pro Woche klettern und trainieren, sind keine Seltenheit. Dadurch kann es zu chronischen Mikrotraumen mit degenerativen Rupturen der langen Bizepssehne, SLAP-Läsionen oder Rotatorenmanschettenschädigungen kommen. Außerdem hat in den letzten Jahren die Intensität und Dynamik der Belastung im Spitzensport weiter zugenommen. Auch die zunehmende Dreidimensionalität im modernen Bouldern

Kurz und bündig
Matthias Keller, Ressortleiter Leistungssport im DAV, über die Situation im deutschen Kletterkader

Wie viele Wettkampfathleten betreut der DAV derzeit?
Aktuell 34 in den Nationalkadern

Was ist das Durchschnittsalter?
Über alle Kader hinweg etwa 17 bis 18, würde ich schätzen; auch durch den hohen Anteil an Jugendkadern

Wie hoch ist der durchschnittliche wöchentliche Trainingsaufwand?
Zwischen 12 und 27 Stunden – je nach Alter und Professionalisierungsgrad

Wie lange bleiben die Athleten durchschnittlich dabei?
Hier haben wir leider keine verlässlichen Zahlen. Echte Dropouts, wo die Sportler komplett mit dem Klettern aufhören, gibt es sehr selten – die meisten gehen dann eben „nur noch" felsklettern. Ich würde schätzen, dass Nationalkaderathleten im Schnitt schon sechs Jahre international antreten, einige deutlich länger.

Wie hoch ist das Verletzungsrisiko bzw. wie oft sind Athleten im Schnitt von Verletzungen betroffen?
Bei den Topleuten erfreulich gering, denn Verletzungsresistenz ist mit ein Grund, weshalb es die Sportler so weit bringen. Die meisten haben aber trotzdem mindestens einmal in ihrer Karriere eine ernsthafte Verletzung.

und die häufigen dynamischen Züge erhöhen die Belastung auf die Schulter. Von 911 Kletterverletzungen der Jahre 2009 bis 2012 betrafen 157 (17,2 %) die Schulter.

Ernährung und Körpergewicht

Ein Problem, das auch immer wieder die Medien beschäftigt und das jeder Kletterer aus eigener Erfahrung kennt, ist der Wunsch, ein niedriges Körpergewicht zu halten bzw. zu erreichen, um im Klettern erfolgreich zu sein. Der Glaube, ein niedriger Body-Mass-Index (BMI) sei gleichzusetzen mit einer guten Kletterleistung, ist vermutlich so alt wie der Begriff selbst. In der Vergangenheit haben verschiedene Kletterer mit eben dieser Problematik immer wieder Schlagzeilen gemacht. Viel zu oft werden dann Aussagen zum angeblichen Kletter-Idealgewicht solcher „Vorbilder" von Jugendlichen übernommen und ungesunde Ernährungsformen aufgegriffen oder Diäten begonnen. Aus Erfahrung können wir berichten, dass die meisten jugendlichen Kletterer ein hohes Maß an Intelligenz und Fleiß mitbringen. Schon bald erlangen diese Kinder ein Wissen über Ernährung, Kalorien und Diäten, um das manch Erwachsener sie beneiden würde. Low-Carb-Diäten oder ähnliches sind jedoch vor allem im Kindes- und Jugendalter sehr mit Vorsicht zu genießen, da schwere Mangelzustände entstehen können, die das Wachstum beeinträchtigen, den Knochen schwächen, das Immunsystem angreifen und auch auf lange Sicht zu Gesundheitsproblemen führen können. Allerdings ist auch nicht jeder Jugendliche mit einem niedrigen BMI gleich magersüchtig. Im Zuge unserer jährlichen Kaderuntersuchung versuchen wir in Gesprächen mit Kindern und Eltern herauszufiltern, bei welchen Athleten die Gefahr einer Essstörung bestehen könnte, einerseits, um frühestmöglich entgegensteuern zu können, andererseits aber auch, um unnötige Sorgen zu beseitigen. Oftmals sind Eltern besorgt, wenn der „Zögling" auf einmal nur noch vegetarisches oder gar veganes Essen vorgesetzt bekommen mag. Das muss nicht krankhaft sein. Trotzdem sollte in jedem Fall auf eine ausgewogene Verteilung der essentiellen Nährstoffe geachtet werden. Durch Beratung und Führung versuchen wir hier, die Familien zu unterstützen, auch wenn das für die Eltern manchmal bedeutet, dem Nachwuchs mehr Freiheiten einräumen zu müssen, als ihnen zunächst lieb ist.

Der Doc weiß, wovon er spricht: Volker Schöffl klettert „Rammstein" (8a) in Laos.
© K. Reil

Aber nicht nur Jugendliche können in die Falle Essstörung tappen. Schaut man in die Welt der Kletterelite, so fallen einem immer wieder „viel zu dünne" Kletterer auf. Im Rahmen der Olympia-Bewerbung entschloss sich der Verband des Wettkampfkletterns (IFSC) vor einigen Jahren deshalb dazu, Gewicht und Körpergröße aller Weltcup-Athleten bei jeweils einem Event zu messen (einmal im Lead, einmal im Bouldern und einmal im Speed). Fällt dabei ein Sportler mit einem BMI unter 18,5 (Herren) bzw. 17,6 (Damen) auf, so wird der jeweilige nationale Verband informiert und der Sportler muss einen schriftlichen Nachweis bringen, dass diesem Problem nachgegangen wurde bzw. dass der nationale Verband dieses Problem erkannt hat. Verschiedene Stimmen verlangen eine Sperrung der Athleten, die diesen Mindest-BMI nicht erreichen. Bislang konnten wir eine solche Regelung verhindern. Unserer Meinung nach würde das die gefährdeten Athleten nur noch mehr in Krankheit und Isolation treiben, anstatt die Situation durch medizinische Hilfe und eventuelle psychologische Unterstützung zu verbessern.

Soziale Aspekte und psychische Gesundheit

Die psychische Gesundheit spielt auch im Leistungssport eine entscheidende Rolle. Deswegen ist es gerade im Rahmen der Kaderbetreuung wichtig, die Athleten auch persönlich näher kennenzulernen und einen Einblick in ihren Alltag zu gewinnen. Dabei muss man an erster Stelle den erheblichen Trainingsaufwand im Auge behalten, den die Athleten leisten müssen. Bei einem Jugendkaderathleten sieht das typischerweise so aus: „Nach der Schule fahren meine Eltern mich in die Kletterhalle, wo ich drei bis vier Stunden trainiere. Auf dem Heimweg im Auto mache ich meine Hausaufgaben und nach dem Abendessen gehe ich ins Bett. Am Wochenende fahren wir zu Kletterhallen, die weiter weg sind, damit ich die Griffe und die Neigungen für die Wettkämpfe besser kenne. Im Urlaub darf ich oft aussuchen, ob ich lieber am Fels oder in der Halle klettern möchte."

Ein derartig hoher Trainingsaufwand bedarf einer hohen Motivation vom Athleten selbst, aber auch von seinem Umfeld. Dabei bleiben viele soziale Aspekte auf der Strecke. Einfach mal mit Freunden zusammensitzen, abhängen, „nur mal Kind sein" ist kaum möglich, der Zeitplan ist zu eng getaktet. Zu erwähnen ist aber auch, dass noch keiner der Kaderathleten diesen Zustand jemals bedauert hat, auch wenn er explizit danach gefragt wurde.

Der hohe Trainingsaufwand hat jedoch nicht nur Einfluss auf das Sozialleben, sondern auch auf die Schule, die Ausbildung oder die Karriere. Wenn die Schulaufgaben schnell zwischendurch, im Auto auf dem Weg nach Hause von der Kletterhalle, erledigt werden, dann ist die Qualität eventuell nicht immer die beste – was viele Jugendliche nicht weiter stört, liegt ihr Fokus doch meist ganz auf der sportlichen Leistung. Der Gedanke, dass die Kletterkarriere irgendwann zu Ende gehen könnte, kommt den meisten Athleten jedoch zu diesem Zeitpunkt nicht in den Sinn. Nun ist Klettern aber immer noch kein Sport, in dem man – selbst wenn man ganz vorne dabei wäre – Millionen zur Seite schaffen könnte, die einen dann für den Rest des Lebens unterhalten. Lange gab es in Deutschland nur wenig Unterstützung für Athleten, die berufliche Karriere und Leistungssport unter einen Hut bringen wollten, mittlerweile gibt es mit dem Konzept der dualen Karriere, das auch der DAV unterstützt, wertvolle Ansätze. Als Juliane Wurm 2015 ihre Wettkampfkarriere an ihrem Höhepunkt aufgab, waren einige Fans enttäuscht und verärgert. Die frisch gebackene Weltmeisterin sollte doch nun wirklich nicht gehen, wo es gerade am schönsten war. Ihre Entscheidung für eine Karriere nach dem Spitzensport stellt aber eine enorme Weitsicht und Reife dar und wird hoffentlich nachfolgenden Athleten als Vorbild dienen. Jedenfalls verdient sie dafür, dem Druck der Fans nicht nachgegeben zu haben, den höchsten Respekt.

Dieser Druck von außen, sei es nun durch Fans, Trainer oder Familienangehörige, ist ein weiterer wichtiger Aspekt sowohl für die Leistungsfähigkeit wie für die psychische Gesundheit der Kletterathleten. Wenn der Wunsch, den eigenen Sport auf einem derart hohen Niveau ausüben zu wollen, nicht aus einem selbst herauskommt, sondern nur von außen an einen herangetragen wird, kann sich daraus kein Erfolgsmodell entwickeln. Immer wieder erleben wir allzu ehrgeizige Eltern oder übereifrige Partner, die letztlich oft nur dem eigenen fehlenden Erfolg hinterherrennen. Eine solche Konstellation führt meist zu einer frühzeitigen Aufgabe des Sportes, häufig aber auch zu ständig wiederkehrenden Verletzungen oder Erkrankungen, die keine medizinische Ursache erkennen lassen.

In diesen Fällen empfehlen sich Saisonpausen und sogar vollständige Kletterpausen, um ein neues Gleichgewicht finden zu können. Im Zentrum solcher Überlegungen müssen dabei immer der Athlet und dessen Wohlbefinden stehen, auch wenn das bedeutet, ihn als Starter zu verlieren. Dies wird immer unser Ansatz bleiben! Ziel ist es, dass die jugendlichen Kaderathleten nach ihrer Kletterkarriere auf eine schöne und erfüllende Zeit zurückblicken können und unbeschadet ihren weiteren Lebensweg gehen. Wenn eine oder einer dabei noch nebenbei Weltmeister wird, freuen wir uns natürlich, aber wichtiger ist, was danach kommt.

Klettern ist auch insofern ein außergewöhnlicher Sport, als dass er eine sehr deutliche individuelle Vergleichbarkeit mit sich bringt und als absoluter Einzelsport ein Zusammenarbeiten mit Teamkollegen, wie es in Mannschaftssportarten üblich ist, unnötig macht. Das erschwert soziale Interaktionen zusätzlich. Gerade deshalb ist der

Zusammenhalt bei internationalen Wettkämpfen besonders bemerkenswert. Für viele Jugendlichen sind die europäischen Jugendcups ein besonderes Erlebnis, weil sie Freunde wiedertreffen, die genauso „ticken" wie sie. Da werden die Routen oder Boulder miteinander diskutiert und Tipps und Kniffe offen ausgetauscht. Gemeinsame Boulder- oder Klettertrips in neue Gebiete führen die Kaderathleten im Sinne von Teambildung zusammen und schaffen eine gemeinsame Erlebnisgrundlage für die Jugendlichen und Erwachsenen, die den Wettkampfgedanken zumindest teilweise in den Hintergrund drängen oder sogar ganz beiseiteschieben kann.

Benefits des leistungsorientierten Klettersports

Natürlich darf man auch unter medizinischen Gesichtspunkten nun nicht nur die mögliche Verletzungsgefahr oder andere problematische Seiten des Kletterns als Wettkampfsport betrachten, sondern auch die vielen positiven Auswirkungen. Und die positiven Aspekte überwiegen bei Weitem!

An erster Stelle ist der positive Einfluss auf das Selbstwertgefühl zu erwähnen. Viele Sportler, die im Klettersport erfolgreich sind, zeigen gewisse körperliche Grundvoraussetzungen, die in der Gesellschaft sonst nicht besonders wertgeschätzt werden. So entspricht ein schlauer „Kleiner" mit einem BMI unter 16 mit dünnen Armen und Beinen nicht unbedingt dem coolen Jungen, dem die halbe Klasse hinterherrennt. Klettern bietet gerade den körperlich offenkundig weniger Starken Möglichkeiten, mit Technik, Taktik und Übung vermeintliche Schwächen auszugleichen und erfolgreich zu sein, was sich auch in der Tatsache widerspiegelt, dass es kaum einen Geschlechterunterschied in diesem Sport gibt.

Auch ohne Wettkämpfe beflügelt das Gefühl, eine Route oder einen Boulder bis oben aus eigener Kraft geklettert zu haben, und der damit verbundene Zuwachs an Selbstsicherheit, Kraft und Erfolg wirkt sich positiv auf das gesamte Umfeld aus.

Klettern hat darüber hinaus einen signifikanten Einfluss auf andere kognitive Funktionen wie zum Beispiel die Konzentration. Durch den Einsatz aller Körperteile und die gleichzeitige Kontrolle einer Unmenge von Muskeln bei komplexen Bewegungen lernt das Gehirn ein Ausmaß von Aufmerksamkeit, dass bei repetitiven Sportarten wie z. B. Laufen oder Schwimmen nicht erreichbar ist. Hinzu kommen der kognitive Umgang mit objektiven Gefahren und eine Risikobeurteilung, die in dieser Art nur in wenigen körperlichen Betätigungen zu finden ist. Und last, but not least ist Klettern auch aus orthopädisch-sportmedizinischer Sicht eine sehr sichere und unfallarme Sportart, die ein optimales Training der gesamten Skelettmuskulatur erwirkt.

Literaturtipp

Hochholzer, Thomas/Schöffl, Volker: So weit die Hände greifen … Sportklettern. Verletzungen und Prophylaxe. 6. Aufl. München 2014.

Niemand ist eine Insel: Auch wenn in den Wettkampfdisziplinen jeder für sich allein gefordert ist, bereichern Team und „Tribe" emotional entscheidend.
© E. Fowke/M. Kost

„Der Tod am Berg ist männlich"

Wie sich geschlechtstypisches Verhalten am Berg auswirkt und warum uns Klischees trotzdem nicht weiterbringen

>> **Stephanie Geiger**

Nanga Parbat, 26. Februar 2016. Ein eisiger Wind weht um den Berg. Die Meteorologen melden auf Gipfelniveau Temperaturen um −35 °C. Der Italiener Simone Moro, der Baske Alex Txikon, der Pakistani Ali Sadpara und die Südtirolerin Tamara Lunger setzen zur Winter-Erstbesteigung des neunthöchsten Berges der Welt an. Es ist der Gipfeltag. Heute wird sich entscheiden, ob das wochenlange Ausharren in eisiger Kälte belohnt wird. Das Team könnte Geschichte schreiben. Und Tamara Lunger könnte den Erfolg noch toppen. Schafft sie es bis ganz hinauf, wäre sie die erste Frau überhaupt, der die Winter-Erstbesteigung eines Achttausenders gelingt.

Die Geschichte von Tamara Lunger könnte schnell zu Ende erzählt sein. Während Moro, Txikon und Sadpara ihr 8125 Meter hohes Ziel erreichen, schafft Lunger es nicht bis auf den Gipfel. Sie dreht um, das Ziel in greifbarer Nähe. Und sie hat einen plausiblen Grund dafür: „Meine innere Stimme hat mir gesagt: ‚Wenn du da raufgehst, kommst du nicht mehr heim.' Ich habe kehrtgemacht und bin runtergegangen", erklärt sie ihre Entscheidung, die sie auch vor dem Hintergrund gefällt habe, ihre Kollegen nicht einem zusätzlichen Risiko auszusetzen, sollten sie ihr beim Abstieg helfen müssen.

70 Meter unterhalb des Gipfels zu sagen: Nein. Aus. Zu gefährlich, für mich und für die anderen. Diese Haltung konterkariert ein weitverbreitetes Bild vom Extrem-Bergsteigen. Die Bereitschaft, persönliche Leistungsgrenzen zu überschreiten, stellt „geradezu eine Voraussetzung für ambitioniertes Bergsteigen dar", schreibt Manfred Ruoß in seinem Buch „Zwischen Flow und Narzissmus: Die Psychologie des Bergsteigens" (2014). Schwere Verletzungen und sogar der Tod seien die unmittelbaren Folgen dieses typisch männlichen Verhaltens. Diese Risiken werden von den Bergsteigern eingegangen und von den Beobachtern erwartet. „Der männliche Stil mag zum ‚Erfolg' am Berg beitragen, er ist jedoch auf der anderen Seite gesundheitsgefährdend und erhöht das Sterberisiko", schreibt Ruoß. Dennoch würden sogar Frauen, wenn sie in die Männerdomäne Bergsteigen eindrängen, immer wieder diesen männlichen Stil übernehmen.

Tamara Lunger erreichte mit ihrer Entscheidung indes den Höhepunkt der medialen Aufmerksamkeit, das überraschend Un-Männliche an ihrem Verhalten brachte die Wogen zum Überschlagen. „Lebenswille besiegt Leidenschaft" wurde getitelt, mit ihrer Entscheidung habe sie das Leben ihrer Kollegen gerettet, war zu lesen – obwohl das zu keinem Zeitpunkt in ernsthafter Gefahr war. Lunger wurde gefeiert und war Gast in zahlreichen Talkshows. Ihr Scheitern wurde mit dem historischen Gipfelerfolg ihrer Kollegen zumindest gleichgesetzt – wenn nicht sogar höher bewertet.

Warum war die Verblüffung so groß über eine Entscheidung, die rational völlig richtig war? Neben der verfestigten Meinung über Extrem-Bergsteiger und ihr Risikoverhalten gibt es offensichtlich auch große Unterschiede bei der externen Bewertung von Risiken und den Handlungskonsequenzen daraus. Als ungewöhnlich wird es ganz offenbar empfunden, wenn eine Entscheidung entgegen dem Erwartbaren gefällt wird. Männer, getrieben von höherer Risikobereitschaft und extremem Leistungs- und Konkurrenzverhalten – zwei Ausprägungen, die Ruoß als kennzeichnend für das männliche Bergsteigen nennt –, gehen anders in die Berge. Umkehren ist in diesem Konzept nicht vorgesehen. Tamara Lunger hat gezeigt, dass es auch anders geht. Möglicherweise hat sie nach weiblichen Denkmustern entschieden. Und es spricht vieles dafür, dass in von Männern dominierten Redaktionen gerade dies als außergewöhnlich und deshalb berichtenswert empfunden wurde.

Handeln Frauen am Berg anders?

„Ich würde mich nicht als Draufgänger bezeichnen und bin durch meine Tätigkeit als Bergführer auch so konditioniert, die Möglichkeiten nie voll auszureizen, aber bei meiner Frau und mir ist es ganz klar so, dass ich derjenige bin, der mehr Risiko eingeht und bereit ist, mehr zu wagen", sagt Luis Stitzinger.

Stitzinger und seine Frau Alix von Melle gehören zu den erfolgreichsten deutschen Höhenbergsteiger-Paaren. Und auch wenn sie fünf Achttausender schon gemeinsam bestiegen haben, gehen sie immer wieder getrennte Wege. Beispielsweise auf Skitouren in den Bergen zu Hause. Am Thaneller in den Lechtaler Alpen sei es meist so, dass er durch die steile Gipfelrinne schwinge

Es vergeht kein Wochenende, an dem nicht Bergretter ausrücken und verunfallte Bergsteiger retten. Überproportional häufig verunglücken Männer am Berg.

© DAV/Bergwacht Bayern, Foto: M. Leitner

Zwei Frauen, die erfolgreich auf ihr „Bauchgefühl" vertrauen: Gerlinde Kaltenbrunner (links) schaffte es als erste Frau „by fair means" auf alle 14 Achttausender, Tamara Lunger (rechts mit Simone Moro) wusste am Nanga Parbat im Winter ihre Grenzen zu respektieren – und kehrte unversehrt zurück.

© R. Dujmovits/S. Moro

und sie für die Abfahrt die normale Skiroute wähle, erzählt Stitzinger. Den Rest der Abfahrt absolvierten sie dann wieder gemeinsam. „Und wenn ich von vornherein weiß, dass Alix eine Tour zu rassig ist, dann setze ich die erst gar nicht auf den Plan. Alix macht dann etwas Anderes und ich gehe das Projekt mit Freunden an." Wie etwa die Skibefahrung von hohen Bergen, beispielsweise am Nanga Parbat, wo Luis Stitzinger der Erste war, der die zentrale Diamirflanke von 300 Meter unterhalb des Gipfels aus befahren hat.

Aus seiner Erfahrung als Bergführer und Expeditionsleiter kennt Stitzinger die unterschiedlichen Einflüsse auf die Risikoeinschätzung am Berg. Beispielsweise machten sich insbesondere beim Höhenbergsteigen die schwindenden Chancen auf einen Gipfelerfolg deutlich bemerkbar. „Wenn ein Gipfel im Spiel ist, gibt es oft ein Risikoschubphänomen", sagt Stitzinger. Die Expeditionsteilnehmer haben sich über Monate vorbereitet, die Akklimatisation ist abgeschlossen und dann spielt das Wetter nicht mit und der Termin für den Rückflug rückt immer näher: „Da kann es schon Zoff geben im Basislager, da kriegen sich mitunter ganze Gruppen in die Haare. Logische Argumente zählen plötzlich nichts mehr, wenn sie der letzten Chance auf einen Gipfelerfolg im Wege stehen."

Als Mann weiß Stitzinger selbst sehr genau, wie viel der Gipfelerfolg gerade Männern bedeutet. Und er erzählt von einer Expedition an den Broad Peak, bei der er als Expeditionsleiter und die Teilnehmer den gemeinsamen Entschluss gefasst hatten, nicht aufzusteigen, weil es völlig unsinnig gewesen wäre. Ein Teilnehmer war jedoch so sehr auf den Gipfel fixiert, dass er sich in der Nacht klammheimlich aus dem Basislager schlich. „Im Sturm musste er abbrechen. Und beim Abstieg hatte er dann sogar einen Unfall, was letztlich noch die Abreise der Gruppe gefährdete", erzählt Stitzinger. Einige Jahre später sei dieser Mann dann am Mount Everest gestorben.

Was sagen die Unfallstatistiken dazu?

Männer hätten mehr Neigung, am Berg mehr zu wagen, weiß Sportwissenschaftler und Bergführer Stitzinger aus seiner Erfahrung. Wie aus der Alpin-Unfallstatistik des Österreichischen Kuratoriums für alpine Sicherheit – der vermutlich weltweit detailliertesten und umfangreichsten Datenbank, die auf den von der österreichischen Alpinpolizei erhobenen Unfällen am Berg beruht – hervorgeht, lässt sich das Phänomen sogar in Zahlen fassen. Unfälle mit tödlichem Ausgang und schweren Verletzungen werden von dieser Erhebung lückenlos erfasst. Die mehr als 80.000 Datensätze sprechen eine klare Sprache: „Der Tod am Berg ist männlich", bringt Karl Gabl, Präsident des Österreichischen Kuratoriums für alpine Sicherheit, es auf den Punkt. Starben im Zeitraum vom 1. November 2015 bis 31. Oktober 2016 in Österreich 43 Frauen am Berg, verunglückten im selben Zeitraum 237 Männer. „Die weibliche Intelligenz ist am Berg unschlagbar", sagt Gabl plakativ. Das Verhältnis 1:5 ist kein Ausreißer und hat auch nichts

mit der wachsenden Zahl an Bergsportlern zu tun. Auch kann es nicht allein auf einen möglicherweise geringeren Anteil von Frauen im Bergsport geschoben werden. Das Verhältnis bleibt über die Jahre gleich. Und je nachdem, welche Disziplin man konkret anschaut, verschiebt es sich sogar noch weiter zu Ungunsten der Männer. Die Auswertungen der Unfallstatistik des Österreichischen Kuratoriums für alpine Sicherheit (Quelle: Österreichisches Kuratorium für alpine Sicherheit / BM.I Alpinpolizei) zeigen dies deutlich:

■ Hochtouren

Im Betrachtungszeitraum [01. 11. 2015 bis 31. 10. 2016; Anm.] sind auf Hochtouren 80 % der Verunfallten, 75 % der Verletzten und alle 4 Todesopfer Männer. Auch auf Hochtouren sind die Männer unter den Todesopfern im 10-jährigen Mittel stark übervertreten: Von den insgesamt 55 Toten machten sie 87 % aus.

■ Wandern

Wie im Durchschnitt der letzten 10 Jahre verletzten sich auch im Berichtsjahr signifikant mehr Frauen (56 %) als Männer. Genau umgekehrt war die Geschlechterverteilung bei den Todesopfern, wo die Männer mit 87 % massiv übervertreten sind. Auch dies entspricht der langjährigen Statistik. Männer sterben nicht nur signifikant häufiger an Herz-Kreislauf-Störungen (96 %), sondern auch durch Sturz, Stolpern und Ausgleiten (84 %). Frauen haben also mehr Unfälle, aber viel seltener solche mit Todesfolge. Es scheint, als könnten sie die großen Risiken nicht nur besser einschätzen als die Männer, sondern diese dann auch vermeiden.

■ Klettern

Alle 8 Todesopfer beim Klettern waren im betrachteten Zeitraum Männer. Dies verwundert nicht weiter, denn im langjährigen Durchschnitt liegt der Männeranteil bei hohen 86 %. Der Anteil der Frauen bei den Verletzten liegt bei 25 % im 10-Jahres-Mittel und im betrachteten Zeitraum mit 23 % knapp darunter. Vermutlich zeigen Männer, wie in vielen anderen Disziplinen, auch beim Klettern eine höhere Risikobereitschaft und es ist auch anzunehmen, dass die generell risikoreicheren Alpintouren oder gar Solobegehungen im alpinen Ambiente eher von Männern unternommen werden. Auf alle Fälle enden Unfälle bei den Männern häufiger tödlich als bei den Frauen.

Vergleichbare Ergebnisse zeigt die Auswertung der Klettersteig- oder Mountainbike-Unfälle sowie der Winterdisziplinen:

■ Skitouren

Im 10-Jahres-Mittel starben auf Skitouren pro Jahr 2 Frauen und 21 Männer, 2015/16 waren es 1 Frau und 19 Männer. Der Männeranteil liegt im Mittel bei den Toten bei 91 % und bei den Verletzten bei 61 %. Dieser Unterschied ist statistisch hoch signifikant.

Alix von Melle und Luis Stitzinger (links) sind seit vielen Jahren gemeinsam an den höchsten Bergen der Welt unterwegs, immer wieder wählen sie aber getrennte Wege, zum Beispiel bei Skiabfahrten in den heimischen Alpen, weil sie die Risiken am Berg unterschiedlich einschätzen.

© L. Stitzinger, www.goclimbamountain.de

Ines Papert kennt die Risiken des Bergsports. Eine schwere Schulterverletzung hätte fast das Ende ihrer Karriere bedeutet. Trotzdem sucht sie immer wieder fordernde Ziele, wie hier am Likhu Chuli I., dessen Erstbesteigung ihr 2013 gelang, während Seilpartner und Fotograf Thomas Senf (links) aufgrund von beginnenden Erfrierungen entschied, auf den Gipfel zu verzichten.
© visualimpact.ch/Th. Senf

Gleich in welche Erhebung zu alpinen Unfällen man schaut und welche Region man in den Blick nimmt, die Ergebnisse sind auffallend ähnlich. Von den 12.658 Bergsteigern, die die Himalayan Database erfasst hat, war etwa ein Zehntel weiblich. Von den 1042 Toten waren aber nicht einmal 5 Prozent Frauen.

Eine Auswertung von Unfalldaten in der Schweiz hat ebenfalls ergeben, dass Männer ein erheblich höheres Lawinenrisiko als Frauen haben. „Sie nehmen an einem Wochenende dasselbe Risiko auf sich wie Frauen während einer ganzen Tourenwoche", berechneten Kurt Winkler, Frank Techel und Adrian Fischer vom WSL-Institut für Schnee- und Lawinenforschung in Davos. Demnach belegten Männer 30 Prozent der Skitourentage, stellten aber 70 Prozent der Lawinenopfer. Vergleicht man zudem den Wintersport in seinen unterschiedlichen Spielarten, dann ergibt sich sogar noch eine gravierendere Ausprägung: Laut der Schweizer Untersuchung hätten Männer auf Skitouren pro Tourentag ein zehnmal höheres Risiko zu sterben als Frauen mit Schneeschuhen.

All das bestätigt Gabls Aussagen. Ein Mann zu sein, erweist sich am Berg als Risikofaktor. Das „Männerhormon" Testosteron dafür verantwortlich zu machen, wäre aber zu kurz gegriffen. Verhaltensweisen ließen sich nie durch ein Hormon erklären, sie seien vielmehr „komplexe Zusammenschlüsse vielfacher Einflussfaktoren", sagt Anika Frühauf vom Lehrstuhl Sportpsychologie am Institut für Sportwissenschaft der Universität Innsbruck.

Frühauf hat eine andere Erklärung für das unterschiedliche Verhalten von Frauen und Männern: die Sozialisation. „Sport in Bezug auf Kraft, Ausdauer, Leidensfähigkeit und Risikobereitschaft sind primär männliche Attribute. Frauen werden eher zu rücksichtsvollem, nicht-risikoreichem Verhalten erzogen", sagt sie. Und sie verweist auf eine kanadische Untersuchung. Darin wurden Müttern Videos von verschiedenen Verhaltensweisen von Kindern auf dem Spielplatz gezeigt und dann nach den Reaktionen gefragt. Das Ergebnis: Jungen wurden wesentlich öfter zu risikoreichem Verhalten ermutigt, etwa auf ein Gerüst zu klettern, Mädchen wurden dagegen davon abgehalten. In der Folge trauen sich Männer mehr zu, so die Forschermeinung. Und weil viele Sportarten für Frauen noch recht „jung" seien – wie beispielsweise das Skispringen, das erst 2014 für Frauen eine olympische Disziplin wurde –, fehlten oftmals weibliche Vorbilder und dadurch eventuell auch die Überzeugung, an die eigenen Möglichkeiten zu glauben, erklärt Frühauf.

Eine mathematische Rechnung mit unterschiedlichem Ergebnis

Grundsätzlich würden Männer und Frauen bei ihren Risikoabwägungen aber die gleichen Überlegungen anstellen. „Aus einer laufenden Untersuchung können wir bis jetzt sagen, dass sowohl Männer als auch Frauen das Risiko gleich abwägen. Es ähnelt einer mathematischen Rechnung, in die als Faktoren das Können und das Selbstvertrauen in das eigene Können einfließen, die Erfahrung, die Umweltbedingungen und die möglichen Konsequenzen", erklärt Frühauf. Wieviel Restrisiko dabei für den Einzelnen übrig bleibe und wie hoch die Toleranzschwelle liege, hänge höchstwahrscheinlich von der eigenen Persönlichkeitsstruktur sowie den bisherigen Erfahrungen ab. „Manche bezeichnen sich als vorsichtiger, andere geben zu, auch über das kalkulierte Risiko hinauszugehen. Frauen bezeichneten sich im Vergleich mit Männern in Bezug auf die Ausübung ihrer Sportart fast immer als vorsichtiger", fasst Frühauf die vorläufigen Ergebnisse der noch laufenden Untersuchung zusammen.

Hinsichtlich des subjektiven Risikoempfindens spielt die Erfahrung eine wichtige Rolle. Kurz gesagt: Das subjektive Risiko nimmt ab, je mehr Erfahrung und je mehr Wissen über die Konsequenzen die oder der Einzelne hat. „Was aber nicht bedeuten soll, dass diese Personen für Außenstehende weniger Risiko eingehen. Sie führen meist anspruchsvollere Projekte durch, verfügen jedoch über höheres Wissen und Erfahrung und somit über bessere situationelle Einschätzung und dadurch höhere Vorsichtsmaßnahmen", erklärt Anika Frühauf.

Genderspezifische Schulung

Die Erziehung, die Erfahrung, die individuelle Konditionierung – es gibt viele Faktoren, die das Risikoverhalten und damit die Entscheidungen am Berg beeinflussen. All das zeigt aber: Das Risiko am Berg ist nicht einfach nur da, man kann damit umgehen lernen. „Das Risikoverhalten lässt sich schulen. Vorläufige Ergebnisse unserer Interviews haben ergeben, dass das subjektiv höchste Risiko zumeist am Anfang der Sportausübung lag. Das kann einerseits durch das jüngere Alter bedingt sein oder aber auch durch das Unwissen über Konsequenzen", erklärt die Sportwissenschaftlerin Anika Frühauf.

Es könnte durchaus sinnvoll sein, Sicherheitskurse getrennt nach Geschlechtern anzubieten. Schließlich wurden Frauen hinsichtlich ihres Risikoverhaltens auch anders sozialisiert. Die Erfahrung vieler Frauen zeigt: Sind sie mit Männern, egal welchen Alters, am Berg unterwegs, sind Imponiergehabe, Action und Materialschlacht vorprogrammiert. Die Alpenvereinssektionen bieten deshalb längst Kurse speziell für Frauen an. Und die Erfahrungen damit sind durchwegs positiv.

Verallgemeinerungen sind schwierig

Frauen und Männer schätzen Risiken unterschiedlich ein und entscheiden in Gefahrensituationen anders. Verallgemeinerungen sind aber immer schwierig. Die Schubladen funktionieren nur eingeschränkt. Für jedes der genannten Beispiele ließe sich ganz sicher mindestens ein Gegenbeispiel finden. Nicht nur Männer sind ehrgeizig am Berg. Es gibt genug Fälle, die zeigen, dass auch Frauen durchaus viel wagen. Alison Hargreaves war im sechsten Monat schwanger, als sie solo durch die Nordwand des Eiger stieg. Sie starb wenige Jahre später am K2 in einem Höhensturm, während zwei kleine Kinder zu Hause auf sie warteten. Die polnische Höhenbergsteigerin Wanda Rutkiewicz kehrte 1992 vom Kangchendzönga nicht mehr zurück. Auf den Gipfel fixiert, biwakierte sie, von Durchfall geschwächt, wenige hundert Höhenmeter unterhalb des Gipfels; sie ist seither verschollen. Als Gerlinde Kaltenbrunner zu ihrem erfolgreichen Versuch am K2-Nordpfeiler ansetzte, war es Ralf Dujmovits, dem die Verhältnisse am Berg nicht geeignet erschienen und der kehrtmachte, während seine Frau gemeinsam mit Darek Załuski, Maxut Zhumayev und Vassily Pivtsov weiter Richtung Gipfel aufstieg. Und auch von Tamara Lunger, die am Anfang als Paradebeispiel einer intuitiv richtig handelnden Frau herhalten musste, erzählen Bergsteiger, die sie auf Expeditionen erlebt haben, sie würden wenige kennen – Männer eingeschlossen –, die dermaßen bereit wären, alles zu geben, egal welche körperlichen Konsequenzen drohten, wie die Südtiroler Höhenbergsteigerin.

Literatur

Österreichisches Kuratorium für alpine Sicherheit (Hg.): analyse:berg (erscheint zweimal jährlich und ist sowohl im Abo als auch als Einzelheft unter www.alpinesicherheit.at erhältlich).

Beim Bergsteigen muss immer wieder aufs Neue das Risiko bewertet werden. Neben Erwartung und Erfahrung beeinflussen auch Faktoren wie die individuelle Konditionierung Entscheidungsprozesse.

© S. Pöder

BergSteigen

Ice in the sunshine – perfekte Verhältnisse, um einen großen Traum in die Tat umzusetzen. Zweimal hat der Kyzyl Asker, ein abgelegener Fünftausender im chinesischen Tien-Shan-Gebirge, Ines Papert abblitzen lassen, ehe ihr mit dem jungen Slowenen Luka Lindic die Erstbegehung der Ideallinie „Lost in China" in der Südostwand gelang. Ein großartiges Beispiel für starkes, kluges Commitment – und dafür, dass man auch im 21. Jahrhundert noch große klassische Linien verwirklichen kann.

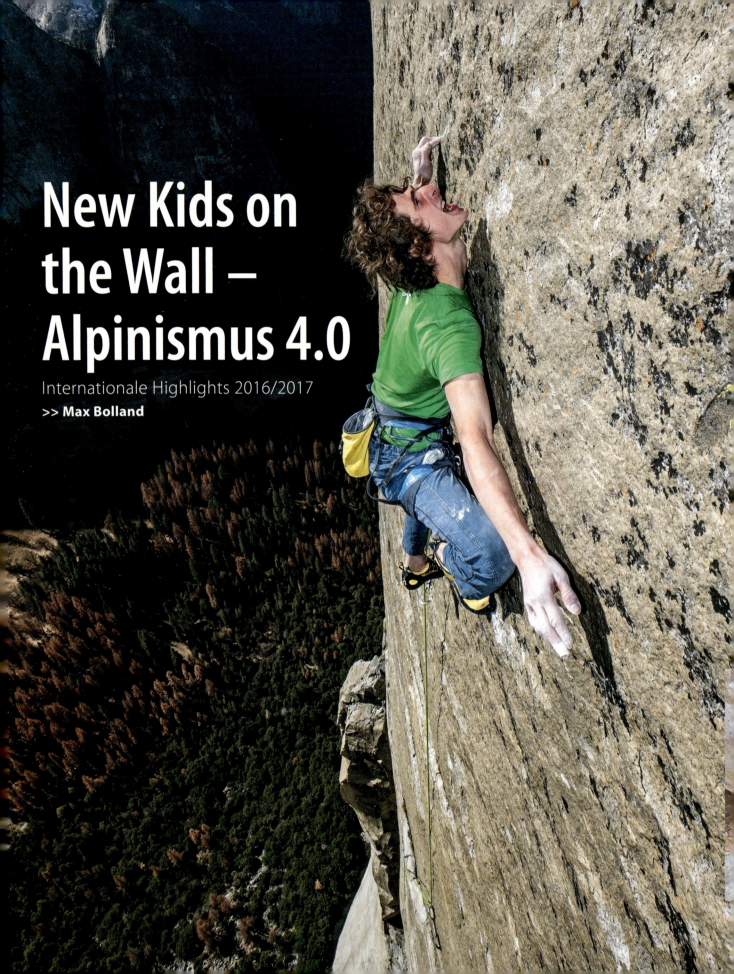

New Kids on the Wall – Alpinismus 4.0

Internationale Highlights 2016/2017

>> **Max Bolland**

Sie sind jung und unbekümmert. Sie sind nicht mit „Seil und Haken, den Tod im Nacken", sondern mit Chalkbag und Bouldermatte, den Schalk im Nacken, aufgewachsen. Für sie ist der 6. Grad nicht die Grenze des Menschenmöglichen, sondern etwas, das viel zu leicht ist, um sich damit aufzuwärmen. Zur Standardausrüstung auf ihren Expeditionen gehören Laptop und Sat-Phone, bei aller Ernsthaftigkeit ihrer Touren bleiben sie locker und cool und haben auch noch Spaß dabei! Kurz: Sie sind die neue Alpinisten-Generation.

Es ist Wesenheit und Aufgabe der jungen Generation, ihr Tun an den Werten und Maßstäben der älteren Generationen zu messen. Sei es, um das eigene Tun daran auszurichten und weiterzuentwickeln, sei es, um mit den tradierten und althergebrachten Gepflogenheiten zu brechen. Dies gilt für die gesellschaftliche Entwicklung im Allgemeinen wie für die Entwicklung im (Berg-)Sport im Speziellen. So sollen im Folgenden nicht nur die Highlights des Alpinismus der vergangenen Saison (von Mai 2016 bis Mai 2017) beleuchtet werden, sondern die „New Generation" und das, was sie beeinflusst hat, im Mittelpunkt stehen.

Sportklettern: der neue Stil

Wer gern alte und neue Sportklettervideos vergleicht, wird schnell feststellen, dass sich in Stilfragen mehr verändert hat als im Look der Kletterhosen. Sportklettern ist heute viel dynamischer, flüssiger als vor zwanzig Jahren, die Routen werden immer steiler, die Bewegungen akrobatischer und athletischer. Nur wer Kraft und Technik, Präzision und Dynamik perfekt vereint, hat im Highend-Bereich noch eine Chance. Dass sich die junge Generation mit diesem „neuen" Stil leichter tut als so mancher Oldie, dürfte sicher auch an den künstlichen Kletteranlagen liegen, über die mittlerweile der Großteil der Jungen zum Klettern findet. Zugpferd, Frontmann und Aushängeschild dieser neuen Generation ist und bleibt **Adam Ondra.** Er hat in den vergangenen Jahren sportliche Schallmauern durchbrochen und das Tor zum 12. Grad weit aufgestoßen. Ondras italienische Reise 2017 bleibt auch nicht ganz folgenlos: Als Erster die „Queen Line" (9b) in Arco gepunktet, eine weitere 9b („Lapsus") in Andonno wiederholt und dann noch zwei Erstbegehungen (9a und 9a+) in der Toskana – und das Ganze in gerade mal einer Woche! Tja, wer halt im Jetset lebt … Nicht zu vergessen seine Erfolge in der tschechischen Heimat: die Erstbegehung einer 9b („Robin Ud") und eine 8c+ im Onsight. Weitere Heldentaten folgen im spanischen Hardcore-Gebiet Oliana: Sharmas Testpiece „Pachamama" (9a+) wiederholt und seine eigene 9b-Kreation auch noch abgeknipst: „Mamichula" heißt das Kind. Oliana mit seiner unvergleichlichen Dichte an Highend-Routen zieht die Besten der Welt an wie Lichtenstein die Steuerhinterzieher.

Dass zu denen – also den Besten der Welt –, ungeachtet ihres zarten Alters von gerade mal 15 Jahren, **Laura Rogora** gehört, beweist die Italienerin mit Wiederholungen von „Joe Cita" (9a – bereits ihre zweite!) und „Joe Blau" (8c+). Dazu gesellt sich eine Erstbegehung („La Gasparata" in La Cueva) in ihrem Heimatland, die Laura Rogora mit 8c+/9a bewertet. Sollte diese Bewertung bestätigt werden, wäre dies die schwerste Erstbege-

Generation Z und ihr „alter" Frontmann: Adam Ondra beweist in der „Dawn Wall" seinen Ausnahmestatus (linke Seite). Teenies wie Margo Hayes (unten in Siurana) machen auch vor 9a+ nicht mehr Halt.

© H. Zak (linke Seite)/ G. Mionske

hung im Sportklettern durch eine Frau. Doch verweilen wir noch einen Augenblick in Oliana: In nur drei Wochen glücken **Jonathan Siegrist** (USA) mit „Chaxi", „Joe Mama" und „Pachamama" drei Routen im Grad 9a+. In den Schatten gestellt werden diese grandiosen Leistungen durch **Margo Hayes**: Die Amerikanerin ist die erste Frau, die den Grad 9a+ klettern kann, ihr gelingt eine Wiederholung von „La Rambla" in Siurana. Die historische Route wurde von Alexander Huber bereits 1994 eingebohrt und bis auf die letzten vier Meter gepunktet (8c+ für diese Variante), Ramón Julián konnte neun Jahre später die gesamte Route knacken – eine der ersten Routen im Grad 9a+ und eine der ästhetischsten Linien der Sportklettergeschichte.

Das starke weibliche Geschlecht schreibt weitere Sportkletter-Schlagzeilen. Namentlich in Person von **Alizée Dufraisse**: Die Französin kann „Estado Critico" (9a), ebenfalls in Siurana, punkten. Ebenso durchbricht ihre Landsfrau **Julia Chanourdie** die 9a-Schallmauer – mit „Ground Zero" im Aostatal. Einen halben Grad leichter klettert **Angelina Scarth-Johnson**, dafür hat sie auch ein paar Lenze weniger auf dem Buckel – nämlich gerade mal zwölf. Die Amerikanerin punktet in der Red River Gorge die Route „Lucifer" – teuflisch gut! Auf den besten Weg, Adam Ondras Fußstapfen zu folgen, ist **Alexander Megos**. Der junge Franke ist eine Art Prototyp der neuen Klettergeneration – unbekümmert, selbstbewusst und mit ebenso viel Spaß und Leichtigkeit wie Erfolg unterwegs. Und unterwegs ist Megos wahrlich! Als klettersportlicher Weltenbummler, wie es Güllich und Albert waren, hinterlässt er seine (Chalk-)Spuren an den Felsen weltweit: Chiles erste 9a und Kanadas schwerste Route gehen auf Megos' Kappe: „Fightclub" (9b). Für besonderes Aufhorchen sorgt seine zweite 9a im Onsight – mit „TCT" im Val Susa wiederholt Megos seinen Erfolg von 2013. Damals konnte er als erster Mensch überhaupt eine 9a („Estado Critico") onsight klettern. Einzig Adam Ondra ist dieses Kunststück noch gelungen – bislang drei Mal. „TCT" ist eine Erstbegehung von **Stefano Ghisolfi** zum Gedenken an den tödlich verunglückten Nachwuchskletterer Tito Traversa. Ghisolfi selbst gehört mittlerweile zu den stärksten Kletterern weltweit und hat ein äußerst erfolgreiches Jahr hinter sich. Eine seltene Wiederholung von „First Round, First Minute" (9b) in Margalef, etliche 9a+ („La Rambla", „Jungle Boogie", „First Ley") werden abgerundet durch Erstbegehungen im Grad 9a+ rund um Arco: „Ultimatum" in Massone und „One Punch" in Laghel.

Modern Trad: (k)ein Paradoxon?

Im Klettersport spiegelt das moderne Tradclimbing perfekt wider, wie traditionelle Werte und neue, moderne Herangehensweise sich miteinander vereinbaren lassen. Traditionelles Klettern heißt im ursprünglichen Sinne, dass der Berg, die Wand, der Fels von unten begangen wird, dass ich alle zur Begehung benötigte Ausrüstung und Sicherungsmittel selbst mitbringe und anbringe und, im besten Fall, im Sinne des angloamerikanischen Dogmas des Clean Climbing auch wieder mitnehme, also keine Spuren hinterlasse. Im modernen Tradclimbing ist genau dies das Ziel: die cleane Begehung von unten. Allein beginnt diese häufig oben am Ausstieg: Kletterbewegungen und Sicherungsmöglichkeiten werden von oben, im Toprope, erkundet, einstudiert und perfektioniert – so lange bis die Begehung im traditionellen Stil gewagt werden kann. Nur so lassen sich hohe Kletterschwierigkeiten und oft haarsträubend schlechte Absicherung unter einigermaßen kalkulierbarem Risiko bewerkstelligen – im Kletterjargon firmiert dieser Stil unter der Bezeichnung „headpointen".

Der Brite **Franco Cookson** begeht in diesem Stil die vielleicht schwerste und gefährlichste Route der britischen Halbinsel. Erst nachdem Cookson im Verlauf von dreißig Monaten und über hundert Übungssessions sich die Sicherheit für die Route geholt hat, wagt er den Vorstieg. Die Schlüsselpassage ist einzig über zwei Skyhooks „gesichert" – ein Bodensturz wahrscheinlich, und das bei klettertechnischen Schwierigkeiten im 10. Grad! „Um diese Linie zu klettern, muss man nicht nur akzeptieren, dass unsere Existenz endlich ist, sondern diese Tatsache auch feiern wollen!" so der O-Ton Cookson. Die Experten, darunter auch **Tom Randall,** sind sich einig: Cooksons „Nothing Lasts" (E10 7a) spielt in einem neuen Level des Tradclimbings britischer Prägung.

Randall selbst bezwingt zusammen mit seinem kongenialen Partner **Pete Whittaker** eine einzigartige Risslinie im Sandstein Utahs. „Millenium Arch" ist ein 100 Meter langes Rissdach im Nationalpark Canyonlands, das die beiden in einer einzigen langen Seillänge begehen und mit 5.14 (= 8c) bewerten. Dabei brechen sie mit so mancher Trad-Regel: Sie belassen die gelegten Klemmgeräte für ihre Begehung im Riss, sie verwenden mehrere Seile und müssen sich während der Begehung aus dem einen Seil ausbinden, um mit dem anderen weiterzuklettern. Ungewöhnliche Routen verlangen ungewöhnliche Taktiken, da sind die tradierten Werte zweitrangig. Wer möchte den beiden dies verdenken bei solch einer Linie?

Zu den wenigen Frauen, die in diesem hohen Grad im Trad-Klettern unterwegs sind, gehört **Heather Weidner**. Die Amerikanerin steckt über fünfzig Tage Vorbereitung in die Begehung von „China Doll" im Boulder Canyon. Die 40 Meter lange Route im Grad 5.14 begeht Weidner im lupenreinen Trad-Stil: Sie bringt alle Zwischensicherungen aus der Kletterstellung an. Weidners Begehung ist erst die dritte Trad-Begehung von „China Doll" – eine fantastische Leistung.

Doch das Tradclimbing erfreut sich mittlerweile auch in Kontinentaleuropa immer größerer Beliebtheit! **Jacopo Larcher** und **Barbara Zangerl** sind zwei der „Player" in diesem Metier. Mit einer cleanen Begehung von „Gondo Crack" (5.14b R = 8c)[1] untermauern die beiden ihre Ausnahmestellung. Die Route ist mit Bohrhaken ausgestattet, die beide anfänglich für das Begehen und Einstudieren der Route nützen. Anschließend glückt der Vorstieg ohne Verwendung der Bohrhaken – eine sogenannte Greenpoint-Begehung. Im italienischen Trad-Mekka Cadarese kann **Caroline Ciavaldini** den „Turkey Crack" (8a) für sich verbuchen – ein Testpiece des Gebiets. Wie Zangerl und Larcher gehört auch Ciavaldini zur neuen Generation von Trad-Kletterern, die sich im Bouldern und Sportklettern das klettertechnische Können angeeignet haben, um dann auch in dieser Kategorie zu trumpfen. Auch Ciavaldinis Partner **James Pearson** gehört seit Jahren schon zur Hautevolee des Tradclimbing. Der Brite hat einige der härtesten Trad-Routen erstbegangen und lässt mit „Le Voyage" (E10, 7a) im französischen Annot eine weitere Hammer-Route raus.[2] Pearson gilt als einer der wenigen Vertreter, die über die Jahre immer wieder versucht haben, schwere und gefährliche Trad-Routen zu onsighten oder zu flashen. In Erinnerung ist immer noch seine Flash-Begehung von „Something's Burning" (E9 7a = 8a+/8b). Was passiert, wenn die neue Generation superstarker Kletterer in diesem Metier mitspielt, führt uns einmal mehr **Alex Megos** eindrucksvoll vor. Mit seinem Flash der Sonnie-Trotter-Route „The Path" (5.14 = 8b+) hebt er nach Augenzeugenbericht (S. Trotter) „das Trad-Klettern auf den nächsten Level!" Megos' Nonchalance auf seinem Kurzausflug in die Welt der Keile und Friends beeindruckt nicht nur Trotter – seine Leistung gehört zu den bemerkenswertesten im Trad-Klettern überhaupt!

Die junge Generation: nichts ist unmöglich

Kletterer, kommst du ins Yosemite, so gewöhne dich langsam in den kurzen, leichten Routen an den Granit, füge die eine oder andere Mehrseillängentour dazu, steigere dich langsam und stetig in Länge und Schwierigkeit, vielleicht wirst du zum Schluss fähig sein, eine der großen Wände, einen echten Bigwall zu bezwingen. Mit dieser „Guideline" pilgern Generationen von Kletterern in das kalifornische Kletter-Dorado. Dass man die Sache auch offensiver angehen kann, beweist **Adam Ondra**. Mit den unbescheidenen Zielen, am El Capitan „The Nose" oder „Salathe" onsight und die „Dawn Wall" frei zu klettern tritt der junge Tscheche seine Pilgerreise ins amerikanische Klettermekka an. Man beachte: Ondra war noch nie vorher im Yosemite und ist weit mehr an steile Kalkkletterei als an die Valley-typischen glatten Granitplatten gewohnt. Doch sein sportliches Ausnahmetalent zeigt sich daran, wie schnell er

---

1 R steht für risky. Die R-Bewertung wird in Nordamerika zur Einstufung des psychischen Anspruchs bzw. Verletzungsrisikos verwendet.

2 Da das englische Bewertungssystem nicht immer leicht zu verstehen ist, sei es an dieser Stelle kurz wie folgt zusammengefasst: E10, 7a ist klettertechnisch gesehen irgendwo im oberen zehnten, unteren elften Grad angesiedelt, dann gibt es aber zwei Arten von E10: physisch und psychisch schwer und wirklich lebensbedrohlich oder sauschwer, aber einigermaßen safe. „Le Voyage" fällt in die zweite Kategorie, während die eingangs erwähnte „Nothing Lasts" ganz klar in der ersten Kategorie eincheckt.

Dawn Wall ground up: Den schwierigsten Bigwall der Welt knipst El-Cap-Novize Adam Ondra binnen eines Monats rotpunkt ab.
© H. Zak

seine Fertigkeiten an die neuen Rahmenbedingungen anpasst. Weder die saugende Tiefe noch der ganze Heckmeck mit den Bigwall-Techniken, weder die ungewohnte Art der Kletterei noch die prekäre Absicherung vermögen Ondra lange aufzuhalten. Nach weniger als einem Monat Vorbereitung und Training in der Route, gelingt die Rotpunkt-Begehung der Dawn Wall (31 SL, 9a)! Ondra bewältigt alle Seillängen frei und im Vorstieg und – noch beachtenswerter – geht die Route von Anfang an „ground up", also von unten an. Die „Dawn Wall" ist die mit Abstand schwerste Freikletterroute durch eine große Wand weltweit. Ihre Erstbegehung 2014 hat Tommy Caldwell, den mit Abstand besten und erfahrensten Freikletterer am El Capitan, über acht Jahre Vorbereitung gekostet, und dann kommt der El-Cap-Novize Ondra, klettert das ganze Ding nach nur einem Monat und kommentiert lapidar: „Letztendlich war es so schwer, wie ich es erwartet habe, aber es hat mir mehr Zeit gekostet als gedacht, weil ich einfach ein totaler Anfänger in diesem Stil des Kletterns im Yosemite bin." Selten ist so klar geworden, um wie viel Ondra als Frontmann der neuen Klettergeneration dem Rest der Kletterelite voraus ist.

Wie Ondra auch ist **Joerg Verhœven** ein Kletter-Allrounder, der seinen Ursprung im internationalen Wettkampfklettern hat, mittlerweile aber sein Ausnahmekönnen an den Wänden weltweit unter Beweis stellt. Mit der ersten Wiederholung der „Dihedral Wall" (26 SL, 5.14a oder 8b+), zwölf Jahre nach Tommy Caldwells erster freien Begehung, gelingt dem starken Holländer die drittschwerste Route am El Cap – eine grandiose Leistung! Die ambitionierte Variante von „Draußen ist anders" wählt der gerade mal 23-jährige **Sébastien Berthe**, mehrmaliger belgischer Staatsmeister im Sportklettern. Mit der zweiten freien Begehung der „Heart"-Route (35 SL, 5.13.b V10[3]) nach Mason Earle im Jahr 2015 hinterlässt er eine beeindruckende Duftmarke in für ihn ungewohntem Terrain. Die dritte freie Begehung der „Zodiac" (16 SL, 5.13.d oder 8b) am El Capitan nach den Gebrüdern Huber und Tommy Caldwell holt sich das starke Kletterpaar **Barbara Zangerl** und **Jacopo Larcher**. Die beiden klettern die anspruchsvolle Tour frei in Wechselführung, die Schlüssellängen gehen beide im Vorstieg. **Silvan Schüpbach** und **Dimitri Vogt** holen sich unterdessen eine

---

[3] Mit der nach oben offenen V-Skala werden in Nordamerika Boulder bewertet; V10 entspricht in etwa 7c+ der in Europa üblichen Fontainebleau (= Fb)-Skala.

seltene freie Begehung der „Muir Wall" mit der „Shaft"-Variante (33 SL, 8a+). Beide können alle Seillängen frei klettern. Darüber, wer welche Längen vorsteigt, muss sich **Pete Whittaker** zumindest keine Gedanken machen. Er klettert im gesicherten Solo[4] frei und an einem Tag durch den „Freerider" (37 SL, 5.13a oder 7c+). Damit ist er der erste Mensch, dem eine freie Solobegehung einer El-Cap-Route an einem Tag gelingt.

Ebenfalls im aufwändigen Seil-Solo-Stil unterwegs ist **Miranda Oakley:** In einer Mischung aus freiem und technischem Klettern schafft sie als erste Frau überhaupt die „Nose" (32 SL, 6b, A1) solo an einem Tag: nach 21 Stunden und 50 Minuten steht sie am Ausstieg. Um bei der „Speedfraktion" zu bleiben: Neben Oakley beeindrucken am meisten die Yosemite-Locals Quinn Brett und Josie McKee. Die schnellen Mädels klettern in sieben Tagen sieben Bigwalls im Valley: „The Nose", „Lost Arrow Spire Direct", West Face am Leaning Tower, South Face am Mount Watkins, South Face an der Washington Column, Northwest Face „Regular" am Halfdome und das Southwest Face am Liberty Cap!

Brad Gobright und **Bennett Blaze** komprimieren das Ganze noch etwas: drei El-Cap-Routen innerhalb von 24 Stunden. Die beiden rasen in etwas mehr als 23 Stunden durch „The Nose", „Zodiac" und „Lurking Fear" – in Summe 66 Seillängen in gehobener Schwierigkeit (6b, A2).

Für **Madaleine Sorkin** hingegen ist nicht die Stoppuhr maßgeblich, sondern sie unterwirft sich ganz dem Dogma des Freikletterns, und das Ganze nicht im entspannten Ambiente des Yosemite Valley, sondern in den hochalpinen Regionen der Rocky Mountains. Am sogenannten Diamond (Long's Peak) kann sie „Honeymoon Is Over" (ca. 12 SL) punkten – 8a+ auf über 4000 Metern Höhe. Zwar deutlich leichter (7b+), aber alpinistisch noch anspruchsvoller ist „Divine Providence" am Grand Pilier d'Angle – neben dem „Weg durch den Fisch" an der Marmolada vielleicht *die* Felsroute in den Alpen. Auch hier sind die Schwierigkeiten, auf über 4000 Metern Meereshöhe zu klettern, dazu kommen ein komplexer Zustieg und der Weiterweg zum Gipfel des Mont Blanc sowie ein langer Abstieg ins Tal. Eine grandiose Route, die klassischen Alpinismus und schweres Felsklettern miteinander vereint. Letzteres beherrscht **Nina Caprez** aus dem Effeff, Ersteres bringt ihr Partner **Merlin Benoit** mit – zusammen glückt eine freie Begehung der historisch bedeutsamen Route (900 m, 7b+) – und vermutlich die erste freie Begehung durch eine Frau. Unweit davon hat es **Caroline Ciavaldini** mit deutlich höheren Kletterschwierigkeiten zu tun. Der starken Französin glückt die freie Wiederholung des „Voie Petit" (450 m, 8b) am Grand Capucin (3838 m). Wie bei so vielen verläuft Ciavaldinis und Caprez' Weg von Kletterwettkämpfen über schweres Sportklettern an die großen Wände und deren Freikletter-Herausforderungen – beide sind Prototypen der neuen Generation von Alpinisten – jung, erfrischend locker und leistungsstark. Fest hinlangen müssen auch **Jacek Matuszek** und **Lukasz Dudek** – wobei zu fest auch nicht ratsam ist, denn der Fels der Spanierroute an der Großen Zinne ist ordentlich brüchig, dennoch gelingt den beiden Polen nach Much Mayr (2015) die zweite freie Begehung der fordernden Route (500 m, 8b+). Mit diesem Erfolg fügen die beiden ein weiteres Juwel ihrer beeindruckenden Liste von schwersten Wänden hinzu. Auf ihrer „Alpine Wall Tour" haben die beiden von „Silbergeier" bis „Bellavista" in den vergangenen Jahren alles abgegrast, was Rang und Namen hat. Ein ähnliches Projekt verfolgt **Edu Marin:** Zusammen mit Papa Marin tingelt er durch Europa und klettert schwerste Freikletterrouten durch große Wände. Sein Ausnahmejahr beschert ihm Erfolge in „Orbayu" am Naranjo de Bulnes/Picos de Europa (400 m, 8c), in dem bereits erwähnten „Voie Petit" (450 m, 8b), im Huber-Testpiece „Samsara" an der Loferer Alm (250 m, 8b+) und zum krönenden Abschluss die zweite Begehung der „WoGü" im Rätikon (250 m, 8c), die bislang nur Adam Ondra punkten konnte.

Richtig hart besorgt es sich Ausnahmetalent **Fabian Buhl**. Der starke Bayer erstbegeht eine Route der Sonderklasse, und das in einem Stil und

---

[4] Bei einem seilgesicherten Solo klettert der Akteur mit einem speziellen System gesichert erst die Seillänge im Vorstieg, anschließend muss er die Länge wieder abseilen, um das am unteren Stand fixierte Seil zu lösen und mittels Jümar am Seil wieder zum oberen Stand aufzusteigen. Er begeht also die Route insgesamt zweimal im Aufstieg und einmal im Abstieg. Whittaker braucht dessen ungeachtet nur knapp über 20 Stunden für über 30 anspruchsvolle Seillängen.

mit einem Wagemut, die ihresgleichen suchen. Von der Herangehensweise Alex Hubers beeinflusst, beschließt Buhl – der Name verpflichtet! –, seine Erstbegehung an der Sonnwendwand (Loferer Alm) von unten, allein und mit so wenig Bohrhaken wie möglich zu vollbringen. Entstanden ist „Ganesha" (7 SL, 8c): Auf der gesamten Länge befinden sich nur je zwei Bohrhaken in den beiden Schlüssellängen als Zwischensicherungen, der Rest muss selbst abgesichert werden. Ein echtes Testpiece für Nervenstarke!

In dieser Liga spielen die beiden profilierten japanischen Kletterer **Keita Kurakami** und **Yusuke Sato** auf jeden Fall auch. Sie haben letztes Jahr in ihrer Heimat eine der härtesten Mehrseillängen-Routen im Trad-Stil weltweit eröffnet: „Senjitsu-no Ruri" (7 SL, 250 m, 8b+ R/X). Ein paar wenige Bohrhaken finden sich an den Ständen, der Rest muss selbst abgesichert werden, was nicht immer möglich ist. Daraus resultieren Runouts bis zu 20 Metern und das Potenzial gefährlicher Stürze. Ob dieses Hardcore-Testpiece auch Kletterer aus Europa oder Amerika anziehen wird, darf gespannt abgewartet werden. Allein in der Wand und schnell wie der Wind ist **Daniel Arnold** unterwegs. Nach Matterhorn und Eiger zieht der Schweizer jetzt seine Runden durch die Felswände der Dolomiten und des Bergells. Die „Carlesso" (650 m, 7a+) am Torre Trieste free solo zu klettern ist an sich schon eine sensationelle Leistung: brüchiges Gestein, maximale Ausgesetztheit und gehobene Schwierigkeiten – und das in gerade mal 68 Minuten! Noch schneller flitzt Arnold durch die klassische Cassin-Route (6a) in der Nordwest-Wand des Piz Badile: läppische 52 Minuten für 800 Klettermeter! Es liegt wohl am bescheidenen Umgang mit seinen Heldentaten, dass Arnold noch nicht zum medialen Star avanciert ist.

Wenn Science Fiction wahr wird

Für mediales Aufsehen weit über die Kletter-Community hinaus sorgt **Alex Honnold** – und das völlig zu Recht. Was in der Szene immer wieder diskutiert wurde, macht Honnold wahr: Free solo klettert er den „Freerider" am El Cap: 35 Seillängen bis zum oberen 9. Grad, Traversen über glatt polierte Granitplatten, Risse in jeglicher Breite, haarsträubend glatte Verschneidungen, saugende Tiefe. Diese Tour mit nichts außer Kletterschuh und

Chalkbag ausgestattet zu bewältigen ist, als würde Sicence Fiction wahr werden: unglaublich, epochal, grandios – oder wie es El-Cap-Veteran Tommy Caldwell so treffend ausdrückt: „Die Mondlandung im Freesolo-Klettern". Diese Leistung steht weit über allem bisher Dagewesenen! Honnold hat sich über Jahre mit dem Gedanken beschäftigt, den El Cap free solo zu klettern und sich über Monate gezielt darauf vorbereitet. Ein gutes Dutzend Mal ist er die Wand bereits in Seilschaft geklettert, zuletzt zusammen mit Tommy Caldwell wenige Tage vor seinem Solo. Doch bei aller Vorbereitung: Es bleibt eine psychische Meisterleistung, die ihresgleichen sucht. Kaum einer wird wirklich nachvollziehen können, was es heißt, diesen letzten Schritt zu tun; was es heißt, ohne Absicherung und Rückzugsmöglichkeit einzusteigen, einzig im Vertrauen auf die eigenen Fähigkeiten. Was es heißt, sich sicher zu sein, nicht irgendwo in der Wand die Nerven zu verlieren, von der Angst überwältigt zu werden. Dass Honnold diese Fähigkeiten mitbringt, hat er über Jahre mit spektakulären Solobegehungen bewiesen – doch mit dem „Freerider"-Solo stellt er diese und alles andere in den Schatten.

Eis und Mixed – von alten und jungen Haudegen

In der Geschichte des Sports lassen sich neue Sportarten selten einem „Erfinder" zuordnen. Jeff Lowe aber kann man getrost als Erfinder des modernen Mixed-Kletterns sehen. Im Februar 1991 kreierte er in siebentägigem Alleingang „Metanoia" (1800 m; 7, M6, A4), eine neue, direkte Tour durch die Nordwand des Eigers. Dass diese Route 25 Jahre lang jedem Wiederholungsversuch trotzte, sagt wohl genug über Lowes Leistung aus. Mit **Thomas Huber, Roger Schäli** und **Stephan Siegrist** sammelt sich die geballte Alpin-Kompetenz, um der Route die erste Wiederholung abzuringen. Der Durchstieg gelingt dem Trio kurz nach Weihnachten in vier Tagen. Lowe, der auf Grund eines unbekannten Nervenleidens mittlerweile an den Rollstuhl gefesselt ist, quotiert die Wiederholung seiner Meisterleistung mit Genugtuung: „Ich bin glücklich und erfreut, dass sie meine Route als schwer, wagemutig, schön und visionär empfanden!"

Im linken Teil derselben Wand finden **Tom Ballard** und **Marcin Tomazsewski** eine weitestgehend neue Linie. Ihre Kreation taufen die beiden „Titanic" (1800 m, 6c, A3, M5, WI4). Insgesamt verbringen sie acht kalte Dezembertage in der Wand, dann stehen sie erschöpft, aber glücklich auf dem Gipfel des Eigers.

Von der einen berühmten Nordwand wechseln wir zur nächsten: Am Matterhorn ist **Alexander Huber** zusammen mit den beiden Schweizern **Daniel Arnold** und **Thomas Senf** erfolgreich. Sie finden eine neue Linie durch den überhängenden rechten Teil der Nordwand: Ihre Route folgt der klassischen Gogna-Route für zwölf Seillängen und zieht dann direkt über einen gewaltigen Überhang, der der Route auch den Namen gibt: „Schweizernase" bietet vor allem anspruchsvolle, technische Kletterei in mürbem Gestein (1200 m, A4, 6b). Um die letzte der großen drei Nordwände nicht zu vergessen, sei hier die Begehung einer Kombination von „No Siesta" und „Bonatti/Vaucher" an den Grandes Jorasses durch **Ines Papert** und **Luka Lindic** erwähnt. In drei Tagen klettern die beiden bei mäßigen Verhältnissen und eiskalten Temperaturen durch die harte Wand (1200 m, M7) – eine perfekte Vorbereitung für ihr gemeinsames Expeditions-Abenteuer in Kirgisistan. Ach ja, die Nordwände: Sie ziehen die Alpinisten von jeher an wie der Honigtopf die Fliegen – gleich ob Jung oder Alt.

Es mag wohl auch an der Schneearmut des diesjährigen Dolomiten-Winters gelegen haben, dass gleich zwei Seilschaften die Zinnen-Trilogie einheimsen können. In 13-stündigem Roundtrip klettern Altmeister **Christoph Hainz** und **Simon Kehrer** durch die Nordwände der Großen Zinne („Comici", 500 m, 6b), der Westlichen Zinne („Cassin", 450 m, 6c+) und die Südkante der Kleinen Zinne („Gelbe Kante", 300 m, 5c+). Da lassen sich die Jungen in Person von **Simon Gietl** und **Vittorio Messini** nicht lange lumpen. Sie klettern alle drei Nordwände („Comici", „Cassin" und die „Innerkofler" an der Kleinen Zinne) und sind sogar noch ein bisschen schneller unterwegs als ihre Landsleute. Gegen Ende des Winters startet Gietl nochmals gen Zinnen. Diesmal ist der junge, bockstarke **Michi Wohlleben** sein Partner. Den beiden gelingt die winterliche Gesamtüberschreitung der Zinnengruppe von West nach Ost in etwas über neun Stunden. Nach Gietl zufolge ist es das erste Mal, dass diese Überschreitung im Winter durchgeführt wurde. Michi Wohlleben kann sowieso mit großer Befriedigung auf die Wintersaison zu-

Ein großer Schritt für einen Menschen, ein kleiner für die Menschheit: Alex Honnold klettert den „Freerider" free solo. Die Augen einer riesigen PR-Maschine begleiten ihn.
© T. Evans

Starker Allrounder: Michi Wohlleben in seiner ausgesprochen ästhetischen Eis- und Mixed-Linie „Stirb langsam" im Wettersteingebirge.
© R. Demski

rückschauen. In unmittelbarer Nähe der Seebenseefälle (Wetterstein) kann er eine ebenso schwere wie ästhetische Mixed-Route erstbegehen. Die 200 Meter lange Linie „Stirb langsam" (200 m, M11+, WI6) bietet anspruchsvolle Mixed- und Eiskletterei vom Feinsten – ganz in der Tradition des Mixed-Pioniers Jeff Lowe. Auf ein Abenteuer ganz anderer Art lässt sich der Bigwall-Spezialist **Marek Raganowicz** ein: ein 16-tägiges (!) Wintersolo – das erste seiner Art – durch die schauderhafte Trollwand (650 m; A3, 6b) in Norwegen – also genau dort, wo die Nächte im Winter besonders lang und kalt sind.

Expeditionen im modernen Stil: leicht und schnell

Von Messner und Konsorten bereits in den 1980er-Jahren eingeläutet, wird der leichte und schnelle Begehungsstil an den Bergen der Welt von den neuen Protagonisten des Expeditionsbergsteigens perfektioniert, ja auf die Spitze getrieben. Bei so mancher Tageswanderung findet sich mehr im Rucksack als bei einer „modernen" Achttausenderbesteigung! Doch beginnen wir unsere Übersicht an den „kleineren" Bergzielen des Globus:

Panamerica – von Patagonien bis Alaska. Die Granitzapfen Patagoniens zeigen sich dieses Jahr mal wieder von ihrer schlechten Seite – also in der Regel gar nicht. Monatelange Schlechtwetterphasen ersticken alle bergsteigerischen Ambitionen im Keim. So sind die Highlights rar – aber gleichwohl beeindruckend. **Marc-André Leclerc** besteigt den Torre Egger allein und als Erster und Einziger in der Wintersaison – eine bahnbrechende Leistung! Der Torre Egger ist, vom klettertechnischen Standpunkt betrachtet, einer der schwierigsten Berge der Welt und wurde erst ein Mal (von Colin Haley) solo bestiegen. Doch mit seinem Wintersolo allein gibt sich Leclerc noch nicht zufrieden. Eine Woche später gelingt ihm zusammen mit Partner **Austin Siadak** die erste freie Begehung der anspruchsvollen „Titanic" (950 m, früher 6a, A2, jetzt 7b, M5, WI4) am Egger – eine weitere Fabelleistung à la Leclerc. Der junge Kanadier hat in den letzten Jahren schon mehrmals Aufsehen erregt.

Markus Puchers besondere Beziehung zur Westwand des Cerro Torre findet – knapp – keinen krönenden Abschluss: Pucher scheitert eine Seillänge unter dem Gipfel an einer ersten Solo-Winterbesteigung. Die Sommersaison hingegen verläuft, dank der immer tobenden Stürme, eher besch- …aulich – allerdings nicht für alle. **Nico Favresse, Siebe Vanhee** und **Sean Villanueva O'Driscoll** beißen sich allen Wetterunbilden zum Trotz 19 Tage lang am Central Tower der Torre del Paine fest. Außer einiger musikalisch wertvoller Jamsessions in ihrem Portaledge kommt dabei, laut Patagonien-Experten Rolando Garibotti, *„die Besteigung der Saison"* heraus. Dem lebensfrohen belgischen Team glückt die freie Begehung der Route „El Regalo de Mwono" (1200 m, ehedem 6b, A4, jetzt 8a)! Langes, nervenzermürbendes Warten haben auch **Matteo della Bordella, Matteo Bernasconi** und **David Bacci** hinter sich, bevor sich überhaupt eine Chance auf die Besteigung des abgelegenen Cerro Murallon ergibt. Diese nützen die drei dafür vortrefflich und legen eine tolle Erstbegehung durch anspruchsvolles Eis- und Mixed-Gelände in der Ostwand hin: „La Valor de Meida" (1000 m, M6, A2; Eis bis 90 °) ist der Preis für die Angst und ihre Beharrlichkeit.

Einige tausend Kilometer weiter nördlich befindet sich mit dem Tauliraju (5830 m) eine ebenso imposante Berggestalt. Der neuseeländischen Version des Expeditionskaders gelingt die Erstbegehung des nervenaufreibenden Westgrats (5b, WI4, M4) mit anschließender Überschreitung nach Osten sowie eine technisch schwere Erstbegehung an der Ostrippe (6b, M5, WI5). Unweit davon sind die beiden Franzosen **Max Bonniot** und **Didier Jourdain** erfolgreich. Am legendären Siula Grande (6344 m) können sie im Alpinstil die jungfräuliche Ostwand des Berges durchsteigen („Le Bruit des glaçons", 1400 m; 6c, WI5). Der Siula Grande ist durch Joe Simpsons Buch „Sturz ins Leere" in die Alpinhistorie eingegangen. Die Aktion von Bonniot und Jourdain verläuft jedoch reibungslos, und nach fünf Tagen am Berg sind beide wohlbehalten im Basislager zurück. Doch weiter geht die Reise nach Norden.

Next stop Alaska. Colin Haley gehört zu der Handvoll Alpinisten, die Mumm und Können genug haben, um schwere kombinierte Wände an großen Bergen allein zu begehen. Den Nordpfeiler des Mount Hunter hat Haley bereits 2012 allein durchstiegen, da er sich damals aber gezwungen sah, auf die vergleichsweise leichten letzten 100 Meter zum Gipfel zu verzichten, kehrt er nun zurück, um diese „Scharte" auszubügeln. In dem für ihn typischen waghalsigen, superleichten und superschnellen Stil steigt er in nur 7 Stunden und 47 Minuten durch die anspruchsvolle Wand (1200 m, M4/5, WI4) zum Gipfel, weitere gut 7 Stunden später ist er schon wieder unten.

Gleich hinter dem Mount Hunter steht mit dem Mount Huntigton die vielleicht formschönste Berggestalt Nordamerikas. **Clint Helander** und **Jess Roskelley** erreichen den exquisiten Gipfel über den elendlangen, kompletten Südgrat – ihre Erstbegehung ist eine alpine Gratreise der Extraklasse! Die Gauntlet-Ridge ist fast 3000 Meter lang und fordert neben technisch hohem Niveau (M6, A0, 95° in Eis und Schnee!) vor allem gute Nerven und reichlich Chuzpe – fünf Tage verbringen die beiden in der Ausgesetztheit des Grates. Noch abgeschiedener verbringen **Robert Jaspers** und **Stefan Glowacz** in Baffin Island die Ferien. Nach mehrtägigem Fußmarsch samt Schlitten am Ziel ihrer Wünsche angekommen, können die beiden, begleitet von Fotograf Klaus Fengler, die Route „Nuvualik" (7b+, M6, A1) am Mount Turret weitestgehend frei wiederholen. Der Rückmarsch dauert dann nochmals 13 Tage – jeder Sportkletterer würde bei dieser Kletter- zu Geh-Meter-Bilanz die Hände über dem Kopf zusammenschlagen.

Himalaya und Karakorum. Ein unerschöpflicher Spielplatz: Viele Regionen sind immer noch nicht erkundet, einige aufgrund bürokratischer Hürden nicht oder nur schwer zugänglich – Raum genug für echte Entdecker! Die Berge Zentraltibets haben bislang nur wenige Alpinisten besucht, der japanische Alpinist und Fotograf Tamotsu Nakamura hat über viele Jahre diese und andere Regionen bereist und erforscht und mit seinen Publikationen den einen oder anderen Alpinisten inspiriert, der faszinierenden Bergwelt Tibets einen Besuch abzustatten. Für die britischen Alpingrößen **Nick Bullock** und **Paul Ramsden** ist ein vages Foto der Nordwand des Nyainqêntanglha South East (7046 m) aus dem Fundus Nakamuras Anreiz genug, sich auf die Reise durch den bürokratischen Dschungel Chinas zu begeben. Allen Widerständen zum Trotz stehen die beiden eines Tages unter der spektakulären Nordwand. Abgeschieden und unerforscht ist diese Ecke des Himalayas: Bullock und Ramsden sind die ersten Alpinisten überhaupt, die auf dieser Seite des Berges ihre

Grenzbereiche: Hansjörg Auer und Alex Blümel im Anmarsch zum entlegenen nepalisch-indischen Grenzgipfel Gimmigela East, dem sie eine neue Route durch die 1200 Meter hohe Nordwand verpassen. In einer äußerst abgelegenen Ecke des Tien-Shan-Gebirges gelingt Ines Papert und Luka Lindic am Kyzyl Asker (rechts) die großartige Linie „Lost in China".
© E. Holzknecht/L. Lindic

Spuren hinterlassen. Anders als mittlerweile üblich besteht keinerlei Kontakt zur Außenwelt, und damit auch nicht die Möglichkeit einer verlässlichen Wetterprognose. Doch die beiden Hardcore-Bergsteiger lassen sich davon nicht ins Bockshorn jagen. Im lupenreinen Alpinstil und mit vier Biwaks in der Wand gelingt ihnen die erste Durchsteigung der Wand (1600 m, ED+) – eine der schönsten Erfolge der letzten Himalaya-Saison. Weitere zwei Tage verbringen die beiden damit, über den unbekannten Ostgrat wieder zurück in die „Zivilisation" zu gelangen. Ihre fabelhafte Leistung wird mit dem Piolet d'Or gebührend geehrt! Mit diesen werden auch die Russen **Dmitry Golovchenko**, **Dmitry Grigoriev** und **Sergey Nilov** ausgezeichnet. Der Thalay Sagar (6904 m) in Indien ist zwar deutlich einfacher und leichter zu erreichen als die abgelegenen Bergregionen Tibets, aber der Ästhetik seiner Form tut dies keinerlei Abbruch. Seine Nordwand war immer wieder Schauplatz spektakulärer Besteigungen, der direkte Nordpfeiler jedoch konnte bislang nicht bezwungen werden. Dem starken russischen Team glückt dort in achttägigem Kampf eine atemberaubende Linie: „Moveable Feast" (1400 m, M7, WI5, A3, 6b). Seinen Jahresurlaub verbringt auch der Finanzbeamte **Mick Fowler** in Indien – dass er dort nicht zum Baden verweilt, versteht sich von selbst. Mit einer weiteren britischen Himalaya-Legende, **Victor Saunders,** nimmt sich Fowler den Nordpfeiler (1100 m, ED) des Sersank Peak (6050 m) zur Brust. Und raus kommt dabei – wen überrascht das schon? – eine echte Fowler-Erstbegehung: irre Linie, schwere Kletterei, unbequeme Biwaks, acht Tage am Berg – Alpinstil pur! Neben dem Sersank Peak bietet die indische Region Kaschmir noch viel unberührtes Betätigungsfeld. Die amerikanischen Nachwuchsalpinisten **Jeff Shapiro** und **Chris Gibisch** nützen die Gunst der Stunde und begehen eine neue Route über den Südpfeiler des Brammah II (6425 m) im Alpinstil („Pneuma", 1400 m, WI4, M4). Auch das Miyar Valley und das Temasa Valley in Indien bekommen Besuch von britischen Alpinisten. **Dave Sharpe** und **John Crook** können den Raja Peak (6267 m) im Temasa Valley über dessen Nordwand erstbesteigen. Im Miyar Valley glückt dem Duo die Erstbegehung von „Last Chance Saloon" (1300 m, schottisch 4, TD−) am James Peak (5780 m), währenddessen **Martin Moran** und **Ian Dring** die Erstbesteigung des Marakula Killa (5755 m) über den prägnanten Nordpfeiler realisieren („Crocodile Rock", 1300 m, ED2, VI+). Auch wenn die letztgenannten Leistungen nicht ganz an den – zugegeben hohen – State of the Art des Himalaya-Bergsteigens heranreichen, sind sie doch Beleg für die unendlichen alpinistischen Möglichkeiten abseits der Modegebiete.

Allzu viel Besuch hat der Gimmigela East (7005 m) in der nepalesischen Kangchendzönga-Region bislang auch noch nicht gesehen, erst zweimal standen in den 1990er-Jahren Bergsteiger auf dem Grenzgipfel zwischen Nepal und Indien. Der renommierte Alpinist **Hansjörg Auer** geht zusammen mit seinem Partner **Alex Blümel** den Berg erstmals von Nepal aus an, in der imposanten Nordwand (1200 m, M4, Eis: 85°) finden die

beiden eine adäquate Herausforderung. Die Durchsteigung der Wand glückt den beiden im leichten Alpinstil in nur drei Tagen – eine vollauf gelungene Aktion, vor allem, wenn man bedenkt, dass der Gimmigela East „nur" eine Ersatzlösung für die beiden bildet, nachdem sie für ihr ursprüngliches Ziel kein Permit erhalten haben. Eine tolle Linie mit ebensolcher Kletterei finden **Ines Papert** und **Luka Lindic** in der Grenzregion zwischen China und Kirgisistan. Papert hatte dort noch eine alte Rechnung offen und konnte Lindic zu einer gemeinsamen Expedition motivieren. „Die beste Eis- und Mixed-Route, die ich je an einem hohen Berg geklettert bin!", urteilt Lindic im Nachhinein über ihre Route „Lost In China" (1200 m, M6, WI5+) am Kyzyl Asker (5842 m). Leicht und schnell sind die beiden unterwegs, und das ist auch gut so: Nachdem sie bereits am Abend des zweiten Tages wieder sicher zurück im Basislager sind, bricht ein heftiges Gewitter über sie herein. Glück und Können – beides gehört dazu, um an den hohen Bergen erfolgreich zu sein und alle Abenteuer unbeschadet zu überstehen.

Dieses Glück hat **Ueli Steck** verlassen. Mit der Doppelüberschreitung von Everest und Lhotse hatte er ein ebenso ambitioniertes wie visionäres Ziel ins Auge gefasst. Auf einer leichten Akklimatisationstour am Fuße des Nuptse stürzt er aus ungeklärten Gründen in den Tod. War es ein Moment der Unaufmerksamkeit, im falschen Augenblick der falsche Schritt – man wird es nie wirklich erfahren. Steck hat den Light-and-fast-Stil auf den nächsten Level gehoben, mit seinem Tod verliert die Bergsteigerwelt einen der fähigsten und visionärsten Protagonisten des Achttausender-Bergsteigens.

Über 8000 Meter. Als **David Göttler** und **Hervé Barmasse** aufbrechen, um die Südwest-Wand des Shisha Pangma zu durchsteigen, ist die Nachricht vom Tod ihres Freundes und Kollegen Steck schon längst zu ihnen durchgedrungen. Ganz in der Manier des von Steck perfektionierten Stils gelingt den beiden eine schnelle Besteigung der Wand über die Spanierroute. Von ihrem letzten Lager auf 5850 Meter machen sich die beiden mit minimalistischer Ausrüstung auf den Weg und erreichen in nur 13 Stunden Kletterzeit den Gipfel. Ihre Meisterleistung ist ein perfektes Beispiel für das moderne Achttausender-Bergsteigen: gut über Satelliten-Telefon mit der Welt vernetzt, nützen sie ein kurzes Wetterfenster für ihre schnelle Besteigung. Nur durch ihre außergewöhnliche Fähigkeit, in großer Höhe über lange Zeit so schnell unterwegs zu sein, und die Bereitschaft, alles auf eine Karte zu setzen, ist ihr Triumph möglich.

Berge für Generationen

Für die Berge wird es egal sein, wer an ihnen herumklettert, in welchem Stil und wie schnell. Sie werden nicht nur diese, sondern auch viele kommende Generationen überdauern. Und für die Aktiven – so unterschiedlich sie das Bergsteigen und Klettern auch angehen – wird es wohl auch immer das Gleiche sein, was sie zu finden hoffen. Etwas, das so schön, so vergänglich und so schwer zu beschreiben ist wie ein Regenbogen.

Bei so vielen Routen gilt es den Durchblick zu bewahren: Für die brandneue gelbe Linie am Thalay Sagar (links) gibt's einen goldenen Pickel (Piolet d'Or) für ein russisches Team. Dieses Problem der Orientierung hatten die britischen Altmeister Bullock und Ramsden nicht: Sie waren die Ersten, die die Nordseite des Nyainqêntanglha South East (rechts) erkundeten.
© Archiv Piolet d'Or

Olympia im Blick

Die wichtigsten Ereignisse und Ergebnisse in den alpinen Wettkampfdisziplinen Klettern und Skibergsteigen

>> **Matthias Keller**

Nachdem im Sommer 2016 das IOC Sportklettern als eine von fünf neuen Sportarten für die Olympischen Spiele in Tokio 2020 bestätigt hatte, ging ein spürbarer Ruck durch die internationale Wettkampfszene. Zahlreiche nationale Verbände richteten sich daraufhin strategisch neu aus und die zweite Saisonhälfte stand voll im Zeichen der Ringe – vor allem bei der Weltmeisterschaft in Paris war das Thema allgegenwärtig, da hier den Athleten und Verbänden der erste Entwurf des Olympia-Modus präsentiert wurde. Im Anschluss an die WM konnten Athleten und Verbände ihr Feedback zum angedachten Format geben – der finale Entscheid zum Modus und zum Qualifikationsweg fiel dann bei der IFSC Hauptversammlung im Frühjahr 2017.

Neben der WM in Paris als Highlight-Veranstaltung bestand der Wettkampfkalender in der Saison 2016 aus extrem vielen Destinationen rund um den Globus – der Weltcup machte seinem Namen alle Ehre. Mit dem Boulderweltcup in Navi Mumbai war erstmals ein Weltcup auch in Indien zu Gast. Insgesamt standen 21 Weltcups in den drei Disziplinen Bouldern, Lead und Speed sowie internationale Titelkämpfe für Jugend und Erwachsene auf dem Terminkalender.

Boulderweltcup: Shauna Coxsey und Tomoa Narasaki ganz oben

An **Shauna Coxsey** (Bild 2 und 6) ging im vergangenen Jahr kein Weg vorbei. Die Engländerin zeigte über die gesamte Saison eine beeindruckende Konstanz und sicherte sich mit vier ersten und zwei zweiten Plätzen überlegen den Gesamtweltcup. Auf Rang 2 folgte ein junges Gesicht im Weltcup-Zirkus: Die 19-Jährige Japanerin **Miho Nonaka** zog in sechs von sieben Finals ein. Hier konnte sie zwei der drei Weltcups, die Coxsey noch übrig gelassen hatte, für sich entscheiden. Platz 3 im Gesamtranking ging an die Französin **Melissa Le Nevé**, die mit diesem Gesamtwertungspodium in der Tasche am Ende der Saison ihre Wettkampfkarriere beendete. Besonders erfreulich aus deutscher Sicht: **Monika Retschy** gelang beim Weltcup in Navi Mumbai mit Platz 2 nicht nur das beste Wettkampfergebnis ihrer Karriere, sie konnte sich am Ende mit Rang 5 im Gesamtweltcup auch noch unter den besten Boulderinnen platzieren.

Bei den Herren war die Weltcup-Saison 2016 vor allem die One-Man-Show eines Shooting Stars: **Tomoa Narasaki** (JPN, Bild 7) boulderte sich von Platz 30 im Gesamtweltcup der Saison 2015 ganz an die Spitze und glänzte immer wieder mit unglaublicher Bewegungspräzision, Geschwindigkeit und Koordination. Oftmals schien der Japaner mit dem wilden Haupthaar die Gesetze der Biomechanik außer Kraft zu setzen. Nach einem etwas holprigen Start bei den ersten beiden Weltcups dominierte Narasaki den Rest der Saison mit zwei Siegen und drei zweiten Plätzen. Sein Landsmann **Kokoro Fuji** hätte vielleicht auch noch ein Wörtchen mitreden können – trotz zwei Siegen fehlte Fuji aber die Konstanz im Vergleich zu seinem Teamkollegen und so blieb ihm am Ende nur Platz 2 im Gesamtklassement. Lediglich **Aleksei Rubtsov** (RUS, Bild 7 links) konnte den beiden Japanern noch Paroli bieten, schaffte es beim Weltcup-Finale in München trotz eines dritten Platzes aber nicht mehr, an Fuji vorbeizuziehen. Aber auch mit Rang 3 im Gesamtklassement gelang Rubtsov sein bestes Ergebnis im Gesamtweltcup bislang. Für **Jan Hojer** (GER) verlief die Saison 2016 leider nicht ganz nach Plan: Hojer wurden oftmals technische Platten oder Boulder, bei denen er sich mit seiner Größe schwerer tat, zum Verhängnis. So gelang ihm nur beim Weltcup in Chongqing (CHN), den er auf Platz 2 beendete, der Finaleinzug. Für Hojer blieb nach Abschluss der Saison immerhin noch Platz 9 im Gesamtweltcup – damit war er bester Deutscher. Für einen Südtiroler wartete die Saison 2016 mit einem besonders erfreulichen Ergebnis auf: Der Meraner **Michael Piccolruaz** (Bild 3) stand beim Weltcup in Kazo (JPN) als Zweiter erstmals auf einem Weltcup-Podium – in der Gesamtwertung reichte es ihm am Ende für Platz 14.

Großartigen Sport und große Emotionen bot die internationale Klettersaison 2016

Alle Fotos: © E. Fowke

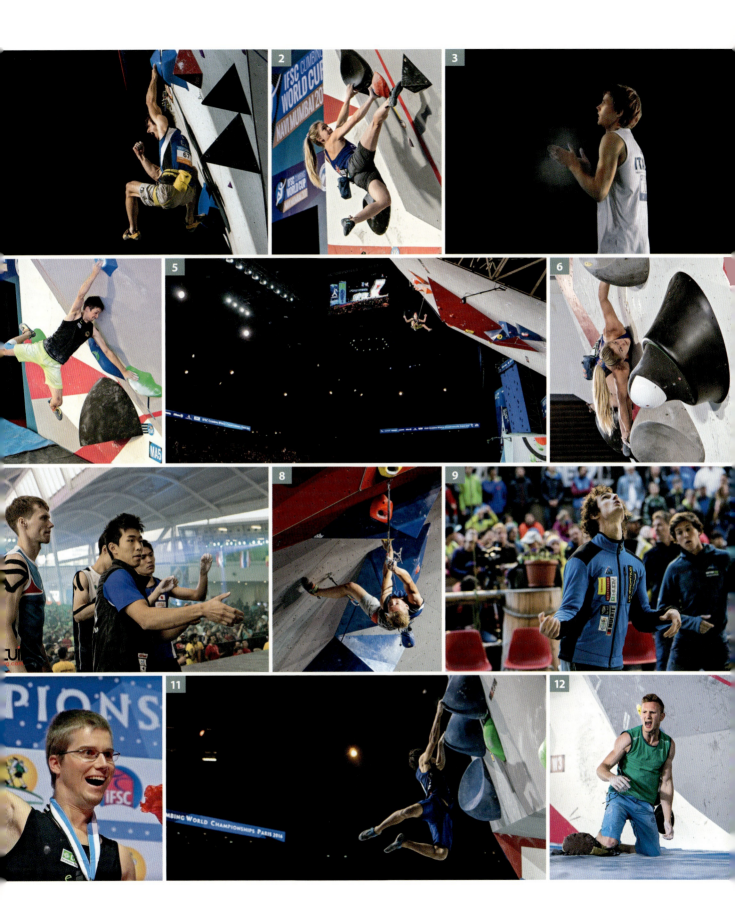

Chronik Wettkampfklettern

Weltcup Lead: An den Slowenen führt kein Weg vorbei

Sie hatte schon im Vorjahr gezeigt, wo die Reise hingeht: **Janja Garnbret** (SLO) startete in der Saison 2016 trotz ihres jugendlichen Alters nun endgültig durch und dominierte die komplette Weltcup-Saison im Lead. Die starke Slowenin zog in alle Finals ein und stand dort nur einmal nicht auf dem Podium. Vier Siege, zwei dritte und ein vierter Platz standen für sie am Ende zu Buche – damit gewann sie den Gesamtweltcup vor **Anak Verhoeven** (BEL), die ebenfalls in allen Finals der Saison vertreten war. Die Belgierin gewann 2016 ihre ersten beiden Weltcups und zeigte mit Platz 2 im Gesamtklassement ihre bislang beste Saisonleistung. Schon mit etwas Abstand hinter Garnbret und Verhoeven landete **Jain Kim** (KOR) auf Rang 3 im Gesamtklassement. Für die Österreicherinnen reichte es 2016 nicht ganz für einen Podiumsplatz im Gesamtweltcup: **Magdalena Röck** gewann zwar ein weiteres Mal ihren Heimweltcup in Imst, konnte aber bei den weiteren Stationen nicht genügend Punkte sammeln und belegte am Ende Rang 4. Teamkollegin **Jessica Pilz** ließ zur WM-Vorbereitung zwei Weltcups aus und kam dadurch nur auf Rang 9.

2016 blieb der Gesamtweltcup Lead in der Familie: Um nicht hinter dem Erfolg seiner Partnerin Janja Garnbret zurückstecken zu müssen, tat **Domen Škofic** (SLO) ihr es einfach gleich und gewann ebenfalls den Gesamtweltcup. Mit drei Siegen hatte Škofic am Ende einen sicheren Vorsprung vor **Jakob Schubert** (AUT, Bild 8 und 12), der seiner seit 2010 währenden Serie der Gesamtweltcup-Podien ein weiteres Jahr hinzufügen konnte. Schubert war der Einzige der Weltcup-Herren, der 2016 in jedem Finale vertreten war, wartet aber weiterhin auf seinen ersten Weltcup-Sieg seit 2014. Auf Rang 3 folgte mit **Romain Desgranges** (FRA) einer der erfahrensten Kletterer im Curcuit. Der 33-Jährige zählt zwar schon seit 2004 zur Weltspitze, konnte 2016 aber erst seinen zweiten Weltcup gewinnen. Beim letzten Weltcup der Saison in Kranj (SLO) freute sich dann der sicherlich auffälligste Kletterer im Weltcup-Zirkus ganz besonders: **Sebastian Halenke**, der Mann mit der roten Irokesen-Frisur (Bild 5 und rechts), gewann seinen ersten Weltcup und bescherte damit nicht nur dem DAV den ersten Weltcup-Sieg im Lead seit zehn Jahren, sondern belohnte damit auch seinen Trainingsfleiß und seine unbändige Motivation. Letztere war bei Halenke 2016 mit wechselhaften Ergebnissen auf eine besonders starke Probe gestellt gewesen. Mit seinem Sieg und drei weiteren Finaleinzügen konnte Halenke im Gesamtklassement noch auf Platz 7 klettern.

Weltcup Speed: Showdown zum Finale

Die Speedkletterer sind es gewohnt, dass die Entscheidungen knapp ausgehen. Und ganz nach diesem Motto fiel auch die Entscheidung im Speedweltcup: Die Französin **Anouck Jaubert** und die Weltrekordhalterin **Iuliia Kaplina** (RUS) lieferten sich bis zum letzten Weltcup in Xiamen (CHN) ein Kopf-an-Kopf-Rennen um den Gesamtsieg. Die beiden hatten zuvor abwechselnd alle Weltcups gewonnen – der letzte musste nun die Entscheidung bringen. Am Ende gewann keine der beiden: Der Sieg ging etwas überraschend an **Klaudia Buczek** (POL), die damit zum ersten Mal ganz oben auf dem Weltcup-Podium stand. Hinter Buczek kletterte Kaplina in Xiamen auf den zweiten Platz – damit ging der Gesamtweltcup an sie, für Jaubert blieb nur Silber. Mit ihrem Sieg im letzten Weltcup schob sich Buczek auch noch auf Rang 3 im Gesamtklassement. Bei den Herren war die Sache schon deutlich klarer. Hier konnte der Teamkollege von Klaudia Buczek so richtig auftrumpfen: **Marcin Dzieński** (POL) war der mit Abstand stärkste Speedkletterer der Saison und konnte drei der sieben Weltcups gewinnen. Was bei den Damen der Run um den Gesamtsieg war, war bei den Herren der Kampf um die Plätze auf dem Podium: Nur mit dem Hauch von drei Punkten Vorsprung sicherte sich **Stanislav Kokorin** (RUS) durch einen Sieg beim letzten Weltcup in Xiamen Platz 2 vor **Danyil Boldirev** (UKR).

WM Paris: Ein weltmeisterliches Event!

Sie war unangefochten das Highlight der vergangenen Saison: Die WM im Lead, Bouldern und Speed sowie im Paraclimbing wurde nach 2012 erneut in der gigantischen Pariser Sportarena in Bercy ausgetragen. Hier sahen insgesamt 20.000 Zuschauer die Titelkämpfe und sorgten bei den Kletterern für Gänsehautatmosphäre. Und auch die gebotenen Leistungen waren einer Weltmeisterschaft würdig: Vor allem das Lead-Finale der Herren bot eine der besten Wettkampfrouten der letzten Jahre und forderte von den Kletterern athletische und spektakuläre Züge. Mit der einzigen Top-Begehung des Finales schaffte es **Adam Ondra** (Bild 1 und 9) nach 2014 ein weiteres Mal auf den Weltmeister-Thron. Seine leidenschaftliche Begehung riss die Zuschauer von den Stühlen – Standing Ovations für den neuen Weltmeister! Hinter einem entfesselten Ondra blieb für **Jakob Schubert** (AUT), der 2012 an gleicher Stelle Weltmeister geworden war, nur Silber. Lokalmatador **Gautier Supper** (FRA) sicherte dem Gastgeberland Bronze. **Sebastian Halenke** (GER) verpasste als Zehnter nur um die Winzigkeit einer „+"-Wertung das Finale.

Spektakuläre Routen und starke Auftritte der unterschiedlichsten Athletinnen und Athleten bot die WM in Paris.

Bei den Damen konnten gleich zwei der Finalistinnen die Route top klettern: **Janja Garnbret** hatte am Ende hauchdünn durch ein besseres Halbfinalergebnis die Nase vorn und sicherte sich damit knapp den Weltmeistertitel. Wie im Gesamtweltcup blieb für die Belgierin **Anak Verhoeven** auch bei der WM trotz Top-Begehung des Finales nur Platz 2. Hinter den beiden stärksten Leadkletterinnen der vergangenen Saison kletterte Altmeisterin **Mina Markovič** (SLO) auf den Bronze-Rang und fügte damit ihrer beeindruckenden Bilanz eine weitere Medaille hinzu. Auch auf den Plätzen 3 bis 5 musste am Ende das Halbfinalergebnis herangezogen werden, da drei Damen die gleiche Wertung im Finale erreicht hatten.

Beim Boulderwettkampf der WM konnten die Franzosen ihren Heimvorteil voll ausspielen: Bei den Herren waren gleich drei von sechs Finalisten aus dem Gastgeberland – lautstark angefeuert von über 10.000 Zuschauern. Das Rennen um den Weltmeistertitel machten dann aber andere unter sich aus: Der überragende Boulderer der Saison, **Tomoa Narasaki** (JPN), duellierte sich mit Kletterstar **Adam Ondra** (CZE) um die Boulder-Krone. Am Ende konnten zwar beide drei der vier Finalboulder klettern – Ondra brauchte jedoch einige Versuche zu viel, bis er auf die entscheidende Lösung kam. So räumte Narasaki nicht nur den Gesamtweltcup ab, sondern gleich auch noch den Weltmeistertitel – das nennt man ein erfolgreiches Jahr!

Die Damenkonkurrenz sah eine wie entfesselt kletternde **Petra Klingler** (SUI), die sich auf den Punkt vorbereitet nach etlichen Weltcup-Podien nun endlich mit einem ganz großen Titel belohnen konnte. Klingler bescherte damit der Schweiz den ersten Weltmeistertitel im Bouldern und den Zuschauern unbändige Freude über ihren großen Coup. Den beiden Japanerinnen **Miho Nonaka** und **Akiyo Noguchi** blieben im Schatten von Klingler diesmal nur Platz 2 und 3. Beinahe hätte es auch noch für die beiden Deutschen **Lilli Kiesgen** und **Alma Bestvater** fürs Finale gereicht: Mit Platz 9 und 10 holten beide ihr bestes internationales Ergebnis.

Im Speed der Herren ging die Goldmedaille an **Marcin Dzieński** (POL), der bei den Weltcups schon angedeutet hatte, dass er aktuell der schnellste Mann in der Vertikalen ist. **Reza Alipourshenazandifar** (IRI) hatte im Finale das Nachsehen, konnte mit Silber aber seine WM-Bilanz weiter steigern. In Gijon 2014 hatte es nur zu Bronze gereicht. Bronze ging diesmal etwas überraschend an den jungen Russen **Aleksandr Shikov**, der damit sein bestes internationales Ergebnis einfuhr. Bei den schnellen Damen vermieste **Anna Tsyganova** (RUS) Lokalmatadorin **Anouck Jaubert** das Heimspiel und sicherte sich mit dem Weltmeistertitel ihren größten internationalen Erfolg bislang.

Zumindest eine Medaille gab es dann doch noch für das deutsche WM-Team: **David Firnenburg** (Bild 4) holte sich in der Overall-Wertung aus den drei Disziplinen Lead, Bouldern und Speed hinter **Sean McColl** (CAN) und **Manuel Cornu** (FRA) Bronze. Bei den Damen ging diese Wertung an die Russin **Elena Krasovskaia** vor **Claire Buhrfeind** (USA) und **Charlotte Durif** (FRA).

Beeindruckende Wettkämpfe boten auch die Paraclimber: Durch die Einbettung der Finals in den Zeitplan der anderen Disziplinen waren volles Haus und weltmeisterliche Stimmung geboten. Aus deutscher Sicht besonders erfreulich: **Korbinian Franck** (Bild 10) sicherte sich in seiner Klasse den Weltmeistertitel, **Nils Helsper** kletterte zu Silber.

Komplette Ergebnisse und Rankings unter www.ifsc-climbing.org

Chronik Skibergsteigen

Start frei für das Individual Race in Andorra.

2016 ganz besonders von der Sonne beschienen: Das Team Italia.

In den „ungeraden" Jahren ist für die Skibergsteiger traditionell Weltmeisterschaftsjahr – und so war das Highlight der vergangenen Saison die WM im italienischen Tambre/Piancavallo. Neben dem Titelkampf standen noch fünf Weltcup-Wochenenden mit je zwei Rennen aus den drei Disziplinen Individual, Vertical Race und Sprint auf dem Kalender. Besonders interessant dabei: Neben den etablierten Weltcup-Destinationen Font Blanca (Andorra), Cambre D'Aze (Frankreich), Prato Nevoso (Italien) und Val D'Aran (Spanien) fand erstmals ein Weltcup im türkischen Erzincan statt. Bedauerlicherweise stand das Rennen von vornherein unter keinem guten Stern: Durch die politische Situation und die angespannte Sicherheitslage in der Türkei sahen etliche Athleten von einem Start ab.

Grenzwertige Verhältnisse bei der WM

Beim Jahreshighlight im italienischen Tambre/Piancavallo musste man den Schnee schon sehr genau suchen – lediglich in einigen nordseitigen Rinnen und ab 1600 Meter Höhe konnten mit viel Erfahrung und ordentlichem Gottvertrauen die Strecken im freien Gelände angelegt werden. Schnelle Abfahrten auf eisigem Altschnee in verblocktem Gelände oder ein Individual Race im Wald bei Nebel – das muss man sich als Organisator erst einmal trauen. Zu Recht gab es Proteste von Trainern und Funktionären, die bei einigen Rennen die Sicherheit ihrer Läufer gefährdet sahen. Am Ende gingen die Stürze aber meist glimpflich aus – auch, weil die Läufer ihr Tempo den Verhältnissen anpassten.

Herausragende Nation bei der WM waren einmal mehr die Gastgeber: Die Italiener räumten insgesamt 28 Medaillen ab – davon zehn goldene. Erfreulich aus deutscher Sicht: Der Berchtesgadener **Toni Palzer** lief quasi direkt aus der Krankenpause aufs Stockerl und konnte sich im Individual hinter Sieger **Damiano Lenzi** (ITA) und **Kílian Jornet Burgada** (ESP) die Bronzemedaille sichern. Und auch im Sprint reichte es für Edelmetall: Palzer holte Silber hinter dem Schweizer **Iwan Arnold** und vor **Oriol Cardona Coll** (ESP). Der Weltmeistertitel im Vertical ging wiederum an Kílian Jornet; Damiano Lenzi und **Werner Marti** (SUI) folgten auf den Plätzen. Die Italiener konnten dann auch noch im Team über Gold und Silber jubeln: Damiano Lenzi/Matteo Eydallin siegten hier vor ihren Landsmännern Robert Antonioli/Michele Boscacci und den Franzosen William Bon Mardion/Xavier Gachet. Bei der Staffel sicherte sich das Team Schweiz Gold; Italien und Spanien folgten auf den weiteren Medaillenrängen. Am Ende der WM gab es noch eine weitere Medaille für Toni Palzer: In der WM-Combined-Wertung aller Disziplinen landete er auf Platz 3 hinter Lenzi und Jornet.

In den WM-Wettbewerben der Damen war die Übermacht der Italiener nicht ganz so stark zu spüren: So siegte im Individual die französische Dauersiegerin **Laëtitia Roux** vor **Maude Mathys** (SUI) und **Axelle Mollaret** (FRA). Und auch im Sprint standen ausnahmsweise keine Italienerinnen auf dem Podium: **Claudia Galicia Cotrina** (ESP) hieß hier die Siegerin vor **Emelie Forsberg** und **Marianne Fatton** (SUI). In den Disziplinen Team und Staffel siegten dann wiederum die Franzosen: Axelle Mollaret/Lorna Bonnel waren das schnellste Team vor Claudia Galicia Cotrina/Mireia Miró Varela (ESP) und den Italienerinnen Martina Valmassoi/Alba de Silvestro. Im Staffelwettbewerb sicherten sich die Französinnen Gold vor den Teams aus Spanien und Italien. Besonders freuten sich die Österreicher über ihre erste Senioren-Goldmedaille: Die Berglauf-Spezialistin **Andrea Mayr** überraschte die etablierte Konkurrenz mit ihrem unbändigen Antrieb und holte sich überraschend den Weltmeistertitel im Vertical vor Emelie Forsberg (SWE) und Axelle Mollaret (FRA). Weiteres Edelmetall gab es für das ÖSV-Team in der Espoir-Klasse (U23), in der **Johanna Erhart** im Individual sowie **Manuel Seibald** und **Alexandra Hauser** im Vertical jeweils auf Rang 3 liefen.

Die Squadra Azzurra räumt ab

Wie schon bei der WM führte auch im Weltcup kein Weg an den starken Italienern vorbei. So holten sich die Männer in den blauen Rennanzügen in allen Disziplinen des Weltcups den Gesamtsieg – im Individual belegten sie gar die ersten vier Plätze. Überragender Läufer war hier **Matteo Eydallin**, der sich mit zwei Siegen vor **Robert Antonioli** und **Damiano Lenzi** im Gesamtranking platzierte. Lenzi konnte wiederum den Vertical-Gesamtweltcup für sich entscheiden – einziger ernsthafter Gegner in dieser Wertung war **Werner Marti** (SUI) auf Rang 2. Und die Italiener dominierten auch den Sprint-Weltcup: Robert Antonioli siegte hier mit einem hauchdünnen Vorsprung vor Teamkollege Michele Boscacci. Antonioli war es auch, der den Overall-Weltcup, der auch die Grandes-Courses-Rennen beinhaltet, für sich entscheiden konnte. Der Rest des Podiums: italienisch mit den bereits bekannten Kollegen Boscacci und Lenzi.

Die Österreicher trumpften gegen Ende der Weltcup-Saison noch einmal richtig auf: So gelang **Jakob Hermann** nun endlich der Durchbruch an die Weltspitze. Beim Weltcup in Prato Nevoso wurde er Zweiter im Individual, beim Saisonabschluss im Val D'Aran bestätigte er diese Leistung mit Platz 3. Zudem konnte Teamkollege **Daniel Zugg** mit einem dritten Platz im Sprint in Prato Nevoso glänzen.

Fest in französischer Hand

Wie Italien bei den Herren ist Frankreich bei den Damen die dominierende Nation. So gingen alle Gesamtwertungen der Damen-Weltcups nach Frankreich. Im Individual siegte einmal mehr **Laëtitia Roux** mit fünf von fünf möglichen Siegen vor Landsfrau Axelle Mollaret und **Katia Tomatis** (ITA). Und auch im Overall-Weltcup hieß das Duo auf den ersten beiden Plätzen Roux und Mollaret. Axelle Mollaret kam aber auch noch in den Genuss einer Weltcup-Gesamtwertung: Sie gewann den Vertical-Gesamtweltcup vor Emelie Forsberg und Katia Tomatis. Roux sicherte sich zu guter Letzt auch noch den Gesamtweltcup im Sprint. Mit drei unangefochtenen Siegen lag sie am Ende deutlich vor der Zweit-

Toni Palzer gibt alles und holt Silber im Sprint bei der WM.

platzierten **Claudia Galicia Cotrina** (ESP) und **Marta Garcia Farres** (ESP). Damit bleibt Roux die mit Abstand erfolgreichste Skibergsteigerin im Weltcup-Zirkus.

Ein neuer Stern geht auf

Einer, der in der vergangenen Saison ganz besonders aus dem Feld der starken Nachwuchsläufer hervorstach, ist der italienische Junior **Davide Magnini**: Der bärenstarke Läufer dominierte die Rennen nach Belieben und sicherte sich alle Einzeldisziplinen im Jugendweltcup, den Overall-Weltcup und zwei Weltmeistertitel. Die internationalen Trainer sind sich einig: Seit Toni Palzer gab es im Nachwuchsbereich kein solches Talent mehr.

Überhaupt trumpfte Italien einmal mehr als mit Abstand stärkste Nation im Nachwuchsbereich auf: So gingen ausnahmslos alle Einzel- und Gesamtweltcup-Titel in den Jugendklassen an die Squadra Azzurra. Für das deutsche Team gab es zum Saisonabschluss aber auch noch Grund zu jubeln: **Stefan Knopf** konnte sich im Vertical-Gesamtweltcup der Junioren Platz 3 sichern.

Die Jugend wird es auch sein, die zuerst mit dem Thema Olympia und Skibergsteigen zu tun haben wird: Im Sommer wurde Skibergsteigen vom IOC als offizielle Medaillensportart für die Youth Olympic Games 2020 in Lausanne ausgewählt. In gleich drei Disziplinen sollen dort Medaillen vergeben werden. Insider sprechen von einem klaren sportpolitischen Fingerzeig: Peking 2022 scheint nun nicht mehr unrealistisch zu sein, wenn sich das lokale Organisationskomitee Skibergsteigen als neue Sportart wünscht.

Weitere Informationen und alle Ergebnisse unter www.ismfskievents.com

Schallmauer im Hirn

Die Erstbegehung der Pumprisse 1977 –
40 Jahre alpiner 7. Grad
>> **Malte Roeper**

Mit den Pumprissen im Wilden Kaiser wurde erstmals eine alpine Route mit dem siebten Schwierigkeitsgrad bewertet. Die Öffnung der „Grenze des Menschenmöglichen" kam damals genauso überraschend, wie es im Nachhinein rätselhaft erscheint, wie die bis dahin geltende sechsstufige Alpenskala so lange Bestand haben konnte.

Als der Freiburger Helmut Kiene und der Heidelberger Reinhard Karl am 2. Juni 1977 die Steinerne Rinne im Wilden Kaiser hinaufstiegen, hätte man nicht unbedingt vermuten wollen, dass von allen Kletterern, die hier unterwegs waren, ausgerechnet diese zwei sich anschickten, Geschichte zu schreiben. Mit ihren Turnschuhen, löchrigen Latzhosen, langen Haaren sahen sie eher ein bisschen revoluzzermäßig aus, was am Ende also doch ganz gut passte. Die Eiger-Nordwand und andere extreme Klassiker hatten die beiden längst hinter sich und waren wahrscheinlich die komplettesten deutschen Bergsteiger ihrer Zeit. „Wir wussten, dass wir das draufhatten", erinnert sich Kiene, der heute in Freiburg lebt. „Wir waren einfach nur ungeduldig und freuten uns auf die Tour." Im Klettergarten kamen sie schon mal alles hinauf, was es damals dort an Schwierigkeiten so gab. Den ominösen siebten Grad also auch. Warum ihn also nicht auch in den Alpen versuchen?

Erst zwei Jahre zuvor war Kurt Albert im Frankenjura die große Rotpunkt-Idee gekommen: Kletterte er eine Route frei im Vorstieg, ohne Haken, Klemmkeile oder das Seil zur Fortbewegung oder zum Ausruhen zu benutzen, markierte er sie mit einem roten Punkt am Einstieg. Heute ist *rotpunkt* ein internationaler Standard, im Juni 1977 war das noch eher eine regionale Laune. Kurt und seine Gefolgschaft kletterten in Franken also den siebten Grad? In Sachsen kletterten sie angeblich noch schwerer, und diese Amerikaner im Yosemite Valley höchstwahrscheinlich auch. Interessant, naja, aber irgendwie noch nicht viel mehr als ein Spuk auf dem Trainingsplatz. Im Frankenjura setzten sie noch dazu Bohrhaken, in die sie bei ihren Rotpunkt-Versuchen ohne Lebensgefahr stürzen konnten. Hatte das noch etwas mit Bergsteigen zu tun?

In den Bergen war das alles noch etwas anders: ernster, wichtiger. Leider schienen die Möglichkeiten im Fels gleichzeitig auf seltsame Art limitiert. Seit den 1920er-Jahren galt dort die Schwierigkeitsskala des großen Willo Welzenbach, der lustigerweise als Eisgeher berühmt wurde, nachdem er die alte fünfstufige Skala um einen, nämlich den sechsten Grad nach oben erweitert und definiert hatte: In freier Kletterei bedeute der Grad VI+ für die Besten der Besten einen Gang an der Sturzgrenze. Stürzen aber war mit der damaligen Ausrüstung absolut lebensgefährlich, also war VI+ quasi nicht nur die Grenze des Kletter-, sondern auch des moralisch Vertretbaren. Diese sechsstufige Welzenbach-Skala hatte zunächst der Deutsche Alpenverein übernommen, bald jedoch galt sie im gesamten deutschsprachigen Raum.

In den wilden 1930er-Jahren lag der Fokus aber nicht auf freiem Klettern in unserem heutigen Sinn, sondern es ging ums Abenteuer, die letzten großen Alpenwände mit der damaligen Ausrüstung, nun ja, zu überleben. Nach dem Krieg gab es sowieso andere Sorgen, und dann kam die Direttissima-Ära der späten 1950er- und 1960er-Jahre. Im Nachhinein betrachtet, entspricht diese Entwicklung einer allgemeinen Phase von nahezu wahnhafter Technikgläubigkeit und einem heute nicht mehr nachvollziehbaren blinden Vertrauen in die naturwissenschaftliche Lösbarkeit von allem und jedem: Kunstdünger gegen Hunger, Pharmazie gegen Krankheit, Atombomben gegen den Kommunismus.

Spiegel des Zeitgeistes

Wie alle anderen gesellschaftlichen Strömungen davor und seitdem spiegelte sich auch dieser Zeitgeist im Alpinismus wider und führte zur Blütezeit des technischen Kletterns, für dessen Schwierigkeiten man eine eigene A-Skala einführte – A für artifiziell, also künstlich. Natürlich wurden die Kletterer im Lauf der Jahre besser und stärker als ihre Vorgänger, das ist die ganz normale sportliche Entwicklung. Aber VI+ blieb das Maximum, das war eben so festgelegt. Ein absurdes und – man muss es leider so sagen – auch sehr deutsches Konzept. Weder in den USA, in England, Frankreich noch irgendwo sonst kam man auf die Idee, die Schwierigkeitsskala nach oben zu begrenzen. Nicht einmal der große Grenzeneinreißer Reinhold Messner, dessen Bedeutung im Himalaya vielleicht ein wenig über- und in den Alpen gewaltig unterschätzt wird, wagte den Gedanken, einige seiner Routen mit VII zu bewerten, obwohl sie ja – man denke nur an den legendären Mittelpfeiler des Heiligkreuzkofels, erstbegangen 1968 (!) – offenkundig schwerer als VI+ waren. Das Verbot, schwerer zu bewerten – es wirkte mit wenigen Ausnahmen fast wie ein Verbot, schwerer zu klettern. Und schwierigere Routen überhaupt zu denken, sie sich vorzustellen. Schließlich beginnt jede Erstbegehung im Kopf.

„Wir wussten, dass wir das draufhatten": Helmut Kiene bei der Erstbegehung der Pumprisse am Fleischbankpfeiler, fotografiert von Reinhard Karl. 1971 hatte Kiene die Route schon einmal versucht, war aber gescheitert. Im Sommer 1977 kehrte er gescheiter zurück: mit den neuen Klemmkeilen am Klettergurt.
© Archiv DAV

Clean Climbing und Punk: Klettern im Yosemite Valley und die Sexpistols bei einem Konzert in Amsterdam. Die nonkonformistische Jugendkultur der 1970er-Jahre sollte stilbildend wirken – bis heute.
© Archiv DAV, Foto: R. Karl/ Nationaal Archief Den Haag, Foto: K. Suyk

1973 schrieb Messner schließlich sein Buch „Der 7. Grad", eine Art Plädoyer fürs extreme Klettern, aber diesen neuen Schwierigkeitsgrad selbst auszurufen, durch diese Schallmauer im Hirn kam noch nicht einmal er, der später eine noch größere Schallmauer durchbrach, indem er mit Peter Habeler den Mount Everest erstmals ohne künstlichen Sauerstoff bestieg.

Noch sind wir aber im Jahr 1977, *dem* Wendejahr der westlichen Kultur: Mit Maria Callas und Elvis Presley starben die weltweit wichtigsten Exponenten der klassischen E- und U-Musik. Wenige Tage bevor Kiene und Karl (wir nennen sie jetzt mal KuK) in den Kaiser aufbrachen, spielten die Sex Pistols ihren Skandalhit „God save the Queen" ein. Einen solch frontalen Angriff auf alles, was galt, hatte sich überhaupt noch niemand getraut. Und das nicht mit Gewalt, sondern den Mitteln der Kunst. Punk brachte dabei bezeichnenderweise eine zentrale Idee der von den Punks verachteten Hippies auf den Punkt: Der Glaube an die Notwendigkeit von industriellem, kapitalistischem Wachstum war ein spießiger Käse von gestern. Die Technikgläubigkeit war mittlerweile der Erkenntnis gewichen, dass man der Natur grundlegend anders begegnen müsse als bisher. Die Industrie lief und lief, es gab nicht genug von allem, es gab von allem zu viel. *Das* durfte jetzt als Allgemeingut vorauszusetzen sein. Die florierende Industrie, der materielle Wohlstand (den die Eltern als verdienten Ausgleich für den verdammten Weltkrieg empfanden) galten langsam als überflüssig und – je nach Standpunkt – als schädlich. Die Natur beherrschte man technisch weiter, als man es sich je zuvor hätte vorstellen können – ihr weiterhin als einer zu bezwingenden und als feindselig empfundenen Gewalt entgegenzutreten, war geistig überholt. Umweltschutz begann als Idee ganz zart zu wachsen. In diesem Moment konnte es nur überholt sein, senkrechte Wände mit dem Bohrmeißel zu erobern. In der Folge versuchten die Kletterer nun, die künstlichen Hilfsmittel wieder einzuschränken und möglichst wenig oder gar keine Spuren zu hinterlassen. Clean Climbing ging geradlinig als Ideal aus diesem Gedankengut hervor. Auch an den Bigwalls von El Cap und Half Dome, in ihrer Glätte und Steilheit geradezu Metaphern für das Unbezwingbare, sollte man mit Bohrhaken, jenem künstlichsten aller künstlichen Hilfsmittel, sparsam umgehen.

Eine revolutionäre Idee

Hier war der führende amerikanische Kletterer Royal Robbins auf eine revolutionäre Idee gekommen, einfach, aber genial: Er verkeilte kleine behauene Steine in Rissen und fädelte eine Schlinge herum, fertig war die Sicherung. Es war originell, visionär, fantastisch: ein Sicherungsmittel, das einfacher und schneller anzubringen war als ein Haken und dazu irgendwie fairer. Klemmkeile waren schlicht die wegweisendste Idee seit der erstmaligen Verwendung von Feuerwehrkarabinern („Schnappringen") anno 1913 durch Otto „Rambo" Herzog im Wilden Kaiser.

Motoren der Freikletterbewegung in Deutschland: Helmut Kiene, links bei einem Kletterwettbewerb in der ehemaligen Sowjetunion, fotografiert von Reinhard Karl (rechts), dessen Bilder und Texte dem Lebensgefühl der ersten Freiklettergeneration zum Ausdruck und Durchbruch verhalfen.
© Archiv DAV

Und noch etwas Anderes beflügelte das freie Klettern. „Frei" nicht nur von Hakenbenutzung, sondern auch im übertragenen Sinn. Die neuen Idole der Jugend zelebrierten eine neue Körperlichkeit, sie trugen keine Krawatten, sondern lange Haare und bunte, bis zum Nabel geöffnete Hemden und liebten und tanzten, wie es ihnen gefiel. Diese Befreiung des Körpers aus Bekleidungs-, Benimm- und Bewegungsvorschriften der Vor-Hippie-Ära trug maßgeblich dazu bei, dem sinnlichen Zusammenspiel von Kraft und Körpergefühl im Freiklettern zu einem ungeahnten Höhenflug zu verhelfen. Die artistischen Züge der im Folgejahr 1978 eröffneten bahnbrechenden Kletterrouten „Separate Reality" oder des Boulders „Midnight Lightning" hätte sich ein Technokletterer gar nicht ausdenken können. Bald sollte das Freiklettern so konsequent betrieben und als Lifestyle gelebt werden wie nie zuvor.

Aber noch war es nicht so weit. In Deutschland und Österreich regierten Helmut Schmidt und Bruno Kreisky. Karel Gott erreichte mit „Biene Maja" Platz 1 der Hitparade. Noch war ja fast alles beim Alten, nicht zuletzt in den Alpen, wo KuK in ihrem „gschlamperten" Aufzug im Zustieg ein Risiko überstehen mussten, das mit anständigen Bergstiefeln gar keines gewesen wäre – die Überquerung der Schneefelder in Turnschuhen. Als sie das überstanden hatten, lagen über ihnen die schwierigen Längen der Rebitschrisse, die den mächtigen Fleischbankpfeiler auf der linken Seite begrenzen. Von diesem Extremklassiker wollten sie in Wandmitte rechts abzweigen, da lockte eine Risslinie, die deutlich steiler und schwieriger war.

War es ein besonderer Tag, fühlte sich der Aufbruch zu dieser Tour irgendwie anders an? „Alles ganz normal", lächelt Kiene. Er, der mit unschuldigen 17 (!) Jahren den Walkerpfeiler an der Nordwand der Grandes Jorasses durchstiegen hatte, wollte schon 1971 den 7. Grad einführen, in einem frühen Versuch an den späteren Pumprissen. Um den alpinen Aufruhr ging es ihm dabei nur nebenher. Er war zu der Überzeugung gelangt, dass der Mensch ganz offensichtlich dabei war, den Planeten zugrunde zu richten, und dachte, den 7. Grad als Aufhänger für ein Buch einzuführen, mit dem er auf die drohende Katastrophe aufmerksam machen wollte. Damals scheiterte er bereits an dem brüchigen Quergang, der hinüber zur neuen Linie führen sollte.

1975 startete er eine noch nie da gewesene Marathon-Überschreitung im Montblanc-Gebiet, die ihm für einen 7. Grad angemessen schien. Sie gelang ihm zu etwa drei Vierteln (und wurde erst Jahrzehnte später realisiert), dann ließ er das Projekt fallen und das Buch ließ er auch.

Wenn er heute darüber erzählt, muss er lachen: „Was hätte ich denn für ein Buch schreiben sollen, kompetent war ich ja nur als Bergsteiger!" Der dritte Anlauf, den 7. Grad einzuführen, war dann der mit Reinhard Karl. Normalerweise klettert man ja „zuerst" eine neue Route und überlegt sich „dann", wie schwer die wohl sei. Für Kiene aber war der 7. Grad das Ziel und diese Route ein

Fünf Seillängen mit großer Wirkung: Kiene bei der Erstbegehung der Pumprisse, die er gezielt anging, um das alte Bewertungssystem zu sprengen.
© Archiv DAV, Fotos: R. Karl

Mittel zum Zweck. Wieder stürzte er in dem brüchigen Quergang und flog mit sämtlichen Haken heraus. Unverdrossen probierte er es nochmal, endlich erreichte er die anvisierte Linie. Der vor Selbstbewusstsein strotzende Medizinstudent kletterte die kraftraubenden Risse tatsächlich durchgehend frei und dazu auch noch clean, er sicherte die ganze Route ausschließlich mit Klemmkeilen. Eine Seillänge stieg Karl voraus, ansonsten war es der große Tag des Helmut Kiene. Noch heute schwärmt er: „Handriss, Fingerriss, Faustriss, alles dabei! Manchmal musste man auch mit dem ganzen Körper in den Riss, das war etwas weniger elegant, aber alles in allem fantastische Kletterei!"

Konspiratives Treffen

Nur an den Standplätzen hinterließen sie ein paar Normalhaken, eher zur Markierung und um zu beweisen, dass sie wirklich da gewesen waren. Der 7. Grad in alpiner Umgebung und das Ganze auch noch clean – indem sie ihre Route im idealsten nur denkbaren Stil eröffnet hatten, waren die Pumprisse sofort ein Fanal für weitere alpine Großtaten: so geht guter Stil, Freunde!

Kiene erinnert sich: „Wir sind mit Reinhards Fiat erst nach München und dann in den Kaiser. Er hatte für 10 Mark ein Zelt bei Tchibo gekauft, darauf war er wahnsinnig stolz. Als er es dann zum ersten Mal aufgebaut hatte, war es so klein, dass wir beide neben dem Zelt schliefen. Das war ziemlich lustig."

In München hatten sie Elmar Landes, den aufgeschlossenen Chefredakteur der DAV-Mitteilungen, in ihren Plan eingeweiht. Wenig später legte Landes die fertig redigierten „Mitteilungen" wie üblich dem Vorstand zur Genehmigung vor – ohne die brisante Story, die Kiene ihm geschickt hatte. Dass diese zwei Langhaarigen der alten Welzenbach-Skala den Garaus machen wollten, war ja schon mal heikel genug. Dass aber ausgerechnet ein Badener und ein Pfälzer den alpinen 7. Grad manifestierten, und dazu noch im Wilden Kaiser, einem angestammten Jagdrevier der Münchner Szene, das wäre wohl endgültig zu viel gewesen. In den vom Vorstand genehmigten Umbruch der „Mitteilungen" schmuggelte Landes die Story nachträglich hinein. Schon die Überschrift machte alles klar: „Eine Erstbegehung im Schwierigkeitsgrad VII". Mit dieser Veröffentlichung durch den Alpenverein selbst wurde der 7. Grad so „offiziell" eingeführt, wie es nur ging, zumal noch die Erwähnung Eingang fand, dass kurz vor Drucklegung Wiederholer die Schwierigkeiten bestätigten.

Die sechsstufige UIAA-Skala existierte zwar noch offiziell, aber sie interessierte niemanden mehr. Das ist ja auch das Schöne am Alpinismus, dass eigentlich am Ende doch nichts so richtig offiziell ist wie bei Sportarten mit richtigem Schiedsrichter. Die Pumprisse sind heute ein beliebter, aber anspruchsvoll gebliebener Extremklassiker. Fünf eigenständige Seillängen haben sie nur, am Ende also doch eher eine kleine Route, aber ihre

Folgen waren gewaltig: Die Öffnung der Alpenskala beschleunigte den weltweiten Siegeszug der Rotpunkt-Idee.

Aber wie ging es mit unseren zwei Protagonisten weiter? Helmut Kiene beschäftigte die Umweltzerstörung so sehr, dass er wenig später beschloss, seine Lebensenergie nicht länger dem Bergsteigen zu widmen. Die Erstbegehung der Pumprisse waren sicher *der* Tag seiner alpinen Laufbahn, aber er ließ sein Klettertalent verglühen wie einen Kometen. Nach Abschluss des Studiums praktizierte er kurz als Arzt und gründete ein Institut, in dem er bis heute unter anderem die Wirksamkeit alternativer Heilmethoden erforscht. Messner lud ihn auf Expedition ein, es war ihm egal. Die rasante Entwicklung, die das Klettern in jenen Jahren nahm, die Lebensläufe seiner früheren Gefährten – all das interessierte ihn nicht mehr.

Reinhard Karl bestieg 1978 als erster Deutscher den höchsten Berg der Erde – als Teilnehmer jener Expedition, während der Reinhold Messner und Peter Habeler mit der ersten Besteigung des Mount Everest „by fair means" die Schallmauer der „Todeszone" durchbrachen. In den wenigen Jahren, die ihm blieben, schoss er Fotos, die die Kletterer nie vergaßen, und schrieb ein Bergbuch, das sich auf immer in die Herzen seiner Leser brannte: „Erlebnis Berg – Zeit zum Atmen".

Als Kiene 1982 erfuhr, dass Reinhard Karl im Lager 2 am Cho Oyu (8201 m) in einer Lawine ums Leben gekommen war, traf ihn die Nachricht im Innersten: „Ganz konkret hatten wir nicht so viel gemeinsam unternommen, aber wir waren einfach Seelenverwandte."

Und was wurde aus dem dritten Darsteller unserer Geschichte, dem Jahr 1977? In Deutschland wurde es zum Synonym für den blutigen Konflikt zwischen selbstgerechten und größenwahnsinnigen Terroristen der RAF und einem hysterisch überreagierenden Staat. Die RAF, deren Führer zu keinem Zeitpunkt die moralische Größe echter Revolutionäre besaßen, begrub jede denkbare Rechtfertigung für jedweden Versuch von Umsturz; auch das ein Resultat, das einem erst später klar wurde. Im selben Jahr passierte aber noch etwas Wunderbares, das uns Kletterer betrifft.

Weitergabe des Feuers

Es begab sich im Herbst 1977, dass im Bärenbrunnertal in der Pfalz der *local hero* Reinhard Karl am Fuß des Nonnenfelsens dem jungen Wolfgang Güllich begegnete. Güllich hatte natürlich von Karl gehört und von der Heldentat dieses Sommers: den Pumprissen. Gemeinsam versuchten sie sich an der ersten freien Begehung des Jubiläumsrisses. Der Karl blitzt ab, der 16-jährige Güllich schafft es. Begeistert schlägt ihm Reinhard Karl auf die Schulter, der junge Held tut in der nächsten Nacht kein Auge zu, so stolz ist er. Güllich trug die Idee des Freikletterns, die sein Idol unter den alpinen Bedingungen des Wilden Kaisers umgesetzt hatte, in die gewaltigen Wände des Karakorum und wurde zu einem der größten Kletterer aller Zeiten. Auch deshalb ist 1977 mein Lieblingsjahr.

„Another Brick in the Wall": Reinhold Messner und Peter Habeler (links) reißen 1978 am Everest die Schallmauer des Höhenbergsteigens ein; Wolfgang Güllich (rechts) wird der Idee der nach oben offenen Schwierigkeitsskala zu ungeahnten Höhen verhelfen.

© P. Habeler/G. Heidorn

Nicht ohne mein Duschhandtuch

Die „neuen" Hüttenwanderer und der gesellschaftliche Klimawandel
>> **Axel Klemmer**

Stau auf dem E5! Der Fußverkehr über die Alpen nimmt ständig zu. Transitwanderer kommen gern in Gruppen, und sie lassen ihre Ansprüche ungern im Tal zurück. Und oben auf dem Berg? Spannt der Alpenverein die Slackline zwischen Gemeinnützigkeit und Geschäft.

„Ich weiß wirklich nicht, was man tun soll." Der Mann, der das sagt, war an einem schönen Tag unangemeldet zu einer Hütte des Alpenvereins aufgestiegen. Hatte dort nach einem Lager gefragt und es bekommen. Er saß auf der Terrasse, trank ein Bier und genoss den Tag. Er sah, dass sich nebenan vor einem Nebengebäude eine Menschenschlange bildete. Die Schlange wurde immer länger. Er fragte die Bedienung, wofür die Menschen da anstünden. Es war die Dusche.

Der Mann, noch nicht lang pensioniert, ist ein Bergsteiger, der die Berge seit Jahrzehnten kennt. Hochtouren, extreme Klettereien, die großen Wände in Fels und Eis – das ganze Programm. Und immer engagiert beim Alpenverein, viele Jahre als Vorsitzender seiner Sektion. Jetzt übt er Ehrenämter in Verbandsrat und Präsidium aus. Vertritt einen Verein, der sein Leben mitgeprägt hat und der heute fünfmal so viele Mitglieder hat wie damals vor bald einem halben Jahrhundert, als er mit dem Klettern begann. Als der Mann nun die Geschichte von der Hütte, der Schlange und der Dusche erzählt, wird er immer leiser. Am Ende sagt er: „Ein Wahnsinn". Er verzichtete damals übrigens auf die Übernachtung und stieg noch am selben Tag von der Hütte ab.

Die Namen des Bergsteigers und der Hütte tun nichts zur Sache. Worum es geht, ist etwas Anderes: Da reibt sich einer die Augen und erkennt die Bergwelt nicht wieder, die sich unter seinen Bergschuhen weitergedreht hat. *No Mountains for Old Men …*

Die Geschichte einer Entfremdung? Oder lediglich Zeichen eines Klimawandels, der nicht nur die Atmosphäre im geophysikalischen Sinn betrifft? Das Bergsteigen hat sich verändert, die Hütten haben sich verändert – und unter der Lufthülle der Erde hat sich auch die Gesellschaft gewandelt, die beides erfand und immer weiterentwickelte.

Es gibt allerdings Konstanten: Über das richtige Maß an Menschen und Komfort in Hütten wurde schon früher lebhaft diskutiert. Versuchen wir also, einen Blick auf den Wandel im Gebirge zu werfen, oder genauer: auf bestimmte Entwicklungen, die ihn ausdrücken. Sind sie gut oder schlecht? Ältere und Jüngere werden unterschiedliche Antworten geben, aber nicht immer ist es das Alter, das den Unterschied macht.

Hütten und Gäste

Ja, der Alpenverein hat sich gewandelt, und wie. 1970 hatte er allein in Deutschland 236.700 Mitglieder, 1990 waren es schon mehr als 498.000, und im Juli 2013 wurde die runde Million gefeiert. Aktueller Stand im Jahr 2017: rund 1,2 Millionen Mitglieder, ein Querschnitt der Gesellschaft, in der es Gaudiburschen und Misanthropen gibt, Autohasser und SUV-Fans. Der Alpenverein nimmt sie alle auf. Er hat eine Infrastruktur geschaffen, aber wie sie genutzt wird, von Mitgliedern und Nichtmitgliedern, und welchen Moden die Nutzung unterliegt, kann er nicht immer steuern. Wer also gelernt hat, im Alltag Komfort und Bequemlichkeit zu verlangen, gibt diesen Anspruch in der Freizeit nicht so leicht auf. Auch nicht in den Hütten des Vereins. Wobei die Kapazität in den 323 DAV-Hütten in den letzten Jahren entgegen dem Mitgliederwachstum abgenommen hat: von

Stoffe, aus denen Bergsteigerträume gewebt sind: reißfestes Polyester, saugfähiger Baumwollfrottee, robustes PVC (vor der Memminger Hütte). Willkommen in der alpinen Komfortzone.
© Tirol Werbung (linke Seite); A. Klemmer/S. Moosbrugger

Wer im Gebirge seine Batterien aufladen möchte, kann dies auf verschiedene Weise tun. Und während man noch über die Alpen wandert, kann man schon die nächste Reise planen: nach Bali, auf die Aida oder – mal sehen.
© A. Klemmer

rund 20.000 Schlafplätzen zur Jahrtausendwende 2000 auf derzeit nicht ganz 18.500 Plätze. Will man den Gästen mehr Platz und Komfort auf derselben Grundfläche bieten, geht das gar nicht anders.

Immer noch ist die Nacht in der Hütte ein wichtiger Teil des Bergerlebnisses. Dabei darf es gern auch mal ein bisschen laut, eng und nicht wie zu Hause sein. Das ist Teil der Folklore von Verzicht und Askese, an die man sich hinterher gern erinnert. Wobei Verzicht und Askese das Letzte sind, was die Betreiber der Hütten, Sektionen und Pächter ihren Gästen zumuten möchten. Selbst in Sichtweite der schwitzenden Gletscher gibt es zur Duschmarke die Halbpension mit Salat vom Buffet am Abend und frisch geschnittenem Obstsalat am Morgen. Selbstversorgung? Ü-50er erinnern sich: Da war mal was. Wie sehr die Ansprüche gestiegen sind, verraten die Bewertungen auf dem Portal „huettentest.de", die oft mehr über die Bewerter aussagen als über die Hütten. Da postet ein begeisterter Besucher der Hochstubaihütte (3173 m), der höchstgelegenen Hütte in den Stubaier Alpen: „Top Hüttenwirt – Bier war alle!!!! Kurzerhand nach eindringlicher Bitte den Heli geordert, der brachte Büchsenbier. Sensationell!"

Noch wichtiger als das Büchsenbier dürfte den meisten Besuchern aber der Platz zum Schlafen sein, und der ist in beliebten Hütten oft knapp. Zum Beispiel am Weitwanderweg E5, von dem noch die Rede sein wird. Als „Flaschenhals" der Route gilt die Memminger Hütte in den Lechtaler Alpen, deren 150 Schlafplätze in der Saison oft nicht mehr ausreichen. Noch im Jahr 2004 verzeichnete die Hütte knapp 5200 Übernachtungsgäste, zehn Jahre später waren es schon mehr als doppelt so viele. Und es geht weiter: 11.500 Übernachtungen im Jahr 2015, mehr als 12.600 im Jahr 2016. Hüttenreferent Wilhelm Altenrieder berichtet, dass während Juli und August 2016 nur an drei Tagen *keine* Notlager eingerichtet werden mussten. Die Ausnahmesituation ist zum Normalzustand geworden.

Von „untragbaren Zuständen" spricht Altenrieder unisono mit Hanspeter Mair, dem Geschäftsbereichsleiter Hütten und Naturschutz beim DAV. Es sind untragbare Zustände, die von allen Beteiligten getragen werden und auf diese Weise zum Mythos des E5 beitragen. Ändern wird sich auf absehbare Zeit nichts. Den Antrag der Sektion Memmingen auf eine Erhöhung der Gastraum-Kapazität (nur 95 Sitzplätze), die im Nebeneffekt auch Platz für elf neue Lager geschaffen hätte, lehnte der Verbandsrat des DAV im März 2017 ab – mit dem Hinweis auf das Grundsatzprogramm und das dort festgeschriebene Ende der Erschließungstätigkeit des Alpenvereins. Seit 2014 steht ein großes Zelt mit Biertischgarnituren vor der Memminger Hütte, als Gastraumerweiterung und dauerprovisorisches Matratzenlager.

Seit 2007 haben Alpenvereinsmitglieder kein Vorrecht mehr bei der Platzvergabe. Tatsächlich besitzen viele Gäste, die man in Galrungen, Lagern und vor Duschkabinen sieht, gar keinen Alpenvereinsausweis – vor allem, wenn sie mit professionell geführten Gruppen unterwegs sind. Auch die Bestimmung, nach der Hüttenwirte ein

Der Warteraum für E5-Wanderer am Parkplatz der Gletscherstraße über Sölden und der „Waschraum" der Hugo-Gerbers-Hütte in der Kreuzeckgruppe existieren nur scheinbar in Paralleluniversen. Es boomt ja nicht überall im Alpenwanderland.
© A. Klemmer

Viertel ihrer Schlafplätze für unangemeldete Gäste freihalten müssen, hat der DAV auf seiner Hauptversammlung im November 2016 gekippt. Nun dürfen 90 Prozent der Plätze im Voraus vergeben werden, was sich in der Praxis jedoch weit weniger bemerkbar machen wird als die Einführung des neuen Reservierungssystems. Spontanbesuche, früher die Regel, werden immer mehr zur Ausnahme. „Pro Person bitte 9 € als Vorauszahlung überweisen. Der Betrag muss eine Woche vor der Übernachtung auf dem u. g. Konto eingegangen sein (Bitte nehmen Sie den Überweisungsbeleg mit). Ansonsten ist die Reservierung ungültig. Sollten Sie die Übernachtung aufgrund von schlechter Witterung (Regen, Nebel) nicht in Anspruch nehmen können, wird die Vorauszahlung nicht zurückerstattet." So etwas liest man auf vielen Hütten-Websites. Den Wirten, die frisches Obst und Gemüse einkaufen, Löhne und Betriebskosten bezahlen müssen, bringt das mehr Sicherheit im Umgang mit einer zunehmend fordernden Kundschaft, die auch mal gern in fünf Hütten reserviert, um sich dann kurzfristig zu entscheiden – je nachdem wo das Wetter halt am schönsten ist. Man ist ja nicht blöd.

Im Sommer 2016 postete ein Besucher der Kemptner Hütte auf „huettentest.de": „Größter Kritikpunkt ist der unterdimensionierte Sanitärbereich. Ab ca. 6 Uhr muss man Schlange stehen." Ein anderer: „Obwohl absehbar war, dass durch den Dauerregen viele Wanderer mit nasser Ausrüstung ankommen würden, war der Trockenraum nicht in Betrieb! Auch gegen Gebühr war kein warmes Duschen möglich. Dieser Service ist einer DAV-Hütte unwürdig!" Der Hüttenwarmduscher als König Kunde – und der Verein, der ihm dient. Auf Fachtagungen für Hütten- und Wegereferenten fällt regelmäßig der Satz „Die Gäste wollen das so". Die Gäste wollen das so: Sagt das der ehrenamtliche Referent des gemeinnützigen Vereins, dem die Hütte gehört, dann hat dieser Verein ein Problem. Allerdings stößt die Gemeinnützigkeit in diesem Zusammenhang ohnehin an Grenzen. Hanspeter Mair vom Alpenverein: „Allmählich setzt sich die Einsicht durch, dass eine Hütte kein Liebhaberobjekt ist, sondern ein Wirtschaftsbetrieb."

Mitglieder und Kunden

Tatsächlich ist der Alpenverein, egal ob in Deutschland, Österreich oder Südtirol, für viele Mitglieder vor allem ein Dienstleister. Zu seinen Diensten gehört der Betrieb von Hütten, in denen man günstig übernachten kann. Allein der Sektionsverbund München und Oberland mit seinen mehr als 150.000 Mitgliedern besitzt 16 bewirtschaftete und 25 unbewirtschaftete Hütten. So ein Gebilde führt man nicht wie einen Kaninchenzuchtverein. Hier ist „Professionalität" gefragt, die sich immer auch in der Sprache zu erkennen gibt: Man „generiert" Nutzen und neue Mitglieder, betreibt „Merchandising", ergänzt oder ersetzt den Vereinszweck durch den „Markenkern" und unterhält „Partnerschaften" mit der Industrie, weil die enormen Kosten für die Instandhaltung des Hütten- und Wegenetzes nicht allein durch Mitgliederbeiträge gedeckt werden können.

Damit kein falscher Eindruck entsteht: Nach wie vor unterhält der Alpenverein durch gemeinnützige, unbezahlte Arbeit eine gewaltige touristische Infrastruktur. Aber weil diese von vielen Anbietern – Hüttenpächtern, Bergschulen, Tourismusverbänden – auch kommerziell genutzt wird, möchte (und muss) er davon Ertrag erzielen. Freizeittrends wie das Gruppenwandern auf bekannten Höhenwegen kommen da gelegen. Schon immer haben Sektionen Gruppentouren zu Hütten und Gipfeln veranstaltet, wenn auch nicht „professionell", das heißt gewinnorientiert. Heute führen beim Alpenverein tausende Gruppen-, Touren- und Fachübungsleiter mehr oder weniger zum Selbstkostenpreis Menschen ins Gebirge. Sie teilen sich den Markt mit den staatlich geprüften Berg- und Skiführern, hochqualifizierten Profis, die dort ihren Unterhalt verdienen und längst neue Geschäftsfelder erschlossen haben: Events, Incentives, Teambuildings, 24-Stunden-Wanderungen, Alpenüberquerungen.

Immer stärker nachgefragt werden daneben die Dienste von zertifizierten Bergwanderführern. Michael Lentrodt, Präsident des Verbands der Deutschen Berg- und Skiführer VDBS, der seit 2009 auch die Ausbildung zum Bergwanderführer nach den Richtlinien der Union of International Mountain Leader Association UIMLA leitet: „Der Bergwanderführer wurde deshalb eingeführt, weil es speziell in den Sommermonaten einen enormen Bedarf an Führern für Wanderungen gab, der durch Bergführer allein nicht mehr gedeckt werden konnte. Das hat jetzt nicht unbedingt ausschließlich was mit dem Boom für Fernwanderungen zu tun, sondern generell mit der Zunahme an Wanderungen jeglicher Art."

Und mit der Zunahme an Wanderern. Viele von ihnen haben noch keine eigene alpine Erfahrung gesammelt, weil sie den Bergen bisher weder geographisch noch mental näher standen. Sie sind aber, angeregt durch Freunde oder Medien, aufmerksam geworden und suchen das Erlebnis: letztes Jahr auf Bali, dieses Jahr in den Alpen, nächstes Jahr – mal sehen. Googelnd und wischend bewältigen sie die erste Wegstrecke zu einem Veranstalter mit klarem Leistungsprofil, umfangreichem Service und niedrigschwelligem Angebot. Professionelle Alpinschulen sprechen damit auch Menschen an, die mit den Alpen bisher nichts zu tun hatten (und möglicherweise mit dem Alpenverein nichts weiter zu tun haben möchten). „Viele Teilnehmer sind darüber hinaus in schlechter körperlicher Verfassung", sagt VDBS-Präsident Lentrodt. „Sie verfügen über keinerlei Erfahrung, haben unzureichende Ausrüstung und eine Erwartungshaltung, die in den Bergen eigentlich nichts zu suchen hat. So trifft man beispielsweise Leute, die den Fernwanderweg E5 buchen, und im Gespräch stellt man fest, dass dies ihre erste Wanderung überhaupt ist. Selbstständig sind die wenigsten."

Tour und Erlebnis

Bergsteiger träumen von großen Zielen, doch die Gegenstände ihrer Träume haben ihre Attraktivität in der Wirklichkeit zum Teil verloren. Viele Hochtouren werden zwischen Juli und September immer gefährlicher und unattraktiver, nur auf prominenten Gipfeln wie Wildspitze, Großvenediger und Großglockner drängeln sich noch die Seilschaften – dort haben auch die Bergführer gut zu tun. Ansonsten verschwinden frühere „Klassiker" im alpintouristischen Sommerloch; ehemals von Eis und Schnee bedeckt, sind sie heute große Schutthaufen mit prächtigen Namen und bröckelnden Flanken. Dafür wird das Wandern attraktiver, auch im Hochgebirge, wo sich das Interesse von den Hotspots der Gipfel auf die Hotlines der beliebten Höhenwege verlagert hat: von den Ruinen des Großen Möseler, Turnerkamp und Großen Löffler auf den Berliner Höhenweg. Oder eben auf die bekannten Weit- und Fernwanderwege über die Alpen, die sich so gut vermarkten lassen: „Zu Fuß über die Alpen."

Das Maß aller Dinge und Geschäftsbilanzen ist der Europäische Fernwanderweg E5. Er verläuft über 3200 Kilometer von der französischen Atlantikküste bei Brest bis nach Verona, wird allerdings im allgemeinen Sprachgebrauch meistens auf die sechs Etappen zwischen Oberstdorf und Meran reduziert. Individualisten können sich mithilfe moderner Medien sämtliche Informationen zur Route verschaffen, von GPS-Daten über Nächtigungsmöglichkeiten, Wetterdaten und Taxitransfers, und so eine maßgeschneiderte Tour gestalten. Oder sie überlassen die Organisation aus guten Gründen (allein schon die Hüttenübernachtungen!) den Profis der Bergschule Oberallgäu, die damit wirbt, die „erste und damit die klassische

Route der Alpenüberquerung" bereits 1976 ins Leben gerufen zu haben und seither anzubieten. Alle Termine für 2017 waren Monate vorher ausgebucht. Jeden Samstag starten zwei Gruppen mit jeweils zwölf Teilnehmern. Macht zusammen mit den Führern schon mal 26 Leute in der Hütte. Und es gibt ja noch so viele andere Anbieter – man muss nur einmal „Alpenüberquerung" googeln.

Geführte Gruppen sind bei den Wirten gern gesehen. Sie reservieren Monate im Voraus, sie nehmen Halbpension, und sie kommen bei jedem Wetter. Damit lässt sich kalkulieren. Um den größten Andrang etwas abzumildern, sprechen sich die großen Veranstalter ab und wählen gestaffelte Starttage. Wer dagegen individuell kommt, hat öfter ein Problem – und beschwert sich vielleicht auf „huettentest.de", zum Beispiel über die Kemptner Hütte: „Unglücklicherweise waren wir an einem Tag dort, an dem geführte E5-Touren starten. Es war eine Zwei-Klassen-Gesellschaft auf der Hütte. Die komplette Stube war reserviert, was dazu führte, dass alle privaten Gruppen im ungemütlichen Bereich mit Bierbänken abgespeist wurden."

Die größten Herausforderungen so einer modernen Alpenüberquerung liegen oft weniger im Bewältigen von Höhenunterschieden als in der Logistik auf Hütten – etwa beim Minimieren der Anstehzeiten vor der Dusche oder an der Theke. Unterwegs, auf Tour, macht man es sich dafür so leicht wie möglich und nimmt zusätzliche Dienstleistungen in Anspruch: den Rucksacktransport mit dem Materiallift, vor allem jedoch das schnelle und bequeme Überbrücken weiter Talregionen. Zu Fuß über die Alpen, das beinhaltet bei geführten E5-Touren zwischen Oberstdorf und Meran vier Taxi-Transfers von zusammen gut 82 Kilometer Länge sowie eine 1450-Meter-Auffahrt mit der Venet-Seilbahn. Bei der ebenfalls sehr populären Route „Vom Watzmann zu den Drei Zinnen" summieren sich die Taxitransfers zwischen Start und Ziel auf mehr als 100 Kilometer. Hubert Nagl, Leiter der Bergschule Watzmann, hat diese Route entworfen. Gäste, die bereits den E5 gegangen (und gefahren) waren, hatten ihn gefragt, ob sie so eine ähnliche Tour nicht auch bei ihm machen könnten. Nagl setzte sich mit ein paar Karten an den Tisch, suchte und wurde fündig. 2007 führte er „seine" Alpenüberquerung zum ersten Mal. Andere Bergschulen haben sie ebenfalls ins Programm aufgenommen.

Selbstverständlich selbstständig? Leitbild des Alpenvereins ist der eigenverantwortliche Bergsteiger. Viele Menschen auf den Wegen und in den Hütten wissen das nicht. Und wüssten sie es, wäre es ihnen vermutlich egal.

© A. Klemmer

Einfach so ins Gebirge? Das geht auf den populären Höhen- und Weitwanderwegen gar nicht mehr. Taxi-Transfers und Hüttenübernachtungen verlangen eine ausgeklügelte Logistik. Professionelle Veranstalter bieten sie.
© A. Klemmer

Bergführer und Alpinschulleiter sind sich einig: Es wird in Zukunft noch viel mehr solche Wanderrouten geben. Die Nachfrage ist da, und sie steigt rasant. Beim DAV Summit Club fängt das florierende Alpengeschäft auch ein Minus bei den Fernreisen auf. Viele Kunden entscheiden sich in politisch unruhigen Zeiten gern für die Berge in der sicheren Mitte Europas. Allein von 2014 bis 2017 konnte der kommerzielle Alpenvereinsableger die Buchungen im Produktsegment Alpenüberquerungen mehr als verdoppeln. Schritt für Schritt verändert sich auch der Charakter solcher Unternehmungen. Immer öfter versprechen die Veranstalter in ihren Ausschreibungen größere Annehmlichkeiten: „Nachdem unsere Touren in den letzten Jahren schon so beliebt waren und der Wunsch an uns herangetragen wurde, bieten wir jetzt auch die Komfortvariante …" Statt sich die Übernachtungen in einer vollen Hütte anzutun, checkt man im bequemen Talquartier ein.

„Die Komfort-Wanderer sind auf dem Vormarsch", heißt es in einer Pressemitteilung der Tirol Werbung vom 18. April 2017 zum sogenannten KAT Walk, einer Sechs-Tage-Wanderung durch die Kitzbüheler Alpen. Zielgruppe: die sogenannten Genusswanderer. Die zuständige Kitzbüheler Alpen Marketing GmbH verspricht ihnen ein sauberes Erlebnis: „Statt Massen- oder Zimmerlagern am Berg punktet der KAT Walk mit hervorragenden Unterkünften und leckerer Gastronomie im Tal. Das Gepäck steht schon vor der Ankunft auf dem Zimmer bereit und wer abkürzen möchte, kann mit Bergbahnen bei vier von fünf Etappen auf der Kompakt-Variante Höhenmeter sparen." Auch der Alpe-Adria-Trail mit seinen 43 Etappen zwischen Großglockner und Adria ist ein Premiumprodukt des touristischen Marketings mit eigener Webseite und einem Buchungscenter, das interessierten Wanderern Rundum-sorglos-Pakete für maßgeschneiderte Erlebnisse schnürt, bei denen man sich nicht unter seinen Ansprüchen vergnügt.

Konsum und Freiheit

Statussymbole ändern sich, und manchmal verschwinden sie. Viele junge Menschen sind der Meinung, dass sie ein Auto nicht selbst besitzen müssen, wenn sie es auch „sharen" können. Erleben sei das neue Besitzen, heißt es. Dabei ist das Erlebnis längst zum Gegenstand von Dienstleistungen geworden, die Geld kosten, zu einem Teilbereich jener „Life Industries", die auch für Glücksmomente den Marktwert berechnen – und ihn selbstverständlich einfordern. Immer neue Geschäftsfelder werden erschlossen, „kapitalistische Landnahme" haben Karl Marx und Rosa Luxemburg das einmal genannt. Denn der Markt muss immer weiter wachsen. Und selbst wo es scheint, als ginge jetzt wirklich nichts mehr, finden schlaue Unternehmer neue Mittel und (Weitwander-)Wege. Die Zeit spielt ihnen in die Hände.

Ein weiterer Punkt kommt dazu. Nicht alle, die heute mit prall gefüllten Rucksäcken von Hütte zu Hütte wandern, haben als Gebirgsbesucher eine Sozialisation durchlaufen, die noch vor ein, zwei

"Unser aufmerksames Küchen- und Servicepersonal ist stets bemüht, Sie zu verwöhnen …" Die Verpflegung am Berg hat sich entwickelt. Selbstversorger mussten dem gastronomischen Klimawandel weichen.
© A. Klemmer

Generationen die Regel war: als Kinder zusammen mit den Eltern, irgendwann mit einer Jugendgruppe des Alpenvereins, später gemeinsam mit Freunden, von Jahr zu Jahr selbstständiger. Nicht alle haben mit Glück und Können Gefahren überstanden und aus eigenen Fehlern im Gelände gelernt. Na und? Erfahrung, weiß man, kann heute zeitsparend externalisiert werden. Die persönliche Initiative beschränkt sich damit auf die algorithmisch unterstützte Entscheidung für diesen oder jenen Experten, der seine Dienste als Trainer oder Tourenveranstalter anbietet.

wo Filterblasen und „Fake News" einen Dschungel bilden, den man schon selbst durchdringen kann – was aber anstrengt. Gefragt sind darum Lotsen, die für Orientierung sorgen. Gefragt sind Veranstalter, die Tourenerlebnisse gewissermaßen kuratieren, ohne dass ihre Kunden sich einen eigenen Kopf machen müssen. Der Anspruch an das „richtige" Programm wächst, das Verlangen nach Selbstständigkeit und Eigenverantwortung, klassischen Themen des Bergsteigens, nimmt ab.

Auf den Weitwanderrouten und Höhenwegen wird der Boom sicher noch eine Weile anhalten.

Das Erlebnis ist längst zum Gegenstand von **Dienstleistungen** geworden

Nie waren die Möglichkeiten größer, Touren selbst zu planen. In einschlägigen Foren tauscht man sich über aktuelle Routenverhältnisse aus, verlinkt Informationen und gibt GPS-Daten der abseitigsten Jagdsteige weiter. Webseiten und Tourenportale bieten Bilder, detaillierte Berichte und Kommentare zu jeder Unternehmung. Die Information ist total, überall zugänglich, ständig abrufbar. Doch die Freiheit, die sie gewährt und mit der man sich ihrer bedienen könnte, scheint viele Menschen zu überfordern. Es ist nicht anders als beim zeitgenössischen Konsum von Nachrichten,

Dabei ist die Massenanziehung ein physikalisches Gesetz, das zwar auch im Tourismusgeschäft hochwirksam zu sein scheint, dem man sich in der Praxis aber spielend leicht entziehen kann. Mehr als 20.000 Übernachtungen pro Saison in den Hütten am E 5 – weniger als 1000 Übernachtungen in der Glorer Hütte, Gießener Hütte, Gleiwitzer Hütte, Potsdamer Hütte, Hagener Hütte, Barmer Hütte, Kattowitzer Hütte … Auf den Bergen wohnt die Freiheit, heißt es im König-Ludwig-Lied. Freiheit? Auf den Bergen? Ü-50er erinnern sich: Da war mal was.

Interkulturelle Seilschaften

Bergsport als Integrationshelfer?
>> **Gaby Funk**

Der Deutsche Alpenverein setzt sich ein für ein offenes und tolerantes Miteinander in unserer Gesellschaft. Dazu gehört auch die Integration von geflüchteten Menschen. Oder etwa nicht?

Kostantinos, Kosta genannt, klettert schnell. Trotz der drückenden Hitze schraubt und windet sich der schmale Eritreer (19) geschickt an den Griffen und Tritten einer schwierigen Route nach der anderen im Außenbereich der Kletterhalle von Sonthofen hoch. Gesichert wird er zunächst von Lisa (23) aus München, die dank ihrer kletterbegeisterten Eltern schon klettert, seit sie denken kann. Auch Hermon aus Eritrea sowie Mustafa, Shamin Gul, Mir Agha und Elias aus Afghanistan ziehen mit deutlich erkennbarem Spaß eine Route nach der anderen. Außer Kosta, der schon einmal mit dem Münchner Bürgermeister klettern durfte, wie er lächelnd erzählt, klettern heute alle Jungs zum ersten Mal und sind mit viel Ehrgeiz dabei. Rasch haben sie gelernt, wie man sich einbindet und gegenseitig sichert. Auch der Partnercheck beim Einbinden ins Seil ist bereits eine Selbstverständlichkeit. Und beim Sichern der deutschen Seilpartner haben sie beobachtet, dass diese immer nur dieselben farbigen Griffe und Tritte der so gekennzeichneten Routen nutzen. Die jungen Männer verstehen schnell – auch ohne lange Erklärungen. Es wird viel gelacht, die Augen strahlen, Kommunikationsprobleme gibt es keine, die sechs Kletterer mit dem dunkleren Teint im Team sprechen bereits gut Deutsch. Sie haben nichts dagegen, dass Fotos von ihnen veröffentlicht werden und sie namentlich genannt werden. Das ist normalerweise ein heikles Thema für Menschen, die vor Terrorregimes flohen oder aus Ländern flüchteten, in denen Krieg herrscht. Viele von ihnen befürchten auch hier in Europa noch Repressalien und Verfolgung.

Offen und herzlich

Schon bei der Begrüßung der Gäste aus Afghanistan und Eritrea zeigte sich, wie offen und herzlich diese jungen Menschen, Moslems und Christen, untereinander und zu den deutschen Kletterern sind. Es ist auch offensichtlich, dass es für keinen von ihnen ein Problem ist, dass dieses Team zum Großteil aus Frauen besteht, darunter einigen in kurzen Hosen und Shirts mit Spaghettiträgern, die ihnen zunächst einmal zeigen, wie Einbinden, Sichern und Klettern geht. Dass in Deutschland oft Frauen sagen, wo es langgeht, und das in kurzen Hosen, scheint für diese jungen Männer inzwischen längst normal zu sein. Als wären sie hier aufgewachsen. Dabei leben sie erst seit etwa zwei bis drei Jahren in Immenstadt im Allgäu, wo sie zunächst vom Immenstädter Psychologen und Kletterer Anton Gietl (30) betreut worden waren, der nun dieses gemeinsame Klettern als Ausbilder der JDAV-Jugendleiter organisiert hat. Einer der sechs Geflüchteten beantwortet die Frage, ob ihm das Klettern gefalle, mit dem Satz: „Das ist der Hammer!" Kosta sagt, er finde es toll, dass man beim Sichern aufeinander aufpasse und so die Verantwortung für einander trage. Später erzählt er noch, dass er eine Ausbildung zum Bäcker mache, bereits im zweiten Lehrjahr sei und dass er in seinem deutschen Arbeitskollegen Peter einen guten Freund gefunden habe. Beim Aufbruch fragt einer der Afghanen, wie oft denn solche Veranstaltungen durchgeführt würden. Auf die Antwort „einmal im Jahr" sagt er enttäuscht: „Oh, da kommen keine Muskeln"!

Gemeinsames Lernen

Diese jungen Männer aus den verschiedensten fernen Ländern, aus denen sie als Minderjährige ohne ihre Familien unter Lebensgefahr vor Krieg, Folter, Zwangsrekrutierung durch Terroreinheiten und Tod geflüchtet waren und die oft eine jahrelange Odyssee hinter sich haben, klettern hier zusammen mit Jugendleiterinnen und Jugendleitern des Deutschen Alpenvereins, die in der Jugendbildungsstätte Hindelang an diesem Wochenende eine Fortbildung bei Anton Gietl machen. Swantje ist dafür extra aus Bremen angereist, Kathi aus Hersbruck, Florian aus Ansbach bei Nürnberg, Hanna aus Rottenburg bei Tübingen, Julia und Simon aus Dresden, Franziska aus Bautzen … Anton Gietl lebt inzwischen zwar berufsbedingt in Freiburg, leitet für die Jugend des Deutschen Alpenvereins (JDAV) jedoch weiterhin Schulungs- und Fortbildungskurse.

Dieser Wochenendkurs ist der erste, bei dem interessierte JugendleiterInnen der Sektionen lernen, wie sie gemeinsame Aktionen von Jugendmitgliedern ihrer Sektion und den in ihrer Stadt lebenden jungen Geflüchteten organisieren könnten und was man dabei berücksichtigen sollte. Egal ob Wandern, Klettern, Schneeschuhtouren oder ganz andere Tätigkeiten wie beispielsweise gemeinsames Kochen. Gietl hat als psychologischer Betreuer von unbegleiteten Jugendli-

Begegnung auf Augenhöhe: Gruppenbild von den Immenstädter Geflüchteten und den JDAV-JugendleiterInnen bei der Fortbildung mit Anton Gietl (3. v. l.) an der Kletterhalle in Sonthofen.
© G. Funk

Gemeinsames Klettern verbindet wie Fußballspielen oder Musik über alle Grenzen hinweg. Offenheit und ein herzliches, vertrauensvolles Miteinander kennzeichneten die Fortbildung. Das lag sicherlich auch daran, dass die geflüchteten jungen Männern Anton Gietl (rechts) als Betreuer von früher bereits kannten.
© G. Funk

chen unter den Geflüchteten viel Erfahrung. „Alle diese Jugendlichen im Alter zwischen 13 und 19 Jahren haben ihre eigene Geschichte mit Schicksalsschlägen, schrecklichsten Erlebnissen vor und während ihrer Flucht, die sich dann doch oft ähneln", erzählt er. „Einige der Jugendlichen können sich rasch öffnen und schnell auf die neue, fremde Kultur einstellen. Andere brauchen länger, wenn sie zu uns kommen. Manche sind erst nach Monaten in der Lage, ihrem Betreuer im Rahmen der Therapie ihre Geschichte zu erzählen."

Leicht sei die psychologische Betreuung daher nicht, sagt Dietl, zumal die Jungs aus unterschiedlichen Kulturbereichen kämen. Auch die deutschen Betreuer müssten ständig dazulernen. „Integration ist ein langer Prozess, bei dem Offenheit, echtes Interesse und ein Kennenlernen von beiden Seiten erforderlich ist.

Was für uns Europäer normal ist, ist es für Geflüchtete oft überhaupt nicht. Sport als Freizeitbeschäftigung ist beispielsweise in vielen dieser Länder etwas völlig Fremdes, da die Menschen dort werktags körperlich hart arbeiten und sich am Feiertag ausruhen. Viele haben keinen Bezug zu Sport und sehen oft überhaupt keinen Sinn darin, beispielsweise zu wandern. Die Begründung dazu: „Ich bin monatelang gewandert, jeden Tag von morgens bis nachts, um hierher zu kommen. Warum soll ich das jetzt noch tun?" Zum gemeinsamen Klettern könne man Jungs viel leichter motivieren, weiß Gietl aus Erfahrung. Das sei ähnlich wie beim Fußballspielen.

Alpen. Leben. Menschen.

Die Schulung der JDAV ist Teil des Projekts A.L.M. (Alpen. Menschen. Leben). Dabei handelt es sich um ein gemeinsames Projekt des Deutschen Alpenvereins und des Malteser Hilfsdiensts e. V. (MHD) der Diözese München und Freising, das im August 2016 anlief und für die Dauer von zwei Jahren von der Deutschen Bundesstiftung Umwelt (DBU) in Osnabrück gesponsert wird.

A.L.M. hat das Ziel, die Integration von geflüchteten Menschen im bayerischen Alpenverein voranzubringen. Zur Kooperation kam es, weil sie in diesem Fall besonders sinnvoll und zielorientiert ist: Auf der einen Seite wird so das karitative Knowhow der Malteser mit ihrem ständigen Kontakt zu den Menschen in den Flüchtlingsunterkünften eingebracht, auf der anderen Seite die erforderliche Bergsport- und Naturschutzkompetenz der ehrenamtlich tätigen DAV-Mitglieder in den Sektionen.

Zu den alpinen Modellregionen von A.L.M. zählen das Allgäu und das Berchtesgadener Land, ferner Garmisch-Partenkirchen und Rosenheim. Projektkoordinatoren sind seit August 2016 Stefan Winter, Leiter des Ressorts Breitensport, Sportentwicklung und Sicherheitsforschung des Deutschen Alpenvereins in München, sowie Anna Schober aus Rosenheim seitens des MHD (siehe Interview). Hinzu kommen die RegionalkoordinatorenInnen in den vier Modellregionen. Es ging dabei zunächst um Antworten auf die Frage, wie Kommunen, vor allem im ländlichen Raum, mit

ihren oft erklärungsbedürftigen Traditionen mit dieser neuen kulturellen Vielfalt umgehen und diese vielleicht sogar als Chance betrachten könnten. Oder darum, dass Geflüchtete durch gemeinsame Aktivitäten die Möglichkeit haben, ihr neues Umfeld, die Einheimischen und die besonders sensible Natur des Alpenraumes kennenzulernen, um sie wertschätzen zu können. Und es ging von Anfang an darum, dass sowohl interessierte Bürger als auch interessierte Geflüchtete die Möglichkeit haben, einander bei gemeinsamen Aktivitäten persönlich zu begegnen, um so vielleicht die eigenen Ängste oder Vorbehalte korrigieren zu können. Interkulturelle Begegnung auf Augenhöhe also, bei einer gemeinsamen Tätigkeit, die verbindend und motivierend wirkt.

Bergsport vermittelt Lebensfreude und Erfolgserlebnisse. Er trägt zur Selbstbestätigung bei und fördert gleichzeitig die Teambildung, vor allem in der Seilschaft beim Bergsteigen und Klettern, aber auch beim gemeinsamen Wandern. Das Miteinander dabei verbindet, öffnet, stärkt und erweitert den Horizont. Gemeinsame Aktionen am Berg bei Wanderungen, Wegesanierungen, Hüttenabenden oder in der Kletterhalle sind ein gutes Mittel, um über die jeweils andere Kultur etwas zu lernen. Bergfreunde reisen gern rund um den Globus, um in fernen Ländern Berge zu besteigen oder exotische Landschaften beim Trekking kennenzulernen. Dabei ist das Kennenlernen fremder Kulturbereiche ein wichtiger Bestandteil der Reise. Ist das Interesse am Fremden, das man als Reisender so schätzt, nur auf den Status als Tourist in fremden Ländern beschränkt?

Ein klares Statement

Bereits 2001 hatte sich der DAV ausdrücklich gegen Intoleranz, Ausgrenzung von Menschen und gegen Hass positioniert – auch angesichts der dunklen Kapitel der eigenen Vereinsgeschichte durch den Ausschluss jüdischer Mitglieder aus dem Alpenverein ab den 1920er-Jahren und in der Nazi-Zeit. „Für eine offene, vielfältige und tolerante Gesellschaft" lautete schließlich der Titel einer Erklärung, die das Präsidium des Deutschen Alpenvereins Anfang 2017 verabschiedet hat. In dieser Erklärung geht es darum, dass sich der Deutsche Alpenverein mit seinen rund 1,2 Millionen Mitgliedern angesichts der gesellschaftlichen und sozialen Herausforderungen unserer Zeit verpflichtet sieht, sich seiner gesellschaftspolitischen Verantwortung zu stellen und durch „Mit-Menschlichkeit" einen Beitrag zu leisten fürs Gemeinwohl. Daher befürworte und fördere der Verein die Integration von Geflüchteten, beispielsweise durch gemeinsame Aktivitäten in den Sektionen.

„Nur eine weltoffene Gesellschaft, die ihre Kontroversen sachlich, respektvoll und im ehrlichen Bemühen um vertretbare Lösungen für alle Beteiligten führe, werde ihren Mitgliedern eine lebenswerte Zukunft bieten können", lautet die Überzeugung des DAV-Präsidiums. Diskussionen darüber, ob der Alpenverein, der satzungsgemäß parteipolitisch ungebunden und neutral sein muss, zu diesen Punkten Stellung nehmen sollte oder dürfte, wurden zunächst in den Gremien geführt. Nicht ohne Kontroversen – so wie die Themen Flucht und Asyl generell quer durch Europa und durch alle Bildungsschichten sehr kontrovers diskutiert wird. Für viele ist es inzwischen zum Reizthema geworden. Für andere ist die Bewältigung der „Flüchtlingskrise" aufgrund von Kriegen, Terror und wirtschaftlicher Not die größte globale Herausforderung unserer Zeit.

Kritische Reaktionen

Die Erklärung war ein klares Statement des Deutschen Alpenvereins, das bei etlichen Mitgliedern für Diskussionen sorgte. Die einen beglückwünschten den DAV zu dieser Haltung, die anderen reagierten kritisch bis empört und verärgert. Leserbriefe folgten, der folgende zählt zu den interessantesten:

Wir denken, dass der DAV nicht zuletzt deshalb so gute Arbeit leisten kann, weil er sich nicht vor irgendeinen politischen Wagen spannen lässt, sondern einfach das tut, was getan werden muss. Meine Frau und ich finden, dass das auch so bleiben sollte. Deswegen haben uns Ihre Beiträge zur derzeitigen sogenannten Flüchtlingskrise in der letzten Ausgabe Ihrer Zeitschrift Panorama überhaupt nicht gefallen. Wir denken, dass es bei der sogenannten Flüchtlings-Krise schon lange nicht mehr um Flüchtlinge geht, sondern um ganz andere, hässlichere Dinge, bei denen sowohl die Asylanten als auch wir Münchener und Deutsche für ganz andere Dinge eingesetzt werden. Die uns eigene Hilfsbereitschaft wird sozusagen missbraucht, denn ums Helfen geht es schon lange nicht mehr. Zwanzig Milliarden Euro sollen uns die Asylanten nach seriösen Einschätzungen allein im letzten Jahr gekostet haben. Wie viel Gutes hätte man mit 20 Milliarden Euro in den Ländern tun können, aus denen die Asylanten herkommen! [...] Wir stimmen mit Ihnen darüber überein, dass wir auf unsere Hilfsbereitschaft stolz sein können. Die Art und Weise jedoch, wie wir mit dieser unverschuldeten und hausgemachten Asylanten-Krise umgehen, ist zwar gut gemeint, letztendlich aber aufgrund ihrer Kurzsichtigkeit und Naivität eine Schande. (Verfasser sind der Redaktion bekannt)

Zweifellos steckt in diesem sorgfältig verfassten Leserbrief viel berechtigte Kritik, die argumentativ aber nicht neu ist. Die Ansichten darüber, welche Aufgaben angesichts der Flüchtlingssituation wahrgenommen werden müssen, sind sehr konträr. Für die einen ist klar, was aus humanitären Gründen getan werden muss, egal, aus welchem Grund jemand flüchtet oder wer dafür verantwortlich ist. Die Geflüchteten sind da. Alle suchen Sicherheit für sich und ihre Familien oder eine Perspektive, die es in ihren Ländern nicht mehr gibt. Man kann völlig zu Recht kritisieren, dass bereits vor Jahrzehnten vor den heutigen Problemen mit Hungersnöten, Ernteausfällen durch Wassermangel und Dürren sowie der Perspektivenlosigkeit in vielen Ländern Afrikas eindringlich gewarnt worden war. Die Vorkehrungen, Massenabwanderung aus purer Not zu verhindern, waren völlig unzureichend. Man darf auch feststellen, dass die Europäische Union sich überhaupt nicht als Union offenbarte bei diesem Thema. Man kann sogar behaupten, dass sie hier auf peinliche Weise gescheitert ist – wie beispielsweise bei der seit Jahren mangelnden Unterstützung von Italien angesichts der hohen Anzahl von Bootsflüchtlingen, die übers Mittelmeer kommen. Auch auf Fragen der „gerechten" Verteilung der Geflüchteten auf die verschiedenen Länder Europas, der Aufnahmeregelungen oder der Form der Abschottung an den Grenzen konnten die Abgeordneten der verschiedenen europäischen Länder bekanntlich keine verbindende Antwort finden. Viele der „Abfanglager" außerhalb Grenzen zu Europa sind menschenunwürdig hinsichtlich ihrer Wasserversorgung und hygienischen Zustände.

Oft wird argumentiert, dass nicht alle Geflüchteten Schutz finden könnten und nur die „wahren" Kriegsflüchtlinge aus Ländern wie beispielsweise Syrien, politisch Verfolgte oder Homosexuelle aus arabischen Ländern bei uns aufgenommen werden sollten. Tatsächlich werden die meisten Asylanträge von Kriegsflüchtlingen gestellt (siehe Infokasten). Menschen verlassen ihre Heimat nicht, wenn sie noch einen Funken Hoffnung haben, für sich und ihre Familie eine tragfähige Existenz aufbauen zu können.

Willkommen?

Über eine Million Schutzsuchende erreichten 2015 Europa. Die Ereignisse jenes Sommers und die schrecklichen Bilder davon in den Medien hatten eine breite Solidaritätsbekundung in europäischen Ländern wie Deutschland oder Österreich zur Folge und führte zu den bekannten Szenen der „Willkommenskultur" mit dem tatkräftigen Engagement vieler Menschen an Bahnhöfen und in Aufnahmelagern. Diese „Willkommenskultur" währte allerdings nur kurz. Seitdem gilt als Maxime der europäischen Staaten, dass sich die hohen Zahlen Ankommender unter keinen Umständen wiederholen dürfen und um jeden Preis verhindert werden sollen. Renommierte Menschenrechtsorganisationen wie Pro Asyl, Brot für die Welt (Evangelisches Hilfswerk) und die Hilfsorganisation Medico International weisen darauf hin, dass die aktuellen Bemühungen auf EU-Ebene – mit tatkräftiger Unterstützung der deutschen Bundesregierung – auf Abschiebungen, repressive Asylgesetzverschärfungen, die Aufrüstung der Außengrenzen und nicht zuletzt auf eine neue Dimension der Auslagerung von Migrations- und Grenzkontrollen in Transit- und Herkunftsländer („Externalisierung") setzen. „Zur ‚Fluchtursachenbekämpfung' forcieren die politisch Verantwortlichen in Brüssel und Berlin neue Partnerschaften – auch mit despotischen Regimen. Mit der Absichtserklärung, die Situation in den Herkunftsländern zu verbessern, verleihen sie diesen Partnerschaften einen entwicklungsorientierten Anstrich und zumindest rhetorisch Legitimität."

Die Angst vor Überfremdung ist seit den Terroranschlägen in ganz Europa verbreitet. Sie ist durchaus berechtigt. Dazu muss man sich nur die sozialen Brennpunkte in den Pariser Banlieues anschauen, wo die Integration von Menschen mit Migrationshintergrund völlig gescheitert ist und Parallelgesellschaften entstanden sind. Die einzige Möglichkeit, solche Zustände zu verhindern, ist eine gelingende Integration – Miteinander statt Abschottung.

Fragen über Fragen

Das Projekt A.L.M. von DAV und Maltesern in Bayern wurde am 30. Juni 2017 von Europa-Staatsministerin Beate Merk mit dem ARGE ALP-Preis 2017 „Integration im Alpenraum" ausgezeichnet. Den Preis, in diesem Fall 6000 Euro, erhielten im Jahr 2017 innovative Projekte, mit denen die Begegnung und das Verständnis zwischen Menschen unterschiedlicher Herkunft im Alpenraum gefördert werden. Von einer von oben herab verordneten Haltung und politischer Instrumentalisierung kann dabei nicht die Rede sein. DAV-Projektkoordinator Stefan Winter widerspricht diesem Vorwurf entschieden und erklärt: „Während sich einzelne DAV-Sektionen schon länger um die Integration von geflüchteten Menschen durch Bergsport bemühen und der Deutsche Olympische Sportbund (DOSB) bereits 1989 sein bundesgefördertes Programm ‚Integration durch Sport' initiiert hat, suchte der Bundesverband des DAV erst 2014 nach konkreten Lösungen, als bereits

Noch voller Energie am Gipfel: Da werden gleich noch Situps gemacht. A.L.M.-Wanderung auf die Rotspielscheibe im Nationalpark Berchtesgaden im Oktober 2016. Wer hat sich schon einmal in frischen Schnee gelegt? Hüttenwochenende des DAV Tittmoning auf der Freilassinger Hütte im Tennengebirge im Januar 2017.

© A. Schober (oben)/ T. Al Chami

Gemeinsamer Aufbruch ins Neuland: Vor dem Start auf den Pürschling/Teufelstättkopf wird noch schnell der A.L.M.-Fotowettbewerb vorgestellt (links). Im Herbst 2016 war die Rotspielscheibe im Nationalpark Berchtesgaden das erklärte Ziel.
© J. Ringel/A. Schober

sehr viele Menschen nach Deutschland flüchteten. Da gemeinschaftlicher Sport zweifellos einen wichtigen Beitrag zum sozialen Zusammenhalt leisten kann, die Integrationsarbeit mit Flüchtlingen jedoch nicht in der Satzung von Sportverbänden steht, musste zunächst geklärt werden, wie die dabei möglichen rechtlichen, steuerlichen und versicherungstechnischen Probleme gelöst werden könnten."

Dabei stellten sich Fragen wie diese: Wie können sich Geflüchtete unabhängig von ihrem jeweiligen Status – Aufenthaltsgestattung, Duldung, bewilligtem oder abgelehntem Asylantrag und womöglich fehlenden Identitätspapieren – an gemeinsamen Aktionen beteiligen? Ist das überhaupt möglich, ohne dass die Geflüchteten über die DAV-Mitgliedschaft versichert sind? Dürfen nur anerkannte Asylbewerber mit Bleibeperspektive mitmachen oder alle Interessierten? Müssen alle Teilnehmer jedes Mal extra versichert werden? Wie sieht es mit der Haftung der Organisatoren und DAV-Wanderführer bei Unfällen aus? Oder: Dürfen Geflüchtete ohne Identitätspapiere an gemeinsamen Aktionen im bayerisch-österreichischen Grenzgebiet oder gar in den Nachbarländern teilnehmen? Wie kommen Geflüchtete,

Zahlen und Fakten zum Thema Flucht

Nach Angaben der UNHCR (Flüchtlingswerk der Vereinten Nationen) sind Ende 2016 weltweit 65,6 Millionen Menschen auf der Flucht – viel mehr als im Zweiten Weltkrieg. Rund 22,5 Millionen dieser Menschen sind Flüchtlinge, die vor Konflikten, Verfolgung oder schweren Menschenrechtsverletzungen aus ihrer Heimat flohen. Die Hälfte der Flüchtlinge weltweit sind Kinder unter 18 Jahren. 40,3 Millionen Menschen sind Binnenvertriebene, also Menschen, die innerhalb ihres Landes auf der Flucht sind. 2,8 Millionen Menschen unter den 65,6 Millionen sind Asylsuchende.

Die größte Gruppe unter den Asylsuchenden in Deutschland sind derzeit Menschen, die vor dem syrischen Bürgerkrieg geflohen sind. Von Anfang 2015 bis Ende 2016 stellten sie 425.000 Asylerstanträge – das sind mehr als ein Drittel aller Anträge.

Im gleichen Zeitraum suchten fast 160.000 Asylsuchende aus dem von Krieg und Vertreibung gezeichneten Afghanistan Schutz, knapp 126.000 Menschen aus dem terrorgeplagten Irak, etwa 32.000 Personen aus dem für schwere Menschenrechtsverletzungen kritisierten Iran und rund 30.000 Personen aus Eritrea, wo ein brutales Militärregime herrscht.

Insgesamt wurden in den Jahren 2015 und 2016 knapp zwei Drittel aller Asylerstanträge von Menschen aus diesen fünf Herkunftsländern gestellt.

Vergleichsweise wenige Flüchtlinge aus den 54 afrikanischen Staaten erreichten Deutschland. Etwa 110.000 Asylsuchende kamen insgesamt in den Jahren 2015 und 2016 vom afrikanischen Kontinent in die Bundesrepublik – das entspricht knapp 10 Prozent aller hier Schutzsuchenden. Rund ein Viertel von ihnen stammen aus einem einzigen Staat: der Diktatur Eritreas.

Die weitaus meisten Schutzbedürftigen bleiben in der Region: Laut UNHCR lebten Ende 2015 etwa 18 Millionen Flüchtlinge auf dem afrikanischen Kontinent, davon fast 11 Millionen als Vertriebene im eigenen Land.

Quellen: www.unhcr.org/dach/de/services/statistiken sowie www.proasyl.de

die oft nur ein Paar Turnschuhe besitzen, an bergtaugliche Schuhe und entsprechende Wetterschutzbekleidung? Und natürlich auch: Wie können geflüchtete Mädchen und Frauen für Angebote erreicht und motiviert werden?

Gerade das Erreichen der Menschen in den Flüchtlingsunterkünften erwies sich zunächst als schwieriger als gedacht. Hinzu kam die Frage, ob weibliche Organisatoren und Tourenführerinnen von den vorwiegend männlichen Geflüchteten überhaupt akzeptiert werden. Fragen über Fragen. Zu Beginn des A.L.M.-Projekts wurden daher all diese Fragen im Team und durch Austausch mit anderen Verbänden geklärt. Projektkoordinator Stefan Winter veröffentlichte dazu eine Broschüre als Leitfaden für die Sektionsvorsitzenden, die durch eigene Aktionen ihrer Sektion Zeichen setzen wollen.

Erfolgreiche Aktionen

2016 war ein Jahr, in dem viele Erfahrungen gesammelt wurden. Als eine der ersten Aktionen des geförderten A.L.M.-Projekts haben beispielsweise 14 Mitglieder der Sektion Garmisch-Partenkirchen zusammen mit Abdullah aus Sierra Leone sowie Tariq und Suleman aus Afghanistan im Alpspitzgebiet eine naturverträgliche Route für Skitourengeher gebaut. Dass die drei jungen Männer dabei kräftig mithalfen, begründeten sie damit, dass sie gern etwas zurückgeben wollen für die Hilfe, die ihnen gewährt wurde. Außerdem haben sie so Kontakte zu Einheimischen aufgebaut und viel über die Beziehung der Europäer zur lokalen Berglandschaft und zum Alpenraum erfahren. Auch beim geselligen Ausklang auf der Stuibenhütte nach der Arbeit fühlten sich die drei sehr wohl. Udo Knittel, Vorsitzender der DAV-Sektion Garmisch-Partenkirchen, war danach offenbar so begeistert, dass er sich seither gezielt für die Integration von Geflüchteten in seiner Sektion einsetzt.

Zahlreiche Aktionen wie gemeinsames Klettern mit Geflüchteten, Berg- und Almwanderungen oder Wegebauprojekte folgten in vielen Sektionen des DAV – mit oder ohne Unterstützung durch das A.L.M.-Projekt.

Ein besonderes Projekt war auch das Kennenlern- und Begegnungswochenende im Haus Hammer in Fischbachau Ende April 2016, organisiert von der JDAV in Kooperation mit den DAV-Sektionen München und Oberland sowie drei Münchner Sozialvereinen. Dort trafen sich 65 Personen, darunter 35 junge Geflüchtete aus Syrien, Afghanistan und mehreren afrikanischen Ländern mit sieben Betreuern sowie 23 Jugendleitungs- und Jungmannschaftsmitgliedern der beiden DAV-Sektionen – zunächst zum gemeinsamen Kochen für ein großes Buffet mit landestypischen Gerichten am Freitagabend. Bildungsreferent Andi Geiß der JDAV Bayern erzählt: „Das gemeinsame Kochen und Essen waren super zum gegenseitigen Kennenlernen. Am Samstag haben wir dann verschiedene Workshops angeboten: eine Wanderung auf die Bodenschneid, Klettern im

Ein Hoch auf die Breze am Teufelstättkopf:
Die seltsam verbrannt aussehenden bayerischen Gebildbrote waren für die Geflüchteten eine der lohnenden Entdeckungen des Tages.
Links: Dank einer Ausrüstungsspende konnte die A.L.M.-Wanderung auf die Kneifelspitze auch bei schlechtem Wetter genossen werden.
© A. Ringel/T. Limmerl

Gemeinsam anpacken: Die erste A.L.M.-Wegebau-Aktion mit dem DAV Tutzing im August 2016.
© L. Geißler

Kletterstadl und eine Mountainbiketour Richtung Birkenstein und Bucheralm. Danach trafen sich wieder alle im Haus Hammer. Bis zum gemeinsamen Grillen und Quatschen am Lagerfeuer wurde – je nach Lust und Laune – Frisbee gespielt oder gekickt. Am Sonntagabend haben wir zusammen aufgeräumt und uns verabschiedet. Dieses Wochenende war ein tolles Erlebnis für alle Beteiligten, weil auch das angebotene Programm dafür sorgte, dass die verschiedenen Gruppen durchmischt waren und sich nicht nach den Wohngruppen in den Unterkünften ausrichteten. Die Resonanz aller Beteiligten war positiv." Dass dies tatsächlich so empfunden wurde, zeigte sich darin, dass zwei der ausländischen Teilnehmer direkt danach DAV-Mitglieder wurden und in die Jungmannschaft eintreten wollten. Außerdem bildeten sich nach diesem Wochenende ehrenamtliche Lernpatenschaften für Nachhilfeunterricht.

Ein weiteres Ergebnis einer Wochenend-Kennlernaktion war im Dezember 2016 die Gründung der jüngsten Jugendgruppe der Sektion München: Omega. Dabei handelt es sich um eine Gruppe junger Leute (17–25 Jahre) mit und ohne Fluchthintergrund, die zusammen auf Tour gehen, Bergsportarten ausprobieren, auf Hütten übernachten, aber auch Spiele spielen, kochen, basteln, ein Schachturnier durchführen ...

Lisa Okroi aus München (Jahrgang 1994), die sich nach ihrem Abitur ein halbes Jahr in Ghana aufhielt, um bei einem Sozialprojekt mitzuarbeiten, und auch am Schulungswochenende in der Jugendbildungsstätte Hindelang teilgenommen hat, ist eine der Gruppenleiterinnen: „Von Anfang an war unser Ziel, mit den Geflüchteten alles gemeinsam zu organisieren. Einmal monatlich ein gemeinsames Wochenende in den Bergen, alle zwei Wochen ein Gruppenabend bei uns im Kriechbaumhof."

Es sei manchmal schon sehr zeitaufwändig, gerade weil man durch das gemeinsame Planen im Vorfeld viel erklären müsse. Würde man es allein machen, ginge das meist schneller. Auch sei es schwierig, Mädchen und junge Frauen unter den Geflüchteten zum Mitmachen zu bewegen. Die meisten Teilnehmer seien junge Männer, es gebe dagegen fast nur Jugendleiterinnen in der Gruppe. Das sei zwar kein Problem, dennoch wäre es besser, wenn es mehr männliche Jugendleiter bei Omega gäbe. Lisa sagt auch, dass sie oft den Eindruck habe, dass Omega ein Vorzeigeprojekt sei. Die Medienarbeit sei mitunter sehr anstrengend. Außerdem würde meist nur darüber berichtet, wie toll das Projekt sei. Es gebe aber Höhen und Tiefen. Manchmal sei es ziemlich frustrierend, wenn niemand kommt. Man werde durch die gemeinsamen Gruppenabende dann aber wieder belohnt.

Integrationslotsen

Inzwischen gibt es sehr viele Aktionen in den Alpenvereinssektionen. In der DAV-Sektion Immenstadt, in der einzelne Mitglieder bereits 2015 die ersten Geflüchteten nach ihrer Ankunft zum gemeinsamen Klettern einluden und abholten, gibt es inzwischen sogar einen irakischen Jugendleiter namens Martin Noah. Zusammen mit einer deutschen Jugendleiterin leitet er eine eigene Jugendgruppe der Sektion und hat dafür alle Ausbildungskurse erfolgreich absolviert. Das bedeutet gelungene Integration. Zur Vorbereitung von Aktionen mit Geflüchteten bietet das Projekt A.L.M. eine eintägige kostenlose Qualifizierung zum A.L.M.-Integrationslotsen auf Basis des bewährten und erfolgreichen Malteser-Integrationslotsendienstes an. Stefan Winter betont, dass sich im Laufe der Projektarbeit gezeigt habe, dass jede Integrationsmaßnahme für sich selbst ein individuell zu planendes, zu organisierendes und durchzuführendes Unikat darstellt, das weit davon entfernt ist, ein kopierbares Musterprogramm zu sein. Dies wiederum lasse bei ehrenamtlichen Organisatoren den Eindruck aufkommen, es handle sich um eine nicht mehr endende Sisyphusarbeit. Ehrenamtliche Tourenleiterinnen und Tourenleiter der Sektionen müssten auch darauf gefasst sein, Rückschläge in Kauf zu nehmen, wie zum Beispiel nicht erscheinende angemeldete Teilnehmer. Dass dies so manchen verärgert, der sich den Samstag oder das Wochenende extra dafür frei gehalten hat, ist klar.

Stefan Winter sieht auch eine Herausforderung darin, über die Aktionen hinaus längerfristige Beziehungen zwischen Flüchtlingen und Sektionsmitgliedern aufzubauen. Wünschenswert wäre es aus seiner Perspektive, wenn sich durch das Projekt A.L.M. (Berg-)Freundschaften zwischen Flüchtlingen und Einheimischen ergeben würden, die von Dauer sind. „Der Genius Loci der Berge und die internationale Sprache des Kletterns, Wanderns und so weiter sind jedenfalls von ähnlicher Magie wie die verbindende Kraft des Fußballs, so dass die Rahmenbedingungen an sich günstig sind."

Engagement mit Frustpotenzial

Noch keiner der im Rahmen der Recherche zu diesem Beitrag Befragten hat bislang die Erfahrung machen müssen, dass ihre Schützlinge, wie beispielsweise eine integrationswillige Familie mit mehreren Kindern aus einem als „sicher" eingestuften Land wie Afghanistan, nach Jahren des Miteinanders und der gemeinsamen, fruchtbaren Integrationsbemühungen abgeschoben werden sollen. Oder dass einer jener überraschend wenigen Senegalesen, die seit Jahren hier leben, perfekt Deutsch sprechen, meist selbst in kleinen ländlichen Gemeinden bestens integriert sind und in einem Mangelberuf eine feste Arbeitsstelle hatten, nach Ablehnung ihres Asylantrags nicht mehr arbeiten dürfen. Bestens integrierte Menschen, die stolz darauf waren, ihre Steuern zu bezahlen, werden so nach mehreren Jahren zurückgestuft zum geduldeten Sozialhilfeempfänger ohne Arbeitserlaubnis und ohne jegliche Perspektive – eine Erfahrung, die Betroffene wie Nachbarn und Helfer frustriert und wütend zurücklässt.

Abschiebungen können erst dann erfolgen, wenn die Behörden das Problem fehlender Identitätspapiere gelöst haben, was wieder Jahre dauern kann. Hinzu kommt, dass Abschiebungen in Wahljahren oft aus politisch-strategischen Gründen verschoben werden, um keine Stimmen zu verlieren. Bei bestens integrierten Geflüchteten und vor allem integrationswilligen Familien zusehen zu müssen, wie diese anfangs so optimistischen, fröhlichen und tatkräftigen jungen Männer durch das Arbeitsverbot und die drohende Abschiebung immer deprimierter und lethargischer werden, ist der Gipfel an Frustration für jeden, der sich um die Integration von Geflüchteten bemüht. Gerade in Bayern wurden Gesuche um eine Ausnahmeregelung kategorisch abgelehnt, selbst wenn sich die betreffende Gemeinde, der frühere Arbeitgeber, die betreffende Handwerkskammer und die Mitglieder des Helferkreises gemeinsam und mit Nachdruck für diese Menschen einsetzten. Solche und ähnliche Erfahrungen können auf die ehrenamtlichen Integrationshelfer in den Alpenvereinssektionen zukommen, wenn sie das erreicht haben, was das optimale Ergebnis aller Integrationsbemühungen ist. Wenn dann Freunde oder langjährige Berggefährten abgeschoben werden sollen, wird das bitter. Generell scheint durch das gegenseitige Kennenlernen und die Empathie für das Schicksal von Geflüchteten der Unmut gegen Zwangsabschiebungen in der Bevölkerung und bei Pfarrern vor Ort zu wachsen. Nur so ist zu erklären, dass es inzwischen immer öfter vorkommt, dass als letzte Möglichkeit des bürgerlichen Aufbegehrens Kirchenasyl gewährt wird. Die Debatte ums Kirchenasyl flammte in Bayern im Sommer auf, wurde wegen der bevorstehenden Wahl aber auf kleine Flamme gedimmt.

Integration geht uns alle an: Durch sein klares Statement, das den Verein gerade angesichts seiner Geschichte auszeichnet, steht der Deutsche Alpenverein in der Pflicht. Worten müssen Taten folgen – langfristig, über die beiden Jahre des Projektsponsorings hinaus. Integration ist ein längerer Prozess. Das Gewicht von weit über einer Million Mitgliedern ist dabei eine Größe, die man – überparteilich – für die Durchsetzung wichtiger gemeinsamer Wertvorstellungen durchaus einsetzen kann und sollte.

Interview

Gaby Funk sprach mit A.L.M.-Projektkoordinatorin Anna Schober über Erfahrungen des Fremd- und Befremdet-Seins

GF » Anna, wie sehen deine Erfahrungen mit A.L.M. in der Zwischenbilanz aus?

AS » Meine eigenen Erfahrungen sind durchgehend positiv und bereichernd. Dass einige Ehrenamtliche ihre Erfahrungen zum Teil eher negativ beurteilen, weiß ich. Meist stecken dahinter Banalitäten, wie damals, als einer der Afrikaner während der Rast in den Bergen die Musik seines Handys in voller Lautstärke aufdrehte. Oder wenn ein Geflüchteter trotz Hinweis im Vorfeld, dass der Müll mitgenommen werden müsse, Papier am Rastplatz liegen ließ. Durch so etwas kann die Stimmung rasch kippen.

GF » Wie kam es zu diesem Konflikt?

AS » Die Teilnehmer werden zwar vor dem Aufbruch darauf hingewiesen, dass und warum wir den Müll wieder mitnehmen, aber dann kommt es eben doch mal vor, dass so etwas vergessen wird. Wir Deutschen haben ein über Jahrhunderte hinweg gewachsenes, kulturell geprägtes Naturverständnis. In vielen anderen Kulturbereichen hat Natur hingegen nur einen Wert als Nutz- und Agrarland. Verallgemeinern kann man das aber auch nicht. In manchen afrikanischen Ländern haben die Menschen aufgrund der Kolonialzeit ein spirituelles Verhältnis zur Natur als Werk Gottes, wie es bei uns in ländlichen Gebirgsregionen auch weit verbreitet ist.

GF » Kannst du ein konkretes Beispiel anführen?

AS » Einmal standen wir oberhalb vom Königssee an einer besonders schönen Stelle. Da fragten einige unserer Eritreer, ob wir kurz warten könnten. Sie wollten beten und Gott dafür danken.

GF » Kennst du weitere Beispiele, die zeigen, wo es beim Thema Natur kulturell bedingte Missverständnisse geben kann?

AS » Bei einer gemeinsamen Bergwanderung fragte ein Afghane unterwegs immer, wo denn nun die Ziegenherde sei. Wir wunderten uns schon darüber. Später stellte sich heraus, dass er in seiner Heimat in den Bergen oft Ziegen gehütet hatte und dachte, dass der Besuch unserer Ziegenherde das Ziel unserer gemeinsamen Wanderung sei. Wandern als Freizeitvergnügen kennt man dort nicht.

Interessant war für mich die Begegnung mit einer Blindschleiche: Der Nigerianer in unserer Gruppe hätte sie gerne gegrillt, der Afghane hatte Angst vor ihr und ein dritter Teilnehmer kannte keine Schlangen oder Blindschleichen und hat sie nur interessiert angeschaut.

GF » Gab es Situationen, in den bei Geflüchteten Ängste auftraten aufgrund ihrer Erlebnisse und Erfahrungen?

AS » Viele haben beispielsweise Angst vor Hunden, weil sie Hunde als Haustiere nicht kennen, sondern höchstens als

> »Dass in Deutschland oft Frauen sagen,
> wo es langgeht, scheint für diese jungen Männer
> inzwischen längst normal zu sein«

aggressive abgerichtete Wachhunde oder wilde ausgehungerte Hunde, die ebenfalls gefährlich sind. Auch bei einer Wildtierfütterung mit Förster hatten Geflüchtete Angst: vor diesem Mann in Uniform mit Gewehr und Hund. Bei unseren geplanten Projekten mit Geflüchteten im Naturpark Berchtesgaden tragen die Wildhüter inzwischen keine Uniform mehr.

GF » Hast Du Beispiele dafür erlebt, dass dieses Miteinander am Berg auch Auswirkungen auf deutsche Teilnehmer hat?

AS » Oft regen Bemerkungen der Geflüchteten uns Deutsche zum Nachdenken an, beispielsweise wenn ein junger Afrikaner angesichts unserer Seenlandschaften sagt, er würde gerne eine Wasserpipeline nach Afrika bauen, um die Menschen und Felder dort mit Wasser zu versorgen. Da wird doch jedem mal wieder bewusst, in welchem Luxus wir hier leben. Oder wenn einer der Afrikaner völlig überrascht ist, dass man das Wasser hoch oben in den Bergen an Quellen oder Gebirgsbächen einfach so trinken kann, ohne es zuvor abkochen oder filtern zu müssen. Dass kennt er nicht. Beim gemeinsamen Essen unterwegs tut sich eigentlich immer viel. Während wir Deutschen meistens ein kleines Vesper für uns dabei haben wie ein belegtes Brot, einen Apfel und vielleicht noch etwas zum Teilen wie Bonbons, Schokolade oder Gummibärchen, bringen die ausländischen Teilnehmer Linsengerichte und Spezialitäten ihres Landes mit, die sie am Tag zuvor gekocht haben. Nicht für eine oder zwei Personen, sondern jeweils für die halbe oder ganze Gruppe. Da gab es oft die tollsten Buffets am Berg mit landestypischen Gerichten. Seit wir den Ausrüstungsverleih haben mit Rucksäcken, hat sich das noch verstärkt. Am Anfang schleppten sie das Essen in Plastiktüten auf den Berg.

GF » Warst Du selbst schon einmal über längere Zeit die Fremde oder Ausländerin in einem Land mit völlig anderem kulturellen Hintergrund?

AS » Ja. Während meines Studiums konnte ich mir dank eines interdisziplinären Forschungsprojektes der Uni Trier einen Kindheitstraum erfüllen: Ich arbeitete zehn Monate lang für dieses Projekt in Kenia und bereiste dabei das ganze Land. Als Ausländerin habe ich mich sehr bemüht, mich zu integrieren, um die Kultur besser kennenzulernen. Beispielsweise habe ich an einem Sonntag am Gottesdienst der Einheimischen teilgenommen, der normalerweise vier bis fünf Stunden dauert. In der ersten Stunde war ich noch fasziniert davon, wie fröhlich Gottesdienste sein können. Doch dann wurde es in der Wellblechhütte viel zu heiß und die Messe dauerte mir viel zu lange unter diesen Bedingungen. Ich hielt es kaum aus. Von da an zog ich es vor, die Sonntage nach meinen eigenen Vorstellungen zu verbringen.

Anna Schober, Jahrgang 1989, Projektkoordinatorin des Projektes A.L.M. seitens des Malteser Hilfsdiensts (MHD) ist seit ihrer Kindheit Mitglied in der Sektion Bad Reichenhall. Die studierte Verkehrsplanerin hat sich im Rahmen ihres Studiums einen Kindheitstraum erfüllt: Sie war zehn Monate lang Mitarbeiterin bei einem interdisziplinären Forschungsprojekt ihrer Uni in Kenia. Dabei reiste sie durch das ganz Land.

© Archiv Schober

BergMenschen

Ludwig Rasser hat gut lachen: Als Wetterwart auf dem Hohen Sonnblick hat er seinen Traumjob gefunden – und lebt ihn mit allen seinen Fähigkeiten. Wer dort oben, in exponierter Lage auf über 3000 Metern, arbeitet, muss fast zwangsläufig ein Nahverhältnis zu den Bergen haben. Dabei ist er nur eines von fünf ganz unterschiedlichen Beispielen, wie Menschen ihre Talente und Leidenschaften nicht nur zum eigenen Wohl in und mit den Bergen entfalten.

Dienst in den Wolken

Als Wetterwart auf dem Hohen Sonnblick
\>\> **Robert Demmel**

Seit 38 Jahren tritt Ludwig Rasser seinen Dienst in 3105 Meter Höhe an. Für den leidenschaftlichen Mineraliensammler sind die Berge am Ende des Rauriser Talschlusses aber weit mehr als ein Arbeitsplatz.

Wenn der Rauriser Ludwig Rasser morgens den Weg zu seinem Arbeitsplatz antritt, geschieht dies nicht wie bei den meisten anderen in der Hauptsache mit dem eigenen Auto, mit Bahn, Bus oder Fahrrad, sondern weitestgehend zu Fuß oder mit der Seilbahn. Seine Arbeitsstätte liegt hoch über dem Rauriser Talschluss in Kolm Saigurn in 3105 Metern Höhe auf dem Sonnblick. Genauer gesagt in der dort 1886 erbauten Meteorologischen Beobachtungs- und Forschungsstation. Er arbeitet hier oben seit einem halben Leben als Techniker und Wetterwart.

Ludwig geht auch nicht wie andere jeden Morgen zur Arbeit, sondern genau genommen nur einmal im Monat. Nicht weil es nicht genug zu tun gäbe, sondern weil die Wetterwarte auf dem Sonnblick in Zwei-Wochen-Schichten ihrem Dienst nachgehen, ehe sie wieder für zwei Wochen ins Tal zurückkehren.

Ein Arbeitsweg von 1500 Höhenmetern

Als ich ihn an einem glasklaren Herbstmorgen auf seinem Weg zur Arbeit begleiten darf, entscheiden wir uns gegen das „Kisterl", eine kleine Materialseilbahn mit Zulassung für den Personenverkehr im Werksbetrieb. Eine Fahrt in der engen, nach oben und seitlich offenen Holzkiste über die anfangs malerischen Hochweiden der Grießwiestauern und später vorbei an den bröseligen, steinschlaggefährdeten wilden Gemäuern der Sonnblick-Nordwand kann ohnehin nur bei stabilem Wetter und vor allem relativ wenig Wind erwogen werden. Nachdem die Windgeschwindigkeiten heute im Gipfelbereich schon bedenklich sind, schultern wir also den Rucksack und ich folge Ludwig hinter dem Naturfreundehaus Kolm Saigurn hinein in den Wald. Mit ruhigem Atem und zügigem Schritt geht er zielstrebig voran und so erreichen wir rasch den rauschenden Barbarafall und weiter oben das Naturfreundehaus Neubau. Während des weiteren Aufstieges erklärt Ludwig die Gipfel und Grate sowie die Gletscher und deren Schwund im weiten Rund. Er liebt seine Berge, das merkt man sofort an der respektvollen und auch ehrfürchtigen Art, mit der er über die Natur spricht. Ludwig Rasser kennt hier oben jeden Stein – am und abseits des Weges (doch dazu später). Schon bald gelangen wir oberhalb der kleinen Rojacherhütte auf den Südostgrat des Sonnblicks und in leichter, teilweise versicherter Kletterei an den Gipfelaufbau. Das mächtige, rostrote Gebäude des Observatoriums am höchsten Punkt und das holzverkleidete Zittelhaus nebenan haben wir schnell im Blick. Noch ein kurzes Schneefeld, und schon sind wir in Ludwigs Reich angelangt. Nach drei Stunden Aufstieg (für 1500 Höhenmeter) habe ich einigermaßen genug, Ludwig dagegen ist nicht einmal außer Atem.

Was macht ein Wetterwart?

38 Jahre tut er hier oben seinen Dienst. Ludwig ist gelernter Installateur und Spengler. Eine handwerkliche Ausbildung ist Grundvoraussetzung für einen Job am Sonnblick, schließlich liegt das

Feinarbeit: Nahe der Rojacherhütte wird die Niederschlagsmenge in einem Ombrometer (linke Seite) festgehalten. Danach liest Ludwig Rasser im Observatorium auf dem Sonnblick-Gipfel die Schadstoffbelastung der Luft ab, die im Außenbereich durch einen Edelstahlhut angesaugt wird (rechtes Bild).
© H. Tomasek-Mühlthaler

Langzeittest: Auf dem Dach des Sonnblick-Obervatoriums werden Kletterseile und Bandschlingen unterschiedlicher Hersteller Wind und Wetter sowie der hochalpinen Strahlung ausgesetzt, um deren Langlebigkeit zu untersuchen.

Präzisionsinstrument: Unter dem mächtigen Windturm des Observatoriums (rechte Seite) misst noch immer ein althergebrachtes Brennglas die Sonnenscheindauer.

© H. Tomasek-Mühlthaler

Hauptaufgabengebiet eines Wetterwarts nicht in der Beobachtung und Aufzeichnung des Wetters, sondern in der Wartung der zahlreichen technischen, teilweise hochempfindlichen Gerätschaften zur Messung von Wind und Niederschlag, der radioaktiven wie der Sonnenstrahlung, der Schadstoffe und Luftpartikel wie dem Saharasand und des Zusammenspiels all dieser Einflüsse. Seit jeher wird auf dem Sonnblick Grundlagenforschung betrieben. Als Ludwig Anfang der 1980er-Jahre als junger Bergretter – die Bergrettungsausbildung ist damals wie heute ein zentrales Einstellungskriterium für die Wetterwarte – das Angebot eines Jobs am Sonnblick erhielt, brauchte er nicht lange zu überlegen. „Die Arbeit auf dem Sonnblick ist ein Traumjob, das war in meinen Anfangsjahren so, und auch heute bei den jungen Kollegen steht die Arbeit hier oben hoch im Kurs", erklärt er nicht ohne Stolz mit einem Leuchten in den Augen. Die Begeisterung für diese Tätigkeit glaubt man ihm ohne jeden Zweifel sofort. Wenngleich die ersten Jahre auf dem Sonnblick vor dem Neubau Mitte der 1980er-Jahre schwierig waren: „Damals gab es im Observatorium neben den technischen Einrichtungen gerade einmal zwei Räume, einen einfachen Aufenthaltsraum und einen Schlafraum für das diensthabende Personal. Geheizt wurde mit ganz wenig Holz und vor allem mit Kohlen. Eine Toilette gab es damals auch noch nicht, und wenn du nachts raus musstest, rüber bis ins Zittelhaus, hast du dir das schon zweimal überlegt." Heute ist das freilich grundlegend anders, seit dem Neubau setzt man durchwegs auf saubere Energieversorgung, und die Techniker am Sonnblick haben auch eine gewisse, der Zeit angepasste Komfortzone erhalten. Wegen der empfindlichen Messgeräte wird das Haus mit Solarenergie und mit Strom beheizt. Letzterer erreicht den Gipfel des Sonnblicks über eine frei hängende Stromleitung quer über den westlichen Teil der Nordwand vom benachbarten Goldzechkopf herüber. Ohne die Stromversorgung wäre ein wissenschaftlicher Betrieb auf dem Sonnblick heute unmöglich. So haben Ludwig und seine Kollegen gerade bei den hier oben nicht eben seltenen extremen Wetterlagen alle Hände voll zu tun, um die Energieversorgung und die einwandfreie Funktion der Computer- und Messanlagen in Gang zu halten. „Die Hütte ist zwar ein faradayscher Käfig, aber fünf- oder sechsmal kommt es im Sommer schon vor, dass der Blitz am Gipfel des Sonnblicks einschlägt, und dann haben wir hier oben natürlich Alarmstufe rot." Dann ist es wichtig, dass jeder weiß, was zu tun ist, und die Ruhe behält.

Unter Freunden

Überhaupt sind die Arbeitstage lang am Sonnblick: „Betriebsbeginn ist um sechs Uhr morgens, und abends um neun endet der Tag nach der Übermittlung der letzten aktuellen Wetterdaten." Die beiden anwesenden Techniker teilen sich den Tag in zwei Schichten, aber die reale Arbeitszeit verschwimmt natürlich auch hier. Besonders dann, wenn an schönen Tagen auch der begehrte Außendienst ansteht. Dann darf einer der beiden Kollegen raus zu den Messstationen am Gletscher sowie drüben am Alteck, um dort die Daten zu erheben und auszulesen. Im Winter ist das meist mit einer feinen Skitour verbunden, im Sommer müssen die Daten zu Fuß eingeholt werden.

„Das alles Entscheidende für die Arbeit in so kleinen Teams wie hier am Sonnblick", sagt Ludwig, „ist die Kameradschaft. Wenn du mehrere Tage im Föhn- oder Schneesturm im Observatorium festsitzt, darf es keine Hierarchien geben. Sonst ist es mit der guten Stimmung schnell vorbei." Wenn dann etwas Zeit ist und ohnehin niemand auf den Sonnblick kommt, können die Wetterwarte auch ihren „Wellness-Bereich" intensiver nutzen. „Wir sind alle begeisterte und leiden-

Hartes Handwerk: Die Gipfel rund um den Sonnblick sind berühmt für ihren Mineralienreichtum. Sie zu bergen ist Ludwig Rassers große Leidenschaft. Gewagte Abseilmanöver durch brüchige Gemäuer und wahrhafte Dreckarbeit in engen Klüften sind das tägliche Brot des Steinesuchers.
Alle Bilder
© Archiv L. Rasser

schaftliche Köche, Fertiggerichte kommen bei uns ohnehin nicht auf den Tisch." Dann steht Ludwig mit Schürze und Kochlöffel in der bestens ausgestatteten Küche und zaubert ein vorzügliches Mahl aus heimischen Produkten. Auch die mittlerweile installierte Sauna wird, besonders an kalten Wintertagen, des Öfteren in Gang gesetzt. Der Wohlfühlfaktor kommt also mittlerweile auch auf dem Sonnblick nicht zu kurz.

Daheim im Tal

Wenn sich Ludwigs Arbeitsschicht nach 14 Tagen allmählich dem Ende zuneigt, ist die Vorfreude auf zu Hause natürlich groß. Dann packt Ludwig wieder seinen Rucksack und schwebt mit dem „Kisterl" hinunter nach Kolm Saigurn oder saust im Winter dann, wenn es die Lawinenlage zulässt, mit Ski ins Tal. „Skitouren sind ohnehin eine meiner großen Leidenschaften, aber auf dem Heimweg geht die Abfahrt meistens noch ein bisserl schneller als sonst auf Tour."

Seine große Familie ist für Ludwig der absolute Mittelpunkt seines Lebens, auch oder gerade weil er mit seinen Lieben nicht jeden Tag zusammen sein kann. Ludwig ist Vater von fünf erwachsenen Töchtern und, sage und schreibe, zehnfacher Großvater – und das mit gerade einmal 58 Jahren. „Die Familie hält mich jung, alle sind zufrieden und haben ihre Ziele erreicht. Das ist mir das Wichtigste, ich weiß alle meine Kinder gut versorgt und unabhängig." Das klingt nach einer großartigen Lebensplanung. Und das ist es auch. Ein Leben, das auf eine besonders starke emotionale Bindung im familiären Umfeld aufbaut. So sehr Ludwig auf den ersten Blick als der entrückte Bergmensch vom Sonnblick erscheint, seine sozialen Bindungen in der Rauriser Dorfstruktur haben ihn nicht minder geprägt.

Wenn Ludwig nach Hause ins Zöllnergut am Sonnenhang über dem Rauriser Ortskern kommt, erwartet ihn dort auch seine kleine Landwirtschaft. Er und seine Frau Marina sind Hobby-Landwirte aus Leidenschaft. Der kleine blitzsaubere Stall beherbergt drei Kühe und ein oder maximal zwei Kälber. Im Sommer stehen sie auf der Weide ein paar hundert Meter oberhalb des Hauses, nicht weit vom Zöllner'schen Fischweiher, in den alle Jahre im Frühling Gebirgsforellen und Saiblinge eingesetzt werden, die bis in den Winter hinein auf dem Teller landen. Hühner gibt es auf dem Zöllnergut schon lange nicht mehr. „Das grausige Ritual des Schlachtens ist mir mit den Jahren zunehmend aufs Gemüt geschlagen", gesteht Ludwig unumwunden ein, „da reicht es schon, wenn ich einmal im Jahr ein Kalb weggeben muss." Marina und Ludwig sind jedes Mal heilfroh, wenn das Tier nicht zum Schlachter muss, sondern seinen Weg in eine andere, größere Herde finden kann. Nicht weit vom Zöllnergut haben auch die hauseigenen Bienenvölker ihre Heimat gefunden, auf einer blumenstrotzenden Wiese am Waldrand. Ludwig betreibt dieses Hobby seit vielen Jahren

Gewaltiger Spitz: Kapitaler Bergkristall aus der Euklas-Kluft am Hocharn. Das schwere Werkzeug lagern Rasser und seine Freunde in festen Depots wie hier unter diesem Felsüberhang.

ebenfalls mit Begeisterung, neuerdings zusammen mit seinem Bergrettungskollegen Wolfgang Waraschitz, der auch Ludwigs Nachfolge als Lawinenhundeführer bei der Rauriser Bergrettung angetreten hat. Wenn es zu den „Impen" geht, dann eilen die beiden durch das wilde Gesumm in Schutzkleidung und Imkerhaube zwischen den Stöcken hin und her, füttern die Bienen mit Zuckersirup und prüfen die Waben. Zweimal im Jahr wird Honig geschleudert, im Frühling der Blütenhonig, im Herbst vorwiegend der Waldhonig. Je nach Jahr beläuft sich die Ernte jeweils etwa auf 70 Kilo, die Ludwig und Wolfgang aber ausschließlich für den Eigenbedarf und zum Verschenken verwenden. „Man muss nicht alles kommerzialisieren", erklärt Ludwig. „Mir ist der Honig in der eigenen Ernährung wichtig. Bei uns kommt er natürlich täglich auf den Frühstückstisch, aber auch in fast jedes Gericht. Einen großen Teil bekommen die Kinder, und für die Freunde sind auch immer ein paar Gläser übrig."

Draußen in der Welt

Wenn sich Ludwig in seiner Freizeit einmal nicht um seine Tiere kümmert, die Heuernte einfährt oder am Haus etwas repariert, dann findet man ihn auf dem Mountainbike am Weg zu einer der zahlreichen Almen im Tal. „Vor ein paar Jahren habe ich mir ein E-Bike zugelegt, eine geniale Erfindung, da kannst du dir wunderbar einteilen, ob du dich auf einer Trainigstour richtig knechten willst oder einfach einen Genussausflug machst, bei dem du am Ende des Tages völlig entspannt vom Radl steigst." In seiner Garage stehen auch ein paar motorisierte Zweiräder, die er bei Gelegenheit ausfährt – ein bisschen „Easy Rider" steckt also auch in ihm.

Alljährlich im Spätherbst verlässt Ludwig zusammen mit Marina das Rauriser Tal für längere Zeit. Dann bleiben die Berge zu Hause und die beiden gehen auf Reisen – für drei oder vier Wochen mindestens. „Mir reichen die Berge daheim. Wenn Marina – sie übernimmt übrigens die komplette Planung und Organisation unserer Trips – und ich uns die Welt anschauen, dann steht die Kultur im Mittelpunkt, die Menschen und Lebensgewohnheiten ferner Länder. Und regelmäßig gehe ich dann auch ein bisschen zum Tauchen, denn die Welt unter Wasser fasziniert mich genauso wie das Leben zwischen Himmel und Erde auf den Bergen." Ihre bevorzugten Reiseziele liegen in Nord-, Mittel- und Südamerika, in Afrika und im Fernen Osten zwischen Indien und Vietnam. In diesem Herbst werden sie endlich einmal Chile erkunden – wohlgemerkt aber ohne die chilenischen Berge in den Mittelpunkt zu rücken.

Ludwigs prägendstes Hobby allerdings sind die Steine. Seit frühester Kindheit sucht er in den heimischen Bergen rund um Sonnblick, Hocharn und Ritterkopf nach Mineralien. „Mit fünf oder sechs Jahren durfte ich meine Eltern Anna und Ludwig erstmalig zum Steinesuchen begleiten.

Nach Kolm Saigurn auf die Grießwies unter dem Schwarzkopf, dort lag eines der bevorzugten Gebiete meines Vaters", erzählt Ludwig. Das Feuer der Leidenschaft war schnell entzündet. Schon mit zehn Jahren unternahm Ludwig, mittlerweile durch den Vater in die Kunst des Mineraliensammelns gründlich eingewiesen, erste selbstständige Strahlergänge. Sein Vater und dessen Freunde waren damals sowohl Lehrmeister als auch Vorbilder. Von den vielen gemeinsamen Erlebnissen beim Steinesuchen hat sich Ludwig bis heute jener Tag besonders eingeprägt, als er gemeinsam mit dem Vater einen 95 Kilo schweren Bergkristall unter dem Schwarzkopf entdeckte. Der nur 60 Kilo leichte Papa trug den massigen Kristall damals allein durch das ausgesetzte Schafkar in einer eintägigen Tour de Force hinab nach Kolm Saigurn.

In Klüften kriechen

Zu Beginn ist Ludwig zusammen mit Freunden mit dem Rad taleinwärts gezogen, um den nicht allzu schwierig zu erreichenden Quarzbändern mit Schlegel und Meißel zu Leibe zu rücken. Da blieben erste nennenswerte Funde natürlich nicht lange aus. Und schon bald war Ludwig auch in die schwierigen und teilweise gefährlich zu erreichenden Topspots in der Sonnblick-Nordwand oder in den Flanken und Wänden des Hocharn regelmäßig unterwegs. Seinen im wahrsten Wortsinne schwergewichtigsten Fund, eine 250 Kilo schwere Rauchquarzgruppe, entdeckte Ludwig, als er schon als Wetterwart auf dem Sonnblick tätig war. Mit dem Fernglas hatte er die Nordwand nach einem massiven Steinschlag abgesucht, in der Annahme, auf den freigelegten neuen Bändern vielleicht den einen oder anderen Spitz zu entdecken. „Ich konnte die typische Kristallbildung der Stufe schon von oben erkennen. Da mussten wir hinunter, so schnell es eben ging." Am nächsten Schönwettertag seilte er mit Hubert Fink, seinem langjährigen Partner beim Steinesuchen, durch die Nordwand gute 150 Meter hinab. Auf dem Band angelangt, staunten die beiden nicht schlecht, als sie die tatsächlichen Ausmaße der Rauchquarzstufe in Augenschein nehmen konnten. Schon bald war das Stück freigelegt, dann allerdings stellte sich die Frage der Bergung. Mit einem Hubschrauber konnte die schwere Stufe am langen Tau nicht aus der Wand gehoben werden, so dass Ludwig und Hubert ein Statikseil hinauf auf den Sonnblickgrat spannten und den Rauchquarz mittels Flaschenzug in Schwerstarbeit nach oben beförderten. Ein großartiger Fund, der heute in der Skihalle im rheinischen Neuss zu bewundern ist.

In Geduld üben

Seither hat Ludwig zahlreiche alpine Klüfte öffnen können. An 15 bis 20 Tagen pro Saison rückt er aus, immer auf der Suche nach den Schätzen der Berge. „Dabei ist es aber gar nicht wichtig, ob du etwas findest", erklärt Ludwig, „was zählt, ist ein erlebnisreicher Tag mit Freunden am Berg. Eile hilft da wenig. Wer erfolgreich und mit Freude Mineralien suchen und finden will, braucht vor allem eines: Geduld." Etwa alle fünf Jahre sei im Durchschnitt eine wirklich ergiebige Kluft mit qualitativ besonders hochwertigen Steinen zu finden, resümiert Ludwig. Und: „Nicht du als Sammler kommst zu den Steinen, sondern die Steine kommen zu dir. Du musst nur auf den richtigen Tag warten." Diese alte Weisheit seines Vaters beherzigt Ludwig bis heute.

Qualitativ hochwertig allerdings sind für Ludwig Rasser eigentlich nur außergewöhnlich schöne, makellose Mineralien mit einem wunderbaren Glanz, die nicht selten auch in einem Museum Platz finden können. Seine Sammlung zählt sicherlich zu den besten im Rauriser Tal, wenn nicht sogar in den gesamten Tauern. Da finden sich neben herrlichsten Bergkristallspitzen in allen Formen und Größen kaffeebraune Rauchquarze, Faden- und Fensterquarze, ein extrem seltener Rutil-Kniezwilling von ungewöhnlicher Größe, nebenan ein faustgroßer Fluorit, Amethyste mit unglaublicher Färbung, Zepterausbildungen und Skelettquarze – die ganze Bandbreite dessen eben, was das Rauriser Tal an Mineralien zu bieten hat.

Erst in diesem Frühling, Anfang Mai, war Ludwig mit seinem Bienenzucht-Partner Wolfgang Waraschitz zum Saisonauftakt wieder einmal auf der Grießwies unterwegs. Eigentlich wollte er nur an alten Fundstellen seines Vaters vorbeischauen, denn „die alten Löcher sind immer ein Indiz für mineralreiche Zonen". Die beiden hatten sich seitlich versetzt in eine steile Flanke gewagt, um nach Kluftanzeichen zu suchen. Während Wolfgang in der oberen Etage keinen Erfolg verbuchen konn-

te, war Ludwig unten derweil schon eifrig am Klopfen und legte eine neue Kluft frei. Den Rucksack voll herrlichster gelblicher Bergkristalle traten sie an diesem Abend gemeinsam den Heimweg an, der noch in winterliches Weiß getauchte Sonnblick verabschiedete die beiden in strahlendem Orange.

In sich ruhen

Zwei Tage später musste sich Ludwig wieder von seinen Lieben verabschieden, rauf ging es auf den Sonnblick. Dort stehen für die Wetterwarte nun ereignisreiche Monate an: Dank des Engagements ihrer neuen Chefin, der Meteorologin und Klimaforscherin Elke Ludewig, die das Observatorium seit Mai 2016 – übrigens als erste Frau – leitet, sind Zukunft und Fortbestand von Österreichs höchstgelegener meteorologischer Beobachtungsstation finanziell gesichert. Mit dem Bau einer neuen Seilbahn, die dann auch bei Windgeschwindigkeiten bis 80 Stundenkilometer in Betrieb genommen werden kann, wurde im Sommer 2017 begonnen. Dann werden Ludwig und seine Kollegen sich nicht mehr in das alte „Kisterl" kauern müssen. Auf seine Aufstiege – zu Fuß oder mit Ski – wird Ludwig aber wohl auch dann nicht gänzlich verzichten wollen. Denn einen Großteil seiner Zufriedenheit und inneren Ruhe schöpft dieser Bergmensch einfach aus der Bewegung in der Natur und seinem innigen Leben mit und auf dem Berg.

Wolkenlabor: Die Dachaufbauten des Observatoriums vom Windturm aus gesehen. Links stürzt die Nordwand des Sonnblick hinab in den Talboden von Kolm Saigurn.

© H. Tomasek-Mühlthaler

The Good Bad Boy – Ein Mann der starken Werte

Ein Porträt des amerikanischen Bergsteigers John Roskelley, der im Himalaya und Karakorum epochale Werke der Bergsteigerkunst schuf

>> **Jochen Hemmleb**

15. Mai 1980, 13:30 Uhr, am Westpfeiler des Makalu in 8300 Meter Höhe. Eine letzte Granitwand trennt die Amerikaner John Roskelley, Chris Kopczynski und Jim States vom leichteren Schneegrat, der zum Gipfel leitet. Seit fast zwölf Stunden sind sie unterwegs, ohne Flaschensauerstoff und Sherpaunterstützung. States ist der Erschöpfung nahe, seine Bewegungen sind unkoordiniert und seine Stimme ist schleppend. Roskelley, der Expeditionsleiter, bewegt ihn zur Umkehr. Kopczynski blickt auf die Felsen über sich und fragt: „Wie groß sind unsere Chancen, vor Dunkelheit wieder runterzukommen?"

„Wir haben wenig bis gar keine", antwortet Roskelley.

„Das dachte ich. Und auf ein Biwak sind wir nicht vorbereitet."

„Nein, aber wir könnten es überleben."

„Ich möchte nicht meine Finger und Zehen oder gar mein Leben verlieren. Es wäre schneller, wenn du allein gehst, John. Du schaffst es vielleicht vor Dunkelheit zurück. Ich steige mit Jim ab."

Zwei Stunden später steht John Roskelley allein auf dem Makalu, 8485 Meter. Als erster Amerikaner. Doch es ist nicht dieser Solo-Erfolg, der in seiner Erinnerung 37 Jahre später im Vordergrund steht. Aus seiner Heimat- und Geburtsstadt Spokane im Nordwesten der USA schreibt er: „Wir waren eher eine Familie als ein Team und kannten unsere jeweiligen Stärken in- und auswendig. Es gab keine Schwächen. Dieses Team und seine Leistung sind der Grund, warum der Makalu meine Lieblingsexpedition ist. Unser Erfolg an einem so schwierigen Pfeiler lehrte mich eines: ein Team auszuwählen, das du kennst und dem du vertraust, ist oft das wichtigste Kriterium, egal bei welchem Ziel."

John Roskelley wurde 2014 als sechster Alpinist und erster Amerikaner mit dem Piolet d'Or für sein bergsteigerisches Lebenswerk ausgezeichnet. Als zweiter Amerikaner folgte 2017 Jeff Lowe – eine passende Konstellation, denn beide hatten sich 1989 für eine von Roskelleys bedeutendsten Erstbegehungen zusammengetan, der Nordostwand des Tawoche (6501 m) in der nepalesischen Khumbu-Region. Roskelley beschrieb sich und seinen Seilpartner einmal so: „Jeff und ich wuchsen auf gegenüberliegenden Ästen des Lebensbaums auf. Er war liberal, ein selbsternannter Hippie der 1960er- und 1970er-Jahre. Ich entwickelte mich genau gegensätzlich, da ich in der Welt von Spokane aufwuchs, die aus Holzindustrie, Bergbau und Landwirtschaft bestand – konservativ, vielleicht zu engstirnig, und im Grunde genommen als ‚Redneck'."

Roskelleys Interesse am Bergsteigen begann im Alter von 14 Jahren nach der Lektüre von Lionel Terrays Autobiografie „Les Conquérants de l'Inutile". Sein Vater meldete ihn schließlich beim örtlichen Bergsteigerverein zu einem Kletterkurs an. Doch Gletschertouren auf Gipfel wie den Mount Rainier langweilten den jungen John bald – und hätten seinen Enthusiasmus für das Bergsteigen wohl beendet, wenn er auf dem Kurs nicht den athletischen (und gleichermaßen ungeduldigen) Chris Kopczynski kennengelernt hätte.

„So begann eine Kletterpartnerschaft, die unsere Leben veränderte, das Bergsteigen in den USA beeinflusste und die bis heute besteht. Chris und ich bildeten ein perfektes Team. Wir paarten Geschwindigkeit mit Kraft, Präzision mit Gewandtheit. Am wichtigsten war, dass wir als Team Stärken entwickelten, die wir als Einzelner vielleicht nie erreicht hätten."

Der Vietnamkrieg blieb Roskelley wegen einer Rückenverletzung erspart, was er aber nicht nur positiv sieht. „Bis heute fühle ich mich, als hätte ich ein wichtiges Ereignis meiner Generation verpasst. Im Gegensatz zu vielen anderen hatte ich keine tief verwurzelte Abneigung gegen den Krieg. Aber die Ausmusterung ermöglichte es mir, die Schule zu beenden und meine Energie in das Klettern zu stecken."

In den Semesterferien seines Geologiestudiums fuhr John regelmäßig ins Yosemite. Dank der Schnelligkeit, die er sich antrainiert hatte, gelang ihm mit einem anderen Partner im Herbst 1971 die Durchsteigung der „North American Wall" am El Capitan, damals eine der schwierigsten Bigwalls, mit nur zwei Biwaks. Und so erhielt er schließlich die Einladung zu seiner ersten Himalaya-Expedition: 1973 stand Roskelley im Alter von nur 24 Jahren auf dem Gipfel des Dhaulagiri (8167 m). Ein Jahr später glückte ihm mit Jeff Lowe im Rahmen eines internationalen Bergsteigertreffens in der Sowjetunion eine Neuroute in der Nordwand des Berges des 19. Parteitags (5885 m), einem Nachbarn des Pik Lenin. Den Rückflug unterbrachen Roskelley und Kopczynski für einen Zwischenstopp in den Alpen, wo sie noch eben als erste rein amerikanische Seilschaft die Eiger-Nordwand durchstiegen.

Roskelley im Steilstück unterhalb von Lager 4 am Makalu-Westpfeiler und heute (oben).

© Ch. Kopczynski (links); alle übrigen Fotos © J. Roskelley

Zwei epochale Werke von John Roskelley: Die Ostwand des Uli Biaho Tower (oben) und die Nordostwand des Tawoche (unten).

Diese beiden Expeditionen lehrten Roskelley Lektionen, die seinen weiteren bergsteigerischen Werdegang beeinflussten – allerdings nicht aufgrund der Erfolge. *„Die Expedition 1973 nannte sich unpassend ‚Amerikanische Dhaulagiri-Expedition'. Ich nenne sie heute ‚Sherpa Dhaulagiri-Expedition mit amerikanischer Unterstützung'. […] Und nach dem Lawinentod von Gary Ullin im Pamir 1974 habe ich alpine Heldenepen aus meinem Repertoire gestrichen. Nach diesem Erlebnis habe ich die Kontrolle über mein eigenes Schicksal übernommen. Um dies zu tun, brauchst du Standhaftigkeit, Überzeugung und manchmal eine gesunde Missachtung von Autorität. Ich hinterfrage alles – die Entscheidungen meiner Kletterpartner, ihre Sicherungen, ihre Techniken, ihre Routen –, egal wer sie sind und welchen Ruf sie haben. Und mehr noch: Ich erwarte, dass sie mit mir dasselbe tun."*

Kein Wunder also, dass John Roskelley sich einerseits zu einem der lautstärksten Vertreter des Alpinstils in Nordamerika entwickelte und ihm andererseits gleichzeitig bald das Image des „bösen Jungen" anhing. Beides verstärkte sich durch die nächste Expedition, deren Geschichte aus einem Hollywood-Drehbuch hätte stammen können: die Besteigung der Nanda Devi (7816 m) im indischen Garhwal-Himal. Die Expedition war die Idee von Nanda Devi Unsoeld gewesen, der Tochter von Willi Unsoeld, einem der Erstbegeher der Everest-Westgrat/Nordwand-Route und Traverse von 1963. Dieser hatte den Berg Nanda Devi Jahre zuvor auf einer Trekkingtour gesehen und war von dessen Anblick so bezaubert, dass er beschloss – falls er jemals eine Tochter haben sollte –, sie nach ihm zu benennen.

Nun war es das Ziel seiner Tochter, „ihren" Berg auf einer neuen Route zu besteigen. Zwar vollendeten Lou Reichardt, John Roskelley und Jim States am 1. September 1976 die Besteigung über die Nordwestwand und den Nordgrat, doch das Team hatte nicht harmoniert. Es gab unterschiedliche Ziele, gegenläufige Meinungen zur Leitung und zum Besteigungsstil, zwischenmenschliche Konflikte. Am Ende kam es zur unfassbaren Tragödie. Nanda Devi Unsoeld kämpfte sich als Mitglied der zweiten Gipfelseilschaft bis ins höchste Lager und starb dort, vermutlich an akuter Höhenkrankheit und Darmkomplikationen. Roskelley hielt sich später mit Kritik an der Gruppendynamik nicht zurück: „Beziehungen können am Berg zum Hindernis werden. […] An einem Gipfel im Himalaya können sie verheerend sein."

In den folgenden anderthalb Jahrzehnten wurde John Roskelley zu einem der führenden Alpinisten der USA. Zwar nahm er gelegentlich noch an klassischen Großexpeditionen teil, vertrat aber sonst konsequent seinen Stil: *„Wir legen zu viel Wert darauf, zu gewinnen – und zu wenig darauf, wie wir gewinnen. […] Die Route und der Stil einer Besteigung sind wichtiger, als einfach nur mit allen Mitteln auf dem Gipfel zu stehen. Ich werbe aktiv dafür (und habe dies jahrelang getan), den Standard im Himalaya-Bergsteigen zu heben. Dahinter steckt kein großes Geheimnis: Du musst nur an dich und deine Fähigkeiten glauben. Klettere mit kleinen Teams im Alpinstil anstatt mit Großexpeditionen; nutze Träger und Sherpas nur bis zum Basislager; halte Flaschensauerstoff für eine Droge – und folge dem Leitspruch ‚Keine Macht den Drogen'."*

1977 zählte Roskelley zu den Erstbesteigern des Great Trango Tower (6287 m) im Karakorum; ein Jahr später bestieg er mit Rick Ridgeway den K2 (8611 m) ohne Flaschensauerstoff über eine neue Route: den langen und komplizierten Nordostgrat (am Tag zuvor war Lou Reichardt die erste Besteigung ohne Sauerstoffgerät geglückt). Im Frühjahr 1979 folgten die Erstbesteigung des wilden Gauri Sankar (7134 m) an der Grenze zwischen Tibet und Nepal („schwieriger als die Eiger-Nordwand") und im Juli die des spektakulären Granitzahns Uli Biaho Tower (6109 m) im Karakorum.

„Ich war nicht daran interessiert, Schwierigkeiten zu vermeiden oder einem Pfad zu folgen. Ich wollte die Wand vor mir – vertikal, ohne Bänder, dafür durchzogen mit Risssystemen à la Yosemite. Es würde eine Kletterei wie am El Capitan werden, nur in Höhen bis zu 6100 Metern, mit extremem Bergwetter, ohne Möglichkeit einer Rettung; eine 1200 Meter hohe unbegangene Route und ein wahnwitziger Zustieg zum Wandfuß durch eine 100 Meter breite Kampfzone aus Eis, in der die Geschosse nur auf Kletterer warteten. Schien mir recht passabel."

Ungewöhnliche Routen bedingen ungewöhnliche Herangehensweisen. Und so wählte Roskelley neben zwei vertrauten Partnern – Kim Schmitz und Bill Forrest – noch Ron Kauk für die Expedition aus, ein Boulderer und Bigwall-Spezialist aus Yosemite, der als einer der Väter des modernen

Sportkletterns gilt. Die Mischung funktionierte, und die vier schufen mit ihrer 34-Seillängen-Route einen Meilenstein in der Geschichte der großen Granitwände des Karakorum.

1980 folgte schließlich der eingangs erwähnte Höhepunkt von Roskelleys Bergsteigerkarriere, die Wiederholung des Makalu-Westpfeilers mit einem Vier-Mann-Team, ohne Sherpaunterstützung am Berg und ohne Flaschensauerstoff. Anderthalb Monate arbeiteten sich John Roskelley, Chris Kopczynski, Kim Momb (der später wegen Knieproblemen ausschied) und Jim States über den „Walkerpfeiler des Himalaya" hinauf, der zu einem der anspruchsvollsten Anstiege an den Achttausendern zählt. Sie fixierten Seile und errichteten vier Lager, das höchste auf 7770 Metern. Die Kletterei an der Pfeilerkante zwischen Lager 3 und 4, von den Erstbegehern mit V+/A2 bewertet, war in doppeltem Sinne atemberaubend. Platten und Schuppen, Rinnen, Kamine und Verschneidungen, und als Schlüsselstelle eine überhängende, kompakte Wandstufe. „Als ich die Oberkante erreichte, waren meine Arme und Schultern völlig ausgepumpt und ich spürte meine Hände nicht mehr." Schließlich stiegen Kopczynski, States und er ein letztes Mal auf und starteten am 15. Mai um 2 Uhr morgens von Lager 4 aus Richtung Gipfel.

Nachdem Roskelley allein den Gipfel erreicht hatte, verweilte er eine Viertelstunde am höchsten Punkt und machte sich dann erschöpft an den Abstieg. Da er in seinem Zustand nicht mehr über die Felsen abklettern konnte, rutschte er über ein steiles Schneefeld und Rinnen auf der Ostseite des Grates ab und traf wenig später auf die Aufstiegsspur. Alle 10 bis 15 Minuten musste er sich hinsetzen und rasten. Mehrfach schlief er kurz ein. Seine einzige Hoffnung war jetzt eine Höhle oberhalb des letzten Lagers, in der er zumindest etwas Schutz finden würde. Bei Einbruch der Dunkelheit erreichte er die kleine Kaverne. Plötzlich hörte er draußen unter sich Stimmen! „Ich rief. Mehr als Essen, mehr als Sauerstoff, mehr als Schlaf brauchte ich das Geräusch eines anderen Menschen." Von unten antwortete Chris Kopczynski: „John! Bist du das?"

Noch ein paar heikle Passagen in den Rinnen und Felsen des Grates, dann war Roskelley zurück bei seinen Freunden im Zelt. Sie umarmten und gratulierten sich. Mit ihrer Umkehr hatten Kopczynski und States Roskelley den Gipfel ermöglicht und ihm ein möglicherweise fatales Biwak erspart. In der Nacht tobte der schlimmste Sturm während der gesamten Expedition über den Berg. Fluchtartig verließen die Bergsteiger am folgenden Nachmittag das Lager und waren drei Tage später zurück im Basislager, ohne Erfrierungen oder Verletzungen.

Mit seinem unverhohlenen Respekt gegenüber seinen Freunden und Kletterpartnern erscheint John Roskelley bei all seinen Leistungen – und entgegen seinem anfänglichen Ruf – nicht als egozentrischer Solist, sondern als jemand, der Teams aufbauen und sich in sie integrieren kann. Und der um die Wichtigkeit seiner Partner weiß. „Mein Erfolg im Himalaya und anderswo beruht mehr darauf, mit wem ich unterwegs war, als wer ich bin."

Jim States, Kim Momb und Chris Kopczynski unterwegs am Westpfeiler des Makalu. Links die Makalu-Westwand, eines der letzten großen Wandprobleme im Himalaya.

Lou Reichardt beim Spuren auf der Gipfeletappe an der Nanda Devi, 1976.
Rechts: Kim Schmitz an einem Standplatz am Uli Biaho Tower, 1979.

Er ist auch kein Revoluzzer, dem es um das Brechen von Regeln oder Grenzen geht. Dass er sich einem Bergsteigen *by fair means* verschrieben hat, reflektiert eine starke Werteverbundenheit, die auch in anderen Lebensbereichen zu bemerken ist. Über seine Frau Joyce, mit der er seit 45 Jahren verheiratet ist, schrieb er einmal: „Ich weiß, ich konnte keine bessere Frau finden, weder damals noch heute. Vor allem hat sie mir eines der größten Geschenke des Lebens bereitet – Kinder. Und alleine dafür schulde ich ihr meinen Respekt und Treue für den Rest meines Lebens."

John und Joyce haben drei Kinder, Stieftochter Dawn, Sohn Jess und Tochter Jordan. John erinnert sich, welche Bedeutung die Geburt seines ersten Kindes 1982 für ihn hatte: „Mit Jess bekam mein Leben eine weitere Aufgabe, jenseits des Bergsteigens. […] Und aus irgendeinem unbekannten Grund schien diese Aufgabe um vieles wichtiger, als den Gipfel des nächsten Berges zu erreichen. […] Ich gab bei meinen Touren noch immer 100 Prozent, aber wenn es um Entscheidungen zwischen Leben oder Tod, um Erfrierungen oder Gliedmaßen ging, hielt ich mich im Zaum und kehrte um."

Zwei Jahre später, 1984, ließ Roskelley diesen Worten Taten folgen – und dies am höchsten Berg der Welt. Im Jahr zuvor war er bei einem Versuch am Westgrat des Mount Everest an einem Lungenödem erkrankt und hatte nur dank der tatkräftigen Hilfe seines Freundes Kim Momb den Abstieg geschafft. Aber nicht nur persönlich stand bei der nächsten Expedition einiges auf dem Spiel: Mit der gewählten Route, dem „Großen Couloir", verbanden die Amerikaner tragische Erinnerungen, da dort 1982 die starke und beliebte Bergsteigerin Marty Hoey abgestürzt war. Es galt also mehr als nur eine Rechnung zu begleichen, als am 20. Oktober John Roskelley und Phil Ershler zu einem letzten Gipfelversuch aufbrachen. John kletterte wie immer ohne Flaschensauerstoff. Doch am Ausstieg des Couloirs bewegten ihn die schneidende Kälte und die Angst vor schweren Erfrierungen zur Umkehr. „Jess war mit mir da oben auf 8530 Metern. Er war nicht da, aber sein Lächeln, seine Zukunft, sein Leben waren vor meinen Augen. Hatte ich als Vater das Recht, über das akzeptable Risiko hinauszugehen? Ich gab mir selbst die Antwort und stieg ab." Ershler, der Sauerstoff benutzte, erreichte am gleichen Nachmittag den Gipfel.

Roskelleys persönlicher Wandel spiegelte sich auch in anderen Bereichen wider. So widmete er in seinem dritten Buch, „Stories off the Wall", den folgenden zwei Jahren bis 1986 ein sehr berührendes Kapitel über die Begleitung eines Freundes, der an Krebs starb.

Ende der 1980er-Jahre sah man dann aber wieder den „alten" Roskelley im Himalaya: 1989 eröffnete er mit Jeff Lowe die Neuroute durch die Nordostwand des Tawoche, eine direkte Linie entlang eines vereisten Verschneidungssystems („Geologen nennen es eine Verwerfung, Kletterer einen Traum") mit extremer freier und technischer Kletterei in Fels, Eis und kombiniertem Gelände (VII, 5.10, A3, Eis VI). 1990 versuchte er sich mit einem Vier-Mann-Team am damals noch unbestiegenen Melungtse (7181 m) im tibetischen Rolwa-

Tawoche-Nordostwand: Jeff Lowe im extremen Mixed-Gelände der Tawoche-Nordostwand (links) und im oberen Wandteil (rechts) während der Erstbegehung mit Roskelley, 1989.

ling Himal. Ihre Umkehr war einmal mehr einer Grundhaltung von Roskelley geschuldet:

„Makalu-Westpfeiler, Uli Biaho, Tawoche, Trango und Gauri Sankar waren wagemutige, intensive Unternehmungen, persönlich wie auch im Team, und haben Alpinismus auf höchstem Niveau definiert. Doch bei genauer Betrachtung sind sie relativ sicher und so frei von objektiven Gefahren, wie man nur hoffen konnte. [...] Am Melungtse hätte ich die Kontrolle über mein Schicksal wegen objektiver Gefahren verloren. [...] Greg [Child] und ich waren den klettertechnischen Schwierigkeiten des Grats leicht gewachsen. Aber keiner von uns war bereit, das Risiko eines 800 Meter langen Abschnitts mit fragilen Wechten einzugehen."

Zwar nannte Roskelley sein Buch über die beiden Expeditionen „Last Days", aber er schrieb im Epilog, dass er sich mit dem Titel selbst belogen hätte. Insbesondere der Himalaya war ein wesentlicher Teil von ihm selbst und er würde immer wieder dorthin zurückkehren.

2003 bot sich für John abermals die Gelegenheit, den höchsten Berg der Welt zu versuchen. Mit an Bord war sein Sohn Jess, inzwischen 20 Jahre alt. Johns eigenes Alter, 54, bedeutete, dass sie diesmal die Annehmlichkeiten einer kommerziellen Everest-Expedition nutzen würden: Flaschensauerstoff, präparierte Hochlager und Unterstützung durch Sherpas. Am 21. Mai 2003 erreichten Vater und Sohn gemeinsam ihr Ziel über die tibetische Nordseite (Mallory-Route) – ein bewegender Moment für John, wenngleich mit gemischten Gefühlen: *Die Abstriche, die ich an meinem selbst auferlegten Ziel gemacht hatte, den Everest mit fairen Mitteln zu besteigen, nagten während der ganzen Expedition an meinem Gewissen. Aber mit meinem Sohn auf dem Gipfel zu stehen, vertrieb diese Bedenken – zumindest für einen Moment.*"

Als überzeugter Umweltschützer war Roskelley 15 Jahre u. a. als Landrat politisch aktiv. Er klettert weiterhin auf hohem Niveau, wie 2009 die lange Eisfallroute „Slipstream" am kanadischen Columbia Icefield. Zudem befuhr er mit einem Seekajak die gesamten 2000 Kilometer des Columbia River von der Quelle bis zur Mündung in den Pazifik.

Jess Roskelley hat sich inzwischen zu einem eigenständigen Alpinisten entwickelt. Im April 2017 gelang ihm mit Clint Helander in fünf Tagen die Erstbegehung des gesamten Südgrats am Mount Huntington in Alaska, einer „zwei Meilen langen Aneinanderreihung von Albträumen": Wechten, kombiniertes Gelände mit wenig Sicherungsmöglichkeiten, kaum eine Rückzugsmöglichkeit, ermüdend lang. Mit anderen Worten: eine Route, die hinsichtlich Anspruch und *Commitment* ganz der Philosophie seines Vaters entspricht. Damit scheint Jess beherzigt und umgesetzt zu haben, was John in „Stories off the Wall" als Aufruf an andere, nachfolgende Bergsteigergenerationen verankert hatte: *„Ich ermutige jeden von euch, der sich zu eigenen Abenteuern aufmacht, sein oder ihr eigenes Handeln zu überwachen, Verantwortung für eure Methoden zu übernehmen und euren Standard auf ein Niveau zu heben, das für eure Kollegen im heutigen Alpinismus annehmbar ist. Schlussendlich ist Bergsteigen ein Mittel zur persönlichen Weiterentwicklung."*

Zwischen Kathmandu, Bern und Duschanbe

Billi Bierling und ihr Engagement für das Bergsteigen – und für Menschen
>> **Karin Steinbach Tarnutzer**

Ihre Arbeit für die Himalaya-Chronistin Elizabeth Hawley und die Himalayan Database ist nur die eine Seite: Der Lebensmittelpunkt der Garmischerin Billi Bierling wechselt zwischen Nepal, Deutschland und der Schweiz. Zu Hause ist sie auf der ganzen Welt. Ein etwas anderer Roadtrip.

Mitte März 2017, in einer so gar nicht alpinen Umgebung: Zürich Balgrist, Mathilde-Escher-Heim für Menschen mit einer Körperbehinderung. In der angegliederten Sonderschule hält Billi Bierling einen Vortrag für die Kinder und Jugendlichen. Thema: ihre Everest-Besteigung im Jahr 2009. Mucksmäuschenstill ist es in dem Raum, in dem nur wenige Stuhlreihen für die Betreuer stehen und die Schüler viel Platz für ihre Rollstühle haben; nur ab und zu piepst deren elektronische Steuerung. Aufmerksam und konzentriert hören sie zu, als Bierling die Besteigungsgeschichte des höchsten Berges der Welt erläutert und aufzeigt, wie sich die Zeiten geändert haben: In den 44 Jahren zwischen 1953 und 1996 gab es insgesamt 674 Gipfelerfolge, während allein 2016 in nur rund zehn Tagen 638 Menschen den Everest bestiegen. „Ich nehme euch jetzt mit zum Gipfel", sagt sie dann und beschreibt anhand von Bildern, wie sie damals, im Rahmen einer kommerziellen Expedition und unter Zuhilfenahme von Flaschensauerstoff, den Gipfel erreichte. Und es klingt ehrlich, wenn sie beteuert, dass sie in jedem Lager gedacht habe: „Dass ich so weit komme, hätte ich gar nicht geglaubt." Sie überrasche sich da immer wieder selbst: „Ich gehe am Gipfeltag los und gehe eine halbe Stunde und denke, ach nein, das ist mir viel zu anstrengend, ich drehe jetzt um. Aber ich drehe nicht um." Bis zum Hillary Step sei sie davon überzeugt gewesen, sie schaffe es sowieso nicht.

Warum Billi Bierling diesen Vortrag hält – sie tut das, wie vieles in ihrem Leben, unentgeltlich –, ist eine längere Geschichte. Seit 2006 arbeitet sie einen Teil des Jahres für die Humanitäre Hilfe der Schweiz, die im Auftrag der DEZA (Direktion für Entwicklung und Zusammenarbeit) in Notstandsgebieten Soforthilfe leistet und den Wiederaufbau unterstützt. Die Journalistin wird in erster Linie als Kommunikationsexpertin eingesetzt, sowohl am Sitz der Organisation in Bern als auch in den betroffenen Regionen im Ausland, zum Teil auch in Projekten von Partnerorganisationen der UNO. So war sie unter anderem in den besetzten palästinensischen Gebieten, in Pakistan und Libanon tätig. Für ein Informationsprojekt der DEZA hielt sie in mehreren Schweizer Schulen Vorträge über die humanitären Prinzipien der Menschlichkeit, Unparteilichkeit, Neutralität und Unabhängigkeit, unter anderem auch in der Mathilde-Escher-Stiftung – und die dortigen Schüler waren von ihren Erzählungen über ihre Auslandseinsätze so begeistert, dass sie sich einen zweiten Vortrag über Billis bergsteigerische Erfahrungen wünschten.

Ein paar Tage später wirft sie sich in Schale, um die Jahrestagung der Humanitären Hilfe in Bern zu moderieren. Dann reist sie eilig nach Bayern: Die Frühjahrssaison im Himalaya steht vor der Tür, und bevor sie nach Nepal fliegt, um Expeditionsteams nach ihren Plänen zu befragen, möchte sie noch ein paar Tage bei ihrer Familie in Garmisch verbringen. „Wir leben wie eine nepalesische Familie, die Mama im Erdgeschoss, die Tante im ersten Stock, meine Schwester Christiane im zweiten Stock." Zu ihrer Mutter hat die Fünfzigjährige nach wie vor ein sehr enges Verhältnis, sie telefoniert fast täglich mit ihr, zumindest wenn sie in Europa ist. „Wenn mir etwas Dummes passiert, ist die erste Person, die ich anrufe, meine Mama – und sie ist 83!"

Aus Barbara wird Billi

Wenn jemand in Garmisch aufwächst, so meint man, dann wird ihm das Bergsteigen in die Wiege gelegt – nicht so Billi Bierling. Sie fand es als Kind entsetzlich langweilig, jeden Samstag und jeden Sonntag mit ihren Eltern wandern gehen zu müssen, und weigerte sich im Alter von 16 Jahren, weiter an den Familienwanderungen teilzunehmen. Aus dieser Zeit stammt auch ihr Vorname – zunächst verballhornten die Schulkameraden ihren Nachnamen Bierling zu „Bierli", und schließlich wurde „Billi" daraus. Barbara, wie sie eigentlich heißt, nennt sie niemand, ihre Familie und alte Freunde rufen sie Bärbel.

Nach einer nicht sehr glücklichen Schulkarriere lernte sie zunächst Einzelhandelskauffrau. Bei einem einjährigen Au-pair-Aufenthalt in Amerika entdeckte sie ihre Liebe zu Sprachen und ließ sich anschließend zur Fremdsprachenkorrespondentin und zur Übersetzerin und Dolmetscherin für Englisch und Spanisch ausbilden. 1991 ging sie als Assistant Teacher nach London – und blieb zehn Jahre in England. Unter anderem auch wegen Mike Grocott, Arzt mit dem Spezialgebiet Höhenmedizin, der sich für den Himalaya begeisterte und sie schließlich doch noch zum Bergsteigen brachte. Sie lebte vom Übersetzen und schaffte es, in einen Masterstudiengang für Internatio-

Auf der ganzen Welt zu Hause: Billi Bierling in Nepal.

Alle Fotos © Archiv B. Bierling

Arbeit für Menschen in Not: links bei einer Schuleröffnung in Chitral (Pakistan), rechts bei einem Auftrag für die Humanitäre Hilfe der Schweiz in Nordlibanon.

len Journalismus aufgenommen zu werden, den sie 1999 erfolgreich abschloss.

Im Jahr zuvor reiste sie das erste Mal nach Nepal, um mit ihrem Lebenspartner eine Trekkingtour zu unternehmen und ihren ersten Sechstausender zu besteigen. 2001 nahmen sich die beiden den Baruntse vor. Kaum waren sie im Hotel angekommen, klingelte das Telefon. Mike nahm ab und grinste über beide Ohren, als er auflegte: „Weißt du, wer uns gerade angerufen hat? Miss Elizabeth Hawley!" Sie habe ihn nur verständnislos angeschaut und gefragt, wer denn das sei, erzählt Billi Bierling lachend. Auf den Baruntse hätten sie es damals nicht geschafft, aber so habe sie immerhin Miss Hawley kennengelernt.

Kurz danach ging sie als Journalistin zum englischsprachigen Radiodienst von Schweizer Radio International, heute swissinfo.ch, nach Bern – der Absprung von England und letztendlich auch von Mike. Als 2004 ihre Stelle abgebaut wurde, wusste sie nur eines: Sie wollte nach Nepal. Und weil sie dort irgendetwas machen musste, kam sie auf die Idee, Miss Hawley einen Brief zu schreiben und sie zu fragen, ob sie bei ihrer Arbeit Hilfe brauchen könne.

Rechte Hand von Miss Hawley

Ende März 2017 fliegt Billi Bierling nach Kathmandu. Seit nunmehr 14 Jahren arbeitet sie für Elizabeth Hawleys Himalaya-Chronik und die inzwischen entstandene Datenbank. Die Himalayan Database verzeichnet alle Besteigungen nepalesischer Berge, die beim Tourismusministerium als Expeditionsgipfel registriert sind, und ist ein wichtiges Nachschlagewerk für Alpinisten, vor allem bei der Planung neuer Anstiegsrouten. Die Kooperation mit Miss Hawley sei nicht immer leicht gewesen, deutet Bierling an. Die alte Dame, mit Leib und Seele der Chronistentätigkeit verschrieben, habe absolute Hingabe an die Arbeit erwartet und sie des Öfteren angeherrscht, wenn sie sich erlaubt habe, privat unterwegs zu sein. Wobei angemerkt sei, dass Billi Bierling nur im ersten Jahr eine kleine Aufwandsentschädigung erhielt und seither mehr oder weniger gratis Interviews für die Besteigungschronik führt. Selbst nach dem Tod ihres Vaters, der beim gemeinsamen Joggen in Bern an der Aare einen Herzinfarkt erlitt und längere Zeit im Koma lag, musste sie sich vor Miss Hawley rechtfertigen, dass sie auf die Beerdigung gehen wollte.

„Ich war da auch selbst schuld, ich ließ mich von ihr dominieren", sagt Bierling heute, „aber inzwischen haben wir ein sehr gutes Verhältnis." Die Aufgabe habe ihr immer Spaß gemacht, und was sie dafür bekommen habe – Freundschaften, Kontakte, Türen, die sich öffneten –, sei nicht mit Geld zu bezahlen. „Wenn Miss Hawley heute stirbt, verliere ich einen wichtigen Teil meines Lebens."

Ab Anfang April trudelt in Kathmandu eine Expeditionsmannschaft nach der anderen ein, Billi Bierling saust auf dem Fahrrad von einem Hotel zum nächsten, sie und ihre Helfer haben alle Hände voll zu tun, die Teams zu befragen. Durch die

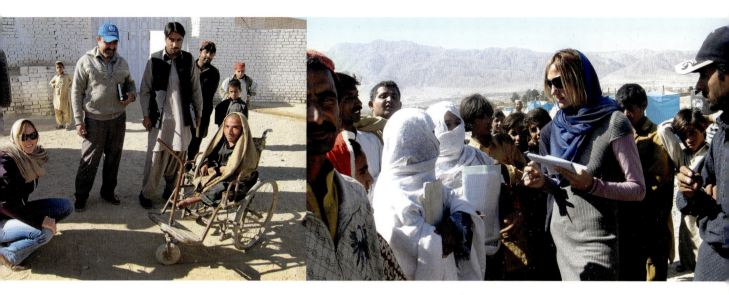

Billi Bierling in Pakistan bei ihrer Tätigkeit für den UNHCR, das Flüchtlingskommissariat der Vereinten Nationen.

Zunahme der kommerziellen Expeditionen seit der Jahrtausendwende ist das Arbeitsaufkommen kaum mehr zu bewältigen, auch wenn es in den meisten Fällen die Normalwege auf die Achttausender betrifft. Einschließlich der Herbstsaison 2016 verzeichnet die Himalayan Database mittlerweile 9434 Expeditionen auf 455 nepalesische Berge mit insgesamt 68.724 Gipfelbesteigern.

Einsatz für Notleidende

Kaum sind die Expeditionen von Kathmandu weiter in die nepalesischen Täler gezogen, sitzt Billi Bierling wieder im Flugzeug. Diesmal geht es nach Duschanbe, in die Hauptstadt Tadschikistans. Einen Monat lang wird sie hier für die DEZA Kommunikationsarbeit leisten sowie die tadschikische Kommunikationsexpertin vor Ort schulen. Ihren ersten Auslandseinsatz hatte sie 2008 in den besetzten palästinensischen Gebieten. An dieser Arbeit schätzt sie die Möglichkeit, etwas Sinnvolles zu tun und mit Menschen in Kontakt zu kommen, über deren Schicksale zu berichten und damit vielleicht etwas bewegen zu können. „Das sind Begegnungen, die meinen Horizont erweitern – und die mich aus dem Mikrokosmos des Himalaya-Bergsteigens, das sich selbst so wichtig nimmt, ausklinken."

Bierling betont, dass es für eine solche Tätigkeit wichtig sei, sich vom Leid der Menschen distanzieren zu können. 2015 jedoch sei ihr das schwergefallen, als es plötzlich Nepal war, das nach den verheerenden Erdbeben 8800 Tote, 700.000 zerstörte Gebäude und fast 2 Millionen Obdachlose zu beklagen hatte. Zum Zeitpunkt des Erdbebens war sie gerade nach Garmisch zurückgekehrt, flog aber umgehend mit dem Soforteinsatzteam der Humanitären Hilfe zurück nach Kathmandu – diesmal nicht als Kommunikationsexpertin, sondern aufgrund ihrer guten Ortskenntnisse und Kontakte als Deputy Team Leader. Ohne zu wissen, wie es Freunden ergangen war oder ob ihre Wohnung noch stand, landete sie kurz nach Mitternacht am Flughafen von Kathmandu. „Die mir eigentlich sehr vertraute Stadt war mir diesmal fremd. Einerseits wuselte es nur so von Menschen, weil sich niemand mehr in die

> „Das sind Begegnungen, die meinen Horizont erweitern –
> und die mich **aus dem Mikrokosmos** des Himalaya-Bergsteigens,
> das sich selbst so wichtig nimmt, ausklinken."

Gipfelglück: Billi Bierling 2011 auf dem Lhotse, mit dem Everest im Hintergrund – und bei einem Filmabend mit Miss Elizabeth Hawley in Kathmandu.

Häuser traute, andererseits herrschte Totenstille – nicht einmal die sonst allgegenwärtigen Hunde bellten", erinnert sie sich.

Gesicht der Himalayan Database

Mitte Mai reist Billi Bierling abermals nach Nepal, um die zurückkehrenden Expeditionen erneut zu interviewen. Im Februar 2016 zog sich Elizabeth Hawley, damals 92-jährig, aus dem „aktiven Geschäft" zurück. Auch wenn sie Bierling als ihre Erbin bezeichnete, versteht sich diese nicht als offizielle Nachfolgerin von Miss Hawley. „Ich bin das Gesicht der Himalayan Database, aber wir sind ein Team. Richard Salisbury hat die digitale Datenbank ins Leben gerufen und kümmert sich um die Dateneingaben. Mein nepalesischer Kollege Jeevan Shrestha hilft schon lange, die Expeditionen zu interviewen, außerdem arbeitet der Franzose Rodolphe Popier mit. Dieses Jahr unterstützt uns noch ein junger Deutscher, Tobias Pantel. Und ersetzt werden könne eine Institution wie Miss Hawley ohnehin nicht. Ihre inquisitorischen Fragen waren bei Bergsteigern gefürchtet, und mehr als einmal gelang es ihr, Irrtümer aufzudecken oder gar Lügner zu überführen. „Wenn sie nicht mehr da ist, stirbt ein Stück Himalaya-Geschichte."

Um die Flut an Arbeit wenigstens etwas einzudämmen, hat Billi Bierling einen Fragebogen entworfen, der online ausgefüllt werden kann. Sie geht davon aus, dass in Zukunft rund die Hälfte der Expeditionen persönlich, die andere Hälfte online befragt werde – anders sei die Masse an Bergsteigern nicht mehr zu bewältigen. Dass damit der Möglichkeit, falsche Angaben zu machen, Tür und Tor geöffnet wird, ist ihr bewusst, jedoch könnten ihr die Bergsteiger auch im Gespräch ins Gesicht lügen. Ganz grundsätzlich stellt sich die Frage, in welcher Form die Datenbank in Zukunft weitergeführt werden soll, als vollständiges Verzeichnis aller Besteigungen oder als Sammlung nur der herausragenden Unternehmungen – Erstbesteigungen, Aufstiege auf Achttausender ohne Verwendung von Flaschensauerstoff, Solobegehungen, Eröffnungen neuer Routen –, wie es Reinhold Messner anregt. „Aber dann hat man keine Datenbank mehr, sondern eine Hall of Fame", meint Bierling, und wertvolle Informationen über Besteigungszahlen gingen verloren.

Fünf Achttausender

Ihre eigenen Himalaya-Erfolge hängt Billi Bierling nicht an die große Glocke, das wäre nicht ihre Art. Sie sieht sich auch nicht als Extrembergsteigerin wie etwa Gerlinde Kaltenbrunner, mit der sie befreundet ist. „Ich bin sehr gern in den Bergen, aber ich bin dort nicht autonom unterwegs – Reinhold Messner würde mich Bergtouristin nennen. Ich stehe dazu, dass ich das allein oder nur mit einem Sherpa nicht kann. Vielleicht würde ich es schaffen, aber ich weiß, dass ich mich im Unterbewusstsein auf die anderen Menschen am Berg verlassen würde. Und das wäre genau das, was ich bei manch anderem Bergsteiger kritisiere. Was ich aber schon habe, ist ein starker Kopf."

Die Liebe zum Bergsteigen entdeckte Billi Bierling erst spät: beim Klettern in der Schweiz und zusammen mit Mike Grocott in der Everest-Region.

Auch wenn sie immer Teilnehmerin kommerzieller Expeditionen war, so hat Bierling dennoch fünf Achttausender bestiegen und ist damit nach der vier Jahre jüngeren Alix von Melle mit bisher sechs Achttausendern die zweiterfolgreichste deutsche Höhenbergsteigerin. Nach dem Everest 2009 folgten 2010 der Manaslu und 2011 der Lhotse sowie nochmals der Manaslu, diesmal ohne zusätzlichen Sauerstoff. 2014 erreichte sie den Gipfel des Makalu, im Oktober 2016 bestieg sie den Cho Oyu, ebenfalls ohne Flaschensauerstoff. „Vielleicht noch zwei", sagt sie zu ihren Zukunftsplänen, „dann hätte ich die Hälfte der 14 Achttausender. Ich bin ja auch nicht mehr die Jüngste."

Schönes buntes Leben

Diese Beschränkung passt zu Billi Bierling, der Geld wenig bedeutet und die auch im „normalen Leben" bescheiden auftritt. In Bern wohnt sie zur Untermiete, in Kathmandu in einem WG-Zimmer, und in Garmisch kommt sie in der Wohnung ihrer Schwester unter. Dafür ist ihr Leben umso reicher an Erlebnissen und Begegnungen. Ein Treffen mit ihr abzumachen ist schwierig, denn sie ist auf Wochen ausgebucht: Hier ein Skitourenwochenende mit Freunden, dort ein Besuch in England, Chamonix oder Südfrankreich, dann reist sie nach China, um in Yunnan zu biken, oder für eine Kletterwoche ins griechische Leonidio. „Ich habe so ein schönes, buntes Leben", sagt sie dazu.

Daraus spricht Zufriedenheit, aber nicht nur das: Sie scheint vor allem über eine unerschöpfliche Energie zu verfügen. Am frühen Morgen geht sie joggen, in der Mittagspause bringt die ausgebildete Core-Trainerin die Rumpfmuskulatur der Kollegen auf Trab. Abends übersetzt sie freiberuflich Alpinliteratur vom Deutschen ins Englische. Und mehrmals im Jahr tritt sie an Marathons oder Bergläufen an – von „nicht mehr die Jüngste" keine Spur.

Nachdem die Frühjahrssaison an den Achttausendern abgeschlossen ist, kehrt Billi Bierling nochmals nach Duschanbe zurück, um ihre Arbeit fortzusetzen. Mitte Juli treffen dort Freunde ein, mit denen sie ins Fan-Gebirge im westlichen Pamir weiterreist, zum Trekken und um den Fünftausender mit dem passenden Namen Pik Energia zu besteigen. Danach wird sie ein paar Tage in Garmisch verbringen, aber nicht zu viele, denn dann steht der Montblanc auf dem Programm. Der Sommer ist kurz, schon im September beginnt in Nepal die Herbstsaison, zu der sie wieder in Kathmandu sein wird. Und im Winter wird sie von Neuem ihr Untermietzimmer in Bern beziehen.

Wie sie die unterschiedlichen Welten unter einen Hut bringt? Auf das Neue einstellen müsse sie sich jedes Mal, sagt sie, oder vielmehr sich vom eben Dagewesenen verabschieden. Das könne sie wohl nur, weil sie ein Mensch sei, der im Augenblick lebe. Eine Eigenschaft kommt ihr dabei zweifellos zugute: Billi Bierling verfügt über eine unschlagbare Kommunikationsgabe, mit der sie sich überall schnell ein soziales Netz aufbaut, sei es in Islamabad, in Bern oder in Duschanbe.

Interview

Lisi Steurer aus Lienz in Osttirol ist die erste Frau im Ausbildungsteam der österreichischen Berg- und Skiführer. Zwei intensive Jahre lang hat sie zudem das Team Junge Alpinisten im ÖAV begleitet. Anette Köhler sprach mit ihr über ihr Selbstverständnis als Bergführerin, über den Umgang mit Krisen und warum sie sich für ein Recht auf Risiko einsetzt.

„Da muss man auf einmal lernen, mit etwas umzugehen, das man nicht mehr ändern kann"

Anette Köhler (AK) » Lisi, du bist selbstständig und den überwiegenden Teil Deiner Zeit in den Bergen unterwegs. Das klingt beneidenswert, nach Abenteuergeist und Freiheit. Wie geht es dir? Wie sieht dein Leben aus?

Lisi Steurer (LS) » Mir geht's gut! Ich arbeite jetzt seit knapp 15 Jahren selbstständig und freiberuflich als Bergführerin – mit allen Vor- und Nachteilen. Nach einer persönlichen Krise vor etwa zehn Jahren habe ich mich entschlossen, berufsbegleitend Sport-, Kultur- und Eventmanagement an der Fachhochschule Kufstein zu studieren und mir so ein zweites berufliches Standbein zu schaffen. Es hat sich dann so ergeben, dass ich bestimmte Lehraufgaben an der FH übernehmen konnte, was mir nach wie vor voll taugt, weil ich es grundsätzlich toll finde, mit jungen, kreativen Leuten zusammenzuarbeiten. So schau ich, dass ich beides machen kann – unterrichten und führen –, wobei momentan das Führen wieder recht viel Platz einnimmt.

AK » Beim Bergführen spielt ja die menschliche Komponente, die Begegnung, das Begleiten auch eine entscheidende Rolle …

LS » Ja, natürlich, und das ist es ja, was mir auch beim Führen so Spaß macht und was ich so bereichernd finde! Über den „Umweg" des Studiums bin ich eigentlich wieder darauf gekommen, dass es genau das ist, was mir wichtig ist. So hab ich letztendlich durch diesen Prozess auch für meinen Beruf als Bergführerin ganz neue, spannende Möglichkeiten und Aufgaben gefunden.

AK » Was hat sich für dich dadurch geändert?

LS » Mittlerweile ist es mir ganz gut gelungen, mich in meinem Dienstleistungsangebot als Bergführerin auf eine relativ hochwertige Zielgruppe zu konzentrieren, also auf Leute, die selbst klettern oder bergsteigen. Das Angebot ist eine Mischung aus Coaching und klassischem Führen. Soll heißen, ich berate meine Gäste, wie sie sich auf anspruchsvolle Touren vorbereiten können, und unterstütze sie so gut wie möglich, ihre Ziele in die Tat umzusetzen.

AK » Mir ist dein Name zum ersten Mal in einem Bericht über Ines Papert begegnet. Du warst mit ihr 2009 in den kanadischen Northwest-Territories, im Cirque of the Unclimbables. Dort ist euch neben der Erstbegehung von „Power of Silence" auch die Onsight-Begehung des Lotus-Flower-Towers sowie die erste freie Begehung der „Riders on the Storm" am East Huey Spire an einem Tag gelungen. Ines hatte damals schon einen sehr bekannten Namen als Profi, Du warst – zumindest medial – gewissermaßen ein Newcomer. Mit Ines gelangen dir danach noch weitere Highlights in deiner Karriere. Obwohl du sicher auch das Potenzial dazu gehabt hättest, hast du dich aber nicht hin zur „Profi-Kletterin" entwickelt. War das eine bewusste Entscheidung?

LS » Ich habe diese Möglichkeit schon reflektiert, aber mich persönlich hat die Idee mehr inspiriert, in meinem Beruf als Bergführerin neue Wege zu suchen und mich dabei so zu strukturieren, dass ich noch genug Freiraum habe, um privat – unabhängig von medialer Verwertbarkeit – meine alpinistischen Ziele zu erreichen. So muss ich mich nicht zwangsläufig exponieren, und das ist besser für mich.

AK » Klingt so, als würdest du lieber agieren als reagieren und als wären dir deine Handlungsspielräume sehr wichtig.

LS » Genau. Letztendlich bin ich einfach immer meinem Gefühl nachgegangen – was will ich?, wer bin ich? –, und so haben sich die Dinge immer wie von selbst geordnet. Bei mir muss sich die Motivation zur Leistung aus einer Inspiration und einem kreativen Prozess heraus entwickeln, dann kann ich auch wirklich gut sein. Ich war nie jemand, der nur auf Knopfdruck sein Potenzial abrufen konnte und Systemen und Erwartungen entsprochen hat.

AK » Wie bist du überhaupt zum Bergsteigen und Klettern gekommen?

LS » Bergsteigen war für mich ein Ausbrechen aus einem relativ konservativen Feld. Über Freunde bin ich während der Schulzeit in das Thema Klettern hineingekippt und habe so entdeckt, dass es für mich eine große Bereicherung ist, mit aufgeschlossenen und auch verrückten Menschen unterwegs zu sein. Für mich ist damals schon klar geworden, dass Klettern eine Lebenseinstellung ist.

AK » Das Drumherum war demnach wichtiger als die Sache selbst?

LS » In gewisser Weise schon. Da kam – im Gegensatz zu meinen bisherigen Erfahrungen, z. B. in der Leichtathletik, die ich recht intensiv betrieben habe – plötzlich etwas ganz anderes rein, das gar nichts mit Leistung und Wettkampf zu tun hatte, und das war neu für mich: die Berge, Skitourenge-

Mehr Coach als Führer: Lisi Steurer sieht ihre Aufgabe als Bergführerin darin, Menschen bei der Verwirklichung ihrer Ziele zu unterstützen – sei es

hen, Hochtouren, mit Freunden in irgendein Klettergebiet fahren … Überhaupt draußen sein! Ich musste früh lernen, eigenständig Entscheidungen zu treffen und in brenzligen Situationen am Berg ruhig zu bleiben, und diese Erfahrungen konnte ich mit meinen Freunden und Kollegen teilen. Das sind Dinge, wegen denen ich heute auch noch in die Berge gehe.

AK » Es sind gerade mal dreißig Jahre, dass Frauen überhaupt die Bergführerausbildung absolvieren und anerkannt werden. Noch immer sind nur etwa 1 Prozent aller praktizierenden Bergführer Frauen. Umso erstaunlicher ist es, dass du seit 2015 auch Ausbildnerin im Verband der Österreichischen Berg- und Skiführer bist. Wie fühlt frau sich in diesem Job?

Lisi Steurer

Lisi Steurer (*1979) aus Lienz/Osttirol ist seit 2003 hauptberuflich als Berg- und Skiführerin tätig. Von 2006 bis 2012 absolvierte sie den Master-Studiengang Sport-, Kultur-, Eventmanagement an der FH Kufstein, seit 2013 übernimmt sie dort selbst Lehraufträge. Seit 2015 Mitglied im Ausbildungsteam des Verbandes der Österreichischen Berg- und Skiführer. Ihr gelangen zahlreiche neue Routen und schwierige Rotpunktbegehungen in den heimischen Dolomiten und den verschiedensten Bergen der Welt, u. a. „Weg der Neugier", IX–, Einserkofel, Sextener Dolomiten (2015, zusammen mit Hannes Pfeifhofer und Markus Tschurtschenthaler), „Azazar", 8a, Taghia-Schlucht, Marokko (2013, zusammen mit Ines Papert und Patrick Aufdenblatten) oder die erste Rotpunktbegehung von „Ohne Rauch geht es auch", 8a, Große Zinne, Sextener Dolomiten (2014). Mehr unter www.lisisteurer.at/

LS » Es ist eine tolle Erfahrung, um die ich mich ja auch aktiv beworben habe, und ich bin sehr froh darum, dass ich sie machen kann! Mittlerweile habe ich sechs Kurse begleitet, und jeder Kurs war anders, weil man es immer mit anderen Leuten zu tun hat, aber meine Grundmotivation – die eigenen Erfahrungen zu teilen und anderen weiterzugeben – ist eigentlich voll aufgegangen und bis jetzt auch recht positiv angenommen worden.

AK » Selbstverständlich ist das nicht. Was musste deiner Meinung nach passieren, dass dies möglich ist?

LS » Vor zehn oder fünfzehn Jahren hätte das sicher noch ganz anders ausgeschaut, auch was die Idee des Coaching betrifft. Da hat sich in den letzten Jahren schon enorm viel getan und das ist gut so! Letztendlich macht doch genau das unsere Lebensqualität und unsere Kultur mittlerweile auch aus, dass wir aufhören, Leute aufgrund ihres Geschlechts, ihrer Gesinnung oder was auch immer zwangsläufig als schlechter oder besser einzuschätzen. Dieses Schubladendenken einfach mal hinter uns zu lassen wäre der Idealfall. Wenn Leute mit dieser Haltung an den entsprechenden Positionen sitzen, können die viel bewirken. Albert Leichtfried, der Leiter des Ausbildungsteams, ist so jemand, der ist menschlich einfach sehr weit. Solche Menschen können unheimlich ermutigend sein.

AK » Und in der Ausbildung selbst, hat sich da auch viel geändert?

LS » Ja, schon. Die junge Generation, die jetzt in der Ausbildung ist, bringt ein unheimlich hohes Eigenkönnen mit. Die können wir auf einem relativ hohen Niveau abholen und mit ihnen dann auf Augenhöhe weiterarbeiten. Da geht es

Führungstouren in den Dolomiten (links), beim Begleiten des Teams der Jungen Alpinisten (Mitte) oder in der Bergführerausbildung (rechts).

© Archiv Steurer/Junge Alpinisten, ÖAV

dann nicht darum, wer ist jetzt schneller oder besser, denn die sind eh alle topfit, sondern um ganz andere Aspekte wie Persönlichkeitsbildung oder Menschenführung. Da hat sich schon sehr viel geändert. Und ich freu mich immer, wenn Frauen in der Ausbildung sind und ich nicht so allein bin (lacht). Im Ernst: Wir Frauen sind jetzt an einem echt guten Punkt, wichtige Teile von solchen angeblich „männlichen" Systemen zu werden, und die werden dadurch noch offener und menschlicher. Und wir können uns schon was zutrauen!

AK » Du hast u. a. auch das Team der Jungen Alpinisten im ÖAV begleitet, das sich zum Ziel gesetzt hat, ambitionierte junge bergbegeisterte Menschen auch im Sinne von Coaching zu fördern. Was waren Deine Erfahrungen damit?

LS » Für mich ist dabei recht klar rausgekommen: Coaching geht erst, wenn die Grundlagen und die Strukturen passen. Wir haben im ersten Jahr dieses Ausbildungsprogramms einfach nur Basics vermittelt, das waren schon ganz klassische Ausbildungskurse, weil die Leute mit ganz unterschiedlichen Voraussetzungen gekommen sind. Je länger das Projekt dann gedauert hat, desto stärker ist man Richtung Coaching gegangen. Aber das Spezielle an dem Ganzen, wenn man das so sagen will, war der Lawinenunfall im Dauphiné am 1. April 2015 …

AK » … bei dem während einer Projekteinheit drei junge Menschen getötet wurden und einer schwer verletzt …

LS » Genau. Da war dann plötzlich der Fall da, von dem wir glauben zu wissen, dass es ihn gibt und dass wir ihn vermeiden können. Aber plötzlich war er da. Plötzlich! Und da muss man auf einmal lernen, mit etwas umzugehen, das man nicht mehr ändern kann, obwohl man alles dafür geben würde. Das hat natürlich alle total geschockt – und viele Fragen aufgeworfen, für jeden ganz persönlich, aber auch innerhalb dieses Programms. Wie gehen wir mit diesem Verlust um? Wie kann, wie muss es jetzt weitergehen? Es hat lange gebraucht, dies einzuordnen. Und dann haben die Teilnehmer begonnen, für sich selbst eine Antwort zu finden: Einige haben sich zurückgezogen, was ich gut verstehen kann, aber fast alle, die den Unfall unmittelbar erlebt haben, haben gesagt: Wir müssen weitermachen. Weil wir das gemeinsame Bergsteigen brauchen, um das Erlebte und diesen Verlust aufzuarbeiten. Ich war vollkommen überrascht. Das sind ja alles ganz junge Leute, 20, 21, maximal 25, und ihr Umgang mit dem Tod und diesem Verlust hat mich total beeindruckt. Und so haben wir für die, die weitermachen wollten, eine Struktur geschaffen, mit der es möglich war, dieses Projekt zu Ende zu bringen.

AK » Du selbst warst bei dem Unfall ja nicht unmittelbar dabei.

LS » Nein. Ich habe die Gruppe zusammen mit einem Kriseninterventionsteam vom ÖAV in Briançon abgeholt, als sie vom Berg heruntergekommen ist. Ich war also von Anfang an bei diesem Aufarbeitungsprozess dabei, deswegen war es mir auch wichtig, den weiter zu begleiten, bis er einen Abschluss gefunden hat.

AK » Das war nicht unbedingt eine Aufgabe, auf die du vorbereitet warst …

LS » Es war ein großer Lernprozess. Und teilweise brutal schwer. Aber im Nachhinein bin ich schon sehr froh, dass es und vor allem wie es weitergegangen ist. Wenn wir – umgekehrt gedacht – das Projekt aufgegeben hätten, dann wäre vermutlich die Beerdigung unser letztes gemeinsames Tref-

Bergsteigen konfrontiert mit Situationen, die komplexer sind, als selbst Experten denken: Als Lisi Steurer und Dörte Pietron sich am Fitz Roy z

fen gewesen und danach wäre jeder auf sich allein gestellt – da bekommt das Erlebte doch nochmal eine ganz andere Dimension. Dass man sich miteinander dem Thema stellt und sagt: ja, wir erlauben uns weiter bergzusteigen, obwohl wir wissen, dass so etwas nach wie vor passieren kann, und weil es auch gar nichts an der Situation ändern und niemanden mehr lebendig machen würde, wenn wir nicht mehr zum Bergsteigen gingen; zu sagen: ja, wir erlauben uns das, weil es uns hilft und weil wir weiterhin schöne Momente beim Bergsteigen erleben wollen – das war schon ein besonderer Prozess. Beim ersten Update nach dem Unfall sind wir nicht viel geklettert, auch wenn das Wetter total schön war, da sind wir nur dagesessen und haben geredet … aber es war total wichtig, miteinander da zu sein.

AK » Inwiefern hat sich durch diesen Verarbeitungsprozess auch dein persönlicher Zugang zum Risiko geändert?

LS » Der Unfall war für mich die Initialzündung, mich mit diesem Thema auseinanderzusetzen. Bewusst auseinanderzusetzen. Natürlich habe ich in meinem Beruf ständig mit „Risikomanagement" zu tun, aber durch den Unfall hatte ich plötzlich einen ganz anderen Zugang. Man kalkuliert ja – rein theoretisch – ein, dass etwas passieren kann; aber eigentlich geht man davon aus, dass es nicht eintritt. Wenn man das zu Ende denkt, gibt es nur zwei Möglichkeiten: entweder man setzt alles daran, dass so ein Fall nicht mehr eintreten kann, und das heißt in letzter Konsequenz, dass man nicht mehr in die Berge und nicht mehr auf Skitour geht, weil man dann eben auch nicht unter eine Lawine kommen kann. Wenn ich aber nach wie vor bergsteigen will, dann muss ich akzeptieren, dass etwas passieren kann, dass im schlimmsten Fall jemand stirbt. Und da geht es noch lange nicht um Fehler oder irgendwelche Schuldzuweisungen, sondern das kann einfach passieren. Deswegen habe ich für mich die Entscheidung getroffen, das Risiko zu integrieren und mich aktiv mit dem Thema auseinanderzusetzen und auch in der Öffentlichkeit zu thematisieren.

AK » „Risiko integrieren" klingt bestechend. Aber was ist daran weniger theoretisch oder schlicht anders als beim herkömmlichen Risikomanagement?

LS » Wenn ich das Risiko integriere, wird sich als Erstes meine Erkenntnis dahin gehend erweitern, dass es diese Sicherheit, von der immer alle reden, eigentlich gar nicht gibt. Wir können nur versuchen, Gefahren zu erkennen und mit diesen Risiken umzugehen, wohlwissend, dass wir das ganze Ausmaß des Gefahrenpotenzials, oder sagen wir, die Komplexität einer Situation, gar nicht überschauen können. Auch als sogenannte Experten.

AK » An was denkst du da konkret?

LS » Dörte [Pietron] und ich wollten zum Beispiel eine neue Routenkombination am Fitz Roy klettern und sind dabei im oberen Bereich auf schwierige Verhältnisse gestoßen. Die Risse waren alle vereist, und wir hätten es einfach nicht geschafft, am gleichen Tag zumindest noch in Gipfelnähe zu kommen, um dort zu biwakieren und am nächsten Tag abzusteigen. Und wir haben gewusst, das Wetter wird bald richtig schlecht. Es war ganz klar: Unser Zeitplan geht nicht auf, wir müssen zurück. Im Sinn der „Sicherheit" haben wir uns also entschlossen abzuseilen. Beim Abstieg hat sich dann plötzlich weit oben – ohne unser Zutun – eine Lawine gelöst, und wir haben total Glück gehabt, dass wir in diesem

...kzug entschlossen, haben sie allem Anschein nach die richtige Entscheidung getroffen – und sind trotzdem nur mit Glück davongekommen.

© L. Steurer/D. Pietron

Moment gerade unter einem Überhang waren und die Schneemassen über uns drüber gepfiffen sind. Eine halbe Stunde vorher wäre das ganz anders ausgegangen …

AK » Das zeigt schon sehr deutlich, dass man – auch wenn man versucht, defensiv zu sein und alles richtig machen will – nicht alle Gefahren mit einkalkulieren und „managen" kann.

LS » Genau. Und deswegen muss man sich halt die Frage stellen: Will ich mich weiterhin solchen komplexen Situationen aussetzen oder eben nicht? Wobei ich schon glaube, ganz persönliche Frage ist, die jeder für sich individuell lösen muss.

LS » Stimmt. Aber es geht doch auch darüber hinaus. Für eine Gesellschaft, denke ich, ist Eigenverantwortung ein ganz zentrales Thema. Ich glaube, dass es für unsere psychische Gesundheit ganz wichtig ist, dass uns die Entscheidungsfreiheit nicht genommen wird. Denn sonst würden wir uns auch unsere Entwicklungsmöglichkeiten nehmen. Wir müssen uns riskieren dürfen, was wiederum impliziert, dass

> „Was das Bergsteigen für mich ausmacht, ist diese Freiheit, für mich selbst zu entscheiden."

dass man an solchen Erfahrungen lernen kann, dass man schlauer und versierter, einfach besser wird. Besser jedenfalls, als wenn man sich zurückzieht und nur noch defensiv ist. Ich bin davon überzeugt, dass wir als Menschen ein Recht haben, uns riskieren zu dürfen. Aber wenn wir das aussprechen, muss uns natürlich auch klar sein, dass etwas schiefgehen kann. Das ist ganz wichtig! Weil nur riskieren und sagen, es passiert eh nichts, das ist sehr naiv. Verdrängen bringt uns nicht weiter, vorher nicht, und wenn etwas passiert ist, schon gar nicht. Deswegen versuche ich das auch ganz bewusst zum Thema zu machen. Weil es ja auch uns alle betrifft.

AK » Und es betrifft auch alle Lebensbereiche. Allerdings könnte man einwenden, dass der Umgang mit Risiko eine

wir aus Fehlern lernen und auch scheitern dürfen. Dieses Streben danach, dass alles immer perfekt sein muss und ja nichts passieren darf, das engt uns total ein. Das macht uns zu Getriebenen. Wir sind ja Gott sei Dank keine perfekten Wesen! Deswegen muss die Möglichkeit gegeben sein, dass jeder für sich entscheiden kann, welchen Weg er einschlagen und ob und wie er sich riskieren will. Das ist für mich auch das, was das Bergsteigen ausmacht: diese Freiheit, aus der Norm draußen zu sein und für mich selbst zu entscheiden, weil ich weiß, was ich draufhab und was nicht. Das macht mich zu einem mündigeren Menschen. Diese Mündigkeit muss Platz haben. Und wie die Entscheidung auch ausfällt, hat keiner das Recht, über den anderen zu richten.

Seilerste in Sachen soziale Gerechtigkeit

Hanniah Tariq engagiert sich für die Bergregionen ihrer pakistanischen Heimat
>> **Vanessa Beucher** *

Begegnet man Hanniah Tariq, zeigt sich rasch ihre unerschöpfliche Begeisterung für ihr Projekt High Altitude Sustainability Pakistan. Seit einigen Jahren bahnt diese außergewöhnliche Frau gemeinsam mit ebenso engagierten Landsleuten den Weg für positive soziale, wirtschaftliche und ökologische Veränderungen in der Bergwelt des Karakorum. Ein Best-Practice-Beispiel im Internationalen Jahr des Nachhaltigen Tourismus für Entwicklung

Doch zunächst zu Hanniah selbst, zu ihrer Herkunft und den verschiedenen Abschnitten in ihrem Leben, die dazu beigetragen haben, dass sie zu der Person geworden ist, die sie heute ist. Ihr Vater war auf dem indischen Subkontinent geboren und siedelte sich Ende der 1940er-Jahre nach der Abspaltung des Landes von Indien in West-Pakistan an. Doch kurz nach ihrer Heirat zogen er und seine Frau nach Peshawar, die Hauptstadt der Provinz Khyber Pakhtunkhwa und Heimat des Volksstamms der Paschtunen. Dort kamen Hanniah und ihre ältere Schwester auf die Welt. Wenige Jahre später zog die gesamte Familie nach Islamabad, die Hauptstadt von Nord-Pakistan.

Hanniah erinnert sich lebhaft an die Wochenend-Wanderungen mit der Familie in die Berge der Umgebung, die ihre Liebe für diese wilden Gebiete entfachten. „Die Berge erlaubten mir, mehr über die Natur zu erfahren – aber auch über das menschliche Wesen und mich selbst", erinnert sie sich. „Du steigst auf und trägst eine Last mit dir, und wenn du wieder zurückkommst, ist dir die Last genommen."

Es folgte die Zeit an der Universität. Sie entschloss sich, in England zu studieren, und erhielt den Master-Titel in International Development der Universität von Warwick. Nach Abschluss ihres Studiums verbrachte Hanniah sechs Monate auf den Philippinen, wo sie an einem Wohnungsbauprojekt für Gemeinden arbeitete. Dann lebte sie in Uganda, Kenia und Tansania, um humanitäre Missionen verschiedener internationaler Organisationen zu überwachen. 2010 kehrte sie nach Pakistan zurück und arbeitete als Beraterin des Büros der Vereinten Nationen für Drogen und Kriminalität (UNODC) in Islamabad. 2012 entschloss sie sich, eine Pause von der rasch wachsenden Großstadt einzulegen und die nördlichen Gebiete von Gilgit-Baltistan zu bereisen, ihre Lieblingsregion in Pakistan.

22. Juni 2013: Sechzehn als Polizisten verkleidete Taliban stürmen eines der Basislager auf der Diamir-Seite des Nanga Parbat. Neun ausländische Bergsteiger und ihr pakistanischer Führer werden getötet, um den Tod eines Taliban-Anführers zu rächen, der bei einem amerikanischen Drohnen-Angriff erschossen wurde. Dieses Ereignis, über das ausgiebig in der internationalen Presse berichtet wurde, war ein fürchterlicher Schlag für das Bergsteigen und den Tourismus in der Region.

Zwischen dem Pamir und dem Hochplateau von Tibet gelegen, bietet die Gilgit-Baltistan-Region mit dem majestätischen Karakorum-Gebirge die dichteste Konzentration von Sieben- und Achttausendern und stellt das bedeutendste Gletschergebiet außerhalb der Polarregionen dar. Ein Ort von überwältigender Schönheit, durchflossen vom heiligen Fluss Indus. Diese Region bildet einen regelrechten Flickenteppich ethnischer Gruppen – faszinierend, aber auch sehr komplex. Dieses für Pakistan und Indien strategisch bedeutsame Gebiet, das auch als „Klein-Tibet" bekannt ist, wird vorwiegend von Baltis bewohnt, die ursprünglich aus Tibet stammen. Schon vor der Tragödie am Nanga Parbat gab es dort Probleme, das Ereignis strich sie bloß ein wenig mehr heraus: Probleme der Abfallentsorgung am Berg, Probleme der Wasserverschmutzung auf Gletschern und in Flüssen, Probleme bei der Existenzsicherung für die Balti-Träger ...

Die Ereignisse am Nanga Parbat waren eine Art Katalysator

Der Führer auf Hanniahs Reise war Zahid Rajput, Präsident von Khurpa Care Pakistan, einer 2006 gegründeten NGO mit Basis in Skardu, die „für das Wohl der Träger, für die Bewerbung von Tourismus und für die Lösung tourismusbedingter Konflikte in der Gilgit-Baltistan-Region arbeitet." Angespornt von seinem Engagement beschloss Hanniah, ihn zu unterstützen. Anfangs war es für sie alles andere als leicht. Verschiedene Hindernisse, die mit ihrer Herkunft und ihrem Status als Frau zusammenhängen, stellten sich ihr in den Weg. Sie stammt von Paschtunen ab und ist damit eine Außenseiterin in der Kultur und dem Lebensstil der Baltis. Die Baltis sind eine stolze, eng verbundene Gemeinschaft, die eine trotzige Haltung gegenüber der staatlichen Regierung eint. Ihr Stolz ist gepaart mit einem starken Identitätsbewusstsein, das über Jahrhunderte durch gemeinsamen Glauben und kulturelle Bindungen geformt wurde und die verschiedenen Täler verbindet.

„Im Vergleich mit den reicheren Provinzen des Landes fühlen sie sich an den Rand gedrängt", erklärt Hanniah Tariq. Zudem sei sie „eine Frau aus dem Süden, die versucht, den Männern aus dem

* aus dem Englischen übersetzt von Jochen Hemmleb

Wenn der Müll die Wasserversorgung bedroht: Mehr als vier Tonnen Abfälle und 76 Tierkadaver wurden im Jahr 2016 im Rahmen des Projektes Sustain Baltoro auf den Gletschern zwischen Askole und dem Konkordiaplatz gesammelt und ins Tal gebracht.
© HASP/H. Tariq

Norden zu sagen, was sie zu tun haben" – und dies in einer Region, in der die Rolle einer Frau weitgehend festgeschrieben ist. Da sind Schwierigkeiten vorprogrammiert. Sie benötigte einige Zeit, um zu den Einwohnern dieser entlegenen Dörfer ein Verhältnis aufzubauen, das von Vertrauen und Respekt geprägt ist. Anfangs begegnete man ihr mit Zynismus, doch dank Zahid, der sie „seine Schwester" nennt, wurde sie nach und nach in diesen Berggemeinden akzeptiert. Hanniah bemerkte in jedem Fall eine positive Entwicklung – und diese mag vielleicht nur der Anfang von weiteren Veränderungen zum Guten sein.

Müll und Kadaver verseuchen das Trinkwasser

Im April 2015 entschied sich Hanniah, High Altitude Sustainability Pakistan (HASP) zu gründen, eine Organisation aus weitgehend ehrenamtlichen Helfern. „Ich nutze mein Können als Weltbürgerin, die zwischen verschiedenen Kulturen hin- und herpendelt, um Aufmerksamkeit für die zahlreichen Herausforderungen zu schaffen, vor die sich die Region gestellt sieht."

HASPs erstes bedeutendes Umweltprojekt war der Start eines umfangreichen Müll-Entsorgungsprogramms in Zusammenarbeit mit Khurpa Care, genannt Sustain Baltoro. „Teile des Gletschers waren deutlich sichtbar mit verstreutem Müll bedeckt, und die Kadaver von Lasttieren verseuchten das Wasser der unterhalb liegenden Dörfer." Anfangs setzte man sich das Ziel, 2,5 Tonnen Müll und Tierkadaver hinabzubringen. Am Ende sammelten 35 Baltiträger mehr als 4 Tonnen! Sie säuberten einen 76 Kilometer langen Streifen von Askole, einem kleinen Dorf, das als Tor zum K2 bekannt ist, bis zum Konkordiaplatz, dem Zusammenfluss des Baltoro- und Godwin-Austen-Gletschers, die zu den größten Wasserreservoiren der Welt zählen. 76 Kadaver wurden im Jahr 2016 vom Berg hinabgebracht. Im Laufe der Zeit möchte HASP sowohl das lokale wie auch das weltweite Bewusstsein dafür schärfen, welche Probleme der auf dem Gletscher zurückgelassene Müll schafft, und dazu mindestens ein solches Projekt pro Jahr durchführen.

Khurpa heißt wörtlich „die Person, welche die Last trägt". Mehr als 4000 Balti-Männer haben seit der Ankunft der Europäer Mitte des 19. Jahrhunderts auf den Pfaden des Karakorum als Träger gearbeitet. Baltiträger sind nicht nur unerlässlich für kommerzielle Expeditionen, sondern transportieren auch für unabhängige Alpinstil-Expeditionen Lasten in Basislager. Ihre Arbeit setzt sie einer weiten Reihe von Gefahren des Hochgebirges aus, vom Überqueren reißender Flüsse bis zu Steinschlag und Gletscherspalten. Viele ihrer Familien leben das meiste Jahr über von Subsistenzwirtschaft, und die dreimonatige Saison der Trägerarbeit liefert ihr einziges bedeutendes Bargeldeinkommen. Familien, die von der Trägerarbeit abhängen, können oft nur mit Mühe die einfachsten Grundbedürfnisse abdecken, von Gesundheitsvorsorge ganz abgesehen. Durch Khurpa Care und HASP haben Träger nun Zugang zu einem Fond, der ihre Gesundheitskosten subventioniert und im Fall von Unfalltod ihren Angehörigen zu Hilfe kommt. Aber Hanniah weist darauf hin: „Das verdiente Geld reicht nicht aus, die Familien der Träger längerfristig zu ernähren, und die Arbeitsmöglichkeiten für ihre Frauen, Mütter und Töchter bleiben limitiert."

Im letzten Jahr begann HASP allmählich ein weiteres Großprojekt, nämlich traditionelle Hebammen in entlegenen Dörfern auszubilden, wo keine Ärzte zur Verfügung stehen. Bislang sind neun Frauen über einen Zeitraum von drei Monaten sowohl in Theorie wie auch Praxis ausgebildet worden. Die hauptsächlichen Themen waren Komplikationen während der Schwangerschaft, sichere Geburt und postnatale Behandlung. Tatsächlich ist es so, dass bei kritischen Situationen das nächste Krankenhaus oft mehrere Stunden Fahrt über ausgewaschene Schotterpisten entfernt liegt. Ihr Hauptpartner bei dieser Ausbildung war die in Skardu ansässige Rahnuma Family Planning Association of Pakistan, die sicherstellte, dass die Frauen den Kurs mit einem Basiswissen verließen, um anderen Frauen in entlegenen Dörfern Erste Hilfe leisten zu können, in denen es zuvor keine solche Einrichtungen gab. HASP stattet die Frauen auch mit einer medizinischen Basisausrüstung aus, und das Ziel in diesem Jahr ist es, ihnen notwendige Medizin in geregelten Abständen zu liefern. Die Tatsache, dass diese Frauen einen derart wichtigen Status in ihren Dörfern erreicht haben, bedeutet einen gewaltigen Impuls, die Lebensbedingungen für Frauen in diesen weiterhin vorwiegend patriarchalischen Gesellschaften zu verbessern. Umso bedeutender ist die Tatsache, dass diese Initiativen von Männern in diesen Berggemeinschaften ziemlich gut aufgenommen, ja teilweise sogar von ihnen angeregt wurden. Einige halfen dabei, Dorfbewohner bei den ersten Treffen zu versammeln, um den Zweck des Projekts zu erklären. Nur ein- oder zweimal stießen sie dabei auf Vorbehalte eines Ehemanns oder Vaters, Frauen für drei Monate zur Ausbildung nach Skardu zu schicken. Doch nach dem Gespräch mit HASP verschwanden ihre anfänglichen Zweifel nach und nach. „Das Projekt baute sehr stark auf die Unterstützung der Männer und war genau aus diesem Grund erfolgreich", gibt Hanniah zu.

Frauen stärken mithilfe der Männer

In jedem entlegenen Dorf wie Hushey oder Sadpara wurden die Männer gebeten, zwei Frauen aus ihrer Gemeinschaft auszuwählen, die diese Ausbildung erhalten sollten. Hanniah erinnert sich lebhaft, wie sie zum ersten Mal Razia traf, die „sofort aus der Menge herausstach." Diese junge Pakistani in ihren Zwanzigern – sie selbst glaubt, dass sie 26 Jahre alt ist, hat aber keine Dokumente, um dies zu belegen – ist mit einem Bauern namens Zaheer verheiratet. Sie besitzen drei kleine Felder nahe dem Dorf Hushey, auf denen sie Kartoffeln und Weizen anbauen. Das Paar hat zwei Töchter: Fareeda, sieben Jahre, und Farwah, fünf. Interessanterweise wollen die kleinen Mädchen später Ärztinnen werden. Zusammen mit Marzia,

der zweiten Frau aus Hushey, die von HASP im Rahmen des Programms ausgebildet wird, arbeitet Razia nun für ihr Dorf. Sie bieten kostenlose Überprüfungen des Blutdrucks und grundlegende Gesundheitschecks für etwa dreißig Frauen an und kümmern sich um die Schwangeren im Dorf. In einem Raum ihres Hauses wollen sie eine kleine Apotheke einrichten. Diese beeindruckenden Frauen arbeiten sehr hart daran, den anderen Frauen in ihrem Dorf bestmögliche Unterstützung zu bieten. Sie haben sogar begonnen, auf lokaler Ebene Kooperationen zu schließen, sodass weitere ausgebildete Krankenschwestern und Ärzte Hushey und die umliegenden Dörfer regelmäßig besuchen können.

Der Bergsteiger Rajib Shah, der 2016 starb, war der erste Pakistani, der alle fünf Achttausender seines Landes bestieg – und das in nur neun Jahren seiner Tätigkeit als Hochträger. Hanniah erinnert sich daran, dass er ihr einmal sagte, *Qadar* oder Respekt in den Bergen sei eines der stärksten Mittel gegen die verschiedenen Arten von Extremismus, die ihr Land zerreißen könnten. Bei ihrer Rede zur Eröffnungszeremonie des Piolet d'Or im Jahr 2016 formulierte dies Hanniah Tariq so: „Nur indem wir uns durch gemeinsame Erfahrungen verstehen lernen, können wir neue Routen eröffnen – in den Bergen wie auch in unseren Gesellschaften." Mit seinem bemerkenswerten Engagement übernimmt HASP wirklich eine Vorsteigerrolle in Sachen Umweltschutz und sozialer Gerechtigkeit.

Grund zum Feiern: Die ersten Absolventinnen des Hebammen-Ausbildungsprogramms, das Hanniah Tariq (in Bildmitte) für die Balti-Region initiierte, erhalten ihre Diplome.

© HASP/H. Tariq

BergWissen

Robust und fragil zugleich: Auf einer Gletscherschliffplatte unterhalb des Sulzenauferners in den Stubaier Alpen hat sich ein Büschel Margeriten angesiedelt. Wie belastbar die Anpassungsfähigkeit im Lebensraum Alpen ist, wird sich im Zuge der globalen Klimaerwärmung weisen. Geologen, Botaniker oder Touristiker beobachten die Entwicklung mit Sorge – und oft mit unterschiedlichem Zeithorizont.

Ewige Berge?

Der Blick eines Geologen auf die Lebenserwartung von Gebirgen

>> **Mark Keiter**

In der Bergsteigerliteratur dieser Welt fällt gelegentlich inflationärer Gebrauch von Phrasen wie „ewiges Eis" und „ewige Berge" auf. Großes Pathos, Abbild der Sprachlosigkeit, die uns Menschen befällt. Vielleicht auch ein Mittel, die eigenen Leistungen zu adeln. Das Extra-Podest unter dem eigenen Denkmal gewissermaßen.
Wie ewig das Eis auf unserer Erde tatsächlich ist, das sind wir ja gerade im Begriff, herauszufinden, im Rahmen des kollektiven globalen Großversuchs „Anthropogener Klimawandel". Aber da geht es ja um Eis. Fels ist doch wohl etwas ganz anderes. Oder ...?

Was unsere Berge macht, das sind Prozesse, die extrem langsam verlaufen. Es ist einer der Effekte des Geologiestudiums, dass man lernen muss, mit Zeiträumen zu hantieren, die weit jenseits dessen liegen, was uns die Evolution als Wahrnehmungshorizont mit auf den Weg gegeben hat. Die Wissenschaft der Geologie wurde in einer Zeit geboren, als im westlichen Kulturkreis der biblische Schöpfungsmythos galt. Festgenagelt in diesem Weltbild wurde das Alter der Erde und des gesamten Kosmos auf knapp über 6000 Jahre geschätzt.

Geologie als Gotteslästerung

Die Geologen waren es, die mit ihren immer genaueren Untersuchungen der Gesteinsschichten feststellten, dass ein paar Tausend Jahre, nicht einmal ein paar Millionen Jahre ausreichen, um zu erklären, was die Gesteine unter unseren Füßen uns zeigen. Ein Paradigmenwechsel, der damals durchaus schmerzhaft war. Nicht umsonst wurde in den Jugendjahren dieser Wissenschaft die Feststellung der Tiefenzeit zunächst als Gotteslästerung geächtet. Die Menschen waren noch nicht reif, in Millionen oder gar Milliarden von Jahren zu denken.

Und auch heute noch fällt es vielen schwer (mich eingeschlossen), sich Prozesse vorzustellen, die so langsam ablaufen, dass selbst viele Menschenleben nicht ausreichen, um sie am Werk zu beobachten. Oder haben Sie etwa gemerkt, dass wir uns jedes Jahr weiter von den USA entfernen? Nein, nicht im geopolitischen Sinne, sondern ganz real: Am Boden des Atlantiks entsteht dauernd

Eingefrorene Dynamik schwer zu erfassender Zeiträume: Blick von der Parseierspitze auf die stark verfalteten Gesteinsschichten der Lechtaler Alpen.

Alle Fotos © B. Ritschel

Um die Vergänglichkeit des „ewigen" Eises zu beobachten, reicht schon ein halbes Menschenleben: Schlegeiskees mit großem Möseler (Zillertaler Alpen). Geologische Prozesse erfordern einen weitaus längeren Atem.

neue Erdkruste. Dadurch wird dieser Ozean jedes Jahr etwa 2,5 Zentimeter breiter. Bei einer Gesamtbreite von einigen Tausend Kilometern nicht weiter auffällig. Die menschliche Intuition – durch Millionen Jahre Evolution daran angepasst, sich in einer Welt von Meter, Jahrhundert und Stundenkilometer zurechtzufinden – lässt uns im Stich.

Die Erosion zum Beispiel nagt ohne Pause an den Bergen – meist langsam, manchmal katastrophal. Der gewaltige Lawinenabgang am Eiger im Jahre 2006, die Felsstürze am Petit Dru, die unter anderem den Bonattipfeiler ins Tal schickten, oder der verheerende Felssturz am Cengalo im Sommer 2017 waren sicherlich spektakulär. Aber haben sie diese Berge nennenswert kleiner gemacht? Nach menschlichem Ermessen nein. Der Eiger wird noch viele Tausend Jahre da sein und Stoff für Heldengeschichten liefern – gewürzt mit mal mehr, mal weniger Pathos. Hin und wieder wird ein winziger Teil seines Volumens abbrechen, und uns wird dieses Ereignis wieder als gewaltige Steinlawine erscheinen.

Alles fließt

So viel zur Abtragung an der Oberfläche. Aber sie ist längst nicht der einzige Prozess, der einem Hochgebirge an den Kragen geht. Physiker mögen mir die grob vereinfachte Feststellung verzeihen: Gesteine verhalten sich wie zähe Flüssigkeiten. Und wir reden hier nicht vom Offensichtlichen wie von geschmolzener Lava. Jedes Gestein kann unter den richtigen Bedingungen wie Knetmasse verformt werden. Nähme man die Afrikanische Platte weg, und damit den Druck, den sie auf den Eurasischen Kontinent ausübt, die mächtigen Alpen würden unter ihrem eigenen Gewicht zerfließen wie ein Pfannkuchenteig. Nicht, dass dies in absehbarer Zeit passieren wird, im Gegenteil. Die aktuellen Modelle gehen davon aus, dass Afrika sich innerhalb der nächsten 50 Millionen Jahre weiter Richtung Eurasien schiebt. Dabei wird das Mittelmeer vollständig geschlossen und zu einem weiteren riesigen Gebirge aufgefaltet werden, den „Mediterranean Mountains". Der nächste große Spielpatz für Gipfelhungrige ist also bereits in Arbeit.

Welche Rolle die heutigen Alpen dann noch spielen, ist nicht abzusehen. Fakt ist: Die Alpen und der Himalaya sind nur deshalb so hoch, weil sie geologisch extrem jung sind und weil immer noch Druck auf diese Nahtstellen zwischen den Kontinentalplatten ausgeübt wird. „Extrem jung" bedeutet in diesem Kontext: ein paar Dutzend Millionen Jahre. Alles eine Frage der Perspektive. Irgendwann werden auch diese mächtigen Gebirge altern und zerfallen.

Die Welt ist voll von alten und uralten Gebirgen. Bloß fallen sie nicht mehr weiter auf. Eines der größten zieht durch ganz Europa: das Variszische Gebirge. Es ist rund 300 Millionen Jahre alt und

„What goes up must come down": Unmengen von Gesteinsschutt bedecken Hänge und Flusstäler wie hier im Landmannalaugar, Island. Die Erosion geht den Bergen langsam, aber unaufhaltsam an den Kragen.

kaum mehr als solches zu erkennen. Schwarzwald, Spessart, Odenwald, Eifel, Sauerland und Harz sind einige der kümmerlichen Reste dieses Hochgebirgszugs, der einst viele Tausend Kilometer lang war, von Großbritannien bis nach Osteuropa. Bei genauer Betrachtung zeigen die variszischen Gesteine, was sie durchgemacht haben: intensiv verfaltet, übereinander geschoben, zerbrochen, von vulkanischer Lava durchschlagen, wieder zerflossen, von der Verwitterung zerfressen und von jüngeren Sedimentgesteinen verdeckt. Bergsteigerisch nennenswerte Erhebungen existieren nicht mehr – und doch ist dieses Gebirge für Geologen das eigentliche Herz Europas, und eindrucksvoller Zeuge der (sehr, sehr langsam) pulsierenden Dynamik unseres Heimatplaneten.

Was bedeutet das alles denn nun für uns? Nun, rein praktisch zunächst einmal gar nichts. Der massive Kalkstein des Frankenjura wird auch weiterhin feste Griffe für uns bieten und nicht unter unseren Händen zerfließen. Der Mount Everest wird in absehbarer Zeit weder in bergsteigerisch unmögliche Höhen wachsen, noch wird er zu einem armseligen Hügel vergehen. Aber: Hinter all den wahrnehmbaren Eigenschaften von Gesteinen verbirgt sich eine tieferliegende Dynamik, sind Prozesse am Werk, die um so vieles größer sind als wir selbst. Jeder Griff, jeder Fels, jede noch so große Wand – für uns der Inbegriff von Dauerhaftigkeit – ist nur eine vergängliche Momentaufnahme in einem Kreislauf, der bereits 4,5 Milliarden Jahre ohne uns ablief und auch nach uns weiter ablaufen wird. Das nötigt einen gewissen Respekt ab, der über kurzsichtige Fragen nach Kletterschwierigkeiten oder jeden noch so spektakulären Gipfelsieg hinausgeht.

Kein Grund zur Depression

Wir Menschen tun uns schwer, intuitiv zu erfassen, was so weit außerhalb unseres Erfahrungshorizonts liegt. Die Vorstellung, dass der Mensch nicht annähernd so wichtig ist, wie er sich selbst nimmt, geht vielen gegen den Strich, und so mancher möchte diese Erkenntnis am liebsten ignorieren. Aber: die Daten sind eindeutig und wir müssen sehen, wie wir damit zurechtkommen. Wer dies alles deprimierend findet, dem sei zur Aufmunterung gesagt, dass letztlich auch die Entstehung des Lebens untrennbar mit den geologischen Prozessen verbunden ist – und seine Milliarden Jahre dauernde Evolution bis zu uns selbst. Wir sind Teil des Ganzen; und wir sind die erste bekannte Spezies, deren Erkenntnisapparat überhaupt in der Lage ist, über die Intuition hinaus die Natur zu erfassen. Das ist ein großes Privileg, bringt aber auch eine große Verantwortung mit sich. Wie wir mit dieser Verantwortung umgehen, das werden nicht nur unsere nachfolgenden Generationen, sondern – in geologischen Zeiträumen gedacht – sogar zukünftige Spezies beurteilen.

Den Fels begreifen

Zur Geologie von Klettergesteinen
>> **Tobias Ibele**

Wer am Fels klettert, schärft seinen Blick für die Strukturen im Gestein. Wir tasten suchend über die raue Oberfläche oder langen kraftvoll nach einer Schuppe. Manchmal schmiegen wir uns eng und vorsichtig an die glatte Wand, manchmal tanzen wir beinah, in fließenden, raschen Bewegungen, über Dellen und Leisten einer Platte hinauf. Unsere Bewegungen sind immer eine Antwort auf die Strukturen im Fels. Wer klettert, begreift, dass Fels nicht gleich Fels ist. Aber was macht eigentlich den unterschiedlichen Charakter der Gesteine aus?

Wenn Geologen und Kletterer vom Gebirge sprechen, meinen sie nicht zwangsläufig dasselbe. Sowohl dem Wissenschaftler als auch dem Bergsteiger geht es aber um das Gestein. Will man verstehen, was die Strukturen einer Felswand und den Charakter eines Klettergesteins ausmacht, lohnt sich ein Blick in die Tiefe.

Die Systematik der Gesteine

Zunächst unterscheidet die Geologie das Grundgebirge und das Deckgebirge, wobei mit „Gebirge" im bergmännischen Sinn der Gesteinskörper im Generellen und nicht die topographische Erhöhung gemeint ist. Das alte Grundgebirge wird auch als „Kristallin" oder im Volksmund als „Urgestein" bezeichnet und bildet den Sockel, auf dem das jüngere Deckgebirge in Form von Sedimenten abgelagert wird. Die Kristallingesteine des Grundgebirges gliedern sich wiederum in zwei Gruppen mit je zwei Untergruppen: Die Magmatischen Gesteine, welche durch Abkühlung glutflüssiger Magma entstanden sind, und die Metamorphen Gesteine, welche durch Umwandlung ihres Mineralbestandes aus anderen Gesteinen hervorgegangen sind, als diese erhöhten Druck- und Temperaturbedingungen ausgesetzt waren. Die Magmatischen Gesteine gliedern sich weiter in die langsam im Erdinnern abgekühlten Plutonite – der bekannteste Vertreter davon ist der Granit – und in die im Bereich der Erdoberfläche rasch abgekühlten Vulkanite, von denen der Basalt genannt sei. Die Metamorphen Gesteine können, je nachdem, ob ihr Ausgangsgestein ein Kristallingestein oder ein Sediment war, in Gneise und Schiefer unterteilt werden.

Auch die Gesteine des Deckgebirges gliedern sich in zwei Gruppen: Die klastischen Sedimente sind Umlagerungsprodukte, die durch die rein physikalischen Prozesse von Abtragung, Transport und Ablagerung entstehen und je nach ihrer Korngröße als Tonstein (fein), Sandstein (mittel) oder Konglomerat (grob) bezeichnet werden. Bei den karbonatischen Sedimenten sind entweder zusätzlich zur Ablagerung von andernorts erodiertem Material oder ausschließlich die von fossilen Lebewesen produzierten Hartteile und chemische Ausfällungen aus (Meer-)Wasser für die Gesteinsbildung verantwortlich. Dabei entstehen – je nach Anteil des eingetragenen Materials, der fossilen Lebewesen und der Umweltbedingungen, wie etwa dem Salzgehalt des Meeres – Kieselkalke, Riffkalke, gebankte Kalke oder Dolomite.

Die Realität ist natürlich komplexer als diese einfache, auf den Entstehungsmechanismen beruhende Systematik. In jeder der genannten Gesteinsgruppen gibt es eine Vielzahl tatsächlicher Gesteine (Tabelle 1). Bei den magmatischen Gesteinen ist der Chemismus der Schmelze, aus der sie durch Abkühlung entstehen, für die Bildung unterschiedlicher Plutonite und Vulkanite verantwortlich. Ein Granit entsteht aus einer chemisch sauren Schmelze, ein Basalt dagegen aus einer chemisch basischen Schmelze. Dringt eine granitische Schmelze an die Erdoberfläche und erstarrt rasch, so bildet sich der Vulkanit Rhyolith, erstarrt eine basaltische Schmelze langsam im Erdinneren, so bildet sich ein Gabbro. Rhyolith und Gabbro sind uns nur deshalb weniger geläufig als Granit und Basalt, weil sie aufgrund geodynamischer Prozesse weniger häufig an der Landoberfläche auftreten.

Stellen wir uns nun vor, dass ein klastisches Sedimentgestein aus unterschiedlichen Komponenten besteht, je nachdem was abgetragen, transportiert und abgelagert wurde, dass es zusammen mit unterschiedlichen karbonatischen Sedimenten aus unterschiedlich tiefen, unterschiedlich warmen Meeren mit unterschiedlichen Salzgehalten und Lebewesen ein „buntes" Deckgebirge aufbaut und dass es – ebenso wie aus unterschiedlichen Schmelzen erkaltete Magmatische Gesteine – unter verschiedensten Kombinationen von erhöhtem Druck und erhöhter Temperatur eine Umwandlung durchlaufen kann, so beginnen wir zu ahnen, wie vielgestaltig die tatsächliche Gesteinswelt ist.

Was ein Gestein aufbaut

Ein Gestein wird aus Mineralien zusammengesetzt, die ihrerseits anorganisch chemische Elementverbindungen sind. So besteht ein Granit aus den Mineralen Feldspat, Quarz und Glimmer, und der Feldspat zum Beispiel ist ein Silikat, das die Elemente Silizium und Aluminium sowie Kalium, Kalzium oder Natrium enthält. Bei klastischen Sedimenten, die aus Fragmenten anderswo abgetragener Gesteine bestehen, handelt es sich bei

„The Gift" an den Klippen von Reiff, Schottland: In diesem Sandstein bilden Schichtfugen (etwa horizontal) und Klüfte (etwa vertikal) größere Strukturen. Reihen feiner Löcher (im zweitobersten Schichtpaket) entstanden durch Auswaschungen feinen Materials. Das „Absanden" der Oberflächen schafft runde Kanten.

@ alle Fotos R. Gantzhorn

Im Granit der Schweizer Führe am Grand Capucin (Montblanc-Gebiet) bilden vertikale Klüfte Risse und Schuppen, es fehlt aber eine Schichtung für weitere größere Strukturen in anderer Richtung. Leisten und Bänder gibt es damit nur auf der Oberseite von Schuppen.

den Komponenten in Sand- und Tonsteinen in der Regel um Mineralkörner und bei Konglomeraten um Gesteinsfragmente, die ja ihrerseits schon aus Mineralen bestehen. Bei karbonatischen Sedimenten spielt das Mineral Kalzit, dass eine Verbindung von Kalzium und CO_2 darstellt, eine wichtige Rolle. Kalzit kann unter Oberflächenbedingungen aus dem Meerwasser ausfallen und wurde von vielen fossilen Lebewesen zum Aufbau von Schalen und Hartteilen verwendet. Kalke sind häufig reine, monomineralische Kalzit-Gesteine. Die Minerale der Metamorphen Gesteine wurden gebildet, als erhöhte Druck- und Temperaturbedingungen im Ausgangsgestein zu Mineralreaktionen führten, an deren Ende neue Minerale und ein neues Gestein stehen.

Was Strukturen einer Felswand bildet

Die Oberflächengestalt einer Felswand beruht meist auf gesteinsinternen Strukturen wie Schichtung, Klüften sowie der Form und räumlichen Anordnung der Minerale oder abgelagerten Fragmente. Die Anordnung der Minerale oder abgelagerten Fragmente und die Schichtung werden bei der Bildung des Gesteins angelegt. Erstarrt ein Gestein aus flüssigem Magma, so verteilen sich die Minerale gleichmäßig und sind im Raum richtungslos orientiert. Ihre so entstehende regellose Anordnung hat keinen bestimmenden Einfluss auf die Oberflächenstruktur einer Felswand. Lediglich die Abkühlgeschwindigkeit macht einen Unterschied. Je rascher die Abkühlung, desto kleiner die Minerale. Ein Basalt ist deshalb feinkörnig und seine Oberfläche glatt, während sich in einem langsam erstarrenden Granit große Mineralkörner ausbilden, die zu einer rauen Oberfläche führen. Im Gegensatz zu Magmatischen Gesteinen weisen Metamorphe Gesteine eine Vorzugsorientierung auf. Die unter erhöhten Druck- und Temperaturbedingungen sich bildenden Minerale richten sich nach dem Druckfeld aus. Ein längliches oder plattiges Mineral wächst in diejenige Richtung, aus der ihm kein Druck entgegenkommt. Kommt der Druck senkrecht von oben, wächst es in die Horizontale, kommt er schräg von einer Seite, wächst es in der Ebene senkrecht zu dieser Druckrichtung. Mit diesem Einregeln der Minerale in eine oder mehrere Richtungen entstehen Vorzugsorientierungen, die sich bei Schiefern und Gneisen in der Oberflächenstruktur auswirken. Auch bei der Ablagerung in Sedimenten werden sich plattige Minerale und Fragmente „hinlegen" und zu einer Vorzugsorientierung führen.

Die häufigste, aus der Ablagerungszeit mitgebrachte Struktur der Sedimente ist aber die Schichtung. Sie entsteht durch episodische Wechsel in den Umweltbedingungen während der Ablagerung. Ein kurzer Unterbruch der Sedimentation oder ein vorübergehender Eintrag von Schwebstoffen nach einem Unwetter über angrenzendem Land können zu Schichtfugen zwi-

Tabelle 1: Zugehörigkeit der Gesteine (ganz rechte Spalte) zu Gruppen und Untergruppen gemäß ihren Entstehungsprozessen.

Gruppe	Untergruppen		Entstehung	Entstehungsprozesse			Gestein
Deckgebirge	Sedimentgesteine	Klastische Sedimente	Ablagerung	Verfestigung durch Zementation	Aus Ton verfestigt		Tonstein
					Aus Sand verfestigt		Sandstein
					Aus Kies und Steinen verfestigt		Konglomerat
		Karbonatische Sedimente		Ausfällung von Kalzit aus dem Meerwasser	Zusätzlich Quarz durch Eintrag oder von Organismen		Kieselkalk
					Schlamm am Grund verfestigt durch Ausfällen von Kalzit aus Meerwasser	Offenes Meer, gemäßigtes Klima	Gebankter Kalk
						Warmes, eher trockenes Klima	Dolomit
					Korallenriff		Riffkalk
Grundgebirge	Kristallingesteine „Urgesteine"	Metamorphe Gesteine	Umwandlung	Überwiegend aus Sedimentgesteinen			Schiefer
				Überwiegend aus Kristallingesteinen			Gneis
		Magmatische Gesteine	Plutonite	Abkühlung	Langsame Abkühlung im Erdinnern	Aus chemisch basischer Schmelze	Gabbro
						Aus chemisch saurer Schmelze	Granit
			Vulkanite		Schnelle Abkühlung an der Erdoberfläche	Aus chemisch saurer Schmelze	Rhyolith
						Aus chemisch basischer Schmelze	Basalt

Kalk (und auch Dolomit) ist meist fester, je steiler er ist. Wo der Fels regelmäßig mit Wasser in Kontakt ist, wird er häufig grau und bildet durch Lösungserscheinungen eine raue, fest versiegelte Oberfläche. Wo er dagegen gelb ist, bricht er häufig kleinsplittrig ab. „Große Mauer", Heiligkreuzkofel, und rechts die Wasserrillen-Platten der Neunerspitze (Dolomiten).

schen einzelnen Bänken eines im Meer abgelagerten Kalksteins führen.

Klüfte können sich zu jedem Zeitpunkt im Gestein bilden, wo sie als spröde, bruchhafte Reaktion auf einwirkende Kräfte entstehen. Stauchende und dehnende Spannungen können großräumig auf plattentektonischen Bewegungen der Erdkruste beruhen oder kleinräumig durch Überlast, Entlastung oder Abkühlung im Gestein ausgelöst sein. Diesem Zerbrechen durch Krafteinwirkung sind alle Gesteine ausgesetzt, lediglich die Auswirkung kann unterschiedlich sein. Ein geschichtetes Gestein bildet kleinere Klüfte, die von Schichtfuge zu Schichtfuge reichen. Ein homogenes Gestein, wie beispielsweise ein Granit, bildet tendenziell wenige, dafür große und lange Klüfte. Eine Kluft, entlang derer sich die Gesteine beider Seiten relativ zueinander bewegt haben, ist eine Störung. Störungen sind in der Regel länger als Klüfte.

Endgültiger „Gestalter" der Felsoberfläche ist schließlich die Erosion. Sie scheidet Weicheres von Härterem und macht aus Schichtfugen und Klüften Leisten, Risse oder Schuppen, aus Schicht- und Störungsflächen Platten, Verschneidungen, Rippen oder Grate. Je nach Größe von Mineralen oder eingeschlossenen Fragmenten hinterlässt sie rauere oder glattere Oberflächen und kann durch Lösung Wasserrillen oder Löcher schaffen.

Was Brüchigkeit ausmacht

Wie brüchig ein Gestein ist, hängt in der Regel vom Zusammenhalt entlang der Klüfte und Schichtflächen ab. Diese bilden ein Netzwerk aus Fugen, die den Fels in einzelne Gesteinsteile trennen, welche nur noch lose aneinander liegen. Ein eng geklüftetes oder stark geschiefertes Gestein ist dabei oft weniger fest als ein Gestein, dessen Klüfte, wie beim Granit, weit auseinander liegen. Klüftung bedeutet aber nicht automatisch Brüchigkeit. Sind Klüfte nur wenig offen oder durch Mineralausfällungen verheilt, dann ist auch das Gestein in der Regel fest. Andererseits nagt die Erosion beständig an den Felsen, sodass sich Gesteinsstücke zwischen Klüften auch mit der Zeit lösen können. Daher sind selbst in Routen mit festem Fels bei wenigen Begehungen, z. B. nach dem Winter, manche Griffe und Tritte lose, die im Jahr davor noch fest waren. Nur eine viel begangene Route ist in dieser Hinsicht „ausgeputzt".

Die wichtigsten Klettergesteine

Nach den geologischen Grundlagen soll nun ein Blick auf die wichtigsten Klettergesteine geworfen werden. Die Reihenfolge der Betrachtung bringt zwar die geologische Systematik durcheinander, ist aber bewusst gewählt. Indem der facettenreiche Kalk an den Anfang, der Sandstein in die Nähe des Granits und der von Kletterern oft verkannte Gneis an den Schluss gestellt wird, sollen Ähnlichkeiten im Klettercharakter angedeutet werden.

Der Schwierigste: Kalk ist an sich ein eher weiches Gestein, das seine oft guten Klettereigenschaften dem Hauptbestandteil Kalzit verdankt. Einerseits führt die Weichheit dazu, dass Kalk auf tektonische Beanspruchung weniger spröde reagiert und so weniger Klüfte ausbildet. Anderer-

Der Gabbro ist der dunkle, an der Landoberfläche seltenere und dem Kletterer weniger geläufige Bruder des Granits. Pinnacle Ridge in den Cuillin Hills der schottischen Insel Skye. Ein enges Netzwerk aus Schichtfugen und Klüften schafft im Dolomit oft kleinsplittrigen Fels. Er bietet viele Varianten an Tritten und Griffen, von denen aber nicht alle immer fest sind, wie (links) an der „Gelben Kante", Kleine Zinne (Dolomiten).

seits kann sich das Mineral Kalzit unter Oberflächenbedingungen sowohl lösen als auch durch Ausfällung neu bilden. Die leichte Löslichkeit führt zu kalktypischen Oberflächenformen, wie z. B. Wasserrillen und Sanduhren. Ausfällung kann zu den ebenfalls klettertauglichen Strukturen wulstiger Sinteroberflächen führen, aber auch Klüfte wieder verheilen, die sich durch die tektonische Beanspruchung gebildet haben. Je mehr eine Route im Kalk auf Strukturen verläuft, die durch Lösung und Ausfällung gebildet wurden, also etwa Rauigkeiten von Wasserrillen oder Sinteroberflächen nutzt, desto besser ist meist ihre Felsqualität. Oft bestätigt sich die Faustregel „Je schwieriger, desto fester", und tatsächlich befinden sich die meisten der derzeit schwierigsten Kletterrouten im Kalk (Tabelle 2).

Der „reinste" Kalk und zugleich beste Kletterkalk ist der überwiegend aus Korallen aufgebaute Riffkalk. Er hat meist keine Schichtung und wenig Klüfte, ist kompakt und fest. Seine Ausdehnung ist allerdings auf die Größe des Riffes beschränkt, aus dem er entstand, und so im heutigen Gebirge oft räumlich begrenzt.

Im Gegensatz zum Riffkalk sind gebankter Kalk und Dolomit meistens in ausgedehnteren Meeren abgelagert worden und können große Massive aufbauen. Neben den durch Lösung entstandenen Formen bieten Schichtung und Klüfte eine Vielzahl von Strukturen wie Leisten, Simse, Bänder, Risse und Kamine, aber auch Zonen mit brüchigem oder kleinsplittrigem Fels. Typisch sind durchaus lange, alpine, oft nicht extrem schwere Routen, die aber teilweise ausgesetzt, steil und nicht immer fest sind. So zum Beispiel einige Klassiker in den Dolomiten.

Unreine Kalke wie Kieselkalke und Sandkalke sind durch Anteile an Quarz gekennzeichnet, der entweder durch Organismen, die ihre Skelettteile aus Kieselsäure bauen, oder durch Sandeintrag von einem nahen Land in den Ablagerungsraum und so in das Gestein gelangt. Dabei entstehen zwar sehr harte Gesteine, die aber oft brüchig sind, da sie auf tektonische Beanspruchung spröde und mit starker Zerklüftung reagieren. In Ausnahmefällen können hier zwar kleinsplittrige, insgesamt jedoch feste Felsoberflächen entstehen, die, wie am Südpfeiler der Roggspitze in den Lechtaler Alpen, schöne Kletterrouten tragen.

Der Großzügigste: Granit ist ein hartes und sehr homogenes Gestein, dass intern ein regelloses Gefüge und keine Schichtung aufweist. Klettereien im Granit bewegen sich oft fast ausschließlich an Rissen und Schuppen, die als Klüfte entstanden und im Gegensatz zu denjenigen anderer Gesteine meist sehr lang, weit und in großem Abstand zueinander sind. Zwischen diesen Rissen kann der Kletterer im Granit nur von der rauen Oberfläche profitieren, die ihren Grund in den relativ großen und fest miteinander verbundenen Mineralkörnern hat. Der oft große Abstand ausgeprägter Strukturen kann im Granit bisweilen zu einer gewissen Kompromisslosigkeit führen: Ist der nächste Riss nicht erreichbar, bleibt als Alternative nur die klettertechnisch sehr viel schwierigere, raue Oberfläche der Wand.

Die Homogenität im Kleinen gilt beim Granit auch im Großen. Ganze Berge und Gebirgsgruppen werden aus meist einheitlich gutem Gestein aufgebaut. Deshalb befinden sich die weltweit großzügigsten Klettereien im Granit, wie etwa an den Trangotürmen (Karakorum), in Patagonien, im Yosemite oder, auf die Alpen herabgebrochen, im Bergell oder Montblanc-Gebiet.

Die Gewöhnungsbedürftigen: Sandstein besteht im Prinzip aus verfestigtem Sand und ist meist sehr homogen. Neben Schichtfugen bilden aus Klüften entstandene Risse und Auswaschungen weicheren Materials durch Erosion die meisten Strukturen. Ist die Bindung zwischen den Sandkörnern gut, kann auch die Rauigkeit der Oberfläche zum Klettern genutzt werden. Nur sehr gut verfestigte Sandsteine eignen sich zum Klettern. Durch ihre Homogenität können harte Sandsteine im Kletterharakter dem Granit ähneln. Zwischen klaren Strukturen aus Rissen oder Auswaschungen ist der Fels kompromisslos einheitlich und lediglich mehr oder weniger rau. Bei den Oberflächen wird man im Sandstein immer damit konfrontiert sein, zwischen haltender Rauigkeit und rutschendem „Absanden" abwägen zu müssen: ein gewohnheitsbedürftiges Klettergefühl. Auch gesteinsbedingte Kletterregeln in einzelnen Gebieten wie z. B. im Elbsandsteingebirge spiegeln letztlich das Spezielle dieses Klettersubstrats wider.

Konglomerat besteht aus zu Stein verfestigtem Kies und Geröll. Im Gegensatz zum Sandstein sind es aber vor allem die zusammen „zementierten", meist runden herausstehenden Geröllsteine zwischen den aus Klüften entstandenen Rissen, an denen geklettert wird. Die Vielzahl der Gerölle und der Löcher, die sie zurücklassen, wo sie herausgebrochen sind, bietet meist eine hohe Variabilität an möglichen Griff- und Trittabfolgen. Ähnlich gewöhnungsbedürftig wie das „Absanden" im Sandstein ist hier das Vertrauen in das Festsitzen der „eingebackenen" Gerölle. Wer es ausprobieren möchte, kann dies beispielsweise in den Klettergärten Herrgottschrofen bei Garmisch oder am Känzele bei Bregenz tun; wer dazu einen Gipfel möchte, besteigt die Siplinger Nadel im Allgäu.

Der Freundliche: Gneis ist ein Metamorphes Gestein, dessen Oberflächenstruktur neben Klüften durch die Vorzugsorientierung und Einregelung seiner Minerale geprägt wird. Herausstehende, oft geschwungene Bänder und Ansammlungen harter Minerale wie Quarz bilden Rauigkeiten bis Tritt- und Griffgröße, während in anderen Bereichen die Ansammlungen weicherer und leichter löslicher Minerale Mulden oder gar Löcher formen können. Zu Ebenen eingeregelte Mineralansammlungen führen auch häufig zur Bildung von Platten. Da Gneise oft alte Gesteine sind, die in mehreren Phasen mit erhöhten Druck- und Temperaturbedingungen mehrere Vorzugsorientierungen entwickelt haben, finden sich in den Wänden oft auch mehrere Orientierungen von Platten, die zusammen große Verschneidungen formen. Gneis wirkt auf den ersten Blick manchmal abweisend, plattig und dunkel, erweist sich aber beim Klettern aufgrund seiner Vielzahl an unterschiedlichen und weit verteilten Strukturen als variabel, kompromissreich und verspielt. Überdies bietet er festen Fels oft auch schon in den unteren Schwierigkeitsgraden und bei mäßiger Steilheit.

Gneis ist zwar weit verbreitet, aber dennoch das am wenigsten bekannte Klettergestein. Als „Urgestein" wird er hin und wieder mit dem Granit in einen Topf geworfen, obwohl ihn von diesem sowohl geologisch als auch klettertechnisch einiges unterscheidet. Gneis hat wenig Spektakuläres zu bieten. Die Klettergärten sind in den Mittelgebirgen, zum Beispiel im Hochschwarzwald, häufig unscheinbar zwischen Bäumen versteckt oder, wie in den Tessiner Tallagen, zu Recht die Spielwiese der Genießer, und nicht der Extremen. Im Hochgebirge sind Gneise dagegen, ähnlich wie die gebankten Kalke und Dolomite, meist das Substrat hoher Berge und „nur" mäßig schwierigere, aber alpin anspruchsvollere Routen.

Gebankter Kalk und Dolomit können große Massive aufbauen. Dort befinden sich oft klassische alpine Routen in steilem und nicht immer festem Fels, wie hier an den Vajolettürmen in den Dolomiten.

Tabelle 2: Auswahl der aktuell schwierigsten Kletterrouten. Neun von elf der ausgewählten Routen befinden sich im Kalk.

Route/Schwierigkeit	Gebiet	Gestein	Erstbegeher
La Dura Dura/9b+	Oliana/E	Kalk	A. Ondra
The Change/9b+	Flatanger/N	Gneis	A. Ondra
Geocache/9a+	Frankenjura/D	Kalk	A. Megos
Stoking the Fire/9b	Santa Linya/E	Kalk	C. Sharma
C.R.S./9b	Mollans/F	Kalk	A. Ondra
Vasil Vasil/9b+	Moravský kras/CZE	Kalk	A. Ondra
First Round First Minute/9b	Margalef/E	Konglomerat	C. Sharma
Overshadow/9a+	Malham/GB	Kalk	S. McClure
Open Air/9a+	Schleierwasserfall/A	Kalk	A. Huber
El Bon Combat/9b+	Cova de Ocell/E	Kalk/Konglomerat	C. Sharma
Jumbo Love/9b	Clark Mountain/USA	Kalk?	C. Sharma

Quelle: https://de.wikipedia.org, http://climbingaway.fr, http://www.kletterdorf.de, https://www.frankenjura.com/klettern/, jeweils abgerufen am 24.04.2017

Alpine Artenvielfalt in Gefahr?

Die Vegetation der Berggipfel in Zeiten des Klimawandels –
Untersuchungen in den Südtiroler Dolomiten
>> **Brigitta Erschbamer**

Berge faszinieren nicht nur durch ihre imposante Topographie, sie sind auch Hotspots der Biodiversität. Die Vielfalt ist beachtlich: rund vierzig Gefäßpflanzen pro Quadratmeter können in der alpinen Stufe vorkommen; rund achthundert Gefäßpflanzen sind alpenweit ausschließlich auf die alpine Stufe beschränkt. Wie lange wird es diese Vielfalt noch geben? Das fragen wir uns zu Recht: die globale Temperaturerhöhung und ihre Folgen sind nämlich auch für die Gebirgsvegetation ein heißes Thema.

Die regionalen Klimamodelle für den Alpenraum sprechen eine eindeutige Sprache: die Sommertemperaturen werden bis zum Jahr 2100 um ca. 4 °C ansteigen (Gobiet et al. 2014). Fakten zu den Auswirkungen auf die alpine Vegetation sind eher spärlich. Grundlagendaten dazu können nämlich nur über Experimente oder Langzeituntersuchungen gewonnen werden. Ein Langzeit-Projekt, das sich weltweit mit der Artenvielfalt und den Folgen des Klimawandels im Hochgebirge auseinandersetzt, ist das Netzwerk GLORIA (**Gl**obal **O**bservation **R**esearch **I**nitiative in **A**lpine Environments, www.gloria.ac.at). 130 Hochgebirgsregionen arbeiten in diesem Netzwerk zusammen und untersuchen die Diversität von der Waldgrenze bis zu den höchsten Gipfellagen in der nivalen Stufe.

Was geschieht mit der Hochgebirgsflora im Zuge des Klimawandels?

Ziel des GLORIA-Projektes ist es, die Veränderungen der alpinen Vegetation durch wiederholte Aufnahmen derselben Flächen zu erfassen, um genaue Auskunft zu erhalten über Zu- und Abnahmen der Arten sowie über die Veränderungen von Artenzusammensetzung und Umweltbedingungen. Mithilfe der Daten sollen die Aussterberisiken von Pflanzenarten abgeschätzt und Szenarien für die Zukunft entwickelt werden. Die Methodik ist relativ einfach (Factbox 1). Voraussetzung ist allerdings eine sehr gute Artenkenntnis und die Bereitschaft, das Projekt über Jahrzehnte hinweg zu betreuen. Bei der Auswahl der zu untersuchenden Gipfel sind einige Regeln zu beachten. So sollten die Gipfel eine konische Form haben, touristisch uninteressant sein, möglichst nicht beweidet werden und an allen vier Expositionen zugänglich sein. Als Beispiel für das GLORIA-Projekt werden hier die Untersuchungen in den westlichen Südtiroler Dolomiten vorgestellt. Das Projekt wurde im Jahre 2001 begonnen mit dem Ziel, folgende Fragen zu beantworten:

- Wie ändern sich Anzahl und Zusammensetzung der Pflanzenarten auf den Dolomitengipfeln?
- Sind Unterschiede je nach Exposition zu beobachten?
- Sind seltene Pflanzenarten vom Aussterben bedroht?
- Wandern Pflanzenarten der tieferen Lagen in die Hochlagen?

Das Untersuchungsgebiet in den Dolomiten

Gemäß den methodischen Richtlinien des GLORIA-Projektes (Pauli et al. 2001, 2015) wurden insgesamt vier Gipfel (Abb. linke Seite) ausgewählt: drei in der Latemar-, einer in der Sellagruppe. Es handelt sich um touristisch uninteressante Gipfel, die zum Großteil keine offiziellen Namen tragen, daher wurden Fantasienamen („Grasmugl", „Ragnarök", „Monte Schutto") verwendet. Höhenstufenmäßig sind sie wie folgt gegliedert: „Grasmugl" im Übergangsbereich zwischen aktueller Baumgrenze und unteralpiner Stufe auf 2199 Meter Meereshöhe (GRM), Do Peniola in der unteralpinen Stufe (PNL, 2463 m), „Ragnarök" in der oberalpinen Stufe (RNK, 2757 m) und „Monte Schutto" in der subnivalen Stufe (MTS, 2893 m). Alle Gipfel wurden 2001, 2006, 2008 und 2015 aufgenommen. In allen Jahren waren Martin Mallaun und Peter Unterluggauer für die Geländearbeiten zuständig.

Die vier untersuchten Gipfel in den westlichen Südtiroler Dolomiten (im Uhrzeigersinn von links oben nach links unten): „Grasmugl" (GRM, 2199 m), Do Peniola (PNL, 2463 m), „Monte Schutto" (MTS, 2893 m) und Gratverlauf mit „Ragnarök" (RNK, 2757 m).

© M. Mallaun, B. Erschbamer (rechts oben)

Die Methodik des GLORIA-Projektes

- Ein GLORIA-Gebiet besteht aus vier Gipfeln entlang eines Höhengradienten: der niedrigste Gipfel liegt im Übergang von der subalpinen zur unteralpinen Höhenstufe, je ein weiterer Gipfel folgt in der unteralpinen, oberalpinen und subnivalen-nivalen Höhenstufe.
- Untersucht werden die Gipfelflächen, vom höchsten Gipfelpunkt bis 5 bzw. 10 Höhenmeter unterhalb (= weiße Konturlinien): eine Artenliste wird erstellt und die Häufigkeit der Arten geschätzt.
- Eine detailliertere Untersuchung erfolgt in jeder Himmelsrichtung im 3-mal-3-Meter-Cluster (= rote Flächen, 5 Höhenmeter unterhalb des höchsten Gipfelpunktes). In den vier Eckflächen erfolgt eine Frequenzanalyse mit Hilfe eines Rasters von einem Quadratmeter. In der zentralen Fläche wird die Bodentemperatur in 10 Zentimeter Tiefe gemessen.
- Die Aufnahmen werden alle fünf bis zehn Jahre wiederholt.

GLORIA-Untersuchungsdesign, modifiziert von P. Unterluggauer

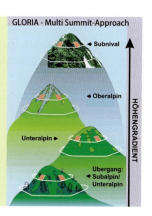

Neu angekommene Arten in den Gipfelflächen des „Monte Schutto": Dolomiten-Schafgarbe (links) und Dolomiten-Teufelskralle (rechts).
© B. Erschbamer

Artenzahlen steigen

Die vier Dolomitengipfel zeichneten sich bereits 2001 als artenreichstes GLORIA-Gebiet aus: mit 158 Gefäßpflanzen (= Summe der vier Gipfelareale, jeweils vom höchsten Gipfelpunkt bis 10 Höhenmeter unterhalb) rangierten sie an erster Stelle unter den 17 Gebirgsregionen, mit denen das europäische GLORIA-Projekt begonnen wurde (Pauli et al. 2012). 2008 waren es bereits 170 Arten und 2015 wurden 235 Arten gezählt. Auf den beiden höchsten Gipfeln konnte bis zum Jahr 2015 eine lineare Zunahme der Artenvielfalt festgestellt werden (Grafik unten), mit einem besonders steilen Anstieg der Artenzahlen am „Monte Schutto" (+ 64 %, bezogen auf die erste Aufnahme 2001), während am niedrigsten Gipfel die Änderung relativ bescheiden blieb (+ 9 %). Die beiden übrigen Gipfel reihten sich dazwischen ein (PNL + 13 %, RNK + 25 %).

Berechnet man die jährliche Zunahme pro Gipfel, so war es am höchsten Gipfel ein Plus von 1,5 Arten pro Jahr. Dieser Anstieg war wesentlich höher als die bisher festgestellten Zunahmen in den europäischen Gebirgen. Nach sieben Jahren stellte man europaweit nämlich nur eine durchschnittliche Zunahme von 0,56 Arten pro Jahr und Gipfel fest (Gottfried et al. 2012).

In den Gipfelflächen des MTS haben sich im Verlauf von 14 Jahren zahlreiche Arten neu angesiedelt, so z. B. auch solche, die als Endemiten der Südalpen zählen, wie die Dolomiten-Schafgarbe oder Dolomiten-Teufelskralle (Sieber Teufelskralle). Diese Arten stehen ca. 25 Meter unterhalb des höchsten Gipfelpunktes bereits „in den Startlöchern" und rücken nun nach oben, Richtung Gipfel, vor.

Wärmeadaptierte Arten nehmen zu

Das Vorrücken umfasst allerdings nicht nur Spezialisten der Hochlagen, die in den Felsspalten und Schuttflächen der Dolomiten ihre Hauptverbreitung haben. Insgesamt ist eine signifikante „Thermophilisierung" auf den Gipfeln zu beobachten, d. h. wärmeadaptierte Arten nehmen zu. Es handelt sich dabei um Arten mit einer bisherigen Hauptverbreitung im Waldgrenzbereich oder darunter und Arten mit einer weiten Höhenamplitude von der montanen bis zur alpinen Stufe. Im Vergleich zu den bereits 2001 vorhandenen Arten (residente Arten) haben die neu angekommenen einen signifikant höheren „Höhenzahlen-Rang". Besonders auf dem niedrigsten Gipfel waren die Ränge fünf und sechs vertreten (fünf = Arten der Waldgrenze oder Arten mit weiter Verbreitung, sechs = von der montanen Stufe bis zur Waldgrenze verbreitet). Am untersten Gipfel „Grasmugl"

Anzahl der Arten in den obersten 10 Höhenmetern der vier GLORIA-Gipfel in den Dolomiten in den Jahren 2001, 2006, 2008 und 2015.

Am GRM („Grasmugl") fällt der relativ schüttere Bewuchs am nordexponierten Gipfelhang auf (links), hier können sich Arten noch sehr gut neu ansiedeln, während auf der Südseite (rechts) die Konkurrenz der Gräser (Bunt-Schwingel) und Zwergsträucher (Erika) so groß ist, dass kaum neue Arten keimen können.

© M. Mallaun

waren es beispielsweise Jungbäume, die sowohl 2006/2008 und dann 2015 stark zugenommen hatten: Zirben, Lärchen und Fichten. Lärchen konnten 2006/2008 auch am Do Peniola und „Ragnarök" beobachtet werden. Am „Ragnarök", in 2757 Meter Meereshöhe, überlebten sie allerdings nicht bis zum Jahr 2015.

Die höchsten Besiedelungserfolge wurden in den temperaten Gebirgen Europas an den wärmeren Ost- und Südexpositionen der Gipfel festgestellt (Winkler et al. 2016). Interessanterweise stimmt das für den niedrigsten Gipfel der Dolomiten nicht. Hier nahm die Artenvielfalt am nordexponierten Gipfelhang am stärksten zu (13 Arten von 2001 bis 2015), während sowohl in Ost- (drei Arten) als auch in Südexposition (zwei Arten) nur wenig Zuwachs zu verzeichnen war. Die Westexposition wies ebenfalls weniger Zunahmen (sechs Arten) auf als der Norden. Als Erklärung dafür bietet sich die Abhängigkeit von der Gesamtdeckung der Vegetation und der Artenzusammensetzung an. Der Nordhang ist relativ lückig und bietet noch genügend Nischen für die Besiedelung, während an den übrigen Expositionen hohe Deckung ein Aufkommen von neuen Arten kaum ermöglicht.

Die Auswirkung der Exposition zeigt sich besonders schön in den Quadratmeterflächen fünf Höhenmeter unterhalb des höchsten Gipfelpunktes (siehe Abb. oben und nächste Seite). So war zum Beispiel am höchsten Gipfel MTS ein deutliches Auffüllen des äußerst spärlichen Bewuchses der südexponierten Quadratmeterflächen zu beobachten: Polsterpflanzen wie die Zwergmiere vergrößerten ihre Ausdehnung und ihre Individuenzahlen (Zunahme der Frequenzen) und neue Arten siedelten sich an (Rhätischer Alpenmohn). Am niedrigsten Gipfel nahmen vor allem die Frequenzen der konkurrenzkräftigen Gräser (Schwingel-Arten, Blaugras, Immergrüne Horstsegge, Bunt-Reitgras) in fast allen Flächen zu; die Zwergsträucher (Rostblättrige Alpenrose, Buchsblättrige Kreuzblume, Erika) in den ost- und südexponierten Flächen und die Zirben besonders im Osten.

Sehr unterschiedlich, je nach Exposition und Höhenlage, ist auch der Verlauf der Bodentemperatur. Die Expositionen eines Gipfels haben einen

Arten der tieferen Lagen oder Arten mit einer breiten Höhenamplitude nehmen zu; die mittleren Höhenzahlen der neu angekommenen Arten sind höher als jene der residenten Arten, die bereits 2001 vorhanden waren:
* = signifikant, ** = hoch signifikant, n. s. = nicht signifikant. Höhenzahl 6 = Arten, die ihren Schwerpunkt in der montanen Stufe oder unterhalb der Waldgrenze haben, Höhenzahl 5 = Arten der Waldgrenze oder solche, die von der montanen bis zur alpinen Stufe verbreitet sind, Höhenzahl 4 = Arten der alpinen Stufe, die aber bis montan hinunter reichen können, Höhenzahl 3 = Arten der alpinen Stufe, die bis zur Waldgrenze reichen, Höhenzahl 2 = Arten, die auf die alpine Stufe beschränkt sind, Höhenzahl 1 = Arten der nivalen Stufe

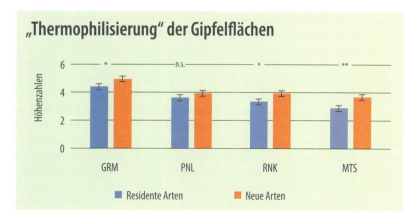

In den südexponierten Quadratmeterflächen 5 Höhenmeter unterhalb des Gipfels MTS („Monte Schutto") stiegen die Frequenzen der Zwergmiere (links) an und als Neuankömmling wurde 2015 der Rhätische Alpenmohn (rechts) verzeichnet.

© B. Erschbamer, M. Mallaun (Mitte)

ganz unterschiedlichen Wärmegenuss, je nach Sonneneinstrahlung. Die Temperatursummen, berechnet für die temperaten Gebirge Europas (Winkler et al. 2016), sind insgesamt für die ost- und südexponierten Hänge deutlich höher als jene für die nordseitigen Hänge. Betrachtet man die Bodentemperaturen des niedrigsten und höchsten Gipfels im GLORIA-Gebiet Dolomiten, fällt außer der unterschiedlichen Länge der Schneedeckendauer vor allem die höhere Erwärmung in den Sommermonaten am höchsten Gipfel auf. Bei Prognosen für künftige Entwicklungen muss somit auch die unterschiedliche Erwärmung je nach Exposition berücksichtigt werden.

Was lernen wir aus diesen Untersuchungen?

Die Ergebnisse der Dolomiten zeigen uns sehr deutlich, dass vierzehn Jahre zu kurz sind, um tiefgreifende Veränderungen zu erleben. Im Moment steigt die Artenvielfalt auf den Berggipfeln der gemäßigten Zone Europas (Pauli et al. 2012) und das belegen auch die Daten aus den Dolomiten. Hinsichtlich Artenzusammensetzung zeichnen sich die deutlichsten Veränderungen am niedrigsten Gipfel des Untersuchungsgebietes ab: er wird sich wohl in absehbarer Zeit bewalden (Unterluggauer et al. 2016). Wie rasch dies vor sich gehen wird, ist schwer vorauszusehen.

Der Gipfel weist je nach Exposition unterschiedliche Pflanzenbestände auf. In Süd- und Westexposition befinden sich Dominanzbestände von Gräsern, die vermutlich über längere Zeiträume das Aufkommen von Bäumen (Lärche, Fichte) verhindern könnten. Die durch den Tannenhäher verbreitete Zirbe könnte theoretisch hier Fuß fassen, aber bislang ist der Jungwuchs hauptsächlich in Ost- und Nordexposition zu finden. Gerade die Nordexposition weist Arten mit vorwiegend alpiner Verbreitung auf. Wenn nun dort vermehrt Bäume aufkommen, wird es sehr bald ein Beschattungsproblem für die alpinen Kräuter geben.

Allein dieses Beispiel des Gipfels GRM zeigt, wie komplex die Vorgänge sind und dass neben der Temperaturerhöhung vor allem auch die biotischen Regelkreise wie z.B. Samenproduktion, Ausbreitungsmechanismen, Nischen für die Keimung, Anpassungsmöglichkeiten (Plastizität der Arten) und Konkurrenz eine ganz wesentliche Rolle spielen und daher auch berücksichtigt werden müssten, wenn es um das Überleben von alpinen Pflanzen geht. An den niederen Gipfeln „warten" zahlreiche Arten in nächster Nähe auf die Möglichkeit, sich nach oben hin auszudehnen.

Der Konkurrenzdruck von Pflanzenarten aus tieferen Lagen dürfte also in den nächsten Jahren stark zunehmen, aber man weiß noch viel zu wenig über die Auswirkungen der neuen Kombinationen von Pflanzenarten in den Hochlagen. Experimente dazu gibt es nur vereinzelt. In den Schweizer Alpen wurden alpine Arten und Pflanzenbestände in wärmere Klimabedingungen verpflanzt (Alexander et al. 2015) und es zeigte sich dabei sehr deutlich, dass diese unter den neuen Konkurrenzbedingungen massiv in ihrem Wachstum eingeschränkt wurden. Diese Einschränkung war wesentlich höher, als wenn die ursprüngliche Pflan-

zengemeinschaft an ihrem typischen Wuchsort höheren Temperaturen ausgesetzt wurde.

Nicht nur Temperaturerhöhung und biotische Faktoren stellen ein Problem für die alpinen Arten dar, auch die Trockenheit während der Vegetationszeit könnte ein entscheidender Faktor werden. Aus den regionalen Klimamodellen wissen wir, dass die Niederschlagstätigkeit in den Sommermonaten bis zum Jahr 2100 um ca. 20 Prozent abnehmen wird (Gobiet et al. 2014). Die Auswirkungen der Trockenheit äußern sich bereits jetzt schon in den mediterranen Gebirgen. Nach sieben Jahren zeigten die mediterranen GLORIA-Gebiete eine Abnahme der Artenvielfalt im Vergleich zu den temperaten Gebirgen (Pauli et al. 2012). Dieses Szenario könnte mit der Zeit auch im Alpenraum und da vor allem in den Südalpen wirksam werden. Wenn die Schneebedeckung im Winter geringer wird oder gar zur Gänze fehlt, sind vor allem die alpinen Sonderstandorte betroffen, wie z.B. die Schneeböden. Mit den höheren Temperaturen wandern an diesen Flächen die alpinen Rasenarten ein und verdrängen die Schneebodenpflanzen.

Die gute Nachricht im Moment ist, dass noch keine der seltenen alpinen Arten im Bereich der Dolomitenberge vom Aussterben bedroht ist. Modelle prognostizieren allerdings, dass bis zum Jahr 2100 rund 50 Prozent der Hochgebirgsarten in den Alpen verschwunden sein könnten (Dullinger et al. 2012). Ein verzögertes Aussterben wird zwar angenommen, aber der Kollaps ist unweigerlich vorprogrammiert, sobald die Arten den geänderten Bedingungen irgendwann nicht mehr folgen können.

Zitierte Literatur

Alexander, J. M. et al. (2015): Novel competitors shape species'responses to climate change. Nature 525: 515–518.

Dullinger, S. et al. (2012): Extinction debt of high-mountain plants under twenty-first century climate change. Nature Climate Change 2: 619–622.

Gobiet, A. et al. (2014): 21st century climate change in the European Alps – A review. Science of Total Environment 493: 1138–1151.

Gottfried, M. et al. (2012): Continent-wide response of mountain vegetation to climate change. Nature Climate Change 2: 111–115.

Pauli, H. et al. (2001): Gloria – The Multi-Summit Approach. Field Manual, 2nd draft version. Vienna.

Pauli, H. et al. (2012): Recent plant diversity changes on Europe's mountain summits. Science 336: 353–355.

Pauli, H. et al. (2015): The GLORIA field manual – standard Multi-Summit approach, supplementary methods and extra approaches. 5th edition. GLORIA-Coordination, Austrian Academy of Sciences & University of Natural Resources and Life Sciences. Vienna.

Unterluggauer, P. et al. (2016): The higher the summit, the higher the diversity changes – Results of a long-term monitoring project in the Dolomites. Gredleriana 16: 5–34.

Winkler, M. et al. (2016): The rich sides of mountain summits – a pan-European view on aspect preferences of alpine plants. Journal of Biogeography 43: 2261–2273.

Die Quadratmeterflächen am GRM („Grasmugl") 5 Höhenmeter unterhalb des Gipfels werden im Westen überwuchert von Gräsern (Norischer Violett-Schwingel, links), im Osten von der Rostblättrigen Alpenrose (Mitte), und auch die jungen Zirben (rechts) dehnen sich kräftig aus.

© B. Erschbamer (Mitte), M. Mallaun (rechts und links)

Wird Biken das neue Skifahren?

Die Zukunft des Rad-Tourismus in den Alpen hat viele Facetten

>> Andreas Lesti

Immer mehr Bergbahnbetreiber sehen in Bikern die Lösung für klimawandelgebeutelte Winter, Reiseunternehmer den Markt der Zukunft; viele Wanderer sehen in Bergradlern dagegen nicht mehr als den Schrecken der alpinen Pfade. Höchste Zeit für eine Bestandsaufnahme.

Die Zukunft des Fremdenverkehrs in Österreich gehört dem Fahrrad. Kein Urlaubssegment wächst derzeit so schnell wie der Radtourismus. Das ist schon erstaunlich und wer so etwas vor, sagen wir mal, 15 Jahren, behauptet hätte, dem hätte man vermutlich attestiert, das sprichwörtliche Rad abzuhaben. Der Hype ums Mountainbike schien bereits in den 1990er-Jahren seinen Gipfel erreicht zu haben und Tourenradfahrern schrieb kaum jemand eine große touristische Zukunft zu; Rennradfahrer waren nicht mehr als eine exzentrische Randgruppe mit masochistischen Neigungen und das E-Bike, wie wir es heute kennen, war so etwas wie das fliegende Skateboard aus „Zurück in die Zukunft": reines Wunschdenken.

Doch es kam alles anders, und wenn nun Tirol-Werbung-Chef Josef Margreiter sagt: „Das Radfahren wird das Skifahren des Sommers", dann bekommt man zumindest eine Ahnung davon, welche Zukunft dem Radtourismus in den Bergen noch bevorstehen könnte. Tatsächlich ist diese Entwicklung bereits im vollen Gange und fast alle großen Wintersport-Orte in den Alpen sind im Sommer ohne Radfahrer nicht mehr vorstellbar: Sölden, Serfaus-Fiss-Ladis, Nauders-Reschenpass, die Zugspitz- und die Dachsteinregion, Leogang und die Kitzbüheler Alpen in Österreich; Oberammergau, der Schwarzwald und der Bayerische Wald in Deutschland; die Dolomiten und Livigno in Italien; Lenzerheide, Flims-Laax, Zermatt und Verbier in der Schweiz und Chamonix und Alpe d'Huez in Frankreich. Es wird ein Trail nach dem nächsten gebaut, Parks werden eingeweiht und die Seilbahnen zusehends mehr im Sommer genutzt. Im gesamten Alpenraum, so ergab eine Studie der EURAC in Bozen, gibt es mittlerweile 15,75 Millionen Rennradfahrer, 18,66 Millionen Mountainbiker und 40,43 Millionen Tourenradler. Auch die Zahlen, die der Allgemeine Deutsche Fahrradclub (ADFC) Jahr für Jahr veröffentlicht, brechen einen Rekord nach dem nächsten: In Deutschland machten im Jahr 2016 5,2 Millionen Menschen Urlaub mit dem Rad. Das sind 16 Prozent mehr als im Jahr zuvor. Von solchen Zuwachsraten können andere Branchen nur träumen.

Hinzu kommt, dass die Fahrrad-Industrie innovativ wie nie zuvor agiert: Monat für Monat kommen leichtere Räder, bessere Scheibenbremsen und Federungen, stärkere Motoren und sogar völlig neue Radtypen wie die breitbereiften Fat-Bikes oder die geländegängigen Gravel-Bikes auf den Markt. Das trägt Früchte: 2016 wurden allein in Deutschland über 4 Millionen Räder verkauft, 13 Prozent davon waren E-Bikes. Und von den mittlerweile mehr als 3 Millionen E-Bikes, die laut Zweirad-Industrieverband in Deutschland unterwegs sind, sind wiederum ein Fünftel Mountainbikes. Prognosen besagen, dass die 16 Prozent schon bald auf 30 Prozent anwachsen werden. Eine ähnlich rasante Entwicklung beobachtet man in Österreich: Im Jahr 2008 wurden 8000 E-Bikes verkauft, 2016 waren es 86.000 und 2017 soll die 100.000er-Marke geknackt werden. Insgesamt setzte die Branche 2016 allein in Deutsch-

Rasant bergab und mit der Bahn wieder nach oben: Das Prinzip des Skifahrens übertragen Biker immer mehr auf den Sommer – nicht nur an der Innsbrucker Nordkette oder in Sölden, wo derzeit der Ausbau der Trails massiv vorangetrieben wird.
© Tirol Werbung, Foto: M. Werlberger (linke Seite und unten rechts)

Der MTB-Tourismus boomt, das merkt man in Österreich auch dem Veranstaltungskalender an. Im Juni 2017 machte erstmals der Extremwettbewerb „Crankworx" in und um Innsbruck Station.
© Tirol Werbung, Foto: S. Roberts

land 5,3 Milliarden Euro um, verkündete der Verband auf der Eurobike, der Leitmesse für den Fahrradmarkt, die jedes Jahr in Friedrichshafen stattfindet. Auch die digitale Technik ist längst beim Radfahrer angekommen. Jeder zweite Radreisende, so ermittelte der ADFC, nutzt sein Smartphone, navigiert mit Google-Maps oder Komoot oder misst sich auf Strava. Reiseunternehmer wie die ASI, Froschreisen, Dertour, Wikinger, die großen Kreuzfahrtunternehmen und viele kleinere Veranstalter setzen voll auf Bike- und E-Bike-Tourismus.

Dass Radtourismus ganz oben auf der Agenda der Touristiker ist, merkt man in Österreich auch dem Veranstaltungskalender an. 2017 machten erstmals die Extremwettbewerbe „Haute Route Dolomites" (Rennrad) und das renommierte und im kanadischen Whistler erfundene Mountainbike-Event „Crankworx" in Innsbruck Station. 2018 kehren diese beiden Veranstaltungen nach Innsbruck zurück und zudem wird erstmals die Rennrad-WM dort stattfinden. Die Fernsehbilder von Profi-Radlern, die spektakulär über Gebirgsstraßen und -pfade fahren und springen, so die Hoffnung der Veranstalter, werden auch ganz normale Tourenradler und E-Biker zu einem Urlaub in Österreich inspirieren. Das Problem dabei ist nur, dass Radfahren in den Bergen nicht immer ein Vergnügen ist: Es geht steil bergauf, steil bergab, und das Wetter kann auch im Sommer wie im Winter sein. „*Convenience* – Bequemlichkeit heißt das neue Zauberwort im Tourismus", sagt Touristiker Josef Margreiter. „Und Berge sind von Natur aus nicht bequem." Aber, fügt er hinzu, da könne man ja etwas dagegen machen. Er meint damit all jene Angebote, die in vielen Tourismusregionen in Tirol, aber auch in Kärnten, in Vorarlberg und im Salzburger Land, in Bayern, in Südtirol sowie in der Schweiz und in Frankreich bereits existieren: Bergbahnen, die auch im Sommer in Betrieb sind und Radfahrer auf die Gipfel befördern, damit sie zur nächsten Hütte fahren, wo sie zuerst den Blick und dann die Speiseauswahl genießen, um später gemütlich den Berg hinunterzurollen. Seit drei Jahren führt quer durch Tirol die sogenannte Bikeschaukel, ein Begriff, der sich an die täler-überspannende „Skischaukel" anlehnt, die Radfahrern mit Hilfe von 18 Seilbahnen über alle Berge hilft. Es sind alles Konzepte, die Skifahrern und Snowboardern bekannt vorkommen; und Versuche, all das, was man im Schnee seit Jahrzehnten erfolgreich praktiziert, auf den Sommer zu übertragen.

Getrennte Wege

Gerhard Vanzi befasst sich für das Bozener Forschungsinstitut Eurac mit der Zukunft des Radtourismus in den Bergen. Zugleich war er 24 Jahre lang Marketing-Direktor von Dolomiti Superski und hat dort die Anfänge des Mountainbike-Tourismus miterlebt. Er ist noch etwas zurückhaltend, was den Entwicklungsstand des alpinen Radtourismus betrifft. „Man muss abwarten, ob Radtourismus jemals das Ausmaß des Skitourismus erreichen wird", sagt Vanzi. Wintertourismus im großen Stil gebe es schließlich seit fünfzig Jahren und habe eine ganz andere Dimension. „Das ist ein gut organisiertes und ausgereiftes Produkt, von dem der Radtourismus noch weit entfernt ist." Aber dennoch stehen die Zeichen gut: Durch den Klimawandel würden die Sommer länger und die Radler kommen auch im Frühjahr und im Herbst. „Darauf haben mittlerweile fast alle großen Wintersportgebiete in den Alpen reagiert. Jeder macht gerade irgendwas und viele Regionen spezialisieren sich auf Cross-Country-, Enduro-, Trail- oder Park- oder spezielle Bergbahnangebote." Oder eben auf das Elektro-Bike, das dem ganzen Markt gerade eine neue Dimension verleiht. „Das ändert ganz speziell das Radfahren in den Bergen: man erweitert den Aktionsradius und erlebt mehr", sagt Vanzi und erzählt, dass im Grödnertal auch viele

E-Biker die Bahn nähmen, um noch bequemer auf Hochplateaus wie die Seiser Alm zu kommen und oben umso größere Panorama-Runden zu drehen.

In den vergangenen Jahren hat das E-Bike einen interessanten Imagewandel erfahren: vom verstaubten Rentnerrad zum Sportgerät, das das sogenannte Flowerlebnis verspricht – also im Fluss zu sein, mit sich, seinem Sportgerät und der Natur. Die Zeiten, in denen man sich ausschließlich auf Mountainbikes verbissen die Berge hochquälen durfte, um als echter Radler zu gelten, sind vorbei. Und es ist keine Schande mehr, entspannt Spaß zu haben. Mittlerweile nutzen Bergsteiger und Kletterer E-Bikes, um bequem zum Wandeinstieg zu kommen. Wirte radeln gemütlich 700 Höhenmeter über Forstwege hinauf zu ihren Hütten, und sogar Skitourengeher fahren mit den Brettern auf dem Rücken per E-Bike in die Berge. In den Kitzbüheler Alpen knicken nun sogar schon die sonst so puristischen Rennradfahrer ein. Dort können sich Gäste Rennräder ausleihen, die sie mit einem kaum erkennbaren Vivax-Hilfsmotor spielend leicht über die Pässe bringen. Und mit modernen E-Mountainbikes sind mittlerweile sogar Alpenüberquerungen für kaum trainierte Radler möglich. Ein immer wieder angeführtes Argument lautet dabei: E-Bikes können, je nach Einstellung, Leistungsunterschiede der Radfahrer aufheben. Gruppen oder Paare, die bislang nicht harmonierten, könnten nun im gleichen Tempo die Berge hinauffahren.

Doch gerade wegen dieser rasanten Entwicklungen gebe es noch viel Nachholbedarf, kritisiert Vanzi und fordert: „Durch das massive Aufkommen der Radfahrer muss man die Wanderwege von den Radwegen konsequent trennen. Man stelle sich nur mal vor, wie ein Radler mit 50 oder 60 Sachen den Berg hinunterrauscht, und dann

Zahlen und Fakten

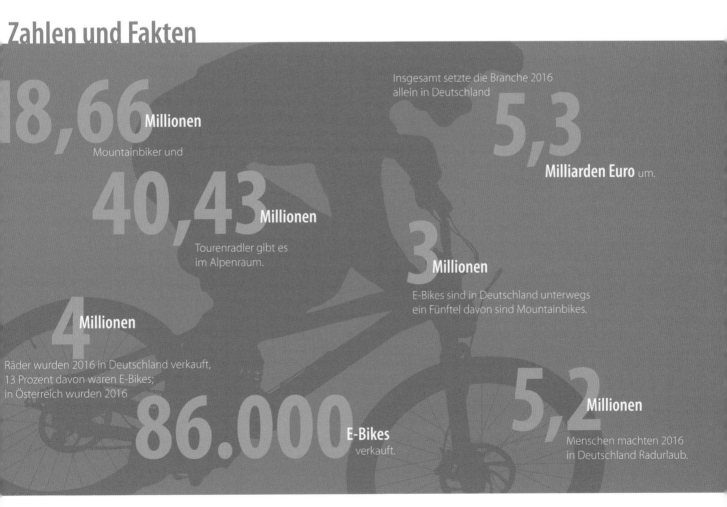

18,66 Millionen Mountainbiker und **40,43 Millionen** Tourenradler gibt es im Alpenraum.

4 Millionen Räder wurden 2016 in Deutschland verkauft, 13 Prozent davon waren E-Bikes; in Österreich wurden 2016 **86.000** E-Bikes verkauft.

Insgesamt setzte die Branche 2016 allein in Deutschland **5,3 Milliarden Euro** um.

3 Millionen E-Bikes sind in Deutschland unterwegs, ein Fünftel davon sind Mountainbikes.

5,2 Millionen Menschen machten 2016 in Deutschland Radurlaub.

Egal, ob man nun per E-Bike, Fully oder Hardtail unterwegs ist, sich steile Pfade hinaufquält oder die Bahn nimmt, um nach der Einkehr auf eigens geschaffenen Trails wieder ins Tal zu rauschen: Der Bike-Tourismus in den Alpen ist derzeit auf der Überholspur.
© W. Ehn (links)/Tirol Werbung, Fotos: M. Werlberger/A. Brey

kommt ein Wanderer entgegen." Die Zahlen, die das österreichische Kuratorium für alpine Sicherheit jedes Jahr vorlegt, geben ihm recht: 2014 wurden 360 tote und verletzte Mountainbiker gezählt, 2015 waren es 439 und 2016 waren es 569. Die Tendenz ist seit fünf Jahren steigend. Und die Verletzungen der Wanderer sind in dieser Statistik noch gar nicht mitgezählt.

Die Trennung der Wege wäre vielleicht auch die Lösung für den Konflikt zwischen Wanderern und Radfahrern, der so alt ist wie der Bike-Tourismus selbst. Was Mountainbiker am Berg dürfen und was nicht, ist bislang sehr unterschiedlich definiert. In Deutschland, Italien und der Schweiz ist die Handhabung den Ländern, Provinzen und Kantonen überlassen. Das Bayerische Naturschutzgesetz beispielsweise stellt das Befahren dem Betreten gleich. In Südtirol gibt es gar keine Regelung und damit auch kein Verbot für Mountainbiker. Im Kanton Appenzell in der Schweiz müssen Biker, die auf Wanderwegen unterwegs sind, dagegen mit einer Strafe rechnen. Und in Österreich ist die Zustimmung des Grundeigentümers erforderlich. Nur Tirol hat es geschafft, die Grundbesitzer durch eine eigens abgeschlossene Versicherung aus der Haftung zu nehmen. In Anbetracht des Hypes um den Radtourismus wirken diese Konflikte und Verbote fast schon absurd. Doch bei all dem darf man nicht ganz vergessen, dass es auch im Jahr 2017 noch immer viele Seitentäler in Österreich, Deutschland, Italien und in der Schweiz gibt, die nichts von Radlern und schon gar nichts von E-Bikern wissen wollen; Täler, in denen grantige Bergler in Radfahrern nicht viel mehr sehen als eine Bedrohung für ihre Wandertouristen. Und dann gibt es noch die Naturschützer (ein weiteres Indiz für ein massentouristisches Phänomen), die sich gegen neue Strecken in Position bringen. Der Deutsche Alpenverein hat sich gegen die Eingriffe in die Natur ausgesprochen und auch die Stiftung Landschaftsschutz in der Schweiz warnt vor einer wintersportähnlichen Entwicklung: ein gleiches Angebot, das oftmals nicht ausgelastet sei, dem Landschaftsbild schade und mit dem die jeweiligen Regionen in einen Wettbewerb untereinander treten würden.

Image-Konflikte

In vielen Bergregionen pendelt man zwischen einem extremen Image auf der einen Seite und massentouristischen Zwängen auf der anderen. Speziell Tirol hängt an seinem Image als aktivsportliches Urlaubsland. Es wurde über Jahrzehnte hinweg auf vielen Ebenen aufgebaut. Noch immer sind viele Menschen stolz darauf, dass in den Bergen Tirols an den steilsten Wänden geklettert, auf die höchsten Gipfel gestiegen, auf den wildesten Flüssen gerafted und bei den absurdesten Amateur-Rennen, wie dem Ötztalmarathon, geradelt wird. Was man anderswo für wahnsinnig oder unmöglich hält, wird in Tirol einfach gemacht. Der US-amerikanische Mountainbike-Ex-Profi Travis Brown, der viele Rennen in den Alpen gefahren ist, hat einmal kopfschüttelnd erklärt: „Die öster-

reichische Auffassung einer Mountainbiketour ist: Sehr steil bergauf, keine Pausen und dann sehr steil wieder bergab."

Die Herausforderung ist es, dieses Image mit dem gewöhnlichen Touristen zu verbinden, der gemütlich am Inn entlangradeln will. Der Wintertourismus schafft das seit Jahrzehnten: Fast jede Liftkarte, jeder Flyer und jede Werbebroschüre inszeniert extreme Tiefschnee-Skifahrer bei waghalsigen Sprüngen über Felskanten. Mit der Realität der Gäste hat das wenig zu tun, denn fast alle, die sich von diesen Bildern angesprochen fühlen, fahren dann auf den präparierten Pisten ihre Kurven. Aber vielleicht sollte man im Sommer besser noch mehr gemäßigtere Winterkonzepte kopieren. Viele Bikestrecken seien zu anspruchsvoll, heißt es oft, es gebe kaum „blaue Pisten", sondern häufig nur extreme „schwarze Abfahrten" (diese Farb-Klassifizierung hat es auch noch nicht in den Sommer geschafft). Das macht es vor allem für Kinder schwierig. Während sie im Winter in den Skischulen auf speziellen Übungshängen erste behütete Pizza- und Pommes-Versuche machen, gibt es diese Angebote im Sommer bislang kaum.

Und bei all den Anstrengungen, dem Sommertourismus in den Alpen eine neue Richtung zu geben, schwebt die Angst vor dem Verschwinden der Winter mit. Die bange Frage: Was bliebe vom Fremdenverkehr in den Bergen, wenn es irgendwann einmal keinen Schnee mehr gäbe? Werden dann die Winter zu den neuen Sommern? Und wenn ja, würde das dann bedeuten, dass aus dem Fahrradfahren nicht nur das Skifahren des Sommers, sondern auch das Skifahren des Winters wird?

Ein Ortsname, der unter vielen Mountainbikern einen paradiesischen Anklang hat, ist Whistler. Der kanadische Wintersportort betreibt seit zwanzig Jahren erfolgreich MTB-Tourismus. Mittlerweile kommen jeden Sommer 300.000 Mountainbiker und 120.000 von ihnen lösen ein Ticket für den Bikepark. Im Jahr 2013 kamen erstmals mehr Biker als Wanderer, eine Art psychologischer Etappensieg. Gerhard Vanzi kennt Whistler seit vielen Jahren, war viele Mal selbst dort Radfahren und relativiert: „Whistler ist ein Trendsetter für Nordamerika, aber nicht mehr als Modell für die Alpen geeignet." In Kanada gehe es ausschließlich um Downhill und Enduro. „Da sieht man kein einziges normales Bike, und auch kein einziges E-Bike, denn das hat Kanada noch gar nicht erreicht", sagt Vanzi und entzaubert den Mythos Whistler. Viele Regionen in den Alpen, die sich Whistler jahrelang als Vorbild nahmen, seien inzwischen deutlich breiter und damit fortschrittlicher aufgestellt. Der große Markt der Zukunft, da ist sich auch Vanzi sicher, liege nämlich nicht im Extremradeln, sondern in gemäßigten Touren für jedermann.

Unser hochgeschwindes Leben

Eine weitere Frage, die die Zukunft des Radtourismus beschäftigten wird, lautet: Wie viel Geschwindigkeit verträgt der moderne Mensch? „Vergessen wir nicht", schrieb Christoph Ransmayr 1984 in

Naturverbundenheit 200 Jahre nach Erfindung des Fahrrads: In Zeiten der hochgeschwinden medialen Digitalwelt kann das Bike ein guter analoger Ausgleich sein.
© Tirol Werbung, Foto: W. Ehn

„Die Schrecken des Eises und der Finsternis", „dass eine Luftlinie eben nur eine Linie und kein Weg ist und: dass wir, physiognomisch gesehen, Fußgänger und Läufer sind." Damit beschreibt der österreichische Schriftsteller unser Dasein, mit all seinen Vor- und Nachteilen: Das Zu-Fuß-Gehen definiert unseren Aktionsradius und unsere Geh-Geschwindigkeit ist jene, die unserem Wahrnehmungsvermögen am besten entspricht – wir gehen und sehen. Und das heißt im Umkehrschluss: Alles, was uns schneller bewegt und unseren Radius erweitern würde – Autos, Züge, Flugzeuge –, übersteigt unsere synästhetischen Fähigkeiten. Das Tempo ist zu hoch, um den Wasserfall am Wegesrand zu sehen, die Magnolien zu riechen und den Ruf zu hören, der uns vielleicht davor warnt, unkontrolliert ins Verderben zu schlittern. Aber: Ransmayrs Satz ist 33 Jahre alt. 33 Jahre, während der sich die Welt grundlegend verändert hat. Im Sekundentakt nehmen wir heute Informationen auf, kommentieren sie, wir posten, chatten, twittern und liken, und wenn wir auch nur zwei Minuten auf den Bus oder die Bahn warten, atmen wir nicht tief durch oder denken nach, sondern zücken reflexhaft das Smartphone. Wir haben uns ganz einfach an ein neues Tempo gewöhnt.

Und das passiert uns nicht zum ersten Mal. Schon das 19. Jahrhundert und die Industrialisierung hatten die ganze Welt motorisiert und beschleunigt. Zu dieser Zeit – vor genau 200 Jahren, um genau zu sein – wurde das Fahrrad erfunden und hat seinen Teil zur Geschwindigkeitsrevolution beigetragen. Damals muss es sich für die Menschen angefühlt haben, als hätte jemand auf den Vorspul-Knopf gedrückt. Am Anfang des Jahrhunderts schaukelten sie in der Postkutsche dahin und mussten eine Menge Zeit einplanen, um voranzukommen. Am Ende setzten sie sich in eine Bahn und fuhren sogar bis hinauf auf Gipfel, die zu besteigen sie zu Beginn des Jahrhunderts noch für völlig ausgeschlossen gehalten hatten. Allerdings, das sollte man nicht ganz außer Acht lassen, behagte die erhöhte Reisegeschwindigkeit nicht allen: Schon in der Kutsche stellte mancher Reisende fest, dass seine Augen und sein Verstand beim Blick aus dem Fenster und den schnell wechselnden Eindrücken nicht mehr hinterherkamen.

Es ist kein Zufall, dass das Fahrrad so einen Hype erlebt. In Zeiten, in denen wir in der hochgeschwinden medialen Digitalwelt denken und uns zugleich nach Achtsamkeit, Naturverbundenheit, Meditation und Yoga sehnen, ist das Fahrrad vermutlich die beste Lösung, um diesen Spagat zu schaffen. Radfahren ist sozusagen die Entsprechung unserer digitalen Wahrnehmungsgewohnheiten und zugleich ihr analoger Ausgleich in der echten Welt. Oder, anders gesagt: Als Fußgänger langweilen wir uns und vermissen die Abwechslung der Menschen, der Landschaft und des Wetters. Und als Auto-, Zug- oder Busfahrer rauschen wir am Leben vorbei und vermissen die sportliche Bewegung. Und dazwischen ist das Fahrrad, das es den Menschen erlaubt, sich mit bloßer Muskel-

In Sölden ist die Infrastruktur mit Bahnen und Hütten ohnehin vorhanden. Und die Trails werden, wie derzeit an vielen anderen Tourismus-Hochburgen in den Alpen, schwungvoll ausgebaut.
© Tirol Werbung, Foto S. Schieck

In der Bike-Republik

Sölden im Ötztal ist bei touristischen Entwicklungen für gewöhnlich immer vorne dabei. Nicht umsonst hat Sölden nach Wien die meisten Übernachtungsgäste in Österreich. Das lag bislang am Winter, denn durch seine Höhe und die Gletschergebiete muss sich Sölden auch in schneearmen Wintern keine Sorgen machen. Doch nun denkt man auch in Sölden um, investiert mehr in den Sommer und steigt in den Mountainbike-Tourismus ein. Und wer Sölden und seine zum Teil größenwahnsinnigen Ansätze und Dimensionen kennt, der weiß, dass das keine halben Sachen werden. Schon der Name ist vollmundig – es geht hier nicht um ein Mountainbike-Dorf oder eine Mountainbike-Region, nein, im Ötztal muss es gleich eine ganze Republik sein: die „Bike Republic Sölden". „Eine Republik", wie es in der Selbstbeschreibung heißt, „in der sich alle Biker zu Hause fühlen: Touren-Biker auf den zig Strecken, Flow-Anhänger auf unseren surfigen Lines,

kraft schneller und weiter fortzubewegen, als es ihre Physiognomie vorgesehen hat. Man kann heute stundenlang mit Tempo 20 dahinradeln und erweitert seinen Tagesradius spielend auf 60, 80 oder 100 Kilometer – spielend zumindest dann, wenn die Muskelkraft von einem E-Bike-Motor ein wenig unterstützt wird. Der Hype des Fahrrades hat gerade erst begonnen. Und vielleicht sind wir, ohne es richtig zu bemerken, physiognomisch schon längst Radfahrer geworden.

Enduristen beim Austoben auf den unzähligen Trails." Konkret bedeutet das, dass Sölden nun jedes Jahr 10 Kilometer neue Trails anlegen will. Aktuell, so heißt es auf der Homepage, befinde sich in Sölden die „größte Trailbaustelle Europas". Dem sportlichen bis extremen Sölden-Image entsprechend sollen die Bike-Pfade möglichst anspruchsvoll und spektakulär werden und, was in diesem Fall sinnvoll ist, parallel zu den Wanderwegen verlaufen. Kurzum: Das ganze Skigebiet soll im Sommer zu einer flächendeckenden Mountainbike-Spielwiese werden.

Dabei gibt es schon eine ganze Menge: Derzeit umfasst das Angebot 16 Kilometer „Shaped Lines", also künstlich angelegter Strecken. Die „Teäre Line" beispielsweise führt über 130 Kehren und 5,6 Kilometer von der Mittelstation zur Talstation der Gaislachkogelbahn. Dazu kommen 29 Kilometer „Natur Trails" (auch Singletrails genannt): Pfade, wie der „Plödern Trail", der über Stock, Stein und Wurzelwerk durch den Wald bergab führt. Im Ort gibt es noch zwei „Pumptracks", eine Art BMX-Bahn für Mountainbiker, und schließlich sind noch, ziemlich old school, die gewöhnlichen Mountainbike-Routen im Angebot – also einfach nur den Berg rauf zu einer Alm radeln und dann wieder hinunterrollen. Und damit das alles funktioniert und auch die Downhiller mit ihren schweren Bikes nach oben kommen, nutzen die Söldner von Juni bis September all das, was sich im Winter über Jahrzehnte bewährt hat. Die Gaislachkogelbahn I und Giggijochbahn transportieren Biker und Räder auf den Berg (Tageskarte 26 Euro, Kinder 13 Euro), in dreißig Bergrestaurants und Almhütten können sie einkehren, wer noch was dazulernen will, geht in die Bikeschule, und wer es nötig hat, der kann am Abend mit seinem Fahrrad beim Bikewash vorbeirollen.

Mehr unter bikerepublic.soelden.com/de

Skischaukel in der Tabuzone

Am Riedberger Horn hebelt die bayerische Landesregierung ihr eigenes Alpenschutzkonzept aus
>> Gerhard Fitzthum

Nirgendwo im deutschen Alpenraum stehen sich Skisportlobby und Naturschützer zur Zeit so unversöhnlich gegenüber wie am Aussichtsberg der Allgäuer Hörnergruppe. Ein Konflikt, dessen Ausgang weit über die unmittelbar betroffenen Gemeinden Balderschwang und Obermaiselstein hinausreichen wird.

Anfang Januar 2017. Bei frühlingshaftem Wetter fahren wir zum Riedbergpass hinauf. Kurz davor biegen wir in den Talkessel von Grasgehren ab. Das schmale Zufahrtssträßchen weitet sich bald zu einer riesigen Asphaltfläche – dem Parkplatz für das gleichnamige Familienskigebiet. Wie so oft liegt auch an diesem Jahreswechsel noch kein Schnee. Die weiße Pracht, die die Liftbetreiber im November frohlocken ließ, ist den viel zu hohen Temperaturen zum Opfer gefallen und bis auf wenige Reste weggeschmolzen. So genügen in diesen Tagen ganz normale Wanderstiefel, um in den Genuss einer Gipfelschau zu kommen, die Besucher des Riedberger Horns seit jeher zum Schwärmen bringt. Besonders bizarr: 200 Höhenmeter tiefer wird Ski gefahren – auf einem einzigen, gerade mal 20 Meter breiten Kunstschneestreifen. Skivergnügen im Zeitalter des Klimawandels!

Der prominente Aussichtsgipfel ist nicht die einzige Attraktion im Gebiet der „Hörner-Dörfer" Balderschwang und Obermaiselstein. Wenn denn Schnee liegt, bleibt kaum ein Freizeitbedürfnis unbefriedigt. Wer gut gepflegte Pisten schätzt, die kein allzu großes technisches Können erfordern, findet mit den beiden Skigebieten Grasgehren und Balderschwang alles, was er braucht, und das ohne Remmidemmi und unverschämte Preise. Wer es lieber unberührt und einsam mag, der kann sich mit Schneeschuhen oder Tourenskiern in die stille Hügellandschaft zwischen Riedberger Horn und Gunzesrieder Tal verabschieden. Oder er kann sich auf das ausgedehnte Loipennetz begeben, das Balderschwang überregional bekannt gemacht hat. Als großer Gewinn erweist sich auch die Zugehörigkeit zum „Naturpark Nagelfluhkette". Die rege Parkleitung hat dafür gesorgt, dass das Angebot an naturverträglichen Aktivitäten weit besser ausgebaut wurde als in Regionen, in denen man nicht über den Tellerrand des Pistensports zu schauen wagt.

Vom hohen Freizeitwert der Gegend profitieren auch die Einheimischen. Der hart arbeitende Bergbauer, der den Kopf schüttelt, wenn die Städter unverdorbene Natur aktiv erleben wollen, ist längst Geschichte: Von kultureller Rückständigkeit und vormodernen Lebensstilen kann so wenig die Rede sein wie von wirtschaftlichen Problemen – die Arbeitslosenzahlen liegen nahe bei Null. Dass es zwischen dem Illertal und der österreichischen Grenze keine Industriebetriebe gibt, ist klar und auch gut so – die Pendler fahren nicht weiter zu ihren Arbeitsplätzen als anderswo.

„Die Wohnqualität könnte nicht größer sein", wird uns am Abend der Hotelier in Obermaiselstein versichern. Kein Zweifel, dass er recht hat und die Menschen gern hier leben. So gern, dass es kaum möglich ist, eine bezahlbare Mietwohnung oder ein zum Verkauf stehendes Haus zu finden. Für eine durchschnittliche Immobilie geht hier schon mal eine Million über den Tisch. Auch in der wichtigsten Branche, dem Tourismus, läuft alles bestens, die Bettenauslastungen liegen in vielen Häusern bei 60 bis 75 Prozent. Der abgelegenste Zipfel des Oberallgäus ist kein wirtschaftliches Notstandsgebiet, sondern ein intakter Mikrokosmos, in dem man im Wohlstand lebt.

Sind die Pläne noch zeitgemäß?

Umso verwunderlicher, dass der Ruf nach einer Aufrüstung der Skigebiete nie verloschen ist und sich derzeit lauter denn je artikuliert. Im Moment will man die beiden 2 Kilometer auseinanderliegenden Familienskigebiete miteinander verbinden. Dazu sollen von beiden Seiten Seilbahnen zum Südgrat des Riedberger Horns gebaut, eine neue Piste durch den eigentlich geschützten Bergwald gefräst und das Ganze mit flächendeckenden Beschneiungsanlagen samt Speichersee ausgestattet werden. Die ersten Pläne stammen aus den skitouristischen Goldgräberzeiten der frühen Siebzigerjahre. Seither wurden sie immer wieder modifiziert, aber nie ernsthaft in Frage gestellt. Bei allem Wandel in den Köpfen – in dieser Hinsicht scheint man den Patentrezepten der Vergangenheit treu geblieben zu sein.

Warum die Anlagen nicht längst gebaut wurden, ist klar: Das Riedberger Horn liegt in der Landschaftszone C, die höchsten Schutzstatus genießt. Die Klassifizierung stammt aus dem Bayerischen Alpenplan (siehe Seite 230), der 1972 verabschiedet wurde und dem Freistaat bis heute eine alpenweite Vorbildfunktion beschert.

Ob eine solche Erschließungsmaßnahme der Entwicklung des Fremdenverkehrs wirklich nützen wird, ist spekulativ. Denn längst ist im alpinen Tourismusgeschehen eine Dialektik zu erkennen: Je mehr man sich überall den vermeintlichen Sachzwängen des Wintersportgeschäfts anzupas-

Am Riedberger Horn steht die Welt Kopf: Oben ist alles aper, unten wird Ski gefahren. Wie das möglich gemacht wird, sieht man am rechten Bildrand.

© G. Fitzthum

Winter im Umbruch: Anfang Januar 2017 konnte man das Riedberger Horn noch mit Sommerausrüstung besteigen. Rechts: Das Skigebiet Grasgehren hat einen bescheidenen Ausbaustand – bis jetzt!
© G. Fitzthum

sen versucht, desto größeren Zulauf bekommen Orte, in denen Natur noch mehr ist als bloße Marketingformel – Orte, in denen in schonender Weise mit den Ressourcen umgegangen wird. Das ist in beiden Hörnerdörfern zweifellos noch der Fall. Die vielen Stammgäste schätzen gerade die unzeitgemäße Beschaulichkeit und die Abgelegenheit dieser kleinen Nische. Skifahren ist zwar für viele ein wichtiges Thema, vor allem in Balderschwang, wo gerade mal 350 Menschen leben und insgesamt zehn Lifte stehen. Aber niemand, dem es auf ein schneesicheres Ski-Total-Erlebnis ankommt, würde seinen Urlaub hier verbringen, selbst dann nicht, wenn sich die Zahl der Aufstiegshilfen verdreifachen würde. Die Gegend gilt zwar als Schneeloch, aber die meisten Pisten liegen in Höhen zwischen 1000 und 1600 Metern, wo Schneekanonen nur begrenzte Wirkung zeigen.

Die ungebremste Freisetzung von Klimagasen hat die Temperaturen in den Alpen überdurchschnittlich steigen lassen und wird das auch in Zukunft tun. 4 bis 6 °C könnte es bis zum Jahrhundertende wärmer werden – die reine Katastrophe für alle weniger hoch gelegenen Wintersportgebiete. Angesichts dieser Fakten erscheint es hochgradig absurd, sich an das touristische Leitbild der 1970er-Jahre zu klammern, 13 Millionen Euro in neue Bahnen und Beschneiungsanlagen zu investieren und auf diese Weise das eigentliche Kapital, das naturnahe Landschaftsbild, in Mitleidenschaft zu ziehen.

Absurd erscheint es auch deshalb, weil die Mehrheit der Gäste das gar nicht will, wie eine bayernweite Umfrage des LBV gezeigt hat. Bestätigt wird dies auch durch eine Gästebefragung, die die Alpenschutzorganisation CIPRA im letzten Herbst rund um das Riedberger Horn durchgeführt hat: Vier von fünf lehnten die Erschließungspläne kategorisch ab, und selbst bei denen, die sich als Skifahrer bezeichnet hatten, waren drei von vier dagegen. Natürlich müsste man auch mal im Winter direkt im Skigebiet fragen. Trotzdem ist das vorliegende Ergebnis nicht ohne Aussagekraft: In Obermaiselstein kommen schließlich 60 Prozent der Gäste im Sommer, sind Wanderer und Ruhesuchende die wichtigste Klientel, an der man sich in erster Linie zu orientieren hätte. Über den Anteil der Pistenskifahrer an den Wintergästen gibt es hingegen keine gesicherten Zahlen. Selbst in den ski-lastigen Weihnachtsferien reisen viele ganz ohne Abfahrtsausrüstung an, bringen morgens die Kinder zum Skilift und machen sich einen schönen Tag in der Loipe oder genießen die stille Seite des Winters mit Spaziergängen und Wanderungen. Dass in Obermaiselstein 40 Prozent und in Balderschwang sogar 55 Prozent der Logiernächte in der kalten Jahreszeit stattfinden, beweist nicht, dass man sich mit wintersportlichen Erfolgsdestinationen messen müsste, sondern nur, dass der Winter eine begehrte Reisezeit ist.

Vor Ort hält man die Verbindung der beiden Skigebiete jedoch für nötig. Als ob man über ein landesweites Instrument des Alpenschutzes abstimmen könnte, wurde im September 2016 ein Bürgerentscheid durchgeführt, an dem sich immerhin zwei Drittel der Wahlberechtigten betei-

Revierdenken im Schutzgebiet: Am Riedberger Horn (links), dem Standort des deutschlandweit größten Birkhuhnhabitat, begegnen sich die verschiedensten Naturnutzer auf engstem Raum.

© DAV, Foto: M. Scheuermann (links)/G. Fitzthum

ligt hatten. In den beiden betroffenen Gemeinden optierte eine klare Mehrheit für den Bau der Anlagen im Schutzgebiet. In Obermaiselstein ist die Vehemenz, mit der das Projekt von offizieller Seite verfolgt wird, leicht nachvollziehbar: Fast die Hälfte der Gemeinderäte, darunter der Bürgermeister, sind Gesellschafter der Grasgehren Lifte OHG oder stehen in direkter verwandtschaftlicher Beziehung zu diesen. Sie würden vom Verkauf der Liftkarten direkt profitieren, egal, wer jetzt die Kosten trägt und wer dann irgendwann den Rückbau der Anlagen bezahlen muss.

Fortschrittsglaube ohne Optimismus

Schwieriger ist es, sich zu erklären, warum sich der Großteil der Bevölkerung hinter das Erschließungsprojekt gestellt hat. Schließlich ist die Finanzierung ungeklärt und sollen die Einwohner mit zur Kasse gebeten werden. Die Rede ist von einer „Bürgeranlage" in Form von Anteilsscheinen. Natürlich hofft man auch auf Fördergelder vom Wirtschaftsministerium, das bis zu 35 Prozent der Kosten für Bahnerneuerungen und Beschneiungsanlagen übernehmen könnte.

Befragt man die Leute, so trifft man nirgendwo auf blinden Optimismus – die wirtschaftlichen Risiken durch den Klimawandel werden nicht bestritten. Trotzdem glaubt man, dass es eine Weiterentwicklung im Skisportangebot geben müsse. „Immer, wenn in der Vergangenheit ein neuer Lift gebaut wurde, war hernach ein deutlicher Aufschwung zu verzeichnen", sagt Sonja Meyer, die Seniorchefin des Balderschwanger Bio-Hotels „Ifenblick". Bei der Rückfrage, ob es sich angesichts der Omnipräsenz technischer Zugriffe inzwischen nicht genau umgekehrt verhalte, man also gerade nichts tun dürfe, wenn man seinen Marktwert erhöhen wollte, zuckt die lebenslustige Frau die Schultern. Andere ärgert der große Medienrummel, der jetzt wegen der Sache gemacht wird, und sie geben vor allem dem Deutschen Alpenverein die Schuld. „Wenn der DAV eine lukrative Hütte auf dem Riedberger Horn hätte, wäre ihm die geplante Kabinenbahn mehr als willkommen", mutmaßt ein Hotelier in Obermaiselstein. Passend dazu kursieren Fotos, die zeigen, dass der Südhang des Riedberger Horns von zahllosen Tourenfahrern zerpflügt ist. Die Botschaft: Die eigentliche Bedrohung der Birkhühner geht von denen aus, die die Naturverträglichkeit für sich reklamieren und am meisten über die geplante Erschließung schimpfen. Das hat einen wahren Kern, ist aber natürlich suggestiv. Vergessen wird nämlich, dass man vor Ort nicht sonderlich interessiert war an den Lenkungsmaßnahmen, die der DAV angeboten hatte, um die scheuen Vögel vor Störungen zu schützen. Es scheint, als brauche man den wild wuchernden Tourengeher-Betrieb, um von den eigenen Eingriffen abzulenken.

Glauben die Leute aber wirklich, dass ihnen die technische Aufrüstung zusätzliche Urlaubsgäste ins Tal spülen wird – und nicht nur Tagesgäste, die die Liftkassen klingeln lassen, während Tal und Dorf unter dem Autoverkehr stöhnen? Gibt es nicht gute Beispiele wie das Achental und das Berchtesgadener Nationalparkgebiet, wo sich die

Abkehr vom harten Wintertourismus längst ausgezahlt hat? Wo man die finanziellen Ressourcen nicht auf unabsehbare Zeit für Kreditrückzahlungen gebunden, sondern nachhaltige Entwicklungskonzepte in Gang gebracht hat, von denen zuletzt alle profitieren, und nicht nur diejenigen, die im Wintersportbusiness tätig sind?

Der Obermaiselsteiner Bürgermeister Peter Stehle lässt sich von solchen Argumenten nicht beirren und ist vom Erfolg der Maßnahme überzeugt. Im Moment gebe es keine größeren Probleme in der 900-Seelen-Gemeinde, aber man müsse auch an die Zukunft denken. Dass die nächste Generation womöglich dankbar sein könnte, wenn man die Anlage nicht gebaut hätte, liegt außerhalb seines Vorstellungsvermögens.

Einknickende Landespolitiker

Noch erstaunlicher als die Zustimmung vor Ort ist der Rückhalt, den das umstrittene Projekt inzwischen von jener Landesregierung erhält, die sich vor wenigen Jahren noch demonstrativ hinter den Alpenplan gestellt hatte. In erster Linie hatte das mit dem Machtkampf innerhalb der CSU zu tun, den Markus Söder mit solch populistischen Kraftakten zu gewinnen hoffte. Naturschutzbelange zu ironisieren heißt nun mal volksnah zu sein, vor allem in Bayern, wo der Umweltschützer als Erzfeind gilt. Söders Heimatministerium ignorierte nun einfach die Beschlüsse des Umweltministeriums, das logischerweise alle Vorstöße in Sachen Riedberger Horn ablehnte, die in den letzten Jahren gemacht wurden. Schließlich widersprechen sie geltendem Recht, tangieren die Eingriffe die Zone C, die in den 45 Jahren des Bestehens des Alpenplans niemals zur Disposition gestanden war. Warum alle Politiker bisher davor zurückgeschreckt sind, den Perimeter anzutasten, ist klar: Eine einzige Ausnahme würde genügen, um auch anderswo Begehrlichkeiten zu wecken. Viele Gemeinden könnten ihre alten Projekte wieder aus den Schubladen holen, wirtschaftliche Notstände simulieren und die Interessen der Bergbahnlobby über den Naturschutz stellen.

Dessen ungeachtet hat sich die Landesregierung kurzerhand entschlossen, den Perimeter des Alpenplans zu ändern und den Gemeinden damit grünes Licht zu geben. „Ein Irrweg", meint Stefan Witty, Geschäftsführer der deutschen Vertretung der Alpenschutzorganisation CIPRA. Nach wie vor spreche nationales wie internationales Umweltrecht gegen das Projekt: „Das Gebiet ist rutschgefährdet und darf laut Bodenschutzprotokoll der Alpenkonvention nicht bebaut werden. Zudem ist das Birkhuhn eine nach EU-Recht geschützte Art,

Der Bayerische Alpenplan: Stationen eines Best-Practice-Modells

1. September 1972: Die Politik reagiert auf den stetig wachsenden Erschließungsdruck durch die Seilbahnindustrie und setzt den „Alpenplan" durch die Verordnung „Erholungslandschaft Alpen" in Kraft. Er unterteilt die alpine Fläche Bayerns in drei Zonen: Zone A (34 %) erstreckt sich im Wesentlichen auf die besiedelten Talbereiche, wo weitere Infrastrukturmaßnahmen erlaubt bleiben, um Wirtschaft und Tourismus Planungssicherheit zu geben. In Zone B (23 %) sind weitere Entwicklungen und Erschließungen ebenfalls nicht grundsätzlich ausgeschlossen, aber von Einzelfallprüfungen abhängig. Zone C (43 %) schließt hingegen weitere infrastrukturelle Erschließungen (Verkehrswege, Aufstiegshilfen, Siedlungsbau) kategorisch aus.

1976: Der Alpenplan wird Teil des Bayerischen Landesentwicklungsplans (LEP), wodurch seine Ziele rechtsverbindlich werden. Er besitzt nun den Status einer Rechtsverordnung der Staatsregierung, die die einzelnen Ressorts umgreift. Beschlussorgan ist folglich das Kabinett.

2013: Der Alpenplan wird von einem Expertengremium um den Würzburger Professor Hubert Job umfassend evaluiert. Das Fazit: Als raumplanerisches Zonierungsinstrument hat der Alpenplan „erfolgreich dem Erschließungsdruck des boomenden Massenskitourismus standgehalten" und die „Bayerischen Alpen vor einer touristisch bedingten Übererschließung bewahrt und gleichzeitig bedeutende Verbesserungen für den Schutz sensibler hochalpiner Bereiche bewirkt." Zugleich hat er „die Tourismusentwicklung im Allgemeinen" unbeeinträchtigt gelassen. Deshalb wird er von

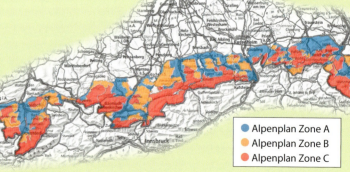

© Bundesamt für Landestopografie (LK1000) oder © swisstopo (LK100

zu deren Schutz das Riedberger Horn einem faktischen Veränderungsverbot unterliegt." Nach Norbert Schäffer, dem Vorsitzenden des Landesbundes für Vogelschutz in Bayern (LBV), würde die Umsetzung der Baupläne den deutschlandweit größten Habitatkomplex des Tiers gefährden. Zu der Front gegen die Landesregierung gehören inzwischen auch die bayerischen Städtebauer und Landesplaner, die Architekten und Ingenieure sowie die Heimatpfleger und die Bayerische Akademie Ländlicher Raum. „Den fragwürdigen Kurswechsel hätten sich die Politiker sparen können", resümiert Witty: „Sie machen den Gemeinden erneut Hoffnungen auf etwas, was nicht eingehalten werden kann."

So berechtigt die Kritik des Projekts auch sein mag, man muss vorsichtig sein, was man den Menschen vor Ort unterstellt. Auf nichts reagieren sie allergischer als auf den pauschalen Vorwurf, dass ihnen ihre Natur egal sei. Die Sache ist auch tatsächlich etwas komplizierter. Richtig ist, dass eine zwar kleine, aus naturschutzfachlicher Sicht aber sehr wichtige Fläche entwertet würde, was aber auch deshalb so schwer wiegt, weil der ungehemmte Straßen- und Siedlungsbau ansonsten kaum mehr intakte Naturräume übrig gelassen hat. Kein Wunder, dass sich die Bergbewohner un-gerecht behandelt fühlen: Sie sollen als unantastbar betrachten, was jenseits ihres Territoriums immer schon mit Füßen getreten wird. Folgerichtig halten sie dagegen, dass gerade sie es sind, die seit Jahrhunderten in und mit der Natur leben und deshalb auch am besten wissen, wie man sie schützt. Der Unmut ist also verständlich. Wirklich glaubwürdig wäre dieses Argument aber erst, wenn Umweltaktivisten nicht immer wieder bei der Unteren Naturschutzbehörde in Sonthofen vorstellig werden müssten, um an die Durchführung der vereinbarten Ausgleichsmaßnahmen zu erinnern, oder daran, dass ein Lift mehrere Jahre ohne endgültige Genehmigung lief, oder daran, dass die Musikbeschallung im neuen „Snowpark" so intensiv ist, dass man noch auf dem Riedberger Horn jedes einzelne Wort der Liedtexte versteht.

So löblich das Bekenntnis der örtlichen Entscheidungsträger zum Naturschutz auch sein mag, es deckt sich nicht mit dem, was die zuständigen Umweltbehörden darunter verstehen – oder verstehen sollten, wenn sie ihre Gesetze ernster nähmen als die Interessen der Regional- und Landespolitiker, die sich nur dann für die Erhaltung intakter Naturräume einzusetzen bereit wären, wenn sich dies mit einem Zugewinn an Wählerstimmen auszahlen würde.

den Wissenschaftlern als Best-Practice-Modell für andere europäische Gebirge empfohlen, die sich noch in der Entwicklungsphase befinden.

Dezember 2014: Die Gemeinden Obermaiselstein und Balderschwang stellen einen Teilflächennutzungsplan zur Ausweisung einer Sonderfläche „Skigebiet" auf.

2. Januar 2015: Sie beantragen ein Zielabweichungsverfahren, da die geplanten Pisten und Seilbahnanlagen in Zone B bzw. teilweise in Zone C liegen – negative Stellungnahme des Umweltministeriums.

19. Juli 2016: Der Ministerrat beschließt, den Bürgerentscheid als Grundlage zur Änderung des LEP anzuerkennen. Söder und Seehofer wechseln die Strategie und favorisieren die „politische" Lösung durch die Abänderung der Zonierung.

29. März 2017: Vier Tage nach Ablauf der Einreichungsfrist für Stellungnahmen aus der Bevölkerung beschließt das Kabinett den LEP zu ändern – offenbar ohne detaillierte Prüfung der rund 4000 Einreichungen.

22. Juni 2017: Im Umweltausschuss des Bayerischen Landtags findet eine öffentliche Expertenanhörung zur geplanten Skischaukel am Riedberger Horn statt.

3. Juli 2017: Der unabhängige Freundeskreis Riedberger Horn wird gegründet und findet in kürzester Zeit 2000 Unterstützer in der Region.

Herbst 2017: Nach Ende der Sommerpause wird der Bayerische Landtag vermutlich die Änderung des Alpenplans endgültig beschließen.

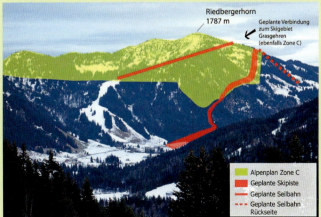

BergKultur

Das Wort „Kultur" bedeutet im ursprünglichen Wortsinn Bearbeitung, Pflege, Urbarmachen, und zwar durchaus konkret auf den Boden bezogen; dieser heute weitgehend in den Hintergrund geratene Kulturbegriff verbindet die folgenden Artikel. Ein Künstler, der diese Bodenhaftung weder im Leben noch im Schaffen verloren hat, ist Bodo Hell (im Bild). Sein ebenso poetischer wie faktenreicher Beitrag über den Dachstein ist der beste Beweis dafür.

Offene Geheimnisse

Vom Dachstein
>> Bodo Hell

Der in Wien lebende Schriftsteller Bodo Hell verbringt seit fast vierzig Jahren den Sommer als Senner auf der Grafenbergalm am Dachstein. Kurz vor seiner 38. Almfahrt entstand dieser Text, aus dem man, so Hell, „vielleicht einiges Brauchbares auch für Kenner und Nichtkenner mitnehmen kann …" *

der Dachstein sei ihr **Rückgrat,**

hat die bekannte Volkssängerin, Sagenerzählerin und Erstbesteigerin Gretl Steiner (selig) aus der steirischen Ramsau mehrfach beteuert, ob es jemand hören wollte oder nicht, und selbst in den aus der Südsee aufragenden Gipfeln habe sie keinen solch stabilen Lebenshalt finden können wie an diesem ihrem Dreigestirn Dachstein, Mitterspitz und Torstein, einzig schade erschien ihr nur die Tatsache, daß an die Dachstein-Südwand (die im Frühjahr übrigens das Hochzeitskleid des weißen Alpenmohns anlegt) keine Meereswellen mehr anschlügen (natürlich hat diese gewiefte Traditionalistin sehr wohl gewußt, daß sich die heutigen Klippen und Kalkmassen dereinst in Äquatornähe befunden und gebildet hatten und

fortan **das fossile Erbe** *einer langdauernden Meeresgeburt*

in sich tragen), *da Dochstoa is ins* konnte man auf den WollUnterleiberln des Ramsauer Lodenwalkers (Gründung 1434) bisweilen lesen, gerade zu einer Zeit, als der hohe Grenzverlauf zum ehemaligen Land ob der Enns wieder um einige Meter strittig war und sogar ein Klettersteig aus dem umweltstrengeren Oberösterreich ins Steirische verlegt werden mußte (von Irg I zu Irg II)

für uns immerfort geognostische Neulinge, die vielleicht wissen, daß sich der nächste Berg gleichen Namens erst mitten in den Schweizer Alpen (als feiner, wenn auch untergeordneter Schiberg im graubündischen Valsertal) wiederfindet, stellt sich als erstes die Frage: wie einsteigen in diesen markanten nördlichen KalkKoloß am Dreiländereck Salzburg/Oberösterreich/Steiermark mit seinen enigmatischen HauptGipfeln und Spitzenreihen, den nadelbesetzten heranlaufenden Kämmen, den blinkenden Gletscherresten der Nord- und Ostseite (der südseitige Edelgriesgletscher ist so gut wie weggeschmolzen), mit seinen ein- und vorgelagerten Seelein und Seen als EiszeitErbe, mit seinen bei Schlechtwetter höchst unübersichtlichen Hochplateaus und seinen fjordartigen Talfurchen, mit den östlichen Ausläufern ins stille Kemetgebirge/Kammergebirge hinüber und mit seinen rundum vorgelagerten Panoramaposten Plassen, Sarstein, Ausseer Zinken, Grimming, Kammspitz, Stoder, Rötelstein, Gerzkopf etc. (von den Totalansichten aus Totem Gebirge, von den Schladminger und Radstädter Tauern und vom Tennengebirge her ganz zu schweigen), ein Bergmassiv, das uns auf jedem OstWest-Alpenflug vertraut heraufblinkt und bei näherer Betrachtung immer wieder fremd erscheint, seinerseits westlich von Salzburg übrigens unbekannter, als man annehmen möchte (bereits im heiligen Land Tirol scheint man diese Kalkgipfel eines genuin protestantischen Umfelds von Holzfällern, Bergknappen und sogenannt freien Bauern gern etwas zu vernachlässigen, hat man doch mit den eigenen BergSchönheiten alle Hände/Arme und Beine/Füße voll zu tun)

mittlerweile ist der Dachstein vom nördlichen Tschechien her gesehen das beliebteste Bergsteigergebiet überhaupt geworden, nicht nur aufgrund seiner Erschließungsgeschichte durch Friedrich Simony (1813–1896) aus dem böhmi-

* „… die eigenwillige Text- und ungewöhnliche orthografische Gestalt (ohne Punkte und mit BInnenversalien zur leichteren Lesbarkeit) ersuche ich beizubehalten."

mit gleichem Gruß von Bodo Hell

Der Autor unterm Plotschenhut vor dem Dachsteingletscher (linke Seite) und Friedrich Simonys Dachsteinpanorama (unten), zeichnerisch aufgenommenem vom Hohen Sarstein, im Jahre 1881.

© Archiv Hell, Foto S. Landl/ Archiv ÖAV

Der Gipfel des Hohen Dachsteins, in einer Zeichnung von Friedrich Simony aus dem Jahr 1843 und heute, mit dem 2010 von Ai Weiwei dort installierten Sichuan-Felsblock als Jausentisch.
© Bildarchiv Austria, Österreichische Nationalbibliothek, Wien/Foto: H. Raffalt

schen Hrochowteinitz/Hrochův Týnec), auch dänische Paare und Schweizer Gruppen haben die preisgünstige 7-Tage-8-Nächte-Umrundung auf www.salzkammergut.co.at entdeckt (siehe auch die informative Broschüre zum Rundweg von Reinhard Lamm, Ramsau a. D.), und seit der 4-Tonnen-Sichuan-Felsblockniederlegung in 2996 Metern Höhe am Hauptgipfel (ohne Ai Weiwei mittels helvetischem Spezialhubschrauber 2010, samt Alphornbegrüßung durch Fritz Moßhammer) scheint dieser Name „Hoher Dachstein" auch dem Chinesischen nicht ganz abhold und fremd zu sein, was sich allerdings durch die Hallstatt-Kulissen-Doublette (in Guangdong 2012) bei den nördlichen Dachstein-Gemeinden zu einem veritablen asiatischen Liebes- und Hochzeitspaare-Boom ins WeltkulturErbe (www.dirndl-to-go.at) und zu ständigem QuartiereMangel der Anrainer-Talorte entwickelt hat, das private Schloß Grub am anderen Seeufer (Bahnstation Hallstatt) ist davon allerdings so gut wie unberührt

bleibt die Frage virulent, wie einsteigen: von Norden, Süden, Westen oder gar von Osten her, also beginnen wir mit dem scheinbar Unspektakulärsten (einer klassischen ersten Route im Sinne von Walter Pauses „Wandern bergab", nur gegenläufig, also *Wandern bergauf*), das könnte etwa mit einer ersten Tagesetappe von den Parkplätzen unterm *Steinerhaus* am Stoderzinken beginnen (von wo man am Anfang der Erschließung auch für den prospektiven Schilauf in der Brünnerhütte 1887 einen frühen Stützpunkt fürs Böhmisch-Mährische zu etablieren versucht hatte, diese Initiative wurde von der RapidEntwicklung des Schilaufs überholt), dann in gut 6 Stunden bis zum *Guttenberghaus* (der höchsten steirischen Alpenvereinshütte mit diversen lohnenden Tagestouren und mehrfacher WeiterwegMöglichkeit), niemand sollte sich allerdings davon abhalten lassen, vorzeitig, sagen wir knapp vor Mittag, nämlich auf halbem Weg dorthin (und zwar an der 6-Wege-Kreuzung Grafenbergalm), nach Norden abzuzweigen und eine Überquerung der am Rande der Weidewirtschaft gelegenen Hochfläche AM STEIN (Jungvieh- und absolutes Schafgebiet mit sporadischem Bären- und Wolfsbesuch) zu wagen, schon gar nicht ein Zahlen-Aficionado, verläuft doch diese markierte Hauptroute halbwegs unter der Nummer 666, und sollte es sich dabei nicht um einen nebelverhangenen Tag handeln (welcher zwecks NahErkundung der unmittelbarsten Umgebung auch nicht zu verachten wäre), dann könnte

der Effekt der **Gipfelverschiebung**

den Wanderer in freudiges Erstaunen versetzen, denn auch, wenn man zu wissen meint, daß dieses WahrnehmungsPhänomen auf vielen Langstrecken zu beobachten ist, so tritt es hier, die enigmatischen Hauptgipfel der Dachsteingruppe in gemessener Entfernung betreffend (Sinabell und Wasen, Eselstein und Landfriedstein, Schmiedstock, Koppenkarstein, Hunerkogel, 2 Dirndl, Hoher und Niederer Dachstein, Gjaidsteinzug, Hochkreuzruggn und Ochsenkogel), besonders deutlich hervor, vor allem dann, wenn man von der Wasserscheide beim Loskoppen (1956 m) zur Gjaidalm oder durch den Platten-Karst übers Heilbronnerkreuz zum Krippenstein weitergeht, man kann also das schönste Gipfelverrücken etwa von halbStunde zu halbStunde Wegs anschaulich beobachten, so ein 8-Stundentag der vollsten Aufmerksamkeit (ist gleich der totalen Versunkenheit) auf und in die seit Einschränkung des Schießplatzes nur von Tier- und Flugzeuggeräuschen unterbrochene

*Plateau**Stille***
könnte lange nachwirken

und zu anderweitigen ähnlichen Plateaustrecken-Überquerungen (Totes Gebirge bietet sich an) anregen [Abstecher-Tipp: wer die Route über die unbefahrene AltFahrstraße zur Gjaidalm wählt, das ist zum ehemaligen Schilcherhaus (heute mit diversen Alternativ-Angeboten geführt), kann nach der Hirzkarquelle die paar Meter zum nordseitigen *Hirzkarseelein* hinaufsteigen, „bin im Hirzkarseelein baden", hatte die damalige Wegbetreuerin sudetendeutscher Herkunft Lotte Prechtl (selig) bei ihrem Hüttchen angeschrieben, und um jede Verwechslung auszuschließen, hat sie auf ihren Markiergängen hinter die Zahl 666. noch einen schwarzen Punkt gesetzt, damit man nicht versucht sein könnte, mittendrin etwa 999 zu lesen]

hier bereits dürfte der Platz für einen Capriccio-Exkurs sein, zumal wir uns vielleicht nicht vom Stoderzinken her (wie vorgeschlagen), sondern von einem Biwak im Gradenbachtal über Weissenbach bei Haus (dort agile AV-Sektion um Walter Bastl und Siegfried Steiner) mit den beiden verlockenden KarSeen dem Plateau genähert haben und soeben über der letzten Hangstufe rechtzeitig zum Morgenmelken auf der Grafenbergalm angekommen sind, wobei uns zumindest eine der Capriden näher vorgestellt wird:

also die Lieblingsgeiß aller Besucherinnen und Besucher ist diese ausgewiesene Rauriser-Tauernschecken-Zuchtziege namens Iduna (das meint ‚Schwalbe', nämlich auch den Marienvogel, der Name wird der germanischen Göttin Iduna zugeordnet, der lieblichsten der Asinnen,

*Hüterin der „**Äpfel der Verjüngung**"*
für die Götter,

als Ziege ist diese Iduna am 3. Februar 2005 geboren, also jetzt erst 12-jährig, oder bereits 12-jährig), jenes sanfte Wesen, das in KleientrogNähe neben der Vordertür angehängt ist, unterm TürstaffelPentagramm (welches *Unreim* gleich beim Eingang abwehren soll), und die untertags (wenn alle Ziegen, aus welchen Gründen immer, den Stall aufgesucht haben) den Kopf aus dem Hühnerloch in der Stalltür herausstreckt, um bei allem und jedem, was draußen geschieht, mit dabei zu sein, die aber auch nach dem Käsen zum Molkenkübel gerufen wird (*däsin däsin*) und als erste stracks hineilt (ihr Kopf ist dann für eine gemesse-

Schriftsteller und Senn: Bodo Hell auf der Grafenbergalm.
© H. Raffalt

ne Zeit im Kübel verschwunden), welche überdies die ganze *Kutt* (so heißt in Südtirol eine kleine Ziegenherde ohne Hüter), sobald sich diese ungewiß entfernen will (gar in Richtung AbladeParkplatz 2 Stunden hinunter), auf Zuruf zurückzubringen imstande ist, diese gänzlich unzickige Ziege wird jetzt sanft von ihrem Liegeplatz hochgezogen (inzwischen ist auch die Sonne über *Brenntwegerl* oder Grimming aufgegangen) und als letzte in freudvoller Ruhe gemolken, während sie wiederkäuend den Vorgang zu genießen scheint, stillhaltend bis zum nächsten heraufrollenden Bissen und bisweilen den Kopf auf die Schulter des Melkers zurücklegend, während ihr die durch die Stallbalken fallenden Sonnenstrahlen das Fell wärmen, in fleckig aufleuchtenden Zonen, bukolisch, arkadisch, pastorell, so daß man die Zeit anhalten möchte und im unendlichen Melken dieser Milchgöttin verharren …

allerdings ist es auch bei dieser Geiß wie bei den anderen Geißen (die Mehrzahl von Geiß lautet im Steirischen diphthongisch-stark eigentlich: *Geaß, wie geht's denn die Geaß*) angeraten, keine *Gustostückerl* wie Hartbrot oder abgelaufene SchokoladeRiegel im Hosensack mit in den Stall gebracht zu haben, denn

dann ist es mit der beschworenen WiederkäuSeelenruhe vorbei

und so der Melker nicht Acht gibt, sind diese Leckerbissen mir nichts dir nichts und mit der entsprechenden Aneignungsenergie der Geiß von dieser aus dem Hosensack des an ihrem Euter oder an anderem Euter Beschäftigten herausgezogen und schwupps im Ziegenmaul verschwunden, für BesucherInnen, welche durch den Lichtschlitz in den Stall hineinlugen, könnte so ein Vorgang einigermaßen erheiternd sein

der Einstieg aus einer weiteren HimmelsRichtung, sagen wir von Westen her, ins offene Geheimnisgebiet Dachstein könnte sinnvollerweise am Annentag (einem 26. Juli, dem traditionellen Almbesuchstag) vom salzburgischen Annaberg aus (versteht sich) erfolgen, etwa über die Loseggalm der Familie Kendlbacher (Langfeldgut), bestens betreut und wie auf der nahen Sulzkaralm mit weiblicherseits eigens hergestelltem Käse versorgt (gewiß sollte man in beiden Fällen kleine Mitbringsel mit dabei haben, „nicht mit leeren Händen": heißt nach wie vor die Devise, und nicht nur mit Bargeld kommen, denn auch wenn sich das Almleben stark verändert hat, ist man doch immer noch über liebevolle, vielleicht sogar praktische Präsente entzückt, wer zur Zeit oben tätig ist und was sich hinaufzutragen schickt, könnte im Tal erfragt werden), vom Anblick dieser Seite des Gosaukamms und von der *slackline* (für altersbedingt vorgeschrittene Wanderer besonders empfehlenswert und zugleich ziemlich enttäuschend, wenn man nicht ausreichend zuhause geübt hat) vor der geräumigen Hofpürglhütte mit Essensausgabe wie auf der Simonyhütte muß nicht weiter berichtet werden, und die sagenumwobenen Wasserquellen vom Kampenbrunn oben und Almsee sowie *Meeraug* unten im Tal der Warmen Mandling heben wir auch für ein andermal auf, wir müssen uns nämlich beeilen, könnten uns doch vom Steiglpaß herunter die veritablen Bibelschmuggler entgegenkommen, die wir gleich an ihrem angenommenen mitteldeutschen Dialekt, der sich als jetzt allgemeine Hochsprache ausgibt, erkennen würden (jaja den Gegenwert von mindestens einer milchreichen Kuh haben sie in ihrem Bucklsack, oder hatten sie gar mehrere Rindviecher bis nach Nürnberg getrieben?), und daß später in den auf diese Weise ins Land gekommenen Lutherbibeln die erste Seite herausgerissen wurde und also fehlt, weil die katholischen Visitatoren des Dekanats Haus (zu Salzburg gehörig) angeblich nicht lesen konnten und nur auf den Namen Luther getrimmt waren, das muß nicht unbedingt als nachträgliche bösartige Unterstellung betrachtet werden, auf jeden Fall konnte dann der kryptoprotestantische Hausvater (mit Namensschildchen in der katholischen Kulmkirche) am Vorabend des evangelischen Gottesdienstes (durch Prädikanten im Moarhof-Stall) der versammelten Bauernfamilie das jeweilige Evangelium vorlesen und vielleicht gar kommentieren: „PredigtSchauen" hat das der Altblasbichlbauer, Almbauer und Kurator in der Ramsau unten, vor Zeiten genannt

unser Zugang zum innersten Ende des Gosaukamms führt uns jetzt vom berühmt-berüchtigten Linzerweg/Linzersteig ab und anstrengend steil (das erquickende *Goldbrünnl* kommt später als gedacht ins Bild) auf Steigspuren zum Kramersattel hinauf, von wo wir zum hinteren Gosausee und in die ehemals wohl genützten Flanken des Hohen Groamats und des eigentlichen Groamats nahe den StierhüttenResten unterm Reissgangkessel hinunterschauen (ob da tatsächlich gemäht und wohin das Heu abtransportiert wurde, das werden wir wohl alle verfügbaren Almbeauftragten der Landesregierungen fragen müssen), ein Abstieg auf diese Seite kann nicht öffentlich empfohlen werden, es sei denn, jemand wäre auf der Suche nach natürlichen Steintheatern in hochdramatischer Felsenumgebung (ohne eigentlichen Zustieg, den man nur älplerischem, keinem StadtPublikum zutrauen/zumuten dürfte), aber welche Stücke sollten in so einem überwältigenden Felsenrund mit Ausblick auf die Felsnadel des Hochkesselkopfs und Tiefblick ins SeenAuge/SeelenAuge gespielt werden, und was an dargebotenen MusikTönen und SprechTexten könnte das Auditorium eines solchen Naturtheaters antikischen oder US-amerikanischen Ausmaßes zu fesseln imstande sein

um von solchen Oklahoma-Phantasien abzulenken, lohnt sich der Blick auf die weitläufigen Areale an Vorbergen und Weideflächen zwischen Gosau und Hallstatt hinüber (obere Querung Nr. 613 durch Koglgasse unterm Lustkogel und Radltal unterm Beerwurzkogel mit überreichlich 9 Stunden angegeben), welche Gras-, Fels- und Latschenareale die eigentlichen Dachsteingipfel quasi als eine Art Seiseralm nach Norden hin begleiten und vor weitgefächertem Ansturm schützen, und da jeden 15. August nicht nur der *Assunta* gedacht wird und der *Frauendreißiger* mit seinen gebotenen Heilpflanzenbüscheln beginnt, sondern auch alljährlich jeden 15. August der sogenannte

Pfeiferltag im Salzkammergut

stattfindet, immer anderswo und ganz kurzfristig (unter der Hand) bekanntgegeben, deshalb sei eine Empfehlung ausgesprochen: sollte er wieder einmal auf der frei daliegenden Plankensteinalm oder in deren Nähe abgehalten werden, könnte man mit dem Traktorzug aus der Gosau ein gutes Stück oder ganz hinauffahren, wenn man es nicht vorzieht, den berühmten Schleifsteinbruch und die Badstubnhütten beim Löckermoossee als einfacher Wanderer in Augenschein zu nehmen (angeblich sind die dort gefertigten Schleif- und Wetzsteine jeder ausländischen Konkurrenz, sogar jener aus Bergamo, und das will etwas heißen, überlegen, von künstlichen Blöcken, etwa dem Tyrolit, oder fernöstlichen Surrogaten ganz zu schweigen), aber wichtig wäre, schon am Vormittag bei den Musikanten zugegen zu sein, denn da spielen sie einander etwas vor und der Nachmittag wird bisweilen von neu Hinzugekommenen in bekannt volkstümlicher Musikweise bestritten, während die berückenden Pfeiferl-Duos, deretwegen man ja die weiten Anfahrtswege, und sei's über den gesamten Gebirgsstock, in Kauf genommen hat, dann kaum mehr zu hören sind

Der Hintere Gosausee, nach der Natur aufgenommen und gemalt von Friedrich Simony im Jahr 1850 und 2017 fotografiert von Herbert Raffalt.
© Bildarchiv Austria, Österreichische Nationalbibliothek, Wien/Foto: H. Raffalt

Der Torstein von der Simonyscharte, nach einer Original-Aufnahme von Friedrich Simony 1881, und der Hohe Dachstein mit dem Hallstätter Gletscher in einer Aufnahme von 2010.
© Archiv DAV/H. Raffalt

daß die Nordseite des Massivs mit einer Vielzahl von extrem lockenden Zugängen quasi bestückt ist, macht schon ein Blick auf die Karte (etwa die vorzügliche AV-Karte 1:25.000, Blatt 14, basierend auf der terrestrischen Aufnahme des Militärgeographischen Instituts der ö.-u. Monarchie von 1913, mit akribisch eingetragenen und kontrollierten Orts- und Flurnamen, LetztRedaktion durch simon.ennemoser@alpenverein.at) deutlich, als unbestritten spektakulärster direktester Anstieg darf der See-Wand-Klettersteig (D–E, 6–9 Stunden, je nach Kondition) aus dem Felsenkessel der Hirschau gelten, aus dem übrigens immer wieder erschöpfte Bergsteiger, die nicht nur ihre Armkraft überschätzt haben, mittels Hubschrauber herausgeholt werden müssen, für Ungeübte sollte ein Blick auf den Einstieg genügen, übrigens wird berichtet, daß über die nahe Küfelkuchl und den Rabenkeller zu einer Zeit, da noch EisenArmierungen in den senkrechten Partien angebracht waren, Wilderer ihre Beute ziemlich unbemerkt ins Tal zu bringen imstande waren, der leichteste Aufstieg von Norden erfolgt neben dem Franz-Joseph-Reitsteig vom Echerntal aus über Gletschergarten, Tiergartenhütte (unbewirtschaftet, doch nahe Quelle) und Wiesberghaus (TVNaturfreunde) zur Simonyhütte (Sektion Austria des ÖAV) und weiter zur dann neuen Seethalerhütte, auf der anderen (der Seilbahn-)Seite führt auch im Sommer ein kinderleichter Weg über die und an der sogenannte(n) SchiAutobahn (oben mit Imissl-Variante direkt zum Krippenstein) unter der ehemaligen Bundesheer-, dann BGV-Seilbahn verlaufend (diese zarte Konstruktion mit nur 2 Kabinen wäre von historischer Bedeutung gewesen, zumal Jahrzehnte auch für die Obertrauner und Ramsauer Schafsucher am Plateau, sie ist vor kurzem im Zusammenhang mit einem Hotelprojekt eines bekannten Immobilien- und in Rumänien tätigen Waldviertler Holzhändlers an der ehemaligen Kaserne Oberfeld abgebaut worden), und zwar über die Mittelstation Krippenbrunn bis zu Krippeneck und also Gjaidalm (die übrigens als eine der sogenannten Schladminger Almen hauptsächlich von der Ramsauer Seite über den gesamten STEIN hinweg bestoßen wurde), der Auftrieb über die Feisterscharte unter Umgehung des sogenannten *Kratzers* und das lange Gjaider Wegerl entlang mit seinen

*Brettsteinen der **Saligen** Frauen,*

die dort bei Schönwetter ihre Wäsche trockneten (jetzt Route 616), ist legendär, daß einem gerade bei der Kreuzung ‚Bei der Hand', wo eine rote Holzhand auf hoher Stange in Richtung Gjaid zeigt, das sagenhafte Dachsteinweiberl (eine Art weiblicher Ewiger Jude) begegnen könnte, ist von Gretl Steiner immer wieder behauptet worden (diesbezügliche Bestätigungen stehen allerdings aus)

die bemerkenswerteste Anstiegsvariante vom Hallstätter See her dürfte der unmarkierte habsburgische Jagdsteig über den Vorderen Hirlatz darstellen (dem Autor wurde sie von einem befreundeten Keramiker/Töpfer/Ofensetzer, der in

Die älteste und die jüngste Unterkunft: „Hotel Simony", ein Biwak, das Friedrich Simony um 1860 für seine Forschungstätigkeit am Dachstein erbauen ließ, und die neue Seethalerhütte, mit deren Bau man 2017 begann.
© Archiv DAV/ÖAV

Hallstatt bei der legendären Gudrun Baudisch auch in Ausbildung tätig war, selbst aber nie dort hochgestiegen ist, als besonders lohnend genannt), beginnend hinter dem sogenannten Amtshaus samt Kapelle in der *Lahn*, über den sogenannten Amtshausriedel steil ansteigend und dort und da mit morschenden hölzernen Steigleitern versehen, immer der teils bewaldeten Kante folgend, auf der einen Seite am Rand der mächtigen Hirlatzwand, auf der anderen hoch über dem Schosslahngang, der unten über einer Straßengalerie am Seeufer endet und immer wieder von Lawinenabgängen (wie der Name ja sagt) heimgesucht wird, bisweilen dort und da ein wenig in die Flanken ausweichend, wobei die Stimmen der unten Badenden aufgrund der Thermik bis hinauf ganz deutlich zu vernehmen sind (als würden sie mit den angestrengt Kletternden kokett kommunizieren wollen), ca. 3/4tel des Wegs unterm Gipfel wird eine Rasenkante erreicht, die als ‚Loidls Soph' von historischer Bedeutung ist, hat doch dort der Bergführer Friedrich Simony (ein gewisser Loidl) sein Schläfchen absolviert, während der geführte unermüdliche Geograph und geniale Zeichner (bekanntlich ein Freund Adalbert Stifters) eines seiner detaillierten Hemioramen Kästchen für Kästchen mit Visiergerät (die Originale befinden sich unterm Dach des Naturhistorischen Museums in Wien) angefertigt hat, und

endlich **am Gipfel** *angekommen,*

könnte man sich in Richtung abgeschiedener und verfallener Hirlatzalm bewegen und würde von dort am leichtesten durch eine Schneise im dichten Latschenfeld in den Kessel der Wiesalm absteigen können, wenn man nicht partout schweißtreibend und weglos Höhe halten will und mühsam über den Hinteren Hirlatz (die dort eventuell anzutreffenden rot überzuckerten Schneefelder eignen sich keineswegs zur SpeiseEisherstellung mittels mitgeführter Zitronen) und eventuell durch den sogenannten *Arschlochwinkl* vorbei an Kalmerlabeck der ZwölferkogelRoute zur Gjaidalm zustrebte, den gesamten Weg hat man dann, ohne über den Untergrund sonst viel nachzudenken, über einem Teilstück des längsten Höhlensystems Österreichs (der 95 km langen Hirlatzhöhle, Stand 2006) zugebracht,

soviel einmal **fürs erste** *…*

BasisLektüre

Simony, Friedrich: Auf dem Hohen Dachstein. Wien 1921.

Maix, Kurt: Im Banne der Dachstein-Südwand, Salzburg 1970, Reprint Ramsau a. D. 2017.

Gruber, Peter: Tod am Stein, Roman. Weitra 2006.

666. In: Bodo Hell: OMNIBUS. Graz 2013.

Wo Grenzbeamte zu Bergsteigern wurden

Vor 250 Jahren wurde die Grenze zwischen Werdenfels und Tirol neu vermessen

>> **Christian Rauch**

1768 brach eine Kommission hoher Beamter in die alpinen Gefilde des Karwendels und Wettersteins auf – ihr Auftrag: rund fünfzig Grenzzeichen neu zu setzen. Dabei wurden frühe alpinistische Leistungen erbracht, Flur- und Gipfelnamen im Karwendel- und Wettersteingebirge geprägt sowie der Verlauf für die heutige deutsch-österreichische Staatsgrenze festgelegt.

Am 14. Juni 1768 begab sich die stattliche Schar hochrangiger Beamter und Handwerker auf ein Floß, um von Mittenwald über die Isar nach Vorderriß und anschließend nach Hinterriß zu gelangen. Von dort wanderten sie am 16. Juni zum Fermersbach und an diesem flussaufwärts. In den folgenden sechs Wochen setzten die Männer zahlreiche Grenzsteine und Felsmarchen entlang des Karwendel- und Wettersteinkammes. Unterwegs war die Kommission, der unter anderem ein Freisinger Dompropst und Hofkanzler, ein Tiroler Festungskommandant sowie ortskundige Jäger, Feldmesser und Steinmetzmeister angehörten, im Auftrag von Kaiserin Maria Theresia, Erzherzogin von Österreich, sowie dem Hochstift Freising. Beide hatten 1766, zwei Jahre zuvor, einen Vertrag unterschrieben, um die neue Grenze zwischen der Grafschaft Werdenfels, die zu Freising gehörte, und der gefürsteten Grafschaft Tirol festzulegen (siehe Factbox).

Über Wildbachschluchten

Ein erster Arbeitseinsatz für die Kommission erfolgte an der Einmündung des Dreiergrabens in den Fermersbach. Von der Baierkarspitze kam hier die Werdenfelser Nordgrenze herunter und bildete das Dreiländereck zwischen dem Herzogtum Bayern im Nordosten, der Grafschaft Werdenfels im Nordwesten und der gefürsteten Grafschaft Tirol im Süden. Ein Kreuz und die Jahreszahl 1766 meißelten die Steinmetze hier in eine glatte Wand (*Nr. 237*[1]) und ergänzten zwei Marmortäfelchen mit den Wappen. Wenige Meter unterhalb schießt der Fermersbach über eine Stufe in eine Felsenklamm – ein Abrutschen hätte hier fatale Folgen. Um die Stelle überhaupt zu erreichen, muss man sich noch heute spärlichen, steilen Pfaden und Viehtritten anvertrauen, denn der einzige Weg verläuft etwa 150 Höhenmeter oberhalb. Schon 1768 müsste dieser Weg bestanden haben – bis heute die einzige Zugangsmöglichkeit in das Fermersbachtal. Vermutlich stieg die Kommission nach ihrem Einsatz wieder hinauf zu diesem Weg, der einige Kilometer weiter im Südwesten das dann breite Kiesbett des Fermersbachs erreicht. Wo dieser mit dem *„Pern-Bach"* (Bärenbach) zusammenfließt, sowie ein Stück oberhalb im Südosten wurden zwei Grenzsteine gesetzt (*erneuert, Nr. 238/239*). Nächste alpinistische Herausforderung wurde der Zusammenfluss von *„Wexl-Bächl"* und *„Tieffem Graben"* (Wechsel- und Tiefengraben). Auf Werdenfelser und Tiroler Seite wurden an glattgewaschenen Felsen zwischen zwei Wasserfällen jeweils Kreuz und Jahreszahl eingehauen (*Nr. 240*).

Auch heutige Vermessungsbeamte suchen diese Stelle alle zehn Jahre auf – ebenso wie die am Dreiergraben und alle die anderen alten Grenzpunkte sowie zusätzliche neue. Denn die 1768 vermarchte Werdenfelsgrenze entspricht heute der deutsch-österreichischen Staatsgrenze, Grenzabschnitt „Scheibelberg-Bodensee, Sektion II". Der Vermessungstechniker Werner Gaber vom österreichischen Bundesamt für Eich- und Vermessungswesen in Wien, der in diesem Bereich für die Vermessung und Vermarkung der Staatsgrenze zuständig ist, renovierte das Felsmarch am Tiefengraben 2015 und baute sich dafür eigens eine Konstruktion aus Baumstämmen, um an die Wand über dem Wildbach zu gelangen. „Respekt vor den Männern, die hier vor 250 Jahren tätig waren", sagt er.

Schließlich stieg die Kommission rund 600 Höhenmeter durch steilen Wald (zuweilen entlang eines *„furchtbaren Abgrundts"*) auf den Grat hinauf, auf dem sie zwei Steine setzte (*erneuert Nr. 241/242*). Mit dem zweiten dieser Steine, auf dem *„Wexl"* (Wechselkopf) auf 1835 Metern Höhe, endete zunächst die Vermarchung. Am 23. Juni stieg die Mannschaft in einem Zehn-Stunden-Marsch nach Mittenwald hinüber.

„Wie die Kugel walzt …"

Der Grenzverlauf folgte nun automatisch dem Kamm vom Wechselkopf über das *„Stainloch"* und lief dann laut Protokoll *„von dem durch die Compass-Nadel bestimmten Garwendel-Spiz* [Östliche Karwendelspitze; Anm.] *[…] dem Gradt nach"*. Mit dem *„Gradt"* war die Nördliche Karwendelkette gemeint. Ihre Gipfel ließ die Kommission unbe-

---

1 Hinweis: Die im Text kursiv erwähnten Nummern (237–314) der Grenzsteinorte sind in den Karten der bayerischen und z. T. der österreichischen Vermessungsverwaltung sowie im Bayernatlas eingetragen. Mithilfe der Karten können die Plätze aufgefunden werden. Sind die Grenzsteine dort nicht mehr original, sondern aus dem 19. Jahrhundert, ist dies mit „erneuert" vermerkt.

Der höchstgelegene von der Kommission 1768 gesetzte Grenzstein steht im südöstlichen Teil des Zugspitzplatts – er diente als Weiser auf die Plattspitzen im Hintergrund, über die die Grenze läuft.

Alle Fotos © Ch. Rauch

Noch heute original erhalten: Grenzsteine der Kommission von 1768 am Brunnsteinanger (oben), wo heute der beliebte Mittenwalder Höhenweg verläuft, und am Ortsbeginn von Scharnitz. Dieser Marmorstein (unten) zeigt das Freisinger Wappen.
© Bundesamt für Eich- und Vermessungswesen, Wien (unten)

rührt. Erstens, da man mit damaligen alpinistischen Mitteln ohnehin nicht hinaufgekommen wäre. Zweitens, da in diesen kargen Höhen kaum Streitigkeiten um Holz-, Jagd- oder Viehrechte entstehen konnten. Und drittens, weil die Gratregel „Wie die Kugel walzt und das Wasser rinnt" damals jeden eindeutig scharfen Berggrat per se als Grenze definierte. (Heute bestehen dort sechzig neuere Grenzzeichen!)

Erst am „Brunnstein-Anger", zwischen Kirchlspitz und Rotwandlspitz, setzte die Kommission auf 2090 Metern Höhe einen Grenzstein, der bis heute neben den Wanderschildern – dort, wo der Mittenwalder Höhenweg herabkommt – original erhalten ist (Nr. 244). Die Grenze fiel dann entlang der Marchklamm ins Tal ab, an deren unterstem Ausgang man zwei Grenzzeichen (Nr. 246) erneuerte, die schon seit 1654 bestanden hatten (siehe Factbox). Sehenswert und bis heute im Original, noch mit Freisinger Mohrenkopf-Wappen, ist der anschließend von der Kommission am Ortseingang von Scharnitz gesetzte Marmorstein (auf Höhe der Tankstelle, oberhalb der Bahngleise, Nr. 247).

Nach einer weiteren Steinsetzung westlich der Isar (erneuert, Nr. 248) erneuerte die Kommission an den Felsabbrüchen oberhalb des südlichen Riedbodenwegs drei Grenzzeichen von 1654 (Nr. 249–251), ehe sie westwärts 300 Meter höher zwei vorläufig letzte Zeichen (Nr. 252/253) setzte. Von dort ließ sie die Grenze protokollarisch „weiter schräg hinauf auf den Gradt des Gebirgs, so fort auf den Narren- oder Arren-Spiz" laufen. Dort oben wurde man nicht tätig, denn auf dem Ost- und Nordrücken der Großen Arnspitze galt die Gratregel. (Heute stehen dort 15 neuere Grenzsteine!) Nördlich des Massivs, in der „sogenannten Scharttten" (Riedbergscharte), setzte man die Vermarchung fort und stellte einen Hauptmarkstein mit Jahreszahl und Wappenschildern auf (erneuert, Nr. 261). Die Kommission stieg dann entlang der Schartenkopf-Abhänge gen Norden, wo sie an einem Felsabbruch ein „eigehauet +" vorfanden. Dieses Kreuz, das bereits auf die erste grobe Vermarchung der Werdenfels-Südgrenze im Jahre 1500 (siehe Factbox) zurückging, wurde nachgeschärft, mit aktueller Jahreszahl versehen und mit „schwarzer Öll-Farb" renoviert (Nr. 262).

Leutaschklamm und Ederkanzel

Nach einer Steinsetzung am Wirtsberg (erneuert, Nr. 268) gelangten die Männer im Tal an die Leutasch. „Unter dem Fueß des Felsen in einer Höll [von „hel" = verbergen; Anm.] fandt man ein eingehauens +". Dieses stammte ebenfalls von 1500, da die damalige Grenzbeschreibung besagt: „das Creuz von da die Löttisch das wasser hereinfliesset." Die Kommission erweiterte es auf bewährte Weise mit Jahreszahl und schwarzem Anstrich. Heute ist dieses Felsmarch weiter gültig (Nr. 269) und strahlt mit mehr als 500 Jahre alten Spuren auf weißem Grund am Beginn der Leutaschklamm. Da allerdings der Klammsteig zum Wasserfall direkt darüber hinwegführt, fällt es kaum einem Wanderer auf.

Steine wurden nachfolgend an der alten Leutaschstraße gesetzt sowie auf dem „eussersten Spiz" des „Pur-Bergs" (Mittenwalder Burgberg; erneuert, Nr. 272/273). Der lange Waldrücken, der dann westwärts den Wetterstein-Hauptkamm erreicht, erhielt weitere Grenzzeichen. Das erste wurde auf einem „kleinen Khöpfl" installiert. Heute steht dort das Berggasthaus Ederkanzel. Der alte Grenzstein ist verschwunden, der heute erneuerte (Nr. 278) auf der Terrasse trennt Gästetische und Gasthausküche zwischen Österreich und Deutschland. Den nächsten Stein setzte die Kommission weiter westwärts (erneuert, Nr. 285). Einen der beiden auf ihm eingehauenen Pfeile ließ man „über den weitern Grad des Halsele neben dem Grünen Kopf vorbei gegen der Ferchensee-Wandt zue" zei-